AF632743

# झाँसी की वीरांगना

# झाँसी की वीरांगना

डॉ. प्रमोद कुमार अग्रवाल

प्रतिभा प्रतिष्ठान, नई दिल्ली

प्रकाशक : प्रतिभा प्रतिष्ठान,
694–बी (निकट अजय मार्केट), चावड़ी बाजार, दिल्ली–110006
सर्वाधिकार : सुरक्षित / संस्करण : 2024 / मूल्य : छह सौ रुपए
मुद्रक : आर–टेक ऑफसेट प्रिंटर्स, दिल्ली आवरण : कृष्ण सोनी

**JHANSI KI VEERANGANA**
*by* Dr. Pramod Kumar Agrawal ₹ 600.00
Published by **PRATIBHA PRATISHTHAN**
694-B (Near Ajay Market), Chawri Bazar, Delhi-110006
ISBN 978-93-92012-03-7

# प्रस्तावना

मेरा जन्म झाँसी की माटी में हुआ। यद्यपि मेरा अधिकांश समय झाँसी के बाहर ही व्यतीत हुआ, पर जन्मभूमि की सौंधी माटी मेरी रग-रग में समाई हुई है। इसी माटी में समाई हुईं—'झाँसी की वीरांगना', 'रानी लक्ष्मीबाई की वीरता' और 'शौर्य की कहानियाँ'। मैंने निश्चय किया कि 'मैं झाँसी की रानी लक्ष्मीबाई' की कहानी को इतिहास के झरोखे में जनमानस के सामने यथार्थ रूप में रखकर अपनी जन्मभूमि के प्रति कुछ ऋण-अदायगी करूँगा।

झाँसी बुंदेलखंड का केंद्र है। भारत की हृदयस्थली बुंदेलखंड : धरती वीर प्रसूता है। यहाँ असि और मसि की प्राचीन परंपरा है, जिसमें शौर्य एवं बलिदान के साथ वैचारिक उद्‌भावना का अप्रतिम प्रवाह दृष्टिगोचर होता है। बुंदेलखंड की भूमि नारी स्वत्व, स्वाभिमान और स्वतंत्रता के लिए अभिज्ञेय है। आज संपूर्ण विश्व में नारी-स्वतंत्रता का प्रकटीकरण है। बुंदेलखंड का इतिहास नारी-स्वातंत्र्य और स्वायत्तता से बढ़कर उनके द्वारा समाज का सक्षम-नेतृत्व तथा समाज-कल्याण से भरा पड़ा है, जो विश्व-इतिहास में दीप-स्तंभ की भाँति है।

झाँसी के पार्श्ववर्ती क्षेत्रों में अद्वितीय वीर आल्हा-ऊदल की मुँहबोली बहन चंद्रावली ने चामुण्य राय को अपनी देह से हाथ नहीं लगाने दिया। रतनगढ़ की वीर ललनाओं ने मांडुला के नेतृत्व में अलाउद्दीन खिजली के नापाक इरादों को पूर्ण नहीं होने दिया। केशर दे ने समस्त नारी-शक्ति को एकत्रित करके उनके साथ अपने खंगार वंश के गढ़कुंडार किले की रक्षा में आत्म-बलिदान किया। मणिमाला ने युद्ध में भाग लेकर तथा बाद में आत्मदाह करके चंदेरी का गर्व ऊँचा किया। कुशल एवं लोकप्रिय शासिका रानी दुर्गावती ने अकबर जैसे शक्तिशाली दिल्ली के बादशाह की सेना से युद्ध किया। ओरछा की प्रवीण राय ने अकबर के सामने जाकर उसकी कामुक इच्छा पर विजय प्राप्त की। सारंधा का शौर्य तथा वीरता की कहानी जन-जन के मुँह पर है। रानी

लक्ष्मीबाई की समकालीन शीला देवी ने झाँसी के पास चित्रकूट-बाँदा के क्षेत्र में अंग्रेजों द्वारा आदिवासियों की जमीनें छीनने के विरुद्ध नारी-सेना संगठित की। झलकारी बाई ने रानी लक्ष्मीबाई के आह्वान पर उनकी दुर्गावाहिनी का नेतृत्व करके अदम्य साहस एवं बलिदान का आदर्श प्रस्तुत किया। इन वीरांगनाओं का इतिहास झाँसी की महान् रानी मर्दानी के भारत के प्रथम स्वतंत्रता संग्राम (सन् 1857-58) में योगदान के बिना अधूरा है, जो आज भी विश्व इतिहास के आकाश में देदीप्यमान नक्षत्र की भाँति जगमगा रहा है।

झाँसी की रानी लक्ष्मीबाई के कथानक से मेरा भावनात्मक लगाव के साथ-साथ उनके रूप में मुझे उपन्यास की एक ऐसी नायिका प्राप्त हो गई, जो देशप्रेम से लबालब है, वीरता और त्याग जिसकी रग-रग में व्याप्त है, जो एक कुशल और लोकप्रिय नेत्री है तथा जो बिना धर्म, नस्ल, मूलवंश, जाति, जन्मस्थान या लिंग भेदभाव के अपने शासन और सेना में योग्य व्यक्तियों को शामिल करती है। फलस्वरूप बाहरी होने पर भी झाँसी की जनता उनसे एकाकार हो गई और वह भी झाँसी से एकाकार हो गईं।

इसलिए मैंने इस उपन्यास का शीर्षक 'झाँसी की वीरांगना' रखा। लक्ष्मीबाई झाँसी की रानी तथा स्वतंत्र शासिका अल्प समय ही रहीं, पर वीरता, साहस तथा देशप्रेम उनके व्यक्तित्व में बचपन से ही ठसाठस भरा था। उनका व्यक्तित्व और कृतित्व झाँसी राज्य के बिना भी देदीप्यमान रह सकता है। इसके अतिरिक्त मैंने उनके जीवन के विभिन्न आयामों से उनकी प्रशासनिक दक्षता और रणनीति-कौशल को अपने लंबे प्रशासनिक अनुभव एवं वेदों में युद्ध-कला पर प्रकाशित अपनी कृति के आधार पर विशेष रूप से उद्‌भासित किया। उनके जीवन से संबंधित प्रकरणों विशेषत: डाकू सागरसिंह की गिरफ्तारी के लिए उफनती बेतवा नदी को अपनी महिला सैनिकों के साथ घोड़ों पर पार करना, झाँसी-ओरछा युद्ध में विजय, झाँसी में पराभव, कोंच और कालपी युद्धों में पराजय, प्रथम ग्वालियर युद्ध में विजय तथा द्वितीय ग्वालियर युद्ध में मराठा पेशवा के साथ पराजय एवं मृत्यु को प्रकाश में लाया गया है। इससे प्रस्तुत उपन्यास को युद्ध उपन्यास कहा जा सकता है, पर रामायण, रामचरितमानस और महाभारत भी एक दृष्टि से युद्धपरक महाकाव्य हैं, जिन्हें भारत की जनता बड़ी रुचि से पढ़ती है, उन पर नाटक, टेलीविजन धारावाहिक और चलचित्र देखती है तथा अपने जीवन-निर्माण एवं सामाजिक दायित्वों के हेतु संजीवनी ग्रहण करती है। इस उपन्यास को पढ़कर भी प्रत्येक देशवासी की बाँहें फड़कने लगेंगी और वह स्वराज्य, देश या मातृभूमि के लिए अपना सर्वस्व बलिदान करने के लिए तत्पर होगा।

प्रत्येक युग में साहित्यकार या इतिहासकार ऐतिहासिक घटनाओं या प्रकरणों को समसामयिक संदर्भों में प्रस्तुत करता है, क्योंकि घटनाओं के धागों से बना इतिहास स्वयं दोहराता है, अत: साहित्यिक-ऐतिहासिक कृति लोकरंजन के साथ-साथ लोक-संग्रह

भी करती है, ताकि भविष्य की पीढ़ियाँ इतिहास की भूलें न दोहराएँ। रानी लक्ष्मीबाई का चरित्र सार्वकालिक तथा सार्वभौमिक है। डॉ. वृंदावनलाल वर्मा के उन पर उपन्यास 'झाँसी की रानी लक्ष्मीबाई' के प्रकाशन के पचहत्तर वर्ष बाद रानी लक्ष्मीबाई पर काफी गवेषणा हुई है तथा अनेक नए-नए ऐतिहासिक तथ्य प्रकाश में आए हैं। मेरी कृति के प्रकाशन के पश्चात् भी इतिहास के गंभीर अध्येता तथा साहित्यकार झाँसी की रानी पर नए तथ्य प्रकाश में लाएँगे, जो पूर्ववर्ती लेखकों की कृतियों से भिन्न होंगे। यह ही नई पीढ़ी एवं जीवंत भारत का द्योतक है, पर इतिहास की सत्य घटनाएँ नहीं बदलेंगी, उनकी व्याख्या बदल जाएगी।

रानी लक्ष्मीबाई के जीवन पर जो कार्य डॉ. वृंदावनलाल वर्मा ने संसाधनों के अभाव में प्रथम बार अध्यवसायपूर्वक किया, वह अत्यंत श्लाघनीय तथा प्रशंसनीय है। वे झाँसी के वटवृक्ष हैं तथा मेरे आदर्श साहित्यकार। इसी प्रकार की बंगला लेखिका विदुषी महाश्वेता देवी की जीवनीपरक हिंदी में अनूदित कृति है 'झाँसी की रानी'। अंग्रेजी में झाँसी की रानी लक्ष्मीबाई पर सैकड़ों कृतियाँ आईं, शायद हिंदी, मराठी एवं अन्य भारतीय भाषाओं से अधिक, क्योंकि ब्रिटिश तथा यूरोपीय लेखकों को आसानी से ईस्ट इंडिया कंपनी तथा ब्रिटिश साम्राज्य के तत्कालीन अधिकारियों तथा सेनानायकों के अंग्रेजी में लेख तथा संस्मरण उपलब्ध थे। मैं भी लक्ष्मीबाई की नंबर एक शत्रु ईस्ट इंडिया कंपनी का हश्र जानने के लिए लंदन गया तथा मैंने पाया कि साम्राज्यवादी तथा शोषक ईस्ट इंडिया कंपनी अस्तित्वहीन होकर एक कमरे में सिमटकर रह गई है, जबकि रानी लक्ष्मीबाई जन-जन में विराजमान हैं। मैंने इस उपन्यास को लिखने के लिए कोरोना कालखंड में भी यात्राएँ कीं, कई ऐतिहासिक गोष्ठियों में भाग लिया तथा रानी लक्ष्मीबाई पर कई विद्वानों से विचार-विमर्श किया। श्री रामप्रकाश गुप्त एवं श्री शमीम शेख ने मुझे महत्त्वपूर्ण जानकारियाँ उपलब्ध कराईं तथा झाँसी के राजकीय संग्रहालय और भारतीय अभिलेखागार, नई दिल्ली से बहुमूल्य सामग्री प्राप्त हुई। मैं सभी के प्रति कृतज्ञता ज्ञापन करता हूँ।

अंत में इस कृति के टंकण के लिए प्रवीन बंसल तथा प्रकाशन के लिए हिंदी के अग्रणी प्रकाशन समूह का धन्यवाद ज्ञापन करता हूँ।

एक साहित्यकार की कृति तभी सफल मानी जाएगी, जब पाठकगण उसे हृदय से लगाएँगे तथा विद्वानगण उसे मान्यता प्रदान करेंगे, वैसे यह उपन्यास समान रूप से जनसामान्य, शासक वर्ग तथा देश के रक्षकों के लिए उपयोगी है, विशेषतः वर्ष 2021 में भारत का 75वाँ स्वतंत्रता दिवस मनाते समय। ईश्वर से प्रार्थना है कि भारत की स्वतंत्रता अनंतकाल तक अक्षुण्ण रहे। आशा है कि प्रस्तुत कृति देशप्रेमियों के गले का हार बनेगी।

**—डॉ. प्रमोद कुमार अग्रवाल**

झाँसी,

15 अगस्त, 2021

# एक

झाँसी शहर बड़ा पुराना है। पूरा शहर परकोटे से घिरा है तथा उसमें से निकलने या प्रवेश करने के लिए दस विशाल द्वार हैं, जिनमें से हाथी निकल सकता है, उन्हें उन्नाव, दतिया, ओरछा, भांडेर, खंडेराव, बड़ागाँव, सैंयर, झरना, शांदेर तथा लक्ष्मी दरवाजा कहा जाता है। छोटे-छोटे कई फाटक भी हैं, जिन्हें खिड़की कहा जाता है। बाद में इन्हें भी बड़ा कर दिया गया है। झाँसी का किला बहुत प्रसिद्ध है। यह किला मुगलकाल में सत्रहवीं शताब्दी में बादशाह जहाँगीर के समय राजा वीरसिंह देव ने बनवाया था। यह किला अत्यंत सुदृढ़ और विशाल है। किला झाँसी शहर के पश्चिमी भाग में एक छोटी सी पहाड़ी पर बना है। उसके अंदर चार हजार लोगों के रहने की जगह है। मुख्य महल सबसे ऊँचा है। उसमें आठ चौकियाँ हैं। बाकी सब छोटे-छोटे कमरे हैं, जिनमें राज्य का कार्य होता है। महल के पश्चिम में सेना के परेड करने का स्थल है। महल की चारदीवारी बड़ी मोटी और मजबूत है। बीच-बीच में टोले, जंग, बुर्ज बने हुए हैं।

मुख्य महल विशाल एवं सुंदर है। महल में जगह-जगह बैठकें हैं, गलीचे और गद्दे लगे हुए हैं। किले के अंदर शंकरजी तथा गणेशजी के पवित्र मंदिर हैं। किले में अनेक प्रकार के विशाल तथा सुंदर वृक्ष तथा रमणीय एवं खुशबूदार पुष्पों के झाड़ हैं। बीच शहर में भव्य महल है। किले के पूर्व में परकोटे के अंदर बहुत सा मैदान छोड़ देने के बाद नगर आरंभ होता है। शहर की बस्ती भी खूब घनी है। रास्ते साफ-सुथरे हैं। कोष्टीपुरा और हलवाईपुरा आदि कुछ मुख्य भाग तो ऊँची-ऊँची हवेलियों से भरे हुए हैं। इससे नगर की शोभा और भी बढ़ जाती है। शहर के मध्य भाग में एक विशिष्ट घराने के लोगों ने एक बड़ा भारी बाग लगाया है और इसमें पाँच-छह बावड़ियाँ हैं। इसके अलावा शहर में छोटे-मोटे तो कई बाग हैं। अधिकतर मकान एक मंजिल ऊँचे ही हैं। छतों पर प्राय: खपरैल है। घरों और मोहल्लों में कुएँ हैं और उनमें पानी बहुत गहरा नहीं है। ग्रीष्मकाल में पानी की किल्लत हो जाती है। प्रत्येक मुहल्ले में एक मंदिर अवश्य है।

शहर के दक्षिण दरवाजे के बाहर एक बहुत बड़ा तालाब है। उसे लक्ष्मीताल भी कहते हैं, क्योंकि वहाँ एक टीले पर महालक्ष्मी का मंदिर है। यह देवी झाँसीवालों की कुलस्वामिनी हैं।

झाँसी बुंदेलखंड क्षेत्र का ही भाग है। यहाँ की स्त्रियाँ उत्तम नाक-नक्शेवाली होती हैं। उनके नेत्र बड़े और पुतलियाँ काली होती हैं। यहाँ के पुरुष मेहनतकश तथा अपने वादे के पक्के होते हैं। दूसरों के लिए कुछ करने की उनके मन में इच्छा रहती है। वीरता और स्वामिभक्ति उनमें अंतर्निहित है। वे अपने पूर्वजों जैसे आल्हा-ऊदल, छत्रसाल आदि का उदाहरण देकर अपनी वीरता का प्रदर्शन भी करते रहते हैं।

बुंदेलखंड पौराणिक तथा ऐतिहासिक चंदेल क्षेत्र का ही भाग था। झाँसी बुंदेलखंड क्षेत्र का प्रमुख केंद्र रहा। बुंदेलखंड की शस्य-श्यामला श्री संपन्न धरती को मनुष्यों ने निर्ममता से लालचवश जंगल काटकर मेघों के प्रसाद से वंचित कर दिया, पर धसान और बेतवा नदियों ने इस क्षेत्र को बचाने की निरंतर कोशिशें कीं, पर वे भी यहाँ के निवासियों से क्षुब्ध हो गईं तथा केवल गेहूँ, ज्वार, अरहर और बाजरा ही यहाँ पैदा हो सके।

मुगलकाल में अकबर से लेकर कई मुगल शासकों ने बुंदेलखंड पर शासन करने का प्रयास किया, पर वे सफल न हो सके। अकबर ने जब प्रसिद्ध नृत्यांगना अभूतपूर्व सुंदरी राज नर्तकी प्रवीणराय के मोहपाश में बँधकर उसे अपने पास बुलाया तो महाकवि केशवदास ने अपने शिष्य राजा इंद्रजीत की प्रेयसी और कवयित्री शिष्या को अकबर के सामने निम्न कविता प्रेषित करने के लिए दी, जिसे नर्तकी प्रवीणराय ने पढ़कर ओरछा राज्य को अकबर के आक्रमण से बचाया—

*विनती राय प्रवीण की सुनिए शाह सुजान।*
*जूँठी पातर भखत हैं बारी वायस स्वान॥*

जहाँगीर तो ओरछा के प्रसिद्ध राजा वीरसिंह देव के मित्र थे। उन्होंने जहाँगीर के कहने पर अकबर के सेनापति अबुल फजल का सिर काटकर उसे पराजित किया। बाद में अकबर ने अपने अंतिम दिनों में वीरसिंह देव के विरुद्ध अभियान छेड़ दिया। ओरछा की सीमा पर युद्ध में वीरसिंह देव विजयी रहे। इस बार उन्होंने सारे ओरछा राज्य पर अपने अधिकार की घोषणा कर दी। उनका दतिया, धामौनी और झाँसी में किलों का आशय था कि धामौनी गढ़ में फौज रहेगी, दतिया का किला बहुत मनोहर और रमणीय था तथा झाँसी का किला था सिंह और हाथी के साथ मुठभेड़ करने के लिए, अर्थात् सामरिक दृष्टि से अति महत्त्वपूर्ण जनश्रुति है कि वृद्धावस्था होने पर वे दतिया से झाँसी की तरफ देखकर किला नहीं देख सके। बोले, "आँखों में झाँई-सी भर रही है।" इसी आधार पर राज्य का नाम पड़ गया— झाँसी (छाया की तरह)।

वीरसिंह देव के पश्चात् उनके उत्तराधिकारी निर्भय होकर राज करते रहे। वीर

छत्रसाल ने एक साधारण परिवार से बड़े होकर शिवाजी की भाँति स्वतंत्र हिंदू राष्ट्र स्थापित करने का स्वप्न सँजोया। बुंदेलखंड में महाराज छत्रसाल के उदय की घटना बहुत महत्त्वपूर्ण है। औरंगजेब दक्षिण भारत के युद्धों में फँस गया और इसकी इस व्यस्तता ने छत्रसाल महाराज के लिए एक स्वर्णिम अवसर प्रदान किया। उनका स्वतंत्रता अभियान शुरू हुआ। उन्होंने मुगल सम्राट् के शाही कारवाँ लूटे और चंदेरी के दक्षिण में स्थित परगनों को भी आक्रमण करके अपने अधिकार क्षेत्र में ले लिया। चंदेरी राज, जो कि महाराज छत्रसाल के परिवारजनों का ही था, लेकिन उस पर दबिश दी गई। औरंगजेब ने योग्य सेनापतियों की कमान में कई बार फौजें भेजीं, लेकिन परिणाम कुछ ना निकला। सन् 1700 में महाराज छत्रसाल ने कालिंजर पर अधिकार किया तथा बाँदा-हमीरपुर जनपदों पर कब्जा कर लिया। सन् 1703 में महाराजा छत्रसाल ने धसान नदी के पश्चिम में हमला करके अपनी विजय पताका फहराई। इस दौरान एरच को भस्मीभूत किया गया और कालपी लूट ली गई। सन् 1708 में औरंगजेब का पुत्र बहादुरशाह के नाम से दिल्ली के तख्त पर आसीन हो गया। मध्यस्थों की कोशिशों से महाराज छत्रसाल को सभी जीते गए प्रदेशों का अधिपति मान लिया गया।

बहादुरशाह की मृत्यु के पश्चात् सम्राट फर्रुखसियर ने बुंदेलों को हटाकर उनका आधिपत्य इलाहाबाद के शासक बंगश नवाब को दे दिया। छत्रसाल ने सन् 1729 में मराठों के उदय के पश्चात् उनसे सहायता की याचना की। उन्होंने लिखा—

*जो गति भई गजेंद्र की, सो गति पहुँची आज,*
*बाजी जात बुंदेल की, राखो बाजी लाज।*

छत्रसाल ने अपनी मुसलमान पत्नी से पैदा बहादुर, बुद्धिमान एवं सुंदर लड़की मस्तानी को बाजीराव प्रथम के यहाँ सहायता प्राप्त करने हेतु भेजा। बाजीराव प्रथम ने अनुपम सुंदरी मस्तानी के साथ आकर छत्रसाल की वृद्धावस्था में हार को जीत में बदल दिया। इसी युद्ध में बाजीराव की जान बचाते समय बाजीराव मस्तानी को अपना हृदय दे बैठे।

जब जीत के बाद राज्य के बँटवारे का प्रश्न आया तो उनके प्रायः एक सौ पुत्रों में राज्य का बँटवारा होना था। बाजीराव पेशवा सशंकित हो गए, पर छत्रसाल ने अपने चंबल से टोंस तथा यमुना से नर्मदा तक—

*इत यमुना उत नर्मदा इत चंबल उत टोंस।*

विस्तृत बुंदेलखंड साम्राज्य में से एक-तिहाई मराठों को दे दिया। छत्रसाल के साम्राज्य में थे—कालपी, जालौन, कोंच, एरच, झाँसी, सिरौंज, गुना, गड़ाकोटा, सागर, दमोह, मईहर एवं अन्यान्य क्षेत्र। बाजीराव पेशवा प्रथम को मिले वार्षिक तैंतीस लाख रुपए आमदनीवाले इलाके—कालपी, कोंच, हटा, हृदयनगर, जालौन, गुरसराय, झाँसी, सिरौंज, गुना और सागर।

बाजीराव पेशवा ने छत्रसाल से प्राप्त नए इलाकों को कई भागों में बाँटा। बाँदा का भार मिला बाजीराव एवं मस्तानी के प्रेम से उत्पन्न संतान शमशेर बहादुर को और झाँसी का भार नारोशंकर को। बहादुर नारोशंकर ने झाँसी का पंद्रह वर्ष तक शासन सँभाला एवं कई उल्लेखनीय कार्य किए। नारोशंकर की मृत्यु पर नारोशंकर के भाई का लड़का विश्वास राव लक्ष्मण झाँसी का सूबेदार बना, पर पानीपत के तीसरे युद्ध में नखोज अनुपम वीर सदाशिव राव को शरण देने के आरोप में विश्वास राव को हटाकर सन् 1770 ई. में रघुनाथ राव नेवलकर को झाँसी का सूबेदार नियुक्त किया।

रघुनाथ हरि ने विशेष प्रशासनिक योग्यता, दक्षता और लगन के साथ चौबीस वर्ष तक झाँसी की सूबेदारी की। रघुनाथ हरि ने अपना अर्थ व्यय करके झाँसी को खूब समृद्ध किया और अपने वंश का झाँसी में शासन स्थापित किया। झाँसी, जो केवल पशु की हाट का केंद्र थी, अब उद्योग और वाणिज्य का केंद्र हो गई। पुणे में पेशवा भी उनसे नियमित ब्योरा प्राप्त करके प्रसन्न थे। पुणे के किले में संरक्षित कागज-पत्र आज भी उनकी कार्यकुशलता का प्रमाण देते हैं। झाँसी की जनता भी अपने बाहरी मराठा शासकों से प्रसन्न थी, क्योंकि वह मुगलों की लूट-खसोट से बची थी तथा वह स्वयं को आसपास के पूर्ववर्ती वैभवशाली ओरछा तथा दतिया राज्यों से बेहतर स्थिति में थी। उत्तम प्रशासन ही जनता को नस्ल, जाति तथा धर्म के विभेदों से विलग रख सकता है। दूसरी ओर मराठा शासक भी झाँसी की स्थानीय संस्कृति में रच-बस गए थे तथा वे झाँसी को स्नेह करते थे। सन् 1794 ई. में इस सुयोग्य शासक ने अवकाश ग्रहण करके धर्म-कर्म में अपना जीवन समर्पित कर दिया। रघुनाथ हरी के पश्चात् उनके योग्य भ्राता शिवराव भाऊ ने झाँसी की सूबेदारी का कार्यभार सँभाला। झाँसी शहर के आसपास जो पुराना परकोटा है, वह उनके ही समय का है, जो झाँसी को अभेद्य बनाता था।

फरवरी 1804 में शिवराव भाऊ के साथ अंग्रेजों की संधि हुई, जिसमें शिवराव भाऊ की स्वायत्तता को मान्यता दी गई, जब तक वह अंग्रेजों को वार्षिक कर देते रहेंगे।

शिवराव भाऊ की मृत्यु सन् 1816 में हो गई। सन् 1817 में बाजीराव पेशवा द्वितीय ने ईस्ट इंडिया कंपनी की बढ़ती हुई शक्ति को देखकर उससे संधि कर ली तथा बुंदेलखंड का सारा अधिकार उसे दे दिया। शिवराव भाऊ के ग्यारह वर्षीय नाबालिग पौत्र रामचंद्र राव के साथ नवंबर 1817 में एक पृथक् संधिनामा हुआ, जिसके अनुसार ईस्ट इंडिया कंपनी ने झाँसी के सिंहासन पर रामचंद्र राव के अधिकार को स्वीकार कर लिया, उनकी सूबेदारी मंजूर कर ली। सन् 1835 में राजा रामचंद्र राव की मृत्यु के पश्चात् अंग्रेजों से संधि के अनुसार शिवराव भाऊ के पुत्र रघुनाथ राव को झाँसी का गद्दी मिली, पर वे भी तीन वर्ष बाद चल बसे, फलतः शिवराव भाऊ के सबसे छोटे पुत्र गंगाधर राव को झाँसी का शासक बनाने पर विचार हुआ।

लंबे समय की लापरवाही, अस्थिरता और काफी कर्ज के कारण झाँसी का राजकीय कोष उस समय खाली था। झाँसी की आंतरिक अवस्था अस्त-व्यस्त थी, अतः गवर्नर जनरल ने तय किया कि झाँसी का शासन प्रबंध अंग्रेज सँभाल लें।

झाँसी राज्य का उत्तराधिकारी तय करने के लिए एक कमीशन नियुक्त हुआ, जिसने गंगाधर राव के पक्ष में अपना निर्णय दिया। इसी निर्णय पर इंग्लैंड से भी स्वीकृति आ गई, पर अंग्रेजों ने चालाकी से राज्य में कुप्रबंध बताते हुए संपूर्ण शासन के अधिकार अपने पास रखकर राजा गंगाधर राव को एक निश्चित भत्ता देना नियत कर दिया और कप्तान रोज को झाँसी का प्रथम 'अधीक्षक' (सुपरिंटेंडेंट) नियुक्त कर दिया। मोंठ का परगना, जो गोसाईं राजा का था, झाँसी में मिला दिया गया। अंग्रेज अधीक्षक (रेजीडेंट) का सहयोग एवं राजा की प्रबंध कुशलता के कारण झाँसी में सुख-शांति एवं उपद्रवहीनता पुनः प्रतिष्ठित हो गई। कृषि की भी उन्नति हुई। खाली राजकोष में पुनः धन जमा होने लगा। घर-घर में सुख-शांति हो गई और प्रजा आश्वस्त हो गई। सन् 1842 में जब शासन प्रबंध-तंत्र में पर्याप्त सुधार आया तो गंगाधर राव को सभी राज्याधिकार सौंप दिए, परंतु उसमें से 2,27,458 कंपनी रुपए का इलाका जो फौज के खर्चे के लिए काट लिया गया जो अंग्रेजों की ओर से झाँसी की सुरक्षा के लिए तैनात थी, फिर भी गंगाधर राव का शासन बहुत अच्छा था। उन्होंने जन-कल्याण और विकास के कार्यों में व्यक्तिगत रुचि ली। झाँसी की जनता में वे बहुत लोकप्रिय हो गए, जैसे झाँसी को बहुत वर्षों बाद कोई अपना राजा प्राप्त हो गया हो, जो अंग्रेजों के साथ मिलकर भी जनता का पूरा ध्यान रख रहा था। झाँसी की स्वतंत्रता प्रिय जनता कभी भी अंग्रेजों को अपना महाराजा स्वीकार न कर सकी, क्योंकि बुंदेलों की वीरता और स्वाधीनता का स्वाभिमान एवं मान्यता उसकी रग-रग में व्याप्त थी। झाँसी की जनता झाँसी को बुंदेलखंड के रेगिस्तान में मरुद्यान बनाने का श्रेय रघुनाथ राव को मानती थी।

महाराजा गंगाधर राव के व्यक्तिगत जीवन में सूनापन पसरा था। उनकी पत्नी रमाबाई पहले ही गुजर गई थी। उनका घर गृहलक्ष्मी चाहता था। झाँसी की जनता भी अपने प्रिय राजा की रानी चाहती थी, ताकि सिंहासन का उत्तराधिकारी निर्धारित हो सके, क्योंकि झाँसी के मराठा राजाओं की उम्र लंबी होने का इतिहास नहीं था, फिर अंग्रेज धूर्त कब क्या चाल खेलें कि झाँसी की जनता राजाविहीन हो जाए तथा उसे फिरंगियों को महाराजा मानना पड़े। गंगाधर राव की स्वयं की जरूरत एक सहधर्मिणी की थी, जिससे वे राजकाज के बाद अपने सुख-दुःख को कह सकें तथा मन की भड़ास निकाल सकें। राजा को तो अल्प वक्ता होना ही पड़ता है, क्योंकि उसके प्रत्येक वाक्य का, प्रत्येक शब्द के बहु अर्थ निकाले जाते हैं, प्रत्येक व्यक्ति अपने मन, बुद्धि तथा स्वार्थ के हिसाब से राजा के वक्तव्य का अर्थ निकालता है। यहाँ तक कि कम बोलनेवाले राजा के चाल-चलन,

हाव-भाव तथा व्यवहार, यहाँ तक कि पोशाक तथा सौंदर्य-शैली से भी लोग राजकाज के संचालन की दिशा ठीक कर लेते हैं तथा अपने राजा की जीवन-शैली का अनुगमन करते हैं। झाँसी की जनता में भी मुख्य चर्चा का विषय झाँसी का राजा ही होता है। गंगाधर राव के नजदीकी लोगों तथा शुभचिंतकों ने उन्हें पुनः विवाह करने की सलाह दी—"नारी के बिना पुरुष अधूरा है और रानी के बिना राजा अधूरा है।" सभी मातहत कर्मचारी एवं सलाहकार खुश हुए, क्योंकि व्यक्तिगत रूप से असंतुष्ट स्वामी की भड़ास अपने नीचे के लोगों पर निकलती है। राजा ने सलाह तुरंत स्वीकार कर ली, फिर क्या था? गंगाधर राव की मंत्रीपरिषद् एवं सलाहकार दुगुने उत्साह तथा तत्परता से इस कार्य में लग गए। इस कार्य के लिए गंगाधर राव के सभासद ब्राह्मण तात्या दीक्षित को झाँसी की रानी होने योग्य सुलक्षण कन्या की खोज करने का कार्यभार दिया गया।

मराठा व्यक्तिगत जीवन में धार्मिक एवं परंपराओं से बँधे होते हैं। गंगाधर राव महाराष्ट्रीय कड़ेरा वर्ग के ब्राह्मण थे। इसलिए उत्तर-दक्षिण के विभिन्न स्थानों पर दूत भेजे गए। तात्या दीक्षित ने स्वयं कानपुर के समीप बिठूर जाने का निश्चय किया, क्योंकि सन् 1818 से पेशवा बाजीराव उस स्थान पर ईस्ट इंडिया कंपनी के वृत्तिभोगी होकर निवास कर रहे थे। उस समय से बहुत से महाराष्ट्रीय कर्मचारी पेशवा पर निर्भर होकर बिठूर एवं उसके आसपास बस गए। वहाँ पर कन्या मिल सकती थी। यह बात सोचकर तात्या दीक्षित ने बिठुर के लिए प्रस्थान किया। वे शुभ दिन देखकर झाँसी से कानपुर के रास्ते पर रवाना हुए।

गंगाधर राव शुभ सूचना के लिए झाँसी के राजप्रासाद में प्रतीक्षा करने लगे, जैसे कोई अविवाहित युवा अपनी नई-नवेलीन वधू के लिए प्रतीक्षा करता है।

□

# दो

बिठूर को विश्व का केंद्रबिंदु माना जाता है। यहाँ पर ब्रह्मा ने सृष्टि की रचना के पूर्व तपस्या की थी। बिठूर को प्राचीनकाल में ब्रह्मावर्त नाम से जाना जाता था। यहाँ पर ध्रुव ने भी भगवान् विष्णु की तपस्या की थी तथा महर्षि वाल्मीकि की तपोभूमि भी इसे माना जाता है। ऋषि वाल्मीकि के आश्रम में ही निर्वासित राम की धर्मपत्नी सीता ने लव-कुश को जन्म दिया, जिनका पराक्रम सर्वविदित है।

कानपुर से प्राय: 17 किमी. दूर स्थित गंगा के किनारे ऐसी पवित्र स्थली को अपना वास स्थान बनाना धार्मिक पेशवाओं के लिए संतोषदायक था। सन् 1838 से प्राय: प्रत्यक्ष एवं परोक्ष रूप से आठ हजार मराठा पेशवा पर निर्भर होकर बिठूर में रहा करते थे।

बाजीराव पेशवा द्वितीय के एक भाई चिमनाजी अप्पा वाराणसी आ गए। उनके साथ बलवंत राव भी सहायक के रूप में सन् 1815 में आए, तब कृष्णा नदी के दोआब में स्थित सतारा के निकट कड़ा शहर का सप्रे परिवार अत्यंत विख्यात था। वहीं से वे अपने साथ अपने चार वर्षीय पुत्र मोरोपंत अथवा मोरेश्वर ताम्बे को लाए। शीघ्र ही मोरोपंत अपनी कार्यकुशलता के कारण चिमनाजी अप्पा के प्रिय कामदार हो सके तथा उनकी पेंशन तथा खर्च का हिसाब-किताब रखने लगे। वे गंगा के किनारे अस्सी घाट पर रहते थे। यहीं भागीरथी बाई के गर्भ से लक्ष्मीबाई का सन् 1827 में जन्म हुआ। माँ की धार्मिक इच्छा से उसका नाम 'मणिकर्णिका' हुआ, जिसे संक्षेप में लोग 'मनु' पुकारते थे।

एक दिन भागीरथी के घर में क्या आँधी एवं वर्षा आई कि भागीरथी परलोक सिधार गई। मोरोपंत की बनी-बनाई गृहस्थी उजड़ गई थी। रह गई थी चार वर्षीय मनु और कमरे के एक कोने में महालक्ष्मी, गणेश और विष्णु के विग्रह। मोरोपंत रोने लगे, पर उनकी विधवा माँ ने मनु को गोदी में उठा लिया। मनु समझ भी न पाई कि उसकी माँ फूलों के डोले में रंगीन कपड़े पहनकर कहाँ चली गई। किसी ने उसे बताया भी नहीं। सभी माँ के विषय में बात करने पर परस्पर खुसुर-पुसुर करते थे। कोई कहता कि वह नानी के यहाँ

गई है तो कोई कह देता कि तारों से मिलने। मनु कितनी व्याकुल हुई। कितनी रातें बीतीं, वह निंदियारी आँखों से हाथ बढ़ाकर माँ को ढूँढ़ती, पर सूने बिछौने को छूकर हाथ वापस आ जाता। दादी उसके हाथ को अपने सीने पर रखकर फिर सुला देती, पर दादी के पास भी दिन में मनु की माँ को खोजती हुई आँखों को देखकर आँसू भरभरा उठते। मोरोपंत तथा उनकी माँ ने निश्चय किया कि स्थान परिवर्तन से ही शायद मनु का संताप दूर हो, उसकी आँखें और कहीं विचलित हों। इसी बीच चिमनाजी अप्पा का भी सन् 1835 में देहांत हो गया तथा उनके बड़े भाई बाजीराव पेशवा सभी को वाराणसी से नावों में भरकर बिठूर ले आए। उसमें मोरोपंत तथा मनु भी थी।

बिठूर घाट के सन्निकट मोरोपंत ने अपना घर बनवाया। वहीं पर मनु बड़ी होने लगी। मोरोपंत को पेशवा ने उनकी कार्यकुशलता जानकर यज्ञशाला तथा पूजा-अर्चना के साथ-साथ अन्य कई काम-काज सौंप दिए।

मनु पर अपनी माँ और दादी का अप्रतिम प्रभाव था। जहाँ माँ धार्मिक कार्यों में व्यस्त रहती थी, वहाँ दादी उसे छत्रपति शिवाजी और अर्जुन तथा भीम के आख्यान सुनाकर सुलाती थी। शिवाजी की देशभक्ति प्रत्येक मराठा परिवार की पवित्र धरोहर है। मनु की माँ तथा दादी ने मनु के लिए शिवाजी की माँ जीजाबाई का पाठ किया। मनु के अबोध मस्तक पर शिवाजी का त्याग और युद्धकला तथा पानीपत के युद्ध में मराठों की वीरता तथा पराजय के कारण अंकित हो गए। वह बचपन से ही देख रही थी कि कैसे बाजीराव पेशवा को अंग्रेजों की हुकूमत में चलना पड़ता था। फलस्वरूप मनु का हृदय अंग्रेजों के प्रति प्रतिकार की भावना से आप्लावित हो रहा था।

पत्नी के स्वर्गवास के पश्चात् मोरोपंत को सारा गृहकार्य स्वयं अपने सिर पर लेना पड़ा। वे बालिका मनु का लालन-पालन स्वयं करते थे। जहाँ मनु का लालन-पालन करने में उन्हें ब्रह्मसुख प्राप्त होता था, वहाँ महाराष्ट्रीय परिवार में पूजा-पाठ का विराट् विधान एवं रीति तथा रसोई आदि की व्यवस्था उन्हें झकझोर देती थी, क्योंकि उन जैसे कर्मकुशल व्यक्ति कभी भी अपने स्वामी के प्रति कर्तव्य में चूक स्वीकार नहीं कर सकते हैं। फलत: मनु पिता के अतिरिक्त अधिकांश समय पुरुष मंडली में रहती थी।

मनु बाल्यावस्था से ही बड़ी रूपवती थी। उसका चेहरा गोल था। उसकी आँखें आकर्षक थीं तथा नाक पैनी थी। मनु का रंग न तो गोरा था, न काला। वह गेहुएँ रंग की थी। वह अच्छे कद की प्रभावशाली राजसी व्यक्तित्व की धनी थी।

बाजीराव प्यार से मनु को 'छबीली' पुकारते थे, अर्थात् छवियुक्त नाक-नक्शेवाली। सत्तर वर्ष पार कर चुके पेशवा बाजीराव द्वितीय अपने दत्तक पुत्र नाना घोडुपंत तथा उसके दो भाई बाला और रावसाहब के साथ मनु को बैठाकर अति आनंदविभोर रहते थे। वे कहते—"लड़की की पूर्ति इस संसार में कोई नहीं कर सकता। उसके चेहरे तथा हृदय में

जो निश्छल प्रेम की धारा बहती है, वह लड़कों में कहाँ?" बाला बिठूर में नहीं रहता था। इसलिए वे छबीली को अपने पास बुला लेते थे। माँ तथा परिवारविहीन थी—छबीली। मोरोपंत को अधिकतर राजसी कामकाज में व्यस्त रहना पड़ता था, अत: बाजीराव के सान्निध्य में मनु और मनु के पिता दोनों खुश थे। कम-से-कम बाजीराव की कोठी में बाप-बेटी की मुलाकात तो हो जाती थी।

मनु बचपन से ही बहुत तेज, चपल तथा तीव्र बुद्धि थी। उसे स्वयं को 'छबीली' कहलाना पसंद नहीं था। उसने एक दिन महाराज बाजीराव से कह ही दिया—"दादाजी, आप मुझे 'छबीली' कहकर न पुकारा करें। मुझे आपको छत्रपति शिवाजी बनकर दिखाना है, ताकि आपके अंग्रेज शोषकों से बदला ले सकूँ।"

फिर भी बाजीराव मनु की सुंदरता तथा चपलता के कारण उसे 'छबीली' ही कहते थे। नाना साहब तथा राव साहब भी मनु को 'छबीली' कहकर चिढ़ाते थे, जो चिढ़ता है, उसे लोग और चिढ़ाते हैं। मनु प्रत्युत्तर में कहती, "तुम लोग देख लेना कि एक दिन मैं तुम दोनों को घुड़सवारी में मात दूँगी, तब तुम मानोगे कि मैं पुरुष हूँ या तुम...।"

अन्य लड़कियों के विपरीत मनु को शारीरिक सुंदरता से लगाव नहीं था। वह तो नाना, राव के साथ मलखंभ और कुश्ती का अभ्यास करती तथा मुगदर चलाकर और नियमित घुड़सवारी करके स्वयं को चुस्त-दुरुस्त रखती।

एक दिन तीनों ने घुड़सवारी की प्रतियोगिता की। नाना अपने घोड़े पर मनु से कुछ आगे निकला ही था कि मनु ने अपने घोड़े को एड़ लगाई और वह नाना से आगे निकल गई। नाना ने अपने घोड़े को आगे बढ़ाया, पर उसका घोड़ा ठोकर खा गया और घुड़सवार नाना धड़ाम से नीचे गिर गया। उसका सिर नीचे पड़ी सूखी लकड़ी से टकरा गया और खून बहने लगा। घोड़ा लौटकर घर की ओर भाग गया। नाना चिल्लाया, "मनु, बचाओ, बचाओ, मैं मरा।" मनु ने अपना घोड़ा मोड़ा और घोड़े से तड़ाक से कूदकर नाना को ध्यानपूर्वक देखा।

नाना के सिर में गहरी चोट आई थी और काफी रक्तस्राव हो रहा था। नाना का छोटा भाई राव भी आ गया और वह परेशान होकर नाना की चोट देखने लगा। उसने कहा, "भइया, आपको तो बहुत चोट लगी है।"

"नहीं, बहुत नहीं है," मनु ने मुसकराकर कहा, "अभी बिठूर लिये चलती हूँ। कोठी पर मरहम-पट्टी हो जाएगी और नाना बहुत जल्दी ठीक हो जाएँगे।"

"कैसे ले चलोगी, मनु?" नाना ने कातर स्वर में पूछा।

"तुम उठो, मेरे घोड़े पर बैठो। मैं उसकी लगाम पकड़े तुम्हें अभी घर लिये चलती हूँ।"

"मनु, मैं सध नहीं सकूँगा।"

"मैं साध लूँगी। उठो।"

नाना उठा। मनु ने एक हाथ से घोड़े की लगाम थामी और दूसरे से उसने खून में तर नाना को बैठाया। वह उछलकर फुरती के साथ स्वयं घोड़े की पीठ पर जा बैठी। वह तुरंत ही गाँव की ओर चल दी। बाला भी पीछे-पीछे आया।

गाँव में घोड़ों पर सवार, बाजीराव के सिपाहियों को राजा के पुत्र को बेहाल देखकर चिंता हुई। मनु नाना को अपने घोड़े पर सँभाले कोठी ले आई।

कोठी पर पहुँचते ही बाजीराव द्वितीय ने मनु के पिता मोरोपंत से कहा, "यह क्या हुआ? मनु और नाना साहब दोनों लहूलुहान हैं।"

सिपाहियों ने तुरंत ही नाना को घोड़े पर से उतारा।

मनु भी कूद पड़ी।

मोरोपंत ने मनु को चिपटा लिया और पूछा, "मनु, चोट कहाँ लगी है, बेटी?"

"मुझे तो बिल्कुल चोट नहीं लगी, काका," मनु ने मुसकराते हुए कहा, "नाना को अवश्य चोटें आई हैं, परंतु बहुत नहीं हैं।"

"कैसे चोट लगी, मनु?" बाजीराव ने प्रश्न किया।

"ऊँह, साधारण सी बात थी। घोड़े ने ठोकर खाई। नाना सँभल न सके। धड़ाम से जा गिरे, घोड़ा भाग गया। मुझे तो हँसी आ गई।"

मोरोपंत ने मनु के इस अल्हड़पन पर ध्यान नहीं दिया।

बाजीराव को सुनाते हुए मोरोपंत ने पूछा, "तू नाना साहब को कैसे उठा लाई?"

मनु ने उत्तर दिया, "मैंने उन्हें सहारा देकर अपने घोड़े पर बैठा दिया। मैं पीछे सवार हो गई और एक हाथ में लगाम थामे तथा दूसरे से नाना को सहारा देते यहाँ तक ले आई।"

बाजीराव ने कहा, "बेटी, तुमने यह बहुत अच्छा किया, नहीं तो और कितना नाना का रक्त बह जाता।"

नाना को राजसी बिछौने पर लिटा दिया गया।

तुरंत घाव की मरहम-पट्टी की गई। बाजीराव काफी चिंतित थे।

मोरोपंत निश्चिंत थे कि चोट बहुत खतरनाक नहीं थी, फिर भी वे अपने स्वामी के प्रति सहानुभूति के कारण चिंताकुल हो रहे थे।

जब मनु और मोरोपंत अपनी कोठी में मिले तो मनु ने कहा, "इतनी जरा सी चोट में ऐसी घबराहट और रोना-पीटना।"

"बेटी, चोट जरा सी नहीं है। कितना रक्त बह गया है।"

"फिर आप लोग ही मुझे प्रभु देशपांडे, तानाजी, छत्रपति शिवाजी, सदाशिव, बाजीराव प्रथम की वीरता की कहानियाँ सुनाकर बहादुर बनने के लिए कहते, ताकि हम भारत को अंग्रेजों से मुक्त कर सकें। यदि हम इन छोटी-मोटी चोटों से घबराने लगे तो

कैसे शक्तिशाली दुश्मनों का मुकाबला करेंगे?"

मोरोपंत अपनी माँविहीन लाड़ली पुत्री के तर्कों के सामने निरुत्तर थे।

तीन-चार दिनों में नाना की चोट ठीक हो गई। नाना को हाथी पर बैठाकर घूम आने का प्रस्ताव आया, जो नाना ने सहर्ष स्वीकार कर लिया।

नाना को हाथी पर बैठा देखकर मनु का भी हाथी पर बैठने का मन हुआ। उसने अपने पिता मोरोपंत से कहा, "काका, मैं भी हाथी पर बैठूँगी।" फिर वह बाजीराव से लिपटकर बोली, "दादा, मैं भी हाथी पर बैठूँगी।"

पर नाना और राव ने महावत को हाथी बढ़ाने के लिए इशारा किया और हाथी दोनों लड़कों को लेकर चल दिया। मनु की आँखों में विक्षोभ उभर आया। उसने पिता से कहा, "महावत को पुकारिए, वह रुक जाएगा। मैं हाथी पर बिना बैठे नहीं मानूँगी"।

मोरोपंत ने मना किया, पर मनु हठ करती रही।

मोरोपंत ने मनु को डाँटते हुए कहा, "तेरे भाग्य में हाथी लिखा ही नहीं है। क्यों व्यर्थ हठ करती हो?"

मनु तुनककर खड़ी हो गई, तब मोरोपंत ने मनु को समझाते हुए कहा, "मैंने तुमसे कई बार कहा है कि हम लोग न तो पेशवा हैं, न ही उनके सामंत-सरदार। मैं तो पेशवा का एक साधारण कर्मचारी हूँ, जिसका भविष्य उनकी भृकुटि के इशारे पर निर्भर करता है। यदि तुमने नाना और राव को ज्यादा परेशान किया तो बाजीराव हमसे नाराज हो सकते हैं। वे राजा के लड़के हैं और हम साधारण गृहस्थ व्यक्ति। हमें अपनी हैसियत में ही रहना चाहिए अन्यथा हमारा जीवनयापन ही संकट में पड़ सकता है। हमें अपनी सीमा को पार नहीं करना चाहिए। यह तो ईश्वर की कृपा रही कि नाना की दुर्घटना के लिए तुम्हें जिम्मेदार नहीं ठहराया गया, क्योंकि बाजीराव तुम्हें भी प्यार करते हैं। यह उनकी कृपा है, उनका बड़प्पन है।"

मनु के बाल-मस्तक पर पिता की सलाह का कुछ असर हुआ, क्योंकि पिता ने ही उसे माँ का प्यार दिया था, पर हठी मनु ने प्रतिक्रिया में जवाब दिया, "देखना काका, मेरे भाग्य में एक नहीं, दस हाथी लिखे हैं।"

मनु मचली तथा चाहती थी कि वह उसके घोड़े पर सवार होकर नाना के हाथी को परेशान करे, पर मोरोपंत ने उसे समझाया, "घोड़े से यदि हाथी चिढ़ गया तो तू भले ही बचकर निकल आए, पर नाना साहब, राव साहब तथा महावत मारे जाएँगे, फिर हमारी नौकरी भी चली जाएगी, अब तो हम पूना भी वापस नहीं जा सकते। वहाँ भी राजसी ठाट-बाट कम हो गया है। वहाँ भी काम नहीं मिलेगा, फिर हमे वहाँ कौन पहचानेगा। चलो, हम तुम्हारी माँ की धार्मिक पुस्तकें पढ़ें, जो तुम्हें जीजाबाई, ताराबाई, अहिल्या और सीता बनाना चाहती थी।" पिता-बेटी धार्मिक पुस्तकें पढ़ने बैठ गए, पर मनु ने कहा, "इसके

पश्चात् मैं बंदूक से निशानेबाजी करूँगी। इन अंग्रेजों के साथ मुगदर, तलवार, फरसे से काम नहीं चलेगा। हमें नए-नए प्रकार के अस्त्र-शस्त्रों को बनाना होगा।"

मोरोपंत को आश्चर्य हुआ कि उनकी लाड़ली बेटी में देशभक्ति कूट-कूटकर भरी है तथा वह बड़ी होकर एक वीरांगना और केवल वीरांगना बनना चाहती है।

इसी बीच पहरेदार ने बाजीराव को खबर दी, "झाँसी से एक सज्जन मिलने आए हैं। अपना नाम तात्या दीक्षित बताते हैं।"

बाजीराव झाँसी के आगंतुक से मिले और उनका कुशल-क्षेम पूछकर उनके भोजन एवं विश्राम के प्रबंध करने के लिए आदेश दिया। तात्या दीक्षित से वार्त्तालाप करने पर बाजीराव को ज्ञात हुआ कि वे झाँसी के विधुर राजा गंगाधर राव के लिए उनकी सजातीय वधू की तलाश में आए हैं। बाजीराव को यकायक छबीली का ध्यान आया, परंतु उन्होंने तात्या दीक्षित को विवाह के मामले में आगे बढ़ने से पहले मोरोपंत की सहमति लेना आवश्यक समझा तथा तात्या दीक्षित से दूसरे दिन इस विषय में वार्त्ता करने का निश्चय किया।

बाजीराव ने मोरोपंत को बुला भेजा। मोरोपंत को तात्या दीक्षित का स्मरण हो आया। उन्होंने कहा, "मैं तात्या से एक बार काशी में मिला था। वे काशी यात्रा के लिए आए थे। वे एक योग्य पंडित तथा सज्जन व्यक्ति हैं। झाँसी के राजा के यहाँ उनका यथेष्ट मान है।"

बाजीराव ने मोरोपंत को सुझाव दिया, "हमारी छबीली के लिए यह उत्तम प्रस्ताव है। झाँसी के राजा भी तुम्हारे सजातीय हैं, अत: जन्मपत्री के हिसाब से भी समस्या नहीं होनी चाहिए, फिर एक समय झाँसी के राजा हमारे सूबेदार थे पर बहुत दिनों से वे अंग्रेजों की मातहती में हैं। अच्छा हो कि हम इन विवाह-संबंधों से जुड़कर फिर से अंग्रेजों को भारत से खदेड़ दें।"

"यह सत्य है। यद्यपि हमारे पास अंग्रेजों की भाँति शस्त्र नहीं हैं, पर हमारी वीरता में कमी नहीं है, लेकिन हमारी आपसी फूट, वैमनस्य और अहं हमें एक-एक करके नष्ट किए जा रहा है। हम इन बुराइयों को दूर करके दुबारा अपनी खोई हुई रियासतें वापस ले सकते हैं, शायद हमारी चौथ-वसूली परंपरा ने हमारे कई भारतीय राजा, महाराजाओं और नवाबों को हमारा शत्रु बना दिया है।"

"तुम ठीक ही कहते हो, मोरोपंत," तुम हमारे योग्य सलाहकार हो, पर मोरोपंत ने बाजीराव से अनुरोध किया कि प्रात:काल इस मामले में आगे बढ़ने के पूर्व मनु की सहमति आवश्यक है, क्योंकि मनु एक तेज-तर्रार लड़की है। यदि उसे कोई पसंद नहीं आया तो उसके साथ जोर-जबरदस्ती करना ठीक नहीं होगा।"

घर लौटने पर मोरोपंत ने मनु से उसके विवाह के विषय में प्राप्त प्रस्ताव की चर्चा की। मनु ने कहा, "काका, मैं तुम्हें कैसे छोड़ सकती हूँ, फिर मुझे अंग्रेजों के गुलाम

राजा पसंद नहीं हैं। मैं झाँसी राज्य के प्रशासन में अंग्रेजों की दखलअंदाजी नहीं सहन कर सकूँगी।"

"पर बेटी, तुम्हारे सभी सपने इस विवाह-संबंध में पूरे होते हैं। तुम घुड़सवारी कर सकोगी, बंदूक से निशाना लगा सकोगी, हाथी पर बैठ सकोगी। धार्मिक चर्चा कर सकोगी, क्योंकि राजा को पढ़ने-लिखने तथा नाटक-संगीत आदि कलाओं का बड़ा शौक है और वे झाँसी के एक सर्वाधिक लोकप्रिय राजा हैं। शायद उत्तर एवं मध्य भारत के सर्वाधिक लोकप्रिय राजा, फिर मैं कब तक तुम्हारा साथ देता रहूँगा। तुम कोशिश करके अंग्रेजी राज को उखाड़ फेंकना। दांपत्य-जीवन के प्रेम में बड़ी शक्ति होती है।"

मनु ने उत्तर में कहा, "जैसी आपकी इच्छा, पर आपको भी मेरे साथ झाँसी चलना होगा। मैं तुमसे अलग होकर नहीं रह सकती।"

"पगली, ऐसा भी होता है ? क्या लड़की का पिता लड़की के यहाँ जाकर रहता है ? लड़की के घर का पानी पीना भी विवाह के पश्चात् लड़की के पिता के लिए निषेध है।"

"पर मेरा विवाह भी तो निषेधात्मक श्रेणी में आता है। हम दोनों मिलकर देश के लिए कुछ करेंगे।"

"चलो, बाद में देखा जाएगा। अभी मैं कल झाँसी के राजा के प्रस्ताव पर बात तो करूँ।" यह कहकर पिता-पुत्री सोने चले गए।

दूसरे दिन तात्या दीक्षित से बाजीराव के कक्ष में भेंट हुई। तात्या दीक्षित ने बाजीराव से अपने बिठूर आने का कारण बताया। तात्या दीक्षित ने कहा, "हमारे झाँसी के लोकप्रिय राजा गंगाधर राव के लिए मैं उपयुक्त वधू की तलाश में आया हूँ, ताकि कड़ेरा ब्राह्मण मराठा परिवार को कन्या प्राप्त हो सके। उसी का पुत्र झाँसी राज्य का उत्तराधिकारी होगा। आप तो जानते हो कि झाँसी और बिठूर पास-पास हैं तथा झाँसी के पास यहाँ ही प्राय: आठ हजार मराठा परिवार हैं; शायद यहीं कोई उपयुक्त कन्या मिल जाए, अब तो आप लोगों को पूना से आने के बाद वर्षों बीत चुके हैं और आप लोगों ने अब उत्तर प्रदेश की हिंदी भाषा, जीवन-शैली को अपना लिया है। आप यहाँ पूरी तौर से रच-बस गए हैं।

"हमारे झाँसी के महाराजा को देखकर तो कोई कह ही नहीं सकता कि वे पूना के मराठा हैं। महाराज के लिए बड़ी आयुवाली कुलीन सुंदर कन्या की खोज की, उनके गोत्र के साथ जुड़नेवाली अनेक निर्धन कन्याएँ देखीं, परंतु जन्मपत्रियों का ठीक-ठीक मिलान न हो सका, अत: बिठूर से ही मैंने महाराजा गंगाधर राव के लिए कन्या को निश्चित करने का निश्चय किया है।"

बाजीराव ने विचार करके कहा, "तात्याजी, हमारी छबीली राजा गंगाधर राव के लिए उपयुक्त कन्या है। वह हमारे बिठूर में एक भिन्न प्रकार की लड़की है, जिसे घुड़सवारी, मलखंभ, बंदूक से निशानेबाजी आदि से प्रेम है। वह अन्य लड़कियों की भाँति

अपने साज-शृंगार में समय बरबाद नहीं करती, यद्यपि वह देखने में समान रूप से सुंदर एवं आकर्षक है। कुछ दिन पूर्व ही हमारे पुत्र नाना और राव से घुड़सवारी प्रतियोगिता में वह अव्वल रही तथा नाना के घोड़े से गिर जाने पर उसे बचाकर अपने घोड़े पर बैठाकर ले आई। वह किसी से नहीं डरती। उसे राजसी क्रियाकलापों से लगाव है, पर यह तो मोरोपंत ही निर्णय लेंगे कि वे अपनी इस एकमात्र कमवयसीय कन्या का विवाह आपके झाँसी के राजा के साथ करने को राजी होंगे।"

मोरोपंत ने कहा, "श्रीमन्! आपके सामने मुझे बोलने का अधिकार नहीं है। आपका निर्णय मैं ही क्या बिठूर में स्थित सभी आठ हजार मराठे सिर-माथे पर रखकर स्वीकार करते हैं। हमारी रोजी-रोटी आपकी कृपा पर ही चलती है।"

बाजीराव ने इसे मोरोपंत की सहमति समझते हुए प्रस्ताव को आगे बढ़ाते हुए कहा, "तात्याजी, पहले हम दोनों की जन्मपत्रियों का मिलान कर लें।"

तात्या दीक्षित ने जन्मपत्री माँगी। मोरोपंत ने ला दी। दीक्षित ने जन्मपत्री की परीक्षा करके कहा, "इतनी उत्तम जन्मपत्री मैंने पहले कभी नहीं देखी। इसके भाग्य में तो कहीं की रानी होना लिखा है।"

तात्या दीक्षित को राजा गंगाधर राव की कुंडली का ज्ञान था, पर वे बाजीराव तथा मोरोपंत के सामने उसे प्रकट नहीं करना चाहते थे, क्योंकि इसका अंतिम निर्णय तो महाराजा गंगाधर राव का होना था, अतः उन्होंने अपना निर्णय गोलमोल देते हुए कहा, "मैं झाँसी जाकर और पंडितों की राय लेकर दोनों की जन्मपत्रियों का मिलान करूँगा, फिर राजा के निर्णय से आप लोगों को तुरंत ही अवगत कराऊँगा।"

इसी बीच राव के साथ मनु वहाँ आ गई। बाजीराव ने दीक्षित से कहा, "यही वह कन्या है।" मनुबाई के विशाल गोल नेत्र, चमकीले बाल, स्वर्ण-सा रंग और संपूर्ण चेहरे की गोलाकार बनावट को देखकर दीक्षित हतप्रभ रह गए। उनको बार-बार लगने लगा कि यही कन्या झाँसी की रानी होने योग्य है। दीक्षित ने ममता प्रदर्शित करते हुए पूछा, "आ बेटी, आ! तूने शास्त्र पढ़े हैं, उच्च कुल की ब्राह्मण कन्या के लिए यह उपयुक्त है।"

मनु बाजीराव की मसनद पर बैठते हुए बोली, "मैंने अपनी माँ तथा पिताजी को सब समय शास्त्र पढ़ते हुए देखा है तथा उनसे छत्रपति शिवाजी, जीजाबाई तथा सीता की कहानियाँ सुनी हैं, पर मुझे तलवार चलाना, मलखंभ भाँजना तथा घोड़े की सवारी रुचिकर हैं।"

मोरोपंत ने बीच में टोकते हुए कहा, "बड़ी होने पर अपनी घर-गृहस्थी का सुप्रबंध करेगी।"

तात्या दीक्षित ने उत्साहित होकर भविष्यवाणी की, "यह किसी राज्य की रानी होगी।"

राव ने बीच में टोकते हुए कहा, "राज्य तो सब अंग्रेजों ने ले लिये हैं। नए राज्य कहाँ से बनेंगे?"

मनु ने उत्तर दिया, "हमारे जैसे वीर और वीरांगनाएँ नए राज्य बनाएँगे।"

तात्या दीक्षित ने मनु का समर्थन करते हुए कहा, "राज्यों को बनानेवालों की इस देश में कभी कमी नहीं रही। बहुत से आक्रमणकारी भारत में आए, वे या तो लौट गए अथवा इस धरती के होकर यहीं बस गए। इस धरती का ऐसा ही चमत्कार है। अंग्रेज हमारी संस्कृति को स्वीकार नहीं करते हैं, अतः उन्हें भारत से जाना ही होगा।" बाजीराव ने विषयांतर करते हुए पूछा, "झाँसी में कितने बाग-बगीचे हैं?"

तात्या दीक्षित ने कहा, "बहुत हैं। राजा के बगीचे हैं। सेठ-साहूकारों और सरदारों के बगीचे हैं। सेना भी बहुत बड़ी है। सैकड़ों घोड़े-हाथी हैं। इन राजा के समय तो झाँसी निखालिस्तान हो गया है।"

इतने में एक सुगठित शरीर का तात्या नामक युवक आया। उसने पेशवा से विनय की, "महाराज, गुरु ने कहलवाया है कि झाँसी से आए आगंतुक हमारे अखाड़े को देखने की कृपा करें।"

दीक्षित ने सहर्ष सहमति दी और जाकर बाला गुरु के अखाड़े पर मलखंभ और कुश्ती का प्रदर्शन देखा।

□

# तीन

तात्या दीक्षित बाला गुरु के अखाड़े पर शारीरिक व्यायाम एवं सौष्ठव को देखकर अति प्रसन्न हुए एवं मन-ही-मन में उन्होंने निश्चय किया कि झाँसी में भी इस प्रकार शारीरिक संस्कृति को बढ़ावा देना होगा। उन्होंने मन-ही-मन में सोचा कि जब झाँसी और बिठूर एक होंगे तो निश्चय ही एक-दूसरे से सीखेंगे। तात्या दीक्षित अपने नामराशि तात्या को अखाड़े पर मुख्य कर्ता-धर्ता देखकर अति प्रसन्न हुए। तात्या ने तात्या से कहा, "हमारी मनु तो हम सबसे आगे बढ़कर निकलेगी। वह अग्नि है, पर साथ में माँ का सिखाया हुआ पृथ्वी का गांभीर्य है उसमें। वह हमारे बिठूर की नेत्री है। हम लोग उसको सही दिशा में तरक्की करते हुए देखकर आत्ममुग्ध हैं। आप देखना, वह एक दिन अंग्रेजों से भी लोहा लेगी।" इसी प्रकार की टिप्पणियाँ दीक्षित को अखाड़े पर उपस्थित कुछ अन्य युवाओं से प्राप्त हुई। दीक्षित की बिठूर में आखिरी शाम थी। वे बिठूर में अपने परिचितों से मिलने गए। सभी ने कहा, "झाँसी के राजा के उपयुक्त तो हमारी मनु है, जो घुड़सवारी और वीरता में हमारे दोनों राजकुमारों से बढ़कर है।"

तात्या दीक्षित को झाँसी की परंपरा के अनुसार पान खाने का शौक था। वे पान की दुकान पर पान खाने गए। पान की दुकान पर लोग पान खाने से अधिक गपशप करने आते थे। राजा बाजीराव, उनके अंत:पुर तथा राजकुमारों के विषय में चर्चा में सभी रस लेते। दीक्षितजी ने पाया कि सभी चर्चाओं में मनु राजप्रासाद से संबंधित न होते हुए भी राजप्रासाद की चर्चा में आ जाती। सभी कहते—"इतनी बहादुर लड़की न हमने कभी सुनी, न देखी। वह तो राणाप्रताप की भाँति घुड़सवारी करती है तथा शिवाजी की भाँति मलखंभ और कुश्ती करती है। वह शिवाजी की भाँति ही चपल और तेजवान है, जहाँ वह युद्धकला में निपुण है, वहीं वह धार्मिक क्रियाकलापों में भी रुचि रखती है। उसकी सुंदरता के लिए तो हमारे महाराजा बाजीराव ने ही उसे 'छबीली' की उपाधि दे दी है। कई मराठी युवा उस पर अपनी जान फेंकते हैं, पर उसे प्रेम-प्रस्ताव देना मौत को आमंत्रण देना

है। नानाजी और राव साहब का भी साहस नहीं, पर वह अपने पिता मोरोपंत को अपनी जान से अधिक प्यार करती है। वह अपने पिता मोरोपंत की इच्छा के विरुद्ध नहीं जा सकती, क्योंकि उन्हीं ने उसका पिता तथा माता की भाँति पालन-पोषण किया है, लेकिन मोरोपंत जैसे कुशल राजा के विश्वासपात्र सहायक हैं, वैसे ही वे घोर मराठी ब्राह्मण हैं। वे जन्मपत्री मिलाए बिना, गोत्र देखे बिना विवाह-संबंध में आगे नहीं बढ़ेंगे।" दूसरा व्यक्ति तंबाकू खाता हुआ कहता, "होना ही चाहिए। कोई हम अंग्रेज नहीं हैं कि जिस स्त्री पर मन आया, उसके पीछे पड़ गए। हमारी भारतीय परंपरा जाति-बिरादरी, गोत्र तथा जन्मपत्री में ग्रह-नक्षत्रों के मिलान के अनुसार ही विवाह की परंपरा है, तभी विवाह स्थायी रहता है, जन्म-जन्मांतर के लिए दो आत्माओं को जोड़ता है।"

बस तात्या दीक्षित को अपने लक्ष्य में सफलता मिल गई। उन्होंने मन-ही-मन सोचा, 'यदि मैंने महाराजा को इस कन्या के संबंध का सुझाव दिया और इसने मना कर दिया तो मेरी नौकरी तो गई। साथ में मुझे महाराजा का कोपभाजन तथा राजदंड का पात्र होना पड़ेगा। यही महाराजा के लिए उपयुक्त वधू है, जो चरित्रवान एवं सभी राजसी गुणों से संपन्न है। महाराजा मेरी इस पसंद में कोई भी कमी नहीं निकाल पाएँगे।'

तात्या दीक्षित ने बिठूर से प्रस्थान करने से पहले बाजीराव तथा मोरोपंत से भेंट की तथा उनकी ओर से आश्वासन लिया, "यदि महाराजा गंगाधर राव की ओर से हमें कोई भी मनु के विवाह का प्रस्ताव प्राप्त होता है तो हम उसे सहर्ष स्वीकार करेंगे।"

यह स्वीकृति मोरोपंत की ही नहीं, उनके महाराजा बाजीराव की थी, जिनका मराठा राज्य सत्य और न्याय पर आधारित था। तात्या दीक्षित जैसे दिग्विजय करके झाँसी लौट रहे थे। उनका मन सफलता की लहरों में डुबकी लगा रहा था और चेहरे पर प्रसन्नता की लालिमा थी। तात्या दीक्षित को लगा जैसे वे आसमान में उड़कर झाँसी पहुँच रहे हैं, जहाँ महाराजा स्वागत में थाल एवं मणिमुक्ता लिये खड़े हैं।

महाराज गंगाधर राव से मिलने पर तात्या दीक्षित ने कहा, "महाराज, मैंने बिठूर में कन्या देख ली है। वह बिल्कुल आपके उपयुक्त है। वह सुंदर, चरित्रवान, युद्ध-कौशल में निपुण और धार्मिक पंद्रह वर्षीय युवती है। आप दोनों की जन्मपत्रियाँ भी मिल गई हैं। उसके पिता मोरोपंत ताम्बे श्रीमंत बाजीराव पेशवा का कामकाज देखते हैं, पर श्रीमंत पेशवा का मनु पर विशेष स्नेह है। वह उसे अपनी पुत्री के समान ही प्रेम करते हैं। इस विवाह-संबंध के लिए मैं पेशवा महाराज और श्री मोरोपंत की सहमति लेकर आया हूँ, अब आप आज्ञा करें।"

गंगाधर राव यह विवाह-प्रस्ताव सुनकर मुसकराए और बोले, "आप लोग झाँसी के सिंहासन के स्वामिभक्त हैं। मुझे निश्चय है कि आप ऐसा कोई भी काम नहीं करोगे, जो झाँसी के राजा के हित में न हो। मुझे यह संबंध स्वीकार्य है, पर तुम जाकर एक बार

राजमाता के कान में डाल दो। वे ही हमारे परिवार में पूज्य हैं। उनका मान-सम्मान होना चाहिए।"

गंगाधर राव ने आगे पूछा, "मोरोपंतजी और पेशवा में कैसे संबंध हैं?"

दीक्षित—"बहुत घनिष्ठ एवं आत्मीय। कन्या तो अधिकांश समय पेशवा के पास ही रहती है, पर राजसी कामकाज में मोरोपंत पेशवाजी से उचित दूरी रखते हैं तथा उनका उचित आदर-सम्मान करते हैं।"

गंगाधर राव—"वह तो होना ही चाहिए। क्या लड़की और वे हमारा संबंध स्वीकार कर रहे हैं?"

दीक्षित—"श्रीमान्, निश्चय ही। उन दोनों ने एक साथ ही इस संबंध की स्वीकृति प्रदान की है। मुझे लगता है कि मोरोपंत ने कन्या से भी अकेले में बात करके उसकी सहमति ले ली है, वैसे कन्या के लिए माता-पिता सभी मोरोपंत हैं। वह उनके विरुद्ध नहीं जा सकती, फिर भी श्रीमंत पेशवा एवं मोरोपंतजी ने मेरे सामने मनु की उपस्थिति में इस संबंध की चर्चा की और उसे इस पर कोई आपत्ति नहीं हुई। भारतीय कन्याएँ कभी भी खुलकर विवाह-संबंध स्वीकार नहीं करतीं। उनकी मौन सहमति ही काफी है। मैंने भी कन्या से बात कर ली है।"

गंगाधर राव—"आपने क्या बात की?"

दीक्षित—"मैंने उससे पूछा कि क्या उसने शास्त्र पढ़े हैं। उत्तर में कन्या ने कहा कि उसने अपने माता-पिता को शास्त्र पढ़ते हुए देखा है तथा उसने उनसे छत्रपति शिवाजी, जीजाबाई, रामचरितमानस में सीता की कहानियाँ सुनी हैं।"

"यही काफी है, अब दीक्षितजी, आप आगे बढ़ें।" राजा ने दीक्षित को आज्ञा दी।

तात्या दीक्षित ने नंगे पाँव जाकर राजमाता को यह शुभ समाचार सुनाया। राजमाता भी अपने पुत्र के अकेलेपन के कारण दुःखी थीं तथा गंगाधर राव के लिए उचित कन्या की निरंतर तलाश में थीं। उनको यह रिश्ता उनके परिवार एवं मराठा रीति-रिवाजों के अनुसार सभी दृष्टियों से उचित लगा। उन्होंने तात्या दीक्षित से 'हाँ' भर दी और कहा, "आप लोग हमारे परिवार तथा झाँसी राज के हितैषी हैं। आप जो कुछ भी करेंगे, हमारे हित में करेंगे। आप इस संबंध को पक्का करें।"

दीक्षित ने विश्वासपूर्वक कहा, "आपके आशीर्वाद से यह संबंध पक्का हो जाएगा। हम तुरंत ही मँगनी की रस्म करने के लिए बिठूर के लिए प्रस्थान करेंगे, राजा की सहमति लेकर।" दीक्षित ने महाराजा गंगाधर राव को राजमाता की स्वीकृति की सूचना दी और कहा, "मैंने उनसे दोनों जन्मपत्रियाँ मिलने की बात नहीं कही थी, क्योंकि मैं आपके निर्णय के बारे में निश्चित नहीं था। विवाह एक व्यक्तिगत मामला है, इसमें तीसरे पक्ष का हस्तक्षेप उचित नहीं, वैसे मैंने दोनों जन्मपत्रियों का बार-बार मिलान कर लिया है

तथा अपने साथी पंडित एवं ज्योतिषी को भी दिखा दिया है। सभी का मत है कि ऐसी जन्मपत्रियों का मिलान कम होता है। क्या आपकी आज्ञा लेकर मैं बिठूर में मँगनी की रस्म की तिथि निश्चित करूँ ?"

गंगाधर राव ने कहा, "तब मँगनी की रस्म के लिए आपको ही बिठूर जाना पड़ेगा।"

यह सुनकर दीक्षित का माथा चक्कर खा गया। वह विश्वास भी नहीं कर सके कि उन्हें झाँसी के गद्दीनशीन महाराजा के विवाह में मुख्य भूमिका निभाने का भारी उत्तरदायित्व प्राप्त हुआ है।

दीक्षित ने कहा, "सरकार, आपने मुझमें जो विश्वास किया है, उस पर मैं खरा उतरने के लिए प्राणपण से चेष्टा करूँगा।"

"कोई मैं अकेला राज नहीं करता हूँ। आप जैसे विश्वासपात्र तथा स्वामिभक्त सिपहसालारों तथा सहायकों के बल पर ही आज मैंने झाँसी में स्वराज्य कायम किया है, अब तुम लोगों की इच्छानुसार झाँसी को एक उत्तराधिकारी भी प्राप्त हो जाएगा।"

दीक्षित ने सामान्य होते हुए कहा, "झाँसी की जनता इस समाचार से बहुत खुश होगी।"

राजा गंगाधर राव के इशारे पर मनु की मँगनी के लिए खजाना खोल दिया गया। राजमाता ने भी अपने राजसी आभूषण, माणिक, मोती तथा बहू के लिए सहेजकर रखी बनारसी साड़ी तात्या दीक्षित के पास पहुँचाई। ब्राह्मण तात्या दीक्षित ने कभी इतना बड़ा हिसाब-किताब नहीं रखा था, अत: उन्होंने राजा की सहमति से राजकोष के ही एक विश्वसनीय लेखाधिकारी को लिया और उसे वे सभी सौंपते गए।

झाँसी से मनु की मँगनी के लिए कारवाँ प्रारंभ हुआ, जिसमें ढेर सारी पगी हुई मिठाइयाँ, कपड़ों का ढेर, सजे एवं साफ आभूषण, बहुमूल्य हीरे, माणिक, मोती तथा कारिंदों के बीच बाँटने के लिए अशर्फियाँ। यद्यपि तात्या दीक्षित की बड़ी इच्छा थी कि कोई महिला साथ में चले, ताकि वह बिठूर में मँगनी से पूर्व सभी सजाकर रखा जा सके, पर कट्टरपंथी मराठी परंपरा में स्त्रियाँ परदे के पीछे ही रहती थीं, लेकिन दीक्षित के अनुरोध पर राजा ने सर्राफा बाजार से एक सर्राफ को आभूषण सजाने के लिए नियुक्त कर दिया।

मँगनी के दिन तात्या दीक्षित के नेतृत्व में झाँसी के महाराजा की मँगनी का दल बाजीराव के महल में पहुँचा, जहाँ उन्हें स्वागत के साथ अतिथि गृह में ठहराया गया। पेशवा बाजीराव के आदेश से एक सुंदर उत्सव का आयोजन हुआ। मनु और दोनों लड़कों को आभूषणों तथा रेश्मी वस्त्रों से सजाया गया। मँगनी का कार्यक्रम मराठा रीति-रिवाजों से हुआ, जबकि बाहरी धूमधाम उत्तर भारतीय परंपरा से हुई। यहाँ तक कि कुछ पटाखे भी चलाए गए।

मनु मँगनी के उत्सव में शील ओढ़े हुए थी। सभी को चपल और चंचल मनु का यह स्वरूप दृष्टिगोचर करके विस्मय हो रहा था, पर मोरोपंत का आदेश था, जो स्वप्न में भी मनु अपने पिता के आदेश का उल्लंघन नहीं कर सकती।

मोरोपंत उत्साह एवं संतोष से लबालब थे, क्योंकि उनका महत्त्वशाली उत्तरदायित्व, अर्थात् मनु का विवाह होने जा रहा था। विवाह के लिए उन्होंने मनु की माँ की साड़ियाँ तथा आभूषण सुरक्षित रखे हुए थे। पेशवाजी ने ही इतनी व्यवस्था कर दी थी कि ज्ञात हो रहा था कि राजा की कन्या की मँगनी हो रही थी। पेशवा बाजीराव कन्या के अभाव में मनु पर ही अपना प्रेम उड़ेलते थे।

वेदों के मंत्रोच्चारों के मध्य मँगनी की रस्म संपन्न हुई। सभी ने झाँसी और बिठूर के मिष्ठान्न तथा नमकीन का आनंद लिया तथा बाद में पेशवा की ओर से एक विराट् भोज का आयोजन हुआ।

पेशवा बाजीराव, मोरोपंत तथा पेशवा बाजीराव के अंतःपुर में महिलाओं को झाँसी से आए कपड़ों, आभूषण तथा माणिक-मोती, हीरे-जवाहरातों को देखकर झाँसी राज्य की समृद्धि पर आश्चर्य हुआ। पेशवा बाजीराव ने कहा, "मराठों के जो भी सरदार या सूबेदार देश के कोने-कोने में फैले हैं, वे अब पूना के मराठा दरबार से भी अधिक समृद्ध हैं।" बाजीराव ने आत्मसंतोष से मोरोपंत के सामने कहा, "मुझे संतोष और खुशी है कि मनु ठीक घर में जा रही है, जहाँ वह राज करेगी। उसके आसपास घोड़े, हाथी, नौकर-चाकरों की सेना होगी। वह बचपन में जैसी थी, वैसा ही उपयुक्त उसे वर मिल गया है।" तत्कालीन परिवेश में राजा की उम्र नहीं देखी जाती थी। राजा की रानी बनकर जाना ही लड़की के लिए गंतव्य था तथा उसके परिवार के लिए सबसे बड़ी उपलब्धि, फिर इस संबंध से मोरोपंत का मराठा जाति में कर्मचारी से सामंत का पद होने जा रहा था। मोरोपंत इसे ईश्वर की कृपा, पेशवा बाजीराव का पृष्ठपोषण तथा मनु के गुणों का प्रताप समझकर गद्गद थे।

दूसरे दिन बिठूर के जाने-माने पंडित, जन्मपत्री विशेषज्ञ तथा मराठा परिवार के वरिष्ठों की उपस्थिति में गंगाधर राव और मनु के झाँसी में विवाह की तिथि निश्चित हुई तथा यह तिथि सुंदर रेशमी कपड़े में लपेटकर तात्या दीक्षित को झाँसी ले जाने के लिए सौंप दी गई।

यह भी तय हुआ कि विवाह का व्यय झाँसी के राजा ही वहन करेंगे, क्योंकि विवाह का आयोजन झाँसी में ही होगा, जहाँ महाराजा गंगाधर राव की तूती बोलती है। झाँसी बिठूर के लोगों के लिए अनजान जगह है। यह भी तय हुआ कि विवाह के पश्चात् मनु के पिता मोरोपंत झाँसी में ही रहेंगे तथा उनकी गणना झाँसी के सामंतों, सरदारों में होगी। बाजीराव ने बाला गुरु के अखाड़े से तात्या को मोरोपंत तथा बिठूर के दल के रहने की व्यवस्था

देखने के लिए झाँसी के राजा के दल के साथ झाँसी भेजा। यही ब्राह्मण युवा आगे चलकर प्रथम स्वाधीनता संग्राम में तात्या टोपे के नाम से विख्यात हुआ।

वैसे लड़कीवालों के ठहरने की सुव्यवस्था झाँसी के किले में हो सकती थी, जो कई मीलों के घेरे में फैला था, लेकिन लड़कीवालों का लड़केवाले के यहाँ ठहरना महाराष्ट्रीय तथा बुंदेलखंडी परंपरा के अनुसार उचित नहीं था, अत: मोरोपंत तथा बिठूर के लोगों का प्रबंध किले के बाहर पानी की धर्मशाला में करना ठीक हुआ तथा उसके पास ही गणेश मंदिर में विवाह की रस्म-अदायगी निश्चित हुई। पानी की धर्मशाला की शोभा नंदी मंदिर से लगे घाटों और विशाल सरोवर एवं दक्षिणी कोने पर बने शिव मंदिर के दाएँ-बाएँ हनुमान व गणेश मंदिरों से है। गणेश मराठों के प्रधान देव हैं। मंदिर के गर्भगृह में स्थित प्रतिमाओं में चौदहवीं शताब्दी की महिषासुर मर्दिनी की प्रतिमा झाँसी में खजुराहो मंदिरों की पंचायतन शैली में चंदेलकालीन राजनीतिक प्रभुत्व की साक्ष्य स्वरूप है। इस मंदिर का मंडप छत पर प्रदर्शित धार्मिक चित्रों से अलंकृत है, जो तत्कालीन चित्रकला की उत्तम धरोहर है।

मोरोपंत और मनुबाई के ठहरने के लिए एक पृथक् अच्छा सा भवन ठीक हो गया, ताकि मनु बहू के रूप में परदे में रह सके। तात्या टोपे ने निवास-स्थान की सूचना शीघ्र ही बिठूर भेज दी तथा बिठूर से स्वीकृति मिलने पर कुछ दिन झाँसी ठहरकर बिठूर वापस आ गया। झाँसी में निवास के दौरान टोपे ने महाराज की नाटकशाला में 'रत्नावली' नाटक देखा तथा एक अवैध स्त्री-पुरुष संबंधों के विषय में देश निकाले का राजा का निर्णय ध्यानपूर्वक सुना, जिससे टोपे अति प्रभावित हुआ।

तात्या टोपे को बिठूर की अपेक्षा झाँसी ज्यादा पसंद आई। झाँसी का रहन-सहन, यहाँ के स्त्री-पुरुष तथा प्राकृतिक वातावरण में तात्या टोपे का मन रम गया। यहाँ तक कि बिठूर के गंगा किनारे से झाँसी अधिक मनोहर एवं प्राकृतिक था। बिठूर लौटने पर नाना, राव और मनु ने प्रश्नों की बौछार की।

नाना—"क्या झाँसी बिठूर से बड़ा नगर है ?"

तात्या टोपे—"कुछ बड़ा ही होगा। किला बहुत बड़ा है। नगर के चारों ओर परकोटा है। बस्ती ऊँचाई-निचाई पर बसी है। घर-घर कुएँ हैं। नगर के भीतर बाग-बगीचे, तालाब तथा प्रचुर मंदिर हैं। किला एक छोटी पहाड़ी पर है, जिसमें राजा रहता है। एक बड़ा महल नीचे है, एक नाटकशाला भी है।"

मनु—"नाटकशाला में क्या होता है ?"

टोपे—"नाटकशाला में नाटक होते हैं।"

मनु—"मैं भी देखूँगी।"

टोपे—"तुम्हारे लिए सभी खुला रहेगा, तुम तो झाँसी की मल्लिका होने जा रही

हो। श्रीमंत राजा साहब नियमित रूप से नाटकशाला जाते हैं। मैंने भी उनके निमंत्रण पर एक नाटक देखा।"

मनु—"कितने हाथी हैं?"

टोपे—"दस या शायद अधिक हों।"

मनु—"घोड़े कितने हैं?"

टोपे—"कई हजार।"

नाना—"सेना कितनी है?"

टोपे—"कई हजार हैं।"

मनु—"ठीक-ठीक कितनी...।"

टोपे—"प्राय: आठ-दस हजार...।"

मनु—"लोग कैसे हैं?"

टोपे—"लोगों के शरीर दृढ़ और स्वस्थ हैं। उनके मन में बुंदेली वीरता का विशेषत: आल्हा-उदल तथा छत्रसाल की वीरता का गौरव समाया हुआ है। शहर में व्यापार अच्छा है, सब समय चहल-पहल रहती है। स्त्री-पुरुष सुखी और प्रसन्न दृष्टिगोचर होते हैं।

राव साहब—"कुश्ती, मलखंभ के अखाड़े हैं?"

तात्या—"शायद नहीं। मनु के जाने के बाद वे भी हो जाएँगे।"

मनु—"झाँसी में तोपें कितनी हैं।"

तात्यां टोपे—"बड़ी तोपें चार हैं। छोटी तो अनगिनत हैं।"

बाजीराव ने पूछा, "तात्या, बच्चों से क्या बात कर रहे थे?"

तात्या—"मैं उन्हें झाँसी का हालचाल सुना रहा था।"

बाजीराव ने कहा, "तुम मोरोपंत के साथ झाँसी जाओ और विवाह का शुभ एवं सफलतापूर्वक आयोजन करो।"

पेशवा बाजीराव ने मनु के विवाह के लिए उदारतापूर्वक अपना राजकोष खोल दिया, फिर क्या था? तात्या टोपे तथा मोरोपंत ने अंत:पुर की महिलाओं से सलाह-मशविरा करके मनु के विवाह के लिए आवश्यक साड़ियाँ, आभूषण खरीदे तथा वर-पक्ष को भेंट देने के लिए विभिन्न वस्त्रों, मिष्टान्न तथा चाँदी-सोने की व्यवस्था की।

विवाह-स्थल गणेश मंदिर पूर्ण तौर से सजाया गया था तथा फूलों से लदा था। मंदिर के अंदरवाले विशाल प्रकोष्ठ में सैकड़ों लोगों के बैठने के लिए गद्दे एवं मसनद लगे थे तथा कालीन चारों ओर बिछे हुए थे। गोखों और राजसी महराबों को सुरुचिपूर्ण ढंग से सजाया गया था।

एक दिन पूर्व जब मोरोपंत और मनु ने झाँसी में प्रवेश किया, उस समय नगर के सारे पथ प्रकाश और फूलों से सजाए गए थे। बंदनवारों से नगर के विभिन्न द्वार सजाए गए थे।

वैशाख पूर्णिमा संवत् 1899, अर्थात् 1842 को झाँसी में राजा गंगाधर राव के विवाह का धूमधाम से आयोजन हुआ। चालीस वर्षीय विशाल नेत्रोंवाले साँवले गंगाधर राव अपने भारी-भरकम पर सुंदर शरीर के साथ अपने प्रिय हाथी सिद्धबख्श पर रत्नजड़ित सोने के हौदे में बैठकर दूल्हा सजकर निकले। हाथी सोने की जरी से सजकर सूँड़ हिलाता हुआ राजपथ पर चलने लगा। टप-टप करते हुए सजे हुए अरबी घोड़े जुलूस में चलने लगे। कुछ स्थानीय घोड़े चाँदी से सजे हुए रास्ते में नाच कर रहे थे तो कुछ बाजीगर रास्ते के किनारे मुरगों और भेड़ों की लड़ाई का खेल दिखा रहे थे। राजा की बारात के रास्ते में झाँसी की जनता उमड़ पड़ी थी। भारी संख्या में रास्ते भर सिक्के लुटाए जा रहे थे तथा ढोलक एवं बैंडवालों पर पैसे लुटाए जा रहे थे। नगर में खुशी और उल्लास का सैलाब आ गया। रमतूल गूँज उठे, नर्तक ढोल, पखावज, मृदंग पर नाच उठे। एक-दो बहुरूपिए स्त्री का वेश बनाए नाच रहे थे तो कुछ गान कर रहे थे। किला और रानी महल मशालों और दीपकों के प्रकाश से जगमगा उठा। बंदूकें चलीं। राजा के प्रिय तोपची गुलाम गौस खाँ ने किले की बुर्ज से घनगर्ज, अर्जुन, नालदार और भवानीशंकर चार बड़ी तोपों से सौ गोले दागे। गली-गली में हर्षोल्लास का वातावरण छा गया। आतिशबाजी जल उठी। अनारों से नाना प्रकार के आतिशी रंग बिखरने लगे। विशाल काले घोड़ों पर चढ़कर अंग्रेज सुपरिंटेंडेंट रोज ने अपने दल के साथ आकर राजा को उपहार देकर ईस्ट इंडिया कंपनी की ओर से श्रद्धा-सम्मान निवेदित किया। निमंत्रण पाकर ओरछा, दतिया और अन्य पड़ोसी राजा और जमींदार आए। भिखारियों और गरीब लोगों को अन्न, वस्त्र और कंबल दिए गए। ब्राह्मण लोग बड़े-बड़े थालों में भरकर आई 'पूरनपूरी', श्रीखंड और खीर का भोजन कर 'अब नहीं', 'अब नहीं' कहने लगे। इत्र और गुलाब जल का रास्ते में तथा गणेश मंदिर में छिड़काव हो रहा था तथा चाँदी के वर्कों के पान परोसे जा रहे थे।

प्रथम बार मनु ने गंगाधर राव को कनखियों से देखा। वह उनके घोड़े पर बैठने से सम्मत न हो सकी, फिर भी राजा राजा ही होता है। मनु ने स्वयं को तसल्ली दी। वह तो गंगाधर राव से अधिक झाँसी के साथ विवाह करने जा रही है, ताकि वह भारत को अंग्रेजों से मुक्त करा सके।

उसके स्वप्नों को पूरा करने का एकमात्र पथ है राजा गंगाधर राव के साथ विवाह। यज्ञ, होम, पुष्प और मंत्रोच्चारों के बीच विवाह की रस्में संपन्न हुईं। सभी के बीच चपल मनु ने गंथि-बंधन रस्म के समय पुरोहित से जोर से कहा, "चाँगली बलकट गाँठ बाँधो।" अर्थात् गाँठ जरा अच्छी तरह बाँधना। गाँठ ऐसी बाँधिए कि कभी छूटे नहीं, पति-पत्नी का प्रेम अमर रहे।

यद्यपि यह एक पतिव्रता स्त्री का कथन था, पर सभी को यह सुनकर बड़ा आश्चर्य हुआ। गंगाधर राव भी सकते में आ गए, क्योंकि विवाह के समय वधू तो लज्जाशील होती है।

कोठी कुआँवाले भवन में भाँवरों, अर्थात् सात फेरों के साथ ही गंगाधर राव और मनु पति-पत्नी हो गए।

अन्य रस्मों के पूरा होने पर गंगाधर राव वर की सज-धज में पाँवड़ों पर, फूलों और चावलों की बरसात में बाहर आए। उनके पीछे मनु राजसी दुपट्टे से गाँठ बाँधे हुए चल रही थी—पूर्णतः महारानी की भाँति असीम विश्वास के साथ। मनु के पिता मोरोपंत के नेत्रों से आँसुओं की धार बंद नहीं हो रही थी, मनु भी पिता के बिछोह से न सँभल सकी। बाबुल के घर छोड़ने का दृश्य हृदय विदारक होता है, पर झाँसी की जनता के हर्षोन्माद में वह तिरोहित हो गया। सभी कह रहे थे—**'असली राजा तो झाँसी को अब मिला।'**

□

# चार

विवाह-स्थल से मनु और गंगाधर राव किले में आए। गंगाजल छिड़कते हुए शंख ध्वनि करते हुए नारी-पुरुषों तथा दोनों परिवारों के सदस्यों के साथ आगे-आगे पुरोहितजी चले। पीछे-पीछे नववधू को लिये हुए राजा गंगाधर राव झाँसी के राजसिंहासन पर बैठे।

काले पत्थरों से निर्मित सुदृढ़ किले में चारों ओर से अदृश्य पितरों के कंठों से आशीर्वाद की वाणी मुखरित हो रही थी। किले के नौकर-चाकर, चौकीदार, सिपाही, पशु-पक्षी तथा पेड़-पौधे खुशी से नाच रहे थे कि अब किले में केवल घोड़ों की टापों की आवाज और हृदयहीन प्रशासन तथा कूटनीति की चालों के अतिरिक्त घुँघरुओं की झनकार तथा बच्चों की किलकारी भी सुनाई देगी। सभी की आशा, आकांक्षाओं को पूरा करते हुए श्रीमंत महाराजाधिराज गंगाधर राव की धर्मपत्नी बनने के बाद नेवालकर वंश-परंपरा के अनुसार पुरोहित का आशीर्वचन घोषित हुआ— "आज से वंश की कुलदेवी महालक्ष्मी के नाम पर वधू का नाम हुआ—लक्ष्मीबाई। हे कल्याणी! हे लक्ष्मीबाई। इस नाम के द्वारा तुम अपने पतिकुल का गौरववर्धन करो।"

उपस्थित अतिथियों विशेषतः अंग्रेज अफसरों को झाँसी राजवंश का निजी कोष और राजपरिवार के हीरे-जवाहरातों में जड़ाऊ आभूषणों को देखकर विस्मय हो रहा था। आकर्षण का केंद्र था—

महाराजा गंगाधर राव द्वारा अपनी नई-नवेली वधू के लिए आयातित नवलखा हार, जो इसी दिन पहुँच सका।

अंग्रेज प्रतिनिधियों तथा अधिकारियों को यह निश्चय हो गया कि वे कितना ही भारत से धन लूटें, पर वे हिंदुस्तान के राजा-महाराजाओं की धन-दौलत का मुकाबला नहीं कर सकते।

मनु ने जैसे ही रनिवास में प्रवेश किया, राजमाता ने उनका गृहलक्ष्मी बोलकर

स्वागत किया। इसके पश्चात् लक्ष्मीबाई की उम्र की दासियों ने आकर उन्हें दंडवत् प्रणाम किया। सर्वप्रथम छरहरे बदन की साँवले रंग की पंद्रह वर्षीय मराठा कन्या आई। लक्ष्मीबाई ने प्रश्न किया, "तुम कौन हो?"

उसने उत्तर दिया, "आपकी दासी, सुंदर मेरा नाम है।"

लक्ष्मीबाई, "मेरी दासी! कैसी?"

सुंदर—"आप हमारी महारानी हैं। मैं सेवा में रहूँगी। आजन्म सेवा में, जब तक आप मुझे रखेंगी।"

लक्ष्मीबाई—"मेरी दासी कोई न होगी। तुम मेरी सहेली बनकर रहोगी।"

"यह तो हमारा अहोभाग्य है।" सुंदर ने उत्तर दिया।" हम सोलह दासियाँ आपकी सेवा में रहा करेंगी।"

सुंदर ने दो और लड़कियों का परिचय कराया—"इसका नाम मुंदर है और इसका काशी। मेरी तरह ये भी आपकी दासियाँ हैं।"

लक्ष्मीबाई ने सहज स्वर में कहा, "मेरी कोई दासी न होगी। तुम सभी मेरी सहेलियाँ होकर रहोगी।"

सभी ने एक स्वर में कहा, "जैसी आज्ञा सरकार!"

रानी लक्ष्मीबाई ने आगे कहा, "आजकल हम सरकार नहीं हैं। हमारा स्थान इन गोरी चमड़ीवाले अंग्रेजों ने ले लिया है। हमें इनसे अपनी सरकार वापस लेनी है। इसके लिए तुम्हें मैं घोड़े की सवारी करना सिखाऊँगी। मुगदर, मलखंभ चलाना सिखाऊँगी तथा हथियार चलाना भी।"

"पर हम कैसे मुगदर, मलखंभ का अभ्यास करेंगे?" सुंदर ने पूछा।

"अरे, जब तक बलवान शरीर नहीं होगा तो हथियार कैसे साधोगी? मैं तो चाहती हूँ कि तुम कुश्ती भी सीखो। मैं बिठूर से बाला गुरुजी को भी तुम्हें कुश्ती सिखाने बुलाऊँगी।"

यह सुनकर सभी दासियाँ शरम से हँस पड़ी। "कुछ भी हो, हम मर्द से कुश्ती नहीं सीख सकते।" काशी ने कहा।

"बाला गुरु बुड्ढे व्यक्ति हैं। वे भगवान् स्वरूप हैं। तुम्हारे उस अंग का स्पर्श भी नहीं करेंगे, जिससे तुम्हें लज्जा लगे, फिर भी मैं तुम लोगों की बुंदेली परंपरा को ध्यान में रखते हुए महिला पहलवानों की ही व्यवस्था करूँगी।"

रानी ने आगे कहा, "मैंने तो सुना था कि अंत:पुर की तुम जैसी दासियाँ या तो राजघरानों या राजा के सामंत-सरदारों या सेनापतियों की हवस का शिकार होकर जीवनपर्यंत देवदासियों की भाँति महल की चारदीवारों में अपना जीवन बरबाद कर देती हैं—यौवन से बुढ़ापे तक अथवा अपने प्रेमियों के साथ पलायन करके स्वतंत्र पक्षी की भाँति उड़ जाती हैं। मैं तो तुम्हें इन दोनों ग्थितियों से बचाना चाहती हूँ। तुम्हारे स्त्रीत्व की

रक्षा करना चाहती हूँ, ताकि स्त्री-जाति, पुरुष के समान हो। इसके लिए तुम्हें तलवार, बंदूक, बर्छी, छुरी-कटार, तीर-तमंचा आदि अच्छी तरह चलाना सीखना पड़ेगा। काशी ने स्वीकारोक्ति में कहा, "हम कुणबी जाति के हैं। हमारी स्वामिभक्ति अटल है। आपका आदेश सिरमाथे पर है। आप जैसा कहेंगी, हम वैसा ही करेंगे।"

इस प्रकार महारानी ने शासक जाति (मराठा) और शासित जाति (बुंदेला) के फर्क को मिटाना शुरू कर दिया। साथ-साथ महारानी ने जातिभेद एवं ऊँच-नीच का विभेद मिटा दिया।

विवाह की समाप्ति पर दरबार हुआ। नजर-न्योछावरें हुईं। पुरस्कार बाँटे गए। भाट-चारणों ने महाराजा का यशोगान किया तथा वर-वधू के कल्याण की सूक्तियाँ पढ़ीं। हृदयेश तथा पजनेश जैसे श्रेष्ठ कवियों के नेतृत्व में राजा के प्रशासन की भूरि-भूरि प्रशंसा की गई। मुगलखाँ के नेतृत्व में ध्रुपद सहित शास्त्रीय संगीत की महफिलें सजीं, जो महाराजा को अतिप्रिय थीं। झाँसी के धनी लोगों ने आकर महाराजा को बहुमूल्य भेंटें अर्पित कीं। नववधू लक्ष्मी की आँखें भेंट में आए आभूषणों को देखकर चकाचौंध हो रही थीं।

जैसे ही विवाह का आनंदोत्सव समाप्त हुआ, राजमाता ने लक्ष्मीबाई को महाराष्ट्रीय ब्राह्मण परिवार के कठिन नियमों, परंपराओं, आचार-विचारों तथा रसोई-पकवान में प्रशिक्षण देने के लिए परिवार की वरिष्ठ महिलाओं तथा दासियों को नियुक्त किया। राजपरिवार का अनेक प्रकार के अचार, चटनी सहित विभिन्न प्रकार के जायकेदारवाला निरामिष भोजन तैयार करना कठिन पाक कला थी। लक्ष्मीबाई के प्रशिक्षण के दौरान वह चपलता तथा अल्हड़पन कुछ नियंत्रित हुआ। एक ओर गंगाधर राव के साथ नवयौवना का भोग-विलास तो दूसरी ओर पारिवारिक कामकाज की जटिलता। लक्ष्मीबाई ने महसूस किया कि परिवार की जंग भी युद्ध मैदान की जंग से कम नहीं है। कुछ रंग में भंग पर लक्ष्मीबाई ने एक दिन गंगाधर राव को अपना विचार प्रकट कर ही दिया, "अपने विवाह के पश्चात् एक-दो जमींदारों और अतिथियों को डाँटना अच्छा नहीं लगा। यह बुंदेलखंड पानीदार देश है। इनके स्वाभिमान की हमें कदर करनी चाहिए।" गंगाधर राव ने समझाया, "हम ऐसा न करें तो अन्य लोग राजा से डरें ही नहीं। राजा के इस डर से ही राजा की आज्ञा को उनके कारिंदों से सुनकर ही लोग उसका पालन करते हैं, फिर मेरे प्रशासन की तो चारों ओर प्रशंसा है, ख्याति है।"

"सो तो है, महाराज!" लक्ष्मीबाई स्वीकारोक्ति में गंगाधर राव से लिपट गई।

फिर एक दिन मनु से न रहा गया। उसने कह ही दिया, "महाराज, आप नाटकशाला में इतना क्यों समय देते हैं। अच्छा होता, वह समय आप अपनी सेना के प्रशिक्षण में देते।"

गंगाधर राव ने समझाया, "यह संगीत, गायन, नाटक जनता को भ्रमित रखता है,

उसके दु:खी जीवन में अमृत घोलता है, आशा जगाता है। यही तो एक तानाशाह एवं लोकप्रिय राजा में अंतर है।"

राजा गंगाधर राव के उत्तर से संतुष्ट होकर लक्ष्मीबाई ने अपने पति को पूर्ण समर्पित कर दिया।

गंगाधर राव ने कहा, "जब तक पुत्र लाभ न होगा, तब तक झाँसी की जनता को हम पर विश्वास नहीं होगा। अंग्रेजों का बढ़ता हुआ साम्राज्य झाँसी राज्य को लील जाएगा। मेरे बाद झाँसी की बागडोर अंग्रेजों के हाथ में चली जाएगी।"

"हे प्राणनाथ! आप जैसा चाहेंगे, मैं वैसा ही करूँगी। आप जैसे महान् व्यक्ति को स्वामी के रूप में पाकर मैं अपने को सौभाग्यशालिनी मानती हूँ।"

यह कहकर पति-पत्नी उन गहराइयों में खो गए, जहाँ से कोई भी वापस नहीं आना चाहता।

मनु झाँसी राज्य के लिए वास्तव में लक्ष्मी सिद्ध हुई। उसके किले की चौखट पर पैर रखते ही शुभ समाचारों की झड़ी लग गई। विवाह के सात माह पश्चात् सबसे अच्छा समाचार था—अंग्रेजी राज द्वारा निर्गत 27 दिसंबर, 1842 की वह सनद, जिसमें कुछ जिलों को छोड़कर झाँसी राज्य को पूर्ण राज्य का दरजा प्रदान करके उसको गंगाधर राव को सुपुर्द कर दिया गया। झाँसी की सड़कों पर जनता नाचने और गाने लगी। सारे राज्य में खुशी और स्वतंत्रता का वातावरण छा गया। लोग भावी समृद्धि की आशा करने लगे, क्योंकि लक्ष्मी उनके आँगन में जो आ गई थी।

खुले दरबार में अंग्रेजी राज के प्रतिनिधि डी. रोज ने, डब्ल्यू. एच. स्लीमन का आदेश पढ़कर सुनाया और एक सुंदर, उल्लासपूर्ण तथा औपचारिक अनुष्ठान के बाद गंगाधर राव को उनकी रानी लक्ष्मीबाई की उपस्थिति में 1 जनवरी, 1843 से निम्न शर्तों पर सत्ता सौंप दी—

- झाँसी रियासत की पूर्णत: जागीर आठ जिलों को छोड़कर गंगाधर राव को सौंपी जाती है, जो ब्रिटिश सरकार के पास रहेंगे, जिनसे बुंदेलखंड डिवीजन सैन्य टुकड़ी के आधे व्यय के वहन के लिए वार्षिक आय झाँसी की मुद्रा में 2,55,891 रुपए थी, अर्थात् 2,27,458 कंपनी रुपए। ये आठ जागीरें थीं—दुबुआ और तालगाँव, गरोठा, गुरवई, एरच, सिरसा, गुडोसा, पूंछ पहाड़गाँव, बुमुआ, बुगेरा। इनमें दुबुआ और तालगाँव जागीर से वार्षिक आमदनी 1,40,060 रुपए थी तथा गरोठा से 28,332 रुपए थी, जो उत्तरोत्तर बढ़ती जाएगी तथा इनकी आमदनी ब्रिटिश सरकार को ही जाएगी।
- ब्रिटिश सरकार का स्थानीय मुख्य कार्यकारी यह सुनिश्चित करेगा कि भूमि-मालिकों के साथ करारों का पालन हो।
- मुख्य कार्यकारी यह सुनिश्चित करेगा कि झाँसी सरकार में कार्यरत अधिकारियों

को छह माह के वेतन देकर नौकरियों से अलग कर दिया जाएगा, पर तीन वर्ष तक ब्रिटिश सरकार उनके वेतन का भुगतान करती रहेगी, यदि उन्हें राजा के राज्य में नौकरी नहीं मिलती है।

- मुख्य कार्यकारी अधिकारी ब्रिटिश सरकार के ऋण चुकता करता रहेगा।
- बुंदेलखंड डिवीजन झाँसी की सुरक्षा के लिए तैनात रहेगा और स्थानीय सेना कमांडर राजा के आदेशों का तुरंत पालन करेगा।
- मुख्य कार्यकारी अधिकारी अपने क्षेत्र में कहीं भी सेना कमांडर को कन्टूनमेंट बनाने के लिए जमीन उपलब्ध कराएगा, परंतु कन्टूनमेंट नागरिक प्रशासन में हस्तक्षेप नहीं करेगा और न ही झाँसी राज्य की जनता का उत्पीड़न करेगा।
- इस प्रकार ब्रिटिश सरकार का झाँसी स्थित मुख्य कार्यकारी अधिकारी केवल नाममात्र के लिए आठ जागीरों तक सीमित रह गया तथा झाँसी स्थित ब्रिटिश सैन्य अधिकारी को भी अप्रत्यक्ष रूप से झाँसी के राजा के नीचे कर दिया गया।

पर अंग्रेज अधिकारियों के धूर्त चाल-चलन को दृष्टिगत रखते हुए झाँसी राज्य का एक वर्ग झाँसी के राजा के साथ खुश नहीं था तथा इस आनंदोत्सव में भागीदार नहीं था। उनका विश्वास था कि शासनाधिकार में खोखलापन है तथा राजा के राजकोष पर अंग्रेजी राज का भारी दबाव बना रहेगा। अंग्रेजी फौज का आधा खर्च भी झाँसी राज्य के इलाकों से जाएगा, जिसे अंग्रेज लोग अपनी इच्छानुसार वसूलेंगे। वे इन इलाकों या जागीरों के किसानों और भूमि स्वामियों से मनमाने ढंग से मालगुजारी वसूलेंगे। वास्तव में कंपनी सरकार अपनी ओर से कुछ खर्च नहीं करेंगी। यही तो उनका भारत में भूतकाल का रिकॉर्ड रहा और ऐसा ही वे भारत में अन्य भागों में विशेषत: बंगाल और बिहार में नील की खेती करके कर रहे हैं। इस विचार के लोगों ने मोरोपंत को अपने पक्ष में लिया, ताकि लक्ष्मीबाई के माध्यम से वे उनकी बात महाराजा गंगाधर राव तक पहुँचा सकें। मोरोपंत ने मनु को सारी स्थिति समझाई तो मनु ने उत्तर दिया, "ऐसी बात है ? क्या हमें भविष्य में झाँसी से भी हाथ धोना पड़ेगा ?"

राजा गंगाधर राव ने लक्ष्मीबाई को समझाया, "देखो, अंग्रेज भारत में बहुत शक्तिशाली हो गए हैं। उन्होंने सतारा ओर पुणे से भी मराठों का आधिपत्य शेष कर दिया है। सिंधिया जैसे आसपास के शक्तिशाली राजा-महाराजाओं ने अंग्रेजों के सामने हथियार डाल दिए हैं और वे उनके चाटुकार हो गए हैं। कम-से-कम मेरी प्रशासनिक कुशलता एवं जनप्रियता के डर से अंग्रेजी सरकार ने झाँसी को पूर्ण राज्य का दर्जा प्रदान किया है। मैं उँगली पकड़कर पहुँचा पकड़ने में विश्वास करता हूँ। तुम मेरे ऊपर संदेह न करो।"

"मुझे आप पर पूर्ण विश्वास है। आप सभी कुछ कर सकते हैं और हम करके दिखाएँगे, ताकि झाँसी की जनता का विश्वास हममें कायम रहे।" लक्ष्मीबाई ने कहा।

महाराजा गंगाधर राव को यह समझने में देर नहीं लगी कि मोरोपंत ही लक्ष्मीबाई को यह सब सिखा रहे हैं, अत: उन्होंने मोरोपंत को व्यस्त करने की व्यवस्था की। मोरोपंत की उम्र इस समय प्राय: बत्तीस वर्ष की थी। वे पूरी तरह स्वस्थ और युवा थे। गुरसराय के मराठी ब्राह्मण परिवार वासुदेव शिवराव खानवलकर की सोलह वर्षीय कन्या के साथ उनका विवाह कर दिया। विवाह के बाद कन्या का नाम पड़ा चिमाबाई। चिमाबाई लक्ष्मीबाई से मात्र दो-तीन महीने बड़ी थी, अत: मोरोपंत को चिमाबाई के साथ विवाह में कोई आपत्ति नहीं हुई। मोरोपंत झाँसी दरबार के सामंत तो थे ही, राजा ने उन्हें तीन सौ रुपए वार्षिक आमदनी की जागीर भी लगा दी तथा उनका झाँसी शहर में मुरली मनोहर मंदिर के स्थान पर स्वतंत्र आवास निर्मित करवा दिया, अब मोरोपंत का लक्ष्मीबाई से किले में मिलना-जुलना कम हो गया, वैसे ही बुंदेलखंडी परंपरा के अनुसार लड़की का पिता लड़की के यहाँ जाता ही नहीं। वह केवल आपातकाल या विशेष आमंत्रण पर लड़की के यहाँ विशेष उत्सवों या समारोहों में सम्मिलित होता है। मोरोपंत भी अपनी नई-नवेली बहू के दांपत्य-प्रेम में खो गए, जो पूरी तौर से महाराष्ट्रीय तथा बुंदेलखंडी परंपराओं का मधुर समन्वय थी।

लक्ष्मीबाई की चंचलता, चपलता तथा स्वतंत्रता शनै:-शनै: किलेवाले महल में कैद होती जा रही थी। झाँसी राज्य की रानी और गंगाधर राव की धर्मपत्नी को परदे में ही बाहर निकलता पड़ता था। वह घुड़सवारी, व्यायाम आदि किलेवाले पंचमहल के परिसर में ही कर पाती थी, पर बिठूर की तंग गलियों की तुलना में वह बहुत कम नहीं था। वे दासियों, सहेलियों तथा किले के भीतर रहनेवाली स्त्रियों को घुड़सवारी, शस्त्र-प्रयोग, मलखंभ, कुश्ती, मुगदर का अभ्यास कराती थीं। बचे हुए समय में धार्मिक गंथों का अध्ययन करती थीं, जिनमें भगवद्गीता, रामचरितमानस, शिवपुराण, भागवतपुराण प्रमुख थे, उन्हें नए-नए वस्त्रों तथा कीमती आभूषणों का शौक नहीं था, उन्हें तो शारीरिक और सैन्य अभ्यास का पागलपन सवार था, ताकि भारत से अंग्रेजों को खदेड़ा जा सके और देशी राज्यों की स्वतंत्रता अक्षुण्ण रहे। इसके लिए आवश्यक था एक विशाल वाहिनी खड़ी करना, जो महिलाओं के बिना असंभव थी।

अब राजा गंगाधर राव ने राज्य की आंतरिक शासन-व्यवस्था पर ध्यान केंद्रित किया, क्योंकि उनका झाँसी राज्य बाहरी आक्रमणों से सुरक्षित था। वह शक्तिशाली कंपनी सरकार की जिम्मेदारी थी। बाहरी आक्रमण से सुरक्षा के बिना आंतरिक सुख, चैन तथा समृद्धि नहीं हो सकती। राजा गंगाधर राव ने लक्ष्मीबाई की ऊर्जा और उत्साह को राज्य के प्रशासन में मोड़ते हुए सुझाव दिया, "आप अत्यंत ऊर्जावान हैं। मैं राज्य के प्रबंध पर ध्यान दे रहा हूँ। आप भी इसमें ध्यान लगाइए। हम दोनों मिलकर झाँसी राज्य को उन ऊँचाइयों तक ले जाएँगे, जहाँ से अंग्रेजों को हमारी सत्ता को चुनौती देना मुश्किल होगा।"

लक्ष्मीबाई ने पतिदेव का यह प्रस्ताव सहर्ष स्वीकार कर लिया और महाराज गंगाधर राव से स्वायत्तता पाकर वह उत्तम प्रशासन की उधेड़बुन में लग गईं। उन्होंने उत्तम प्रशासन एवं प्रबंध पर कौटिल्य, अहिल्याबाई तथा अकबर के कार्यकलापों का अध्ययन किया।

राजा गंगाधर राव ने राघव रामचंद्र पंत को प्रधानमंत्री नियुक्त किया। नरसिंह राव, नाना भोपटकर को विभिन्न पद मिले। झाँसी की कंपनी सरकार के अधीन तीन हजार 240 सेना थी। इसमें 3000 पैदल, 200 घुड़सवार और 40 गोलंदाज थे। राजा इसे कम करके कुल दो हजार रखना चाहते थे तथा इसी बात पर दोनों पक्षों में प्रायः नोक-झोंक होती रहती थी। राजा गंगाधर राव ने राज्य के प्रशासन पर गहरी पकड़ जमा ली थी। उन्होंने झाँसी राज्य का पहले का पचास लाख रुपए ऋण चुका दिया। ऋण लेनेवाले राज्य को देनेवाला राज्य शनैः-शनैः अपने अधीन कर लेता है, फिर ऋणी व्यक्ति या संस्था अपने ऋणदाता के सामने कैसे उसका विरोध कर सकती है? यह रानी लक्ष्मीबाई का दृढ़ विश्वास था और वह झाँसी राज्य को पूर्ण प्रभुतासंपन्न राज्य देखना चाहती थीं। रानी लक्ष्मीबाई की राज्य-व्यवस्था एवं सैन्य-संचालन में अभिरुचि को दृष्टिगोचर करके राजा गंगाधर राव ने लक्ष्मीबाई को भारतीय वाङ्मय के ग्रंथों का सार-संक्षेप समझाने के लिए एक योग्य शिक्षक नियुक्त किया। रानी लक्ष्मीबाई ने सर्वप्रथम शिक्षक से रानी अहिल्याबाई के कुशल शासन-व्यवस्था के विषय में जानना चाहा, क्योंकि अहिल्याबाई भी मराठा थी तथा वे महाराष्ट्रीय जीवन-शैली का व्यक्तिगत जीवन में कड़ाई से पालन करती थीं। उनके विषय में राजमाता ने भी रानी लक्ष्मीबाई को विस्तार से बताया, पर रानी लक्ष्मीबाई कम उम्र में भी कहानियाँ सुनने की अपेक्षा विशुद्ध निर्णयात्मक बिंदु ग्रहण करने के लिए उत्सुक रहती थीं। उनका मस्तिष्क जैसे बाहरी ज्ञान को ग्रहण करने के लिए खाली स्लेट हो। उनके शिक्षक को ऐसी आज्ञाकारी, गुणग्राही एवं चरित्रवान शिष्या को ज्ञानदान देने में आनंद अनुभव होता था। एक दिन शिक्षक ने रानी लक्ष्मीबाई को अहिल्याबाई के राज प्रबंध के विषय में विस्तार से वर्णन करते हुए कहा, "रानी अहिल्याबाई योग्य मंत्रियों, सेनापतियों एवं सलाहकारों को अपने आसपास रखती थीं। उन्होंने तुकोजी को अपना सेनापति नियुक्त किया, जबकि तुकोजी ने उनका महिला होने के नाते शासन सँभालने के लिए विरोध किया था तथा वे उनके रिश्तेदार भी नहीं थे। अहिल्याबाई ने प्रचलित ग्राम प्रशासन को नहीं बदला। उन्होंने गाँवों के अधिकारियों तथा गाँव में भूमि-मालिकों के भूमि पर अधिकारों को कम नहीं किया। उन्होंने गाँवों में उन भूमिहीनों के बीच राज्य की खाली पड़ी जमीनों का बँटवारा किया, जो कृषि कार्य में संलग्न थे। वे अन्य राज्यों की भाँति खाली पड़ी जमीनें तथा बड़े जमींदारों की जमीनें हड़पने में विश्वास नहीं करती थीं। उन्होंने लोगों के झगड़ों के निपटान के लिए अंग्रेजी राज के ढाँचे पर न्याय अदालतों

का गठन किया। यहाँ तक कि उन्होंने पंच फैसले की परंपरा को पुनर्जीवित किया। वे प्रतिदिन तीन-चार घंटे लोगों की समस्याएँ सुनती थीं तथा वहीं निपटाने का प्रयास करती थी। उन्होंने कठोर हिंदू, ब्राह्मण तथा मराठा परंपरा के विरुद्ध जाकर विधवाओं को पति की संपत्ति का उत्तराधिकारी बनाया तथा विधवा को भी पुत्र दत्तक लेने का अधिकारी बनाया। उन्होंने अपने मालवा राज्य को इतना समृद्ध किया कि उन्होंने भारत के प्राय: सभी तीर्थस्थलों का पुनरुद्धार करवाया तथा उन्हें प्रचुर दान-दक्षिणा अर्पित की। अपनी अद्वितीय लोकप्रियता के कारण उन्हें एक भी स्थानीय युद्ध नहीं करना पड़ा।

महारानी लक्ष्मीबाई ने एक जिज्ञासु शिष्या की भाँति सुनकर अंत में कहा, "मुझे महारानी अहिल्याबाई की यह बात सबसे अच्छी लगी कि उनके दरबारी कवि भी मेरे पिता के नामराशि मोरोपंत थे।"

यह सुनकर सभी हँस पड़े एवं लक्ष्मीबाई खुशी से झूम उठीं। लक्ष्मीबाई ने कहा, "सभी मोरोपंत महान् व्यक्ति होते हैं।" अहिल्या की कहानी सुनाने के पश्चात् महारानी लक्ष्मीबाई की गंगाधर राव के ग्रंथागार में 'कौटिल्यकालीन भारत' पुस्तक पर दृष्टि पड़ी। उन्होंने शिक्षक को वह पुस्तक देते हुए कहा, "आप मुझे इसमें से कुछ पढ़ाइए।"

शिक्षक महोदय—"कौटिल्य को समझना बहुत मुश्किल है, फिर भी मैं एक सप्ताह इसका अध्ययन करके कौटिल्य या चाणक्य के राज प्रशासन के कुछ प्रासंगिक विषयों पर चर्चा करूँगा, तब तक आप मुझसे अकबर के प्रशासन के विषय में सुन लो।"

अकबर एक महान् प्रशासक था। बिना पढ़ा-लिखा होते हुए भी, वह भारत की गंगा-जमुनी सामसिक संस्कृति और तहजीब में विश्वास करता था। उसने अपने दरबार में हिंदू मंत्रियों को बराबर का दर्जा दिया। स्वयं उसकी बीवी जोधाबाई थी, जो एक राजपूत कन्या थी। बीरबल भी अकबर के नौ दरबारी रत्नों में एक थे, फिर अकबर के विषय में तो सभी जानते हैं। हमारे महाराजा भी अकबर की भाँति हैं। उन्होंने झाँसी के स्थानीय लोगों को भी महाराष्ट्रियों की भाँति अपने यहाँ प्रशासन में रखा है, बल्कि उनसे अधिक भी। देखिए, मुझे आपको पढ़ाने का भार सौंपा है, जबकि यहाँ महाराष्ट्रियों की कमी नहीं है। महाराजा ने अपनी सेना को शक्तिशाली बनाने के लिए कई पठान तोपचियों को मुख्य भार सौंप रखा है, क्योंकि पठान तोपों को बनाने, उनकी मरम्मत करने तथा चलाने में भारतीयों से अधिक कुशल हैं। उत्तम तोपखाने न होने के कारण ही भारतीयों को विदेशी आक्रमणकारियों से पराजय हाथ लगी। यह सबक लेकर महाराज ने यह उत्तम निर्णय लिया है। जिस राज्य या देश में योग्यता की कदर होती है, उस राज्य या देश की ओर कोई भी आँख उठाकर नहीं देख सकता।" गंगाधर राव बड़े प्रसन्न थे कि उनकी रानी को घुड़सवारी, अस्त्र-शस्त्र चलाना तथा व्यायाम-कसरत करने के अतिरिक्त अन्य विषयों में रुचि आ रही थी। उन्होंने पत्नी लक्ष्मी से कहा, "मैं आज बहुत खुश हूँ। तुम राज्य-

प्रबंधन के नए-नए सूत्र-सिद्धांत समझ रही हो, मुझे रात्रि में समझाना, क्योंकि राजा के लिए किसी अन्य से सीखना उत्तम नहीं लगता, वह भी राज्य प्रबंध के सिद्धांत, फिर तुम मेरी अर्धांगिनी हो। मेरे राजकाज में भी हाथ बँटाना।"

रानी लक्ष्मीबाई ने सहमति जताते हुए कहा, "मुझे कल ही शिक्षक महोदय चाणक्य के राज-प्रबंध के विषय में बताएँगे। मैं ध्यानपूर्वक सुनकर आपको सभी कुछ बताऊँगी, विशेषत: वे नई बातें, जो हम अपने झाँसी राज में लागू कर सकते हैं।" शिक्षक महोदय ने सात दिन निरंतर अध्ययन करने के पश्चात् रानी लक्ष्मीबाई को बताया, "जब राज्य में लड़ाकू लोगों की कमी हो जाए तो किलों की आवश्यकता होती है। झाँसी राज्य का मुख्य आमदनी का स्रोत है कृषि से राजस्व, परंतु चाणक्य का स्पष्ट मत था कि यदि कृषक या भूमि-स्वामी समृद्ध होगा तो राज्य को स्वयमेव अधिक राजस्व प्राप्ति होगी। अत: राज्य को चाहिए कि खेती करनेवाले किसानों की संख्या में वृद्धि करे। जो राज्य की जमीनें खाली पड़ी हैं, उनका बंदोबस्त करे, उन्हें भूमिहीनों, कम जोत के किसानों में आवंटित करे, जो शूद्र हैं, वनवासी हैं, उन्हें जमीन के आवंटन में प्राथमिकता दे, क्योंकि वे ही सबसे निर्धन श्रेणी के लोग हैं।

यदि भूमिहीनों और निर्धनों को उनके आसपास जमीनें न दी जा सकें तो एक सौ से पाँच सौ परिवारों को उन आवंटित जमीनों पर बसाया जाए, ताकि इनसे नए ग्रामों की संरचना हो, फिर आठ सौ ग्रामों के बीच एक नगर हो। जमीनों की ठीक तरह से हदबंदी हो तथा लोगों को नए स्थानों पर जाने के लिए उत्प्रेरित किया जाए, किंतु जमीन उन्हीं लोगों को दी जाए, जो कर देने के लिए राजी हैं, तब उन्हें जमीनें जीवन भर के लिए दी जाएँ। यदि आवंटी या आवंटिती कृषि कर्म नहीं करते तो उनसे ये जमीनें वापस लेकर दूसरों को दी जानी चाहिए। सबै भूमि गोपाल की, अर्थात् सारी जमीनें भगवान् की हैं। राजा पृथ्वी पर ईश्वर का प्रतिनिधि है, अत: वही जमीनों का मालिक है। किसान राज्य की जमीन पर किराएदार, काश्तकार हैं, पट्टेदार या पट्टाधारी हैं। जो दास हैं, मजदूर हैं, वे राजा की अपनी जमीनों पर काम करेंगे। गाँव में गोप इन जमीनों का हिसाब-किताब रखेंगे। जो परिवार सदियों से जमीनों पर खेती करते आ रहे हैं, वे जमीनें उनकी व्यक्तिगत संपत्ति हो गईं। यदि राज्य स्वयं खेती न करवा सके तो वह बटाईदार या भागदार को जमीनें सौंप दे। यदि राज्य बीज तथा खेती के साधन उपलब्ध कराए तो बटाईदार एक-चौथाई उपज का हिस्सा रखकर बाकी राज्य को लौटा दे। यदि बटाईदार स्वयं अपने साधनों से खेती करे तो वह राज्य को आधा भाग देगा। यह सूत्र निजी जमीनों पर भी लागू होता है। दूध या बागवानी की उपज के क्षेत्र में बटाईदार 1/10 अंश राज्य को दे।" रानी ने कहा, "गुरुजी, रहने दीजिए। मेरा तो यह सब जानकर माथा भारी हो गया, फिर और किसी दिन चाणक्य की चर्चा होगी।"

"महारानी, आप चिंता न करें, जब भी आपको राजकाज में जमीन संबंधी अड़चनें आएँ तो मुझे बुलाकर विभिन्न सिद्धांतों की आप जानकारी कर सकती हैं। मैं उसी क्षण उपस्थित हो जाऊँगा।" शिक्षक महोदय ने भरोसा दिलाया।

उस दिन पाठ समाप्त होने पर रानी ने राजा को यह सब बताने का प्रयत्न किया, पर राजा गंगाधर राव नाटकशाला के रंगीन वातावरण और मनोरंजन के पश्चात् लौटे थे, अतः वे यह सब भारी-भरकम जमीन संबंधी दाँव-पेंच सुनने को राजी न हुए। उन्होंने कहा, "जमीन का मामला मैं तुम्हें सौंपता हूँ। तुम जो करोगी, मैं अपनी मुहर लगा दूँगा। मैं तो बीरबल के उस लहर गिननेवाले की भाँति हूँ, जो लहर गिनने के बादशाह के दंड को अपनी क्षमता में बदलकर लहरों से छेड़छाड़ करनेवाले जहाजों से दंड वसूल लेता है। तुम देखना, मैं अंग्रेजों से इसी क्षमता के माध्यम से शहंशाह बन जाऊँगा।"

फिर दोनों एक-दूसरे में समा गए।

□

# पाँच

राजा गंगाधर राव बड़े ऐश्वर्यशाली पुरुष थे। वह राज्य को वैभवशाली बनाने तथा उसे आर्थिक संपन्न बनाने के लिए निरंतर प्रयत्न किया करते थे। प्रजा का उनमें अपार विश्वास और श्रद्धा थी, फलत: उनके समय राजकोष में अप्रत्याशित वृद्धि होने लगी, जो शासनतंत्र का आधार है। राजकीय ठाट-बाट दिखाने के लिए उन्होंने उत्तम हाथी और घोड़े एकत्रित किए। उनका प्रिय 'सिद्धबख्स' नाम के विशाल हाथी का सारा साज-सामान सोने का बना हुआ था। इस हाथी को प्रतिदिन ऊख और जलेबी खिलाई जाती थी। विशेष उत्सवों के समय राजा उस पर सवारी करते थे। एक-दूसरे हाथी के दाँत अत्यंत सुंदर थे। शोभायात्रा के समय उन पर मोमबत्तियों के झाड़ लटका दिए जाते थे। जलती हुई मोमबत्तियों को लिये जब वह हाथी राजपथ पर चला करता था तो दर्शक मंत्रमुग्ध होकर उसे देखते रह जाते थे।

इसी प्रकार बारादरी में राजा गंगाधर राव की नाटकशाला बहुत जमती थी, जिसमें राजा के सामंत, झाँसी के धनी माननीय व्यक्ति तथा चुने हुए अतिथिगण दर्शक रहते थे। इस विशाल बारादरी का गंगाधर राव ने अपने भाई की स्मृति में निर्माण करवाया था। संस्कृत के शुद्रक कवि के नाटक 'मृच्छकटिक' का गंगाधर राव ने हिंदी में रूपांतरण करवाया, जिसमें चारुदत्ता ब्राह्मण और वसंतसेना के प्रेम की अद्‌भुत कहानी है। वसंतसेना वेश्यापुत्री होते हुए भी चरित्रवान थी। 'मृच्छकटिक' नाटक की तैयारियों में गंगाधर राव कलाकार एवं निदेशक की भाँति स्वयं भाग लेते थे। उन्होंने बड़े उत्साह से रानी लक्ष्मीबाई को नाटक देखने चलने के लिए कहा, पर रानी लक्ष्मीबाई ने मना कर दिया। राजा मन मसोसकर रह गए। उन्होंने नाटक के आयोजन से पूर्व अपना मन खराब नहीं करने का निश्चय किया। 'मृच्छकटिक' नाटक के आयोजन का दिन आया। राजा गंगाधर राव के हरम में सबसे अधिक सुंदर एवं योग्य मोतीबाई ने वसंतसेना का अभिनय किया और जूही ने उसकी सखी का।

राजा ने नाटकशाला को खूब सजाया। कंपनी का प्रतिनिधि कप्तान गॉर्डन भी निमंत्रित था। नाटक का मंचन उच्चकोटि का रहा। यहाँ तक कि पूर्ण रूप से भाषा न समझनेवाले मुख्य अतिथि गॉर्डन ने भी नृत्य, गायन और अभिनय की अति प्रशंसा की।

गॉर्डन के चले जाने के बाद राजा ने एक कोने में खुदाबख्श को देख लिया। राजा ने प्रहरी को खुदाबख्श के अनधिकृत प्रवेश के लिए कैदखाने में डलवा दिया।

दूसरे दिन प्रहरी को जब राजा की अदालत में पेश किया गया तो राजा ने उससे पूछा, "क्या तुम्हें यह नहीं मालूम कि रत्नावली की भूमिका में मोतीबाई द्वारा नृत्य पर 'वाह-वाह' करने पर तथा बाद में शकुंतला के पाठ में गला रुद्ध करने के लिए देश निकाला दे दिया गया था।"

"हुजूर, ये तो बड़े लोगों की बातें हैं। मैं तो खुदाबख्श को आपका सामंत ही जानता था। हम गरीब लोग तो अपनी ड्यूटी करने के बाद घर की रोटी-पानी के पचड़े में पड़े रहते हैं।"

राजा ने नाराज होकर कहा, "क्यों रे नमकहराम! तुमने यह राजा के विरुद्ध घोर अपराध किया है। इसका दंड तुम्हें भुगतना ही होगा।"

यह कहकर राजा ने उसे बिच्छू से कटवाया, जिससे वह बेहोश हो गया, तब जाकर राजा का क्रोध शांत हुआ। इस प्रकार मोतीबाई-खुदाबख्श की प्रेम कहानी पर राजा की प्रतिक्रिया देखकर राजदरबार में सभी अचंभित हो गए, क्योंकि दोनों ही रनिवास में अति लोकप्रिय थे।

रानी ने रात में राजा से कहा, "आज आपका मिजाज खराब है। यह नाटकशाला आपके मनोरंजन का केंद्र न होकर अशांति का कारण बन गई है।"

राजा—"यह तो राजकाज में होता रहता है। सभी क्षेत्रों में उतार-चढ़ाव आता-जाता रहता है। मैं कला के लिए कला का हिमायती हूँ। कला के पीछे मोतीबाई-खुदाबख्श की जो प्रेम कहानी चल रही थी, वह ही मुझे अखर गई। बेचारा प्रहरी बीच में ही दंडित हो गया।"

रानी—"जब आप प्रेम का नाटक दिखाएँगे तो लोग प्रेम करेंगे ही। आपके 'शकुंतला' और 'मृच्छकटिक' नाटकों में प्रेम की सीमा का वर्णन है, फिर लोगों के हृदय में प्रेम उमड़ेगा ही। आपके हरम में, राजमहल में कैसे ये स्त्रियाँ बिना पुरुष के रह रही हैं? क्या आपने कभी यह सोचा है?"

राजा को रानी का नाटकशाला से विकर्षण ज्ञात था, पर उनके सामने रानी ने इस प्रकार खुलकर कभी विरोध नहीं किया। स्वाभिमानी गंगाधर राव यह सहन न कर सके और वे अपमान का घूँट पीकर रह गए। वे स्त्रियों को स्वतंत्रता देने के पक्षधर थे। उन्होंने अपने नवयौवना रानी को समझाया, "राजा का प्रजा का मनोरंजन करना भी उतना ही

कर्तव्य है, जितना उसकी डाकू, लुटेरों, बदमाशों तथा बटमारों से सुरक्षा करना। अंग्रेज लोग भी रात्रि में नृत्य करके अपने को सब समय लड़ने के लिए चुस्त-दुरुस्त रखते हैं कि हम उनसे कहीं भी नहीं जीत पा रहे हैं। कृष्ण ने भी गोपियों के साथ रास करके यह दिखाया कि स्त्रियों को नाच-गान करके स्वयं को चुस्त-दुरुस्त रखना चाहिए। रानी लक्ष्मीबाई ने प्रतिक्रियास्वरूप कहा, "यही कारण है कि आपने अंग्रेजों को अपना प्राय: आधा राज्य सौंपकर समझौता कर लिया है। मैं तो इन औरतों को घुड़सवारी, मलखंभ, कुश्ती आदि सिखाकर इस योग्य करना चाहती हूँ कि ये ही मुट्ठी भर अंग्रेजों की सेना का काम तमाम कर दें।" इस पर गंगाधर राव तथा लक्ष्मीबाई में पति-पत्नी की नोक-झोंक हो गई। अंत में राजा ने समझाया, "मैं अंग्रेजों को इस प्रकार नाटकशाला के माध्यम से गुलाम बनाकर अपना प्रशासन इतना उत्तम करना चाहता हूँ कि अंग्रेज महाप्रभु भी उतने खुश रहें, जितनी हमारी झाँसी की सामान्य जनता। देखो, आज किसी भी राजा को अंग्रेजों ने इतनी स्वायत्तता नहीं दे रखी है। वे उनके प्रतिदिन के कामों में नुक्ताचीनी करते हैं। हम शनैः-शनैः जनता की इतनी स्वामिभक्ति प्राप्त कर लेंगे कि एक दिन जनता ही स्वयं उन्हें यहाँ से जाने को मजबूर कर देगी। तुम मेरे शासन के प्रबंध में मदद करो, हाथ बँटाओ। मुझे विश्वास है कि तुम्हारी ऊर्जा, शक्ति एवं लगन शासन के प्रबंध में तुरंत ही रंग लाएगी।"

रानी ने सहमत होते हुए कहा, "मैं ऐसा ही करूँगी। आपकी बढ़ती हुई राजकोष की कमाई को हथियारों के निर्माण तथा सेना को बढ़ाने और उसको सजाने में खर्च करूँगी।"

राजा—"मैं कल ही टकसाल के मंत्री से कह दे रहा हूँ कि वह आपके आदेशानुसार टकसाल में राजकोषीय मुद्रा के साथ-साथ गुप्त रूप से तोपों तथा बंदूकों का निर्माण करे, जो अंग्रेजों से श्रेष्ठ हों।" रानी राजा गंगाधर राव के इस प्रस्ताव से अति प्रसन्न हुईं, उन्हें अपने स्वप्न को साकार करने का एक त्वरित पथ दिखने लगा। साथ-साथ वार्त्तालाप के माध्यम से रानी राजा गंगाधर राव को यह विश्वस्त करने में सफल हुईं कि उनकी दंड-व्यवस्था इतनी कठोर नहीं होनी चाहिए। यह तो आदिम व्यवस्था थी तथा अंग्रेजों ने इस न्याय व्यवस्था के स्थान पर ताजीरात हिंद (भारतीय दंड संहिता) लाकर यह सिद्ध कर दिया कि भारतीय राजाओं, जमींदारों तथा साहूकारों की दंड व्यवस्था पूर्णत: एकपक्षीय तथा स्वेच्छाचारी है।

गंगाधर राव ने मन-ही-मन यह निश्चय किया कि वे बिच्छुओं आदि से कटवानेवाले दंडों की व्यवस्था को बंद करेंगे तथा अपने प्रधानमंत्री तथा अन्य मत्रियों को अधिक अधिकार सौंपेंगे। गंगाधर राव रानी लक्ष्मीबाई की बातों से अधिक आहत नहीं होते थे, क्योंकि वह उसे अपने उत्तराधिकारी को जन्मने के लिए विवाह करके लाए थे तथा वे ज्योतिष में अंधविश्वास रखते थे। ज्योतिषियों ने अप्रत्यक्ष रूप से उन्हें बता दिया था कि

उनकी उम्र अधिक नहीं थी, अत: वे भी लक्ष्मीबाई को झाँसी की भावी रानी के रूप में गढ़ना चाहते थे, जो निष्कंटक हो झाँसी का शासन सँभाल सके।

कप्तान गॉर्डन झाँसी स्थित अंग्रेजी सेना का एक अफसर था, जो राजा गंगाधर राव के पास अकसर आया करता था। कभी अपनी तामझाम में बैठकर तो कभी घोड़े पर। वह भारतीय राजाओं को खुश करने में माहिर था तथा उनसे उनके राजकाज के रहस्य निकाल लेता था। राजा ने नाटकशाला में कोई कार्यक्रम आसपास न देखकर उसे नगर स्थित महल में बुलवाया, जो राजा गंगाधर राव को अति प्रिय था तथा जिसका निर्माण राजा ने स्वयं बड़ी लगन और शौक से अपने राज्य के वैभव के अनुसार करवाया था। राजा तथा गॉर्डन जब हथसार के पास के उत्तरी फाटक से किले के अंदर प्रवेश कर रहे थे, तभी एक हाथी पागल होकर हथसार से बाहर आ गया। वह खूँटा उखाड़कर प्रमत्त होकर गॉर्डन के काफिले की ओर दौड़ा। सहायकों ने तामझाम को कंधों पर से उतार दिया और अपनी-अपनी म्यानों से तलवारें निकाल लीं। गॉर्डन के पास कोई हथियार नहीं था। वह हक्का-बक्का रह गया। भारतीय मजदूरों की स्वामिभक्ति देखकर गॉर्डन विश्वस्त हुआ।

गॉर्डन चिल्लाया, "बचाओ।"

मजदूरों ने कहा, "बचो।"

राजा भी अपनी तामझाम से बाहर निकल आए और उन्होंने भी कहा, "बचो।"

परंतु सभी तलवारें उस प्रमत्त हाथी का विरोध करने में नाकाफी थीं। इतने में हथसार की रक्षा में तैनात एक सिपाही राजा की उपस्थिति जानकर हाथी पर दौड़ा और उसने अपने बरछे के प्रहार से हाथी को रोक दिया तथा उसे हथसार की ओर मोड़ दिया, तब जाकर सभी ने संतोष की साँस ली।

सिपाही ने आकर तुरंत राजा को प्रणाम किया।

राजा ने नाम पूछा। उसने बतलाया, "सरकार? इमाम अली। काजी हूँ सरकार, और सांटमारी भी करता हूँ।"

"शाबाश काजी! इनाम मिलेगा," राजा ने कहा।

इमाम अली बोला, "सरकार के चरणों का दास हूँ और बाल-बच्चों का पालन-पोषण होता रहे, यही सेवक की आरजू है।" राजा ने पारितोषिक के रूप में उसे एक एकड़ जमीन देने की घोषणा की और वह गॉर्डन के साथ किले के महल में चले गए।

जब दोनों दीवानखाने में तसल्ली से बैठ गए तो गॉर्डन के मस्तिष्क में उसकी ओर आता हुआ वह प्रमत्त हाथी घूम रहा था, फिर भी अपनी कायरता छिपाने के लिए उसने राजा से कहा, "यदि आप इस प्रकार इनाम के रूप में जमीनें बाँटते रहे तो राजा के पास राज्य चलाने के लिए जमीनें ही नहीं बचेंगी।"

राजा क्रोध से तमतमा उठे, पर उन्होंने स्वयं पर नियंत्रण करते हुए कहा, "हम

भारत में अपनी परंपराओं के अनुसार चलते हैं, फिर हमारे राज्य में तो प्रचुर जमीनें खाली पड़ी हैं। बुंदेलखंड की जमीनों पर होता ही क्या है ? एक एकड़ जमीन पर उस गरीब का गुजारा ही नहीं होगा। जो बाकी था, वह सब आप लोग इंग्लैंड भेज रहे हैं और आपके इंग्लैंड से आकर मैकाले जैसे योग्य व्यक्ति भारत की संस्कृति को तहस-नहस करके इसे इंग्लैंड बनाना चाहते हैं। भारत इन्हीं छोटे-मोटे स्वामिभक्त सैनिकों, मजदूरों तथा खेतिहरों के समर्पण से चल रहा है, जब तक हमारे देश में पंचायतें हैं, ग्राम-स्तर पर स्व-शासन है, भारत की जड़ों को कोई नहीं हिला सकता, भले कमजोर कर दे।" गॉर्डन को अपनी भूल महसूस हुई। उसने राजा गंगाधर राव से तुरंत क्षमायाचना करते हुए कहा, "सॉरी राजाजी, मेरा अर्थ यह नहीं था। मैं तो आपको मित्रवत् यह सलाह दे रहा था कि जमीनें खेती करने के लिए हैं, इनाम के लिए नहीं।"

"और आपके लिए वे केवल राजस्व का साधन हैं।" राजा ने कटाक्ष किया।

गॉर्डन के कई बार क्षमायाचना करने पर यह प्रसंग यहीं समाप्त कर दिया गया। गॉर्डन भी अपनी सीमा जानता था कि कहीं इस विवाद की शिकायत कलकत्ता में गवर्नर जनरल के पास भेज दी गई तो उसे डाँट पड़ेगी। गवर्नर जनरल का अमलातंत्र बड़ा कड़ा एवं हृदयहीन है। उसके शब्दकोश से 'क्षमा' शब्द गायब हो गया है।

राजा ने शांत होकर गॉर्डन की तामझाम से उसका हुक्का मँगवाया। उसने पिया और वह राजा से पान खाकर वापस अपनी छावनी आ गया। कभी-कभी लोगों के छिपे अहं के प्रकटीकरण के कारण बड़ी-बड़ी सफल घटनाओं का अंत निराशाजनक हो जाता है।

राजा गंगाधर राव की पकड़ राज्य प्रबंध पर पूर्णतः हो चुकी थी। उनके इशारे के बिना झाँसी राज्य में पत्ता भी नहीं हिलता था। झाँसी स्थित अंग्रेज प्रतिनिधि भी उनकी प्रशासनिक योग्यता तथा लोकप्रियता से भयभीत थे। वे न तो ग्वालियर के सिंधिया की भाँति अंग्रेजों के चाटुकार थे और न ही पुणे के मराठों की भाँति विद्रोही। वे मध्यम मार्ग के अनुयायी थे, जो तत्कालीन राजनीतिक तथा सामाजिक परिस्थिति में प्रासंगिक था। रानी लक्ष्मीबाई भी राज्य की स्थिरता से खुश थीं तथा बुंदेलखंड के रीति-रिवाजों में बढ़-चढ़कर हिस्सा लेती थीं। राजा को भी प्रजा के अनुकूल होना चाहिए, तभी प्रजा उन्हें अपना राजा या रानी समझेगी, न कि बाहर से आरोपित राजा जैसे अंग्रेज। अंग्रेज पानी और हवा तो भारत की खाते थे, पर गुणगान इंग्लैंड के हवा-पानी का करते थे।

ऋतुराज वसंत आ गया। वृक्ष फिर से हरे-भरे होने लगे। घाटियों में हरियाली बिछने लगी। प्रकृति ने अपना शृंगार करना आरंभ कर दिया। वातावरण में उल्लास था। महाराष्ट्रीय हल्दी कुमकुम का त्योहार झाँसी के लोगों ने समान रूप से अपना लिया था। त्योहारों की बाढ़ में एक ओर जलधारा का योग। भारत में जीवन ही त्योहारमय है। रानी लक्ष्मीबाई ने तो झाँसी के सभी त्योहारों को अपना लिया था, फिर जनता क्यों न रानी के

त्योहारों को अपनाए? किले के महल में रानी ने चैत की नवरात्रि में गौरी की प्रतिमा की स्थापना की। गौरी की प्रतिमा आभूषणों से लद गई। गौरी का पूजन आरंभ हुआ। शहर की सभी ललनाएँ सजने-सँवरने में व्यस्त थीं, क्योंकि आज महल में जाने के लिए सभी को स्वतंत्रता थी। लालाभाऊ की पत्नी महिलाओं की अगुआ थी और कार्यक्रम की व्यवस्था की देखरेख कर रही थी। वहाँ काशी, सुंदर, मुंदर भी थीं। एक-एक करके शहर की महिलाओं ने फूलों से रानी का गला भर दिया। बख्शिनजी उन मालाओं को एक किनारे रखवा देती थी, पर तुरंत ही रानी का गला फिर मालाओं से भर जाता था। रानी झाँसी की महिलाओं में विभिन्न प्रकार की सुंदरता, आभूषण, साड़ियाँ तथा साज-शृंगार दृष्टिगोचर करके मंत्रमुग्ध थी और अपने भाग्य को सराह रही थी कि वह ठीक जगह की जनता के बीच में आ गई हैं।

उन्हीं में से एक नवयौवना माला लिये आगे बढ़ी। ऊपर से नीचे चाँदी के आभूषणों से लदी, गहरे रंग के ठेठ बुंदेलखंड परिधानों में सुसज्जित। रंग थोड़ा साँवला, आँखें आयताकार पर नाक-नक्श रानी से बिल्कुल मिलता-जुलता। प्रथम दृष्टि में देखकर ही रानी को आश्चर्य हुआ। रानी को खुशी हुई कि उनकी हमशक्ल भी कोई है, जिसका युद्ध की रणनीति में भविष्य में सदुपयोग किया जा सकता है, फिर महिलाओं में हमशक्ल मिलना और भी कठिन होता है।

यौवना के पास आते ही रानी ने पूछा, "तुम कौन हो?"

उत्तर मिला, "सरकार हों तो कोरिन।"

"पर नाम क्या है तुम्हारा?"

"झलकारी दुलैया।"

'जैसा नाम, वैसा ही चेहरा। पहना दे अपनी माला।"

झलकारी ने झाँसी की रानी से ऐसा स्वर्ण अवसर पाकर तुरंत माला रानी के गले में डाल दी और रानी के पैर पकड़ लिये, पर रानी ने उसे उठाकर पूछा, "तुम्हारे पति का क्या नाम है?"

"सरकार, चंदा पूरनमासी को ही पूरी-पूरी दिखात है न?"

रानी समझ गई कि बुंदेलखंड की अन्य स्त्रियों की भाँति झलकारी भी अपने पति का नाम नहीं लेना चाहती थी। रानी ने उसका आशय समझते हुए हँसकर कहा, "अच्छा, उनका नाम पूरन है।" झलकारी लजा गई और जोर से बोली, "हाँ, सरकार!"

"तुम्हारे पति क्या काम करते हैं?"

"महाराज, मेके घर में पुरिया पूरबे और कपड़ा बुनवे को काम होत आओ है। पै उनेने अब काम कम कर दओ है। मलखंभ और कुश्ती में अधिक मन लगाने लगे हैं।"

रानी ने पूछा, "तुम्हारी जाति में और कितने लोग मलखंभ, कुश्ती में ध्यान देने लगे हैं?"

"हम नहीं जानत," झलकारी ने उत्तर दिया।

"यह तो तुम्हारे पति बहुत अच्छा काम करते हैं। तुम भी मलखंभ, मुगदर तथा कुश्ती सीखो। काम में आएगा" रानी लक्ष्मीबाई विश्वस्त हुईं कि झलकारी ही आगे चलकर उनकी सच्ची सहेली बनेगी, जो उनका अंग्रेजों से लोहा लेते समय साथ देगी। रानी ने कहा, "तुम मुझसे मिलती रहना।"

"सरकार, आज के बाद तो इस कोरिन को कोई महल में घुसने ही नहीं देगा।" झलकारी ने कहा।

रानी ने बख्शिनजी से कहा, "झलकारी के महल में प्रवेश को बेरोक-टोक कर दो।"

"जी, रानीजी," बख्शिन ने उत्तर दिया।

बख्शिनजी ने रंग में भंग देखकर सभी प्रतीक्षारत महिलाओं को बारी-बारी से रानी तक जाने दिया। अन्य महिलाओं को आश्चर्य हो रहा था कि अन्य संपन्न घर की सुंदर-सुंदर सुसज्जित ललनाओं के सामने एक कोरिन को रानी ने इतना अधिक महत्त्व दिया, पर सभी को पता था कि उनकी रानी सामान्य रानियों से भिन्न थी। वह पुरुष अधिक महिला कम थी।

कुछ क्षणों में सभी महिलाएँ एक-दूसरे को रोली, कुमकुम का टीका लगाने लगीं और नाचने-झूमने लगीं। झलकारी ने अपने राई नृत्य से सभी को आह्लादित कर दिया, सभी एक स्वर में झूमकर गाने लगीं—

*बखरी रइयत है भारे की, दई पिया प्यारे की*
*कच्ची भींत उठी माटी की, छाई पूस चारे की*
*बेबंदेज बड़ी बेबाड़ा, जौ में दस हारे की*
*एकऊ नई किबार किबरियाँ, बिना कुची तारे की*
*ईसुर चाये निकारो, जिदनां, हमें कौन बारे की।*

इस प्रकार अपने लहँगे को लहराते हुए झलकारी ने अन्य कुछ स्त्रियों को पकड़कर चक्राकार मंडल में नृत्य किया, जिसे देखकर रानी हँसने-मुसकराने लगीं और रानी ने जी भरकर झलकारी को आशीर्वाद दिया। इस प्रकार हँसते-गाते स्त्रियों का उत्सव समाप्त हुआ। रानी ने सभी को संदेश दिया, "इसी प्रकार अपने शरीर को सुदृढ़ बनाओ, ताकि यह शरीर और उसके भीतर बैठी आत्मा आनेवाले तूफान और झंझावातों को झेल सके।"

इस उत्सव के उपरांत झाँसी नगर की स्त्रियाँ संध्या समय थालों में दीपक सजाकर तथा गले एवं हाथ में बेला, जूही आदि की फूलमालाएँ डालकर मंदिरों में जाने लगीं, उन्हें यह निश्चय हो गया कि उनका संरक्षक महल में बैठा हुआ है। उनके भीतर किसी भी अत्याचार का मुकाबला करने की शक्ति का संचार हो रहा था।

इसी प्रकार झाँसी के आसपास के क्षेत्रों में रानी लक्ष्मीबाई के विषय में सुनकर झाँसी की जनता में ऊर्जा का संचार हुआ कि वह उन्हें अंग्रेजों के अत्याचारों से निजात दिलाएँगी। जो भी क्षेत्र कंपनी सरकार के पास रहे, उनका राजस्व अंग्रेज प्रतिनिधि स्थानीय जमींदारों, जागीरदारों का राजा-महाराजाओं से भी अधिक दर पर एवं दंडात्मक ढंग से वसूल रहे थे, जिससे सामान्य जनता में भी गंभीर असंतोष फैल रहा था। यहाँ तक कि भोली-भाली जनता को भी अंग्रेज पल्टन के सामने अपनी बहू-बेटियों की इज्जत-आबरू खतरे में जान पड़ती थी। इसकी एक बानगी चिरगाँव में घटित हुई, जब अंग्रेज सैनिकों ने राव बखतसिंह के दो प्रिय पालतू मोरों को मार डाला। इस घटना से आहत राव बखतसिंह की अनुपस्थिति में राव बखतसिंह की पत्नी ने उन दो अंग्रेजों को मरवा डाला, जिन्होंने इन मोरों का शिकार किया था। रानी ने कहा, "मोरें हमारी राष्ट्रीय धरोहर हैं। वे हमारे साथ जीते हैं, मरते हैं। उन पर हाथ डालने का अर्थ है—हम पर आक्रमण करना। इस अकारण एवं अमानवीय पक्षी-हत्या का बदला लिया जाए।"

फिर क्या था ? राव बखतसिंह ने 15 अप्रैल, 1841 को अंग्रेजी कैंप पर चिरगाँव में धावा बोल दिया और दो अंग्रेजों को मार दिया। अंग्रेजों ने अपनी छावनियों से विशेषत: झाँसी छावनी से सेना बुलाकर दो दिन बाद ही चिरगाँव पर आक्रमण कर दिया, जो बुंदेलों के अष्टगढ़ी राज्यों में एक था। राव बखतसिंह ने चिरगाँव किले से कैप्टेन बर्नर का मुकाबला किया। चार दिन तक भयंकर युद्ध हुआ, अंत में राव बखतसिंह चिरगाँव छोड़कर विद्रोही राजा पारीछत के पास जाते समय पनवाड़ी के समीप अंग्रेजी सेना से घिर गए। इस संघर्ष में राव बखतसिंह और उनके पुत्र छत्रसाल की मृत्यु हो गई और सन् 1843 में चिरगाँव का विलय कंपनी राज्य में कर लिया गया।

राव बखतसिंह जैसे बहादुर एवं जनदर्दी राजा को पराजित करने के पश्चात् अंग्रेजों ने अपनी पराजय का बदला ले लिया, फिर कर्नल वेलेजली एवं मेजर स्लीमैन ने अधिक सेना मँगाकर पनवाड़ी में महाराज पारीछत पर जोरदार आक्रमण कर दिया। पारीछत ने जनता के सहयोग से दो वर्ष तक पनवाड़ी, बिलगाँव, जैतपुर तथा वघौरा एवं अन्य अंचलों में सीधा एवं गुरिल्ला युद्ध किया। पारीछत की पत्नी राजो रानी ने कई बार अंग्रेजों के विरुद्ध अपने जौहर दिखाए। अंग्रेजों को कई आसपास के राजाओं का साथ भी विजय न दिला सका, अंत में कैथा छावनी के युद्ध में पारीछत ने अंग्रेजों से युद्ध किया, परंतु वे गिरफ्तार कर लिये गए और उन्हें सन् 1846 में फाँसी दे दी गई। इसी प्रकार मनमाने ढंग से भू-राजस्व बढ़ाने से जनता और भूमि-मालिकों पर अति बोझ पड़ा। उसके ऊपर भी अंग्रेज अधिकारी राजस्व जबरन वसूलते थे और राजस्व का एक भाग अपनी जेब में रख लेते थे। अंग्रेजों के इस भ्रष्ट व अत्याचारी शासन ने बुंदेला विद्रोह (1842) के उभरने में आग में घी का काम किया। परिणामत: सागर और नर्मदा आंचल के भूमि-स्वामियों एवं

सामंतों में उबाल आ गया, जनता अंग्रेजों के आर्थिक शोषण से कराह उठी और उन्होंने अंग्रेजों के विरुद्ध खुला विद्रोह कर दिया। जनता ने विद्रोहियों का पूरा-पूरा साथ दिया। मौजा चंद्रपुर, सागर के बुंदेला जमींदार जवाहरसिंह और नरहुत के जमींदार मधुकर शाह खुले रूप से सामने आए। विद्रोह प्रारंभ होते ही खिमलास, खुराइऔ, धामोनी नगरों को लूट लिया गया। नरहुत के मधुकर शाह को सोते हुए बीमार अवस्था में गिरफ्तार कर लिया गया और उन्हें फाँसी दे दी गई। ओरछा राज्य ने बुंदेला विद्रोह में अंग्रेजों का साथ दिया, फिर भी बुंदेला विद्रोह में सैकड़ों अंग्रेज सैनिक हताहत हुए। इसी प्रकार चंदेरी के राजाओं ने भी कभी अंग्रेजों से हार नहीं मानी। सन् 1811 में सेनापति बैपिस्ट ने चंदेरी पर आक्रमण करके चंदेरी राज्य का दो-तिहाई भाग अपने समर्थक ग्वालियर के सिंधिया के हवाले कर दिया और मोर प्रह्लाद को जीवनयापन के लिए चंदेरी राज्य से बानपुर तथा केलगुवाँ गाँव की जागीर दी गई। मोर प्रसाद ने केलगुवाँ छोड़कर बानपुर को राजधानी बनाया। मोर प्रह्लाद भी स्वतंत्रता प्रिय थे तथा अंग्रेजों की आँख की किरकिरी थे, अब उन्हें राजा गंगाधर राव और उनकी बहादुर रानी लक्ष्माबाई जैसा शक्तिशाली पड़ोसी राजा प्राप्त हो गया था। झाँसी के राजा को भी उन्हें की भाँति एक स्थायी हितैषी प्राप्त हो गया। मोर प्रह्लाद की 1842 में मृत्यु के पश्चात् उसका पुत्र मर्दनसिंह राजा बना। वह भी अपने पिता की भाँति स्वतंत्रता प्रेमी, देशप्रेमी तथा जनप्रिय शासक था। उन्होंने राजा गंगाधर राव के पथ-प्रदर्शन में अपनी प्रजा को सुशासन दिया। परिणामस्वरूप मर्दनसिंह के राज्य तथा जागीर की ओर कोई भी कुदृष्टि न उठा सका।

जहाँ एक ओर अंग्रेजों को यह स्पष्ट हुआ कि स्वतंत्रताप्रेमी बुंदेलों का दमन करना मुश्किल है, वहीं महाराज गंगाधर राव को अंग्रेजों की प्रबल शक्ति का अनुमान लगाकर उनसे सीधे टकराना सारहीन लगा। महाराज गंगाधर राव यह सत्य खून के घूँट की तरह पीने पर मजबूर थे।

□

# छह

गंगाधर राव का राजकोष एवं व्यक्तिगत संपत्ति दिन दूनी रात चौगुनी बढ़ रही थी। राजागण इस अतिरिक्त धन का उपयोग अपनी शान दिखाने के लिए करते हैं, अपने शौक पूरे करते हैं अथवा अपनी रानी या प्रेमिकाओं को खुश करने के लिए। गंगाधर राव के व्यक्तिगत जीवन में कोई प्रेमिका नहीं थी। राज्य का सुशासन ही उनका प्रेम था तथा उनकी एकमात्र प्रेमिका थी—रानी लक्ष्मीबाई, जिन्हें वे अपने भावी उत्तराधिकारी की माँ बनने की आकांक्षा रखते थे। एक दिन अपनी युवा रानी को प्रसन्न करने के लिए काशी से शिल्पियों द्वारा अपने नक्शे के अनुसार तैयार की गई एक चाँदी की पालकी मँगाई और रानी को भेंट की। पालकी के भीतर लाल मखमल के ऊपर सोने की जरी की नक्काशीदार गद्दी थी। उसके चारों ओर जरी के फुँदने लगे हुए थे और दोनों द्वारों पर चित्रकारीपूर्ण परदे थे। यह पालकी पाकर रानी लक्ष्मीबाई अति उत्साहित थीं, क्योंकि उन्हें बार-बार महल से निकलकर उसी में बैठकर बाहर जाना पड़ता था। पालकी में भी उन्हें परदा रखना पड़ता था—परंपरा जो थी। एक घुड़सवार के बैठने पर भी परदा करना एक असहज स्थिति थी। इस पालकी पर चढ़कर रानी लक्ष्मीबाई विशेष उत्सव के दिन महालक्ष्मी मंदिर में पूजा करने जा सकेंगी। लक्ष्मीताल के भीतर स्थित मंदिर के तोरणद्वार पर उस समय शहनाई बजा करेगी। मंदिर के दरवाजे के पास याचक भिखारी खड़े रहेंगे। उन लोगों के हाथ में मिष्टान्न और पैसा पड़ने पर वे प्रसन्न होकर राजा-रानी को आशीर्वाद देंगे। थोड़ा परदा उठाकर रानी प्रसन्न दृष्टि से उन्हें देखती रहेंगी। महालक्ष्मी का आशीर्वाद जहाँ झाँसी राज्य की समृद्धि और शांति सुनिश्चित करेगा, वही रानी को सौभाग्यवती रखेगा।

महाराजा गंगाधर राव भी एक शौकीन व्यक्ति थे। वे औसत ऊँचाई के बड़ी-बड़ी आँखोंवाले, गौरपूर्ण गोल चेहरेवाले, निकले पेटवाले स्वस्थ व्यक्तित्व के धनी थे। वे कानों, गले, भुजा और उँगली में जेवरात धारण करते थे। वे माथे पर बिंदी लगाए तथा

हाथ में गुलाब फूल लिये तकिया, जाजम और कालीन पर बैठे ऐश्वर्यशाली महाराज की भाँति जनता में लोकप्रिय थे। वे बुंदेलखंडी महाराजाओं की भाँति बड़ी-बड़ी मूँछें तथा दाढ़ी नहीं रखते थे। वे केवल पतली नुकीली मूँछें पसंद करते थे। उनका व्यक्तिगत शृंगार झाँसी की जनता में चर्चा का विषय बना रहता था।

दबंगपन भी सारे बुंदेलखंड के राजाओं में उनके समान नहीं था और सभी राजा, जैसे ओरछा, दतिया, समथर, चरखारी, पन्ना और छतरपुर आदि के लोग उन्हें 'काका साहब' नाम से संबोधित करके विशेष इज्जत देते थे। वास्तव में वे एक साधारण आदमी नहीं थे। बाल की खाल निकालने में माहिर थे। कुव्यवस्थाओं, बदतमीजी और अवैध कामों से उन्हें जन्मजात चिढ़ थी। इसी कारण वे कानून तोड़नेवालों को बड़ी बेरहमी से सजा देने में कभी परिणामों को नहीं सोचते थे। झाँसी में उन दिनों चोरों, लंपटों, उठाईगीरों, बटमारों, डकैतों, कातिलों के लिए कोई जगह नहीं थी। लोग घरों में ताला नहीं लगाते थे। उनके समय स्थानीय दस्तकारों, कालीनसाजों, दरीसाजों, हथियारसाजों, इत्रसाजों, चित्रकारों के साथ पुस्तकों की नकल लिखनेवालों तथा ऊनी, रेशमी, सूती वस्त्र बुननेवालों को यकायक प्रोत्साहन मिला। धातुकर्मियों द्वारा ताँबा, पीतल, सोने-चाँदी के बरतनों तथा आभूषणों में विविधता आई। झाँसी के राजमहल की सजावट, साज-सामान उपलब्ध कराने के लिए स्थानीय तथा बाहर के व्यापारियों में होड़ होने लगी। व्यापार में नई अभूतपूर्व उन्नति हुई और साथ-साथ राज्य के राजस्व में वृद्धि भी हुई।

महाराज गंगाधर राव के प्रखर व्यक्तित्व से कंपनी सरकार बहुत सतर्क और सहमी हुई थी, पर वह भारत में एक साथ सभी राजाओं से दुश्मनी मोल नहीं लेना चाहती थी। कंपनी सरकार तो भारत में राजाओं को आपस में लड़ाकर तथा मजबूत का साथ देकर अपनी कूटनीति की रोटियाँ सेंक रही थी और पूरे भारत में अपना वर्चस्व कायम करती जा रही थी। ईस्ट इंडिया कंपनी भारत से बहुत धन इंग्लैंड ले जा चुकी थी। उनके बड़े-बड़े डायरेक्टर, गवर्नर जनरल इंग्लैंड जाते समय जहाज भरकर भारत से माल ले जाते थे, जिसमें सोना, हीरा, जवाहरात भी मुख्यत: रहता था, जो धन भारत में शिल्प की उन्नति विशेषत: सूती एवं रेशमी वस्त्रों के निर्यात के कारण आ रहा था।

'सोने की चिड़िया' कहे जानेवाले भारत को अंग्रेज शासक भीतर से खोखला कर रहे थे। एक अंग्रेजी लेखक विलियम डिलके के अनुसार पलासी से वाटरलू सन् 1757 से 1815 तक एक हजार मिलियन पौंड, अर्थात् 15 अरब रुपए भारत से लूटकर इंग्लैंड भेजे गए। इसका अर्थ यह हुआ कि इन 58 वर्षों में 25 करोड़ रुपए प्राय: पचास हजार करोड़ रुपए आज के हिसाब से प्रतिवर्ष ईस्ट इंडिया कंपनी के अधिकारी भारतीयों को लूटकर अपने देश भेजते रहे। यह लूट महमूद गजनवी, मोहम्मद गौरी, अहमद शाह 'अब्दाली' की लूटों की तुलना में राई की तुलना में पहाड़ के समान ही है। इस लूट को

1797 में गवर्नर जनरल कार्नवालिस ने शुरू किया, जब उसने मालगुजारी को फसल का भाग न स्थिर करके जमीन के रकबे या क्षेत्रफल तथा जमीन की किस्म के हिसाब से निश्चित कर दी एवं इसका स्थायी बंदोबस्त करके मालगुजारी वसूलने का उत्तरदायित्व जमींदारों, जागीरदारों, ताल्लुकदारों को सौंप दिया, जो उनके समर्थक तथा चापलूस बन गए, क्योंकि उनका अधिकार फिरंगियों की कृपा पर ही निर्भर करता था, जब फसल ही पैदा नहीं होती अथवा प्राकृतिक आपदा होती तो भी सरकार को मालगुजारी देना अनिवार्य था। यह शोषण का कुचक्र तथा लुटाई चलती रही, ताकि कंपनी का खजाना भरता रहे। इन फिरंगियों न मालगुजारी ने देने पर किसानों को उनकी प्रिय जमीनों से विस्थापित करने का अधिकार भी जमींदारों को दे दिया। कंपनी सरकार को एक ही डर रहता था कि कहीं प्रजातंत्र में अग्रणी ब्रिटिश संसद् उनके कारनामों पर कलम न चलाए, उनके विरुद्ध न बोले और उसके विषैले पंख न काट दे।

एक ओर महाराजा गंगाधर राव राज्य की आर्थिक उन्नति में संलग्न थे तो दूसरी ओर उनकी रानी लक्ष्मीबाई एक सच्चे सेनापति के रूप में सेना को सुसज्जित करने में लगी थीं। उन्होंने सैनिकों से प्रतिदिन परेड कवायद, व्यायाम, कसरत, मलखंभ, कुश्ती करवाना आरंभ किया, पर वे टकसाल में हथियारों के निर्माण से खुश नहीं थीं। उन्होंने एक दिन पति गंगाधर राव का अच्छा मिजाज देखकर सुझाव दिया, "मेरा खयाल है कि यदि हमें अंग्रेजों का सामना करना है तो उनके बराबर हमारे पास भी अस्त्र-शस्त्र होने चाहिए। हमारे बुंदेला सैनिकों में व्यक्तिगत वीरता, समर्पण की कमी नहीं है। नए-नए हथियार चलाना भी सीखना चाहते हैं, पर हमारे पास उस प्रकार की बंदूकें तथा तोपें नहीं हैं, जो अंग्रेजों की दूर मार करनेवाली शक्तिशाली तोपों का मुकाबला कर सकें। हमें इसके लिए पठानों को अपनी सेना में रखना होगा।

महाराज गंगाधर चौंक उठे। यद्यपि वे खुले विचारों के तथा बिना किसी धार्मिक, जाति या नस्ली भेदभाव के काम करते थे, पर उन्हें इस प्रकार के नए सुझाव की नई रानी से आशा नहीं थी। उन्होंने कहा, "जैसा आप चाहें, करें। आपको पूर्ण अधिकार है। मैं अब इतना शक्तिशाली राजा हो गया हूँ कि मेरे इस नए कदम से अंग्रेज शासकों को भी विरोध नहीं होगा।"

"बाकी तोपें मैं आसपास के राज्यों से जीतकर ले आऊँगी।" लक्ष्मीबाई ने कहा।

राजा गंगाधर राव को अपनी धर्मपत्नी की सैन्य क्षमता पर पूरा भरोसा था, क्योंकि महारानी लक्ष्मीबाई घरेलू तथा धार्मिक दिनचर्या के पश्चात् सैनिक रणनीति बनाने में तथा शारीरिक क्षमता विकसित करने में संलग्न रहती थीं। वे सामान्य राजसी रानियों की भाँति नहीं थीं, जो रनिवास में दास-दासियों से घिरकर अपनी चापलूसी तथा प्रशंसा कराती रहें।

निर्णयानुसार प्रधानमंत्री को पठान, बलूची सैनिकों तथा तोपचियों को झाँसी की सेना

में सम्मिलित करने का आदेश दे दिया गया। मेधावान जहाँ भी हो, उसे पकड़कर, उसका उपयोग करके ही श्रेष्ठता के पथ पर आगे बढ़ा जा सकता है— देश, स्थान, जाति, रंग, नस्ल, धर्म, संप्रदाय, यौन का विभेद नजरअंदाज करना ही होगा।

झाँसी राज्य की समृद्धि और न्यायप्रियता की ख्याति चारों ओर फैल चुकी थी, अत: झाँसी राज्य की सेना तथा प्रशासन की सेवाओं में काम करने के इच्छुक व्यक्तियों की कतारें लग गईं।

प्रधानमंत्री ने रानी लक्ष्मीबाई की इच्छानुसार करैरा से गौस खाँ जैसे योग्य तोपचियों एवं कई सैनिकों को झाँसी की सेना में सम्मिलित कर लिया तथा टकसाल में तोपों, बंदूकों, भालों तथा बर्छियों के निर्माण में नवीनता का संचार किया।

जैसे-जैसे रानी लक्ष्मीबाई राज्य के कार्यों में रुचि लेने लगीं, महिलाएँ उनके पास ढेर सारी शिकायतें लेकर पहुँचने लगीं, जो परदा प्रथा के कारण महाराजा के सामने नहीं जा सकती थीं। किसी की शिकायत थी कि उसका पति शराब पीकर परिवार के भरण-पोषण के लिए कुछ नहीं देता, कुछ पतियों के दूसरी औरतों के साथ अवैध संबंधों की शिकायतें करतीं तो कुछ सास-ससुर की प्रताड़ना की। इनमें कुछ महिलाओं ने यह शिकायतें की कि अंग्रेजों के कारिंदे एवं अंग्रेज सैनिक राजस्व न देने के कारण उनके पशुओं को जोर-जबरदस्ती करके उठा ले जाते हैं तथा कांजी हाउस में बंद कर देते हैं और राजस्व को ब्याज सहित वसूलते हैं। कुछ तो राजस्व न देने के कारण उनकी जमीनों की नीलामी कर रहे थे। महारानी का सधा हुआ उत्तर होता, “यदि औरत ही औरत की दुश्मन हो जाती है तो मैं कुछ नहीं कर सकती। दूसरी औरत क्यों तुम्हारे पति को स्वीकार करती है? क्यों दूसरा भारतीय तुम्हारी जमीन नीलामी में खरीदता है? हम भारतीय ही भारतीयों के दुश्मन बने जा रहे हैं। हाँ, मैं यह देखूँगी कि अंग्रेज तुम्हारे गोरू-बाछर न पकड़ें। मैं उन्हें छुड़वाऊँगी।”

दूसरे दिन ही अपने अंगरक्षकों के साथ घोड़े पर सवार होकर रानी लक्ष्मीबाई गाँव में पहुँचीं तथा कांजी हाउस से उन सभी पशुओं को छुड़वा दिया, जो राजस्व का भुगतान न करने के कारण बंदी बनाए गए थे। रानी ने कहा, “इन पशुओं ने क्या अन्याय किया है? फिर इस वर्ष झाँसी में वर्षा नहीं हुई है। क्या किसान अपने हाड़-मांस से मालगुजारी दें? किसान इन पशुओं का दूध बेचकर अथवा उन्हें बेचकर ही मालगुजारी चुकाएगा।” रानी ने कांजी हाउस के अधिकारी को यह संदेश अंग्रेज अधिकारियों तक पहुँचाने का आदेश दिया।

रानी लक्ष्मीबाई के आदेश के बाद जब रानी लक्ष्मीबाई गाँव की औरतों से अलग से बातें कर रही थीं, तब एक वृद्ध महिला ने उन्हें समझाया, “रानी साहिबा, आप नई उमर की हैं। आपकी हाल ही में शादी हुई है। हम ऐसे हैं, ऐसे ही रहेंगे। हमारी उमर ऐसे ही

गरीबी में कटती रहेगी। हम इस सभी के आदी हैं। आप हमारी चिंता न करें। हमें आप झाँसी राज्य का उत्तराधिकारी दें, नहीं तो ये अंग्रेज हमें नष्ट कर देंगे।"

वृद्ध महिला की टूटी-फूटी स्थानीय भाषा में सलाह रानी के हृदय में उतर गई एवं रानी ने निश्चय किया और उन्होंने गाँव-गाँव जाकर समस्याओं को सुलझाने के कार्यक्रम को स्थगित कर दिया। झाँसी राज्य की ओर से अंग्रेजी प्रशासन को एक खरीता लिखवाया कि वे जनहित में अपने क्षेत्र में राजस्व भुगतान नहीं करने के कारण पशुओं को पकड़ने तथा जमीनों की नीलामी की काररवाई न करें। यदि आवश्यक हुआ तो झाँसी राज्य उनके राजस्व की भरपाई करेगा।

राजा गंगाधर राव ने भी रानी लक्ष्मीबाई के इस कदम का विरोध नहीं किया, क्योंकि उनका राजकोष जनता की स्वेच्छा से राजस्व भुगतान करने तथा अपना अनाज-अंश देने के कारण लबालब भरा था। दूसरी ओर महारानी ने राजमहल का रनवास झाँसी की महिलाओं के लिए खोल दिया। झाँसी राजघराने के जनानखाने में नगर की महिलाओं को इतना सम्मान मिला, जो पहले कभी नहीं मिला, जैसे शासक और शासित में कोई अंतर नहीं था।

राज्य की व्यवस्था पूर्ण रूप से स्थिर हो जाने पर अपनी माँ की सलाह पर महाराज गंगाधर राव ने तीर्थयात्रा करने की इच्छा प्रकट की, ताकि पुण्य कमाने के साथ-साथ राज्य के शासन से कुछ आराम पाया जा सके और हवा-पानी बदले, शायद इसी बीच वे एवं महारानी परिवार बढ़ाने की तरफ ध्यान दे सकें।

महाराज गंगाधर राव ने अपनी तीर्थयात्रा की अनुमति तथा प्रबंध के लिए गवर्नर जनरल को लिखा। कंपनी सरकार ने झाँसी राज्य के बाहर पड़नेवाले सभी क्षेत्रों में झाँसी नरेश की यात्रा का पूरा प्रबंध कर दिया तथा उन्हें कंपनी सरकार का सम्माननीय राज अतिथि घोषित किया। यात्रा-मार्ग में पड़नेवाले जिलों के कलेक्टरों को आदेश दिया गया कि झाँसी नरेश की सवारी जहाँ-जहाँ से गुजरे, उनकी सुरक्षा का पूरा प्रबंध किया जाए तथा उन्हें राजकीय सम्मान या ताजीम, सलामी वगैरह दी जाए तथा प्रत्येक जिला-कलेक्टर उनकी सुरक्षा, आवश्यकता तथा सम्मान का अपने क्षेत्र में जिम्मेदार होगा।

महाराज गंगाधर राव का कार्यक्रम प्रयाग, काशी, गया तथा पुरी जाने का था। वे अपने मित्र पड़ोसी राज्य बाँदा से होकर प्रयाग-संगम की यात्रा करना चाहते थे, पर उन्हें सलाह दी गई कि वे कानपुर होकर ही इलाहाबाद-प्रयाग की यात्रा करें। अन्य राजे-रजवाड़ों की भाँति बाँदा के बाजीराव मस्तानी के वंशज नवाब ने कंपनी से समझौता-संधि करके सेना की काफी कटौती कर दी थी। केवल सामान्य आंतरिक सुरक्षा बनाए रखने और राजस्व-वसूली के लिए आवश्यक कर्मचारी रह गए थे। इनमें से बहुत से पिंडारी, डाकू और ठग हो गए। दूसरी ओर बुंदेलखंड में कृषि योग्य भूमि की कमी और सिंचाई

के साधनों के अभाव तथा अकाल और सूखे की मार के कारण आम भुखमरी और बेकारी की स्थिति हो गई थी। इससे सामान्य जनजीवन और आवागमन भी असुरक्षित हो गया था। बाँदा के पास चिल्लाघाट और उससे लगा भू-भाग, वहाँ होनेवाली अत्यधिक लूटपाट और हत्याओं के कारण बुरी तरह बदनाम हो गया था। इस घोर अराजकता और अशांति से आतंकित होकर बाँदा जिले के बहुत से लोग अपने घर-बार छोड़कर जीविका की तलाश में अन्यत्र चले गए, अत: महाराजा ने कंपनी सरकार के अनुमोदित कार्यक्रम के अनुसार ही यात्रा करना उचित समझा।

सर्वप्रथम झाँसी नरेश का काफिला प्रयाग में रुका, जहाँ उन्होंने भारद्वाज मुनि के आश्रम के दर्शन किए तथा गंगा-यमुना तथा अदृश्य सरस्वती के दूधिया जल में स्नान करने के पश्चात् संगम पर अपने पितरों का तर्पण किया। पंडा ने लक्ष्मीबाई को आशीर्वाद दिया—"पुत्रवती हो।" गंगाधर राव ने अपने वंश के पंडों को इतनी दान-दक्षिणा दी कि उनकी सात पुश्तों को कुछ करने की आवश्यकता नहीं पड़ेगी, फिर वे काशी गए, जहाँ स्वागत अधिकारी उन्हें पहचान न सका, जब उसे ज्ञात हुआ तो उसने महाराज से क्षमायाचना की अन्यथा उसकी नौकरी ही कंपनी सरकार ले लेती। इसी प्रकार काशी के विख्यात धनी और विशिष्ट बंगाली नागरिक राजेंद्र मित्र ने अपनी सनक में खड़े होकर महाराज को सम्मान नहीं दिया। महाराज गंगाधर राव ने उन्हें हाथ पकड़कर खड़ा कर दिया। इस पर गंगाधर राव की कंपनी सरकार में शिकायत हुई, पर उन्हें उत्तर मिला, "गंगाधर राव बहुत बड़े प्रभावशाली राजा हैं। यदि तुमको उन्हें खड़ी ताजीम देना स्वीकार न था तो तुम अपने घर में बैठे रहते।" काशी-विहार में राजा और रानी को अत्यंत आनंद की उपलब्धि हुई। लक्ष्मीबाई ने अस्सी घाट से सटे हुए मणिकर्णिका घाट पर अपने उस जन्मस्थान को देखा, जहाँ उनका जन्म हुआ था और उनके कुछ वर्ष माँ की ममतामयी गोद में बीते थे, जिसकी स्मृति आज भी उनके मानस-पटल पर अमिट है तथा जिसने उन्हें मनु से लक्ष्मीबाई बनने की प्रेरणा दी थी। महाराज गंगाधर राव ने अपनी धर्मपत्नी के वास-स्थान की मरम्मत के लिए काफी रुपए दिए, पर शायद उसका सदुपयोग न हो पाया। पौराणिक एकमात्र भारत की नगरी काशी में वे विश्वनाथ मंदिर की सँकरी गली में सैकड़ों दुकानें देखकर विस्मित हुए तथा विश्वनाथजी से अपने उत्तराधिकारी के लिए प्रार्थना की। मंदिर में उन्होंने काफी दान-दक्षिणा अर्पित की। काशी के घाटों से सटकर बहती अर्धचंद्राकार गंगा की सुंदरता ने महाराज का मन मोह लिया। कहाँ पानी का अभावी उनका राज्य झाँसी और कहाँ काशी में सतत प्रवाहित गंगाधार। दशाश्वमेध घाट पर सैकड़ों संन्यासियों, साधुओं, साधकों, भिखारियों तथा गायकों को देखकर राजा और रानी का मन आह्लाद से आप्लावित हो गया और वे राज्य प्रबंध तथा सैन्य-संचालन भूलकर पति-पत्नी के सुख-वैभव में खो गए।

महाराज गंगाधर राव तथा उनकी नवयौवना महारानी लक्ष्मीबाई को काशी प्रवास करते-करते दो मास बीत चुके थे तथा उनका मन गया जाने का नहीं था, फिर भी पितरों का तर्पण करना भी प्रत्येक हिंदू का पावन कर्तव्य है, यही सोचकर उन्होंने नदी की रेत में समाई फाल्गुनी नदी में तर्पण करने हेतु गया की यात्रा की तथा वहाँ गंगाधर राव ने अपने माता-पिता का तर्पण किया।

गया के पश्चात् उनका कार्यक्रम जगन्नाथपुरी जाने का था, ताकि कृष्ण, बलराम तथा उनकी बहन सुभद्रा का दर्शन लाभ हो सके, पर इसी बीच एक अच्छी बात पता चली कि रानी गर्भवती हैं, अत: गंगाधर राव और उनका दल अपनी तीर्थयात्रा वहीं समाप्त करके वापस झाँसी लौट आया।

डाकियों द्वारा झाँसी की जनता को उनके राजा और रानी की तीर्थयात्रा का समाचार नियमित प्राप्त हो रहा था। झाँसी के अंग्रेज सहायक राजनीतिक प्रतिनिधि महाराजा के झाँसी राज्य में हस्तक्षेप करके अपने नियंत्रण में लेना चाहते थे, पर उनकी हिम्मत न पड़ी, उन्हें शक था कि राजा गंगाधर राव से 'पंगा' लेना महँगा पड़ सकता है, उनकी नौकरी भी जा सकती है, जैसा कि महाराज की तीर्थयात्रा के दौरान गड़बड़ी के कारण कंपनी सरकार ने एक बड़े अधिकारी को नौकरी से निकाल दिया था। राजा के मंत्री और अमला स्वामिभक्त थे ओर वे किसी भी बाहरी हस्तक्षेप को सहन नहीं करते। महाराजा का गवर्नर जनरल के साथ सीधे एवं उत्तम संबंधों के कारण सभी अंग्रेज अधिकारी भी महाराजा का उचित आदर-सम्मान करते थे तथा उनके आज्ञाकारी थे। वे शीघ्रता से झाँसी नरेश की सैनिक, आर्थिक और राजनीतिक शक्ति को तोड़ने क्या, कम करने का भी अवसर नहीं पा रहे थे। झाँसी में अंग्रेजी और झाँसी का प्रशासन पृथक्-पृथक् दो कक्षों में विभाजित था और सहअस्तित्व की भावना से चल रहा था। किसी को भी एक-दूसरे के कार्यक्षेत्र में घुसपैठ करने की कोई भी साजिश करने का मौका हाथ में नहीं आ रहा था। यह महाराजा गंगाधर राव के प्रखर व्यक्तित्व तथा उनकी प्रशासनिक दक्षता का ही कमाल था। महाराज जो भी प्रशासनिक आदेश अपने डाकिये द्वारा भेजते थे, मजाल थी कि उनकी गैरहाजिरी में एक तिनका भी इधर-का-उधर हो जाए।

महाराजा एवं महारानी की वापसी का जश्न बड़ी धूमधाम से मनाया गया। किले एवं महल को पूर्ण रूप से सजाया गया, जैसे दीवाली की धूमधाम हो। पंद्रह एकड़ में फैले इस किले के 28 बुर्जों पर ही दीपक सजाए गए, वैसे 49 एकड़ में फैले झाँसी के चारों ओर परकोटे, दस दरवाजों तथा चार खिड़कियों को फूलों एवं बंदनवारों से सजाया गया। किले के अंदर स्थित शिव मंदिर तथा गणेश मंदिर को विशेष रूप से सजाया गया। दीवाने आम को विशेष कालीनों, मसनदों और रेशमी परदों से सजाया गया।

पंचमहल को इस प्रकार नया रूप दिया गया कि वह पूना के पेशवाओं के शनि

बाड़े से किसी प्रकार कम न हो। इसके प्रथम तल पर ही महाराजा तथा महारानी का शयन कक्ष था। भूतल पर महाराजा और महारानी अपने मिलनेवालों से मिलते थे। किला स्थित उद्यान में पीपल, नीम, बेलपत्र के वृक्षों के मध्य भिन्न-भिन्न प्रकार के खुशबूदार फूल खिल रहे थे, उनमें फूलों का राजा लाल गुलाब झाँसी का राज पुष्प था, जिसकी छठा एवं खुशबू सारे किले में फैली हुई थी।

नगर में प्रवेश करते ही शाही सवारी में महाराजा तथा महारानी को बैठाया गया। अपने प्रिय सफेद हाथी पर सोने-चाँदी के हौदे पर विराजमान महाराज, महारानी किसी भी राज्य के राजा से कम नहीं लग रहे थे। मराठा फौज की शानदार वरदी में चमचमाते भालों से लैस घुड़सवार थे, जिसमें घोड़ों पर भी जिरह बख्तर सजे थे, जैसे कि युद्ध में रक्षा के लिए उनके अंगों को सुरक्षित कर दिया जाता है। झाँसी राज्य की सेना तथा पुलिस भी जुलूस में शामिल थी, जिसे गंगाधर राव ने सन् 1943 से ही नए सिरे से सजाया-सँवारा था तथा लक्ष्मीबाई ने उन्हें युद्ध के लिए तैयार किया था। सिपाहीगण चमकदार वरदी में मय हथियारों के चल रहे थे। झाँसी राज्य की सेना भी उस समय पूरे बुंदेलखंड प्रदेश में स्थित रियासतों की सेनाओं से बहुत उन्नत थी। जुलूस में सभी हाथियों को रंग-बिरंगी चित्रकारी से सजाकर शामिल किया गया था। झाँसी के महत्त्वपूर्ण व्यक्ति भी जुलूस में सम्मिलित हुए। झाँसी के हजारों नागरिक इस जुलूस के दर्शक थे। जुलूस के साथ-साथ तथा चौराहों पर महिलाएँ अपने कोकिला कंठ से कजली नृत्य करते हुए गा रही थीं—

*घरर घरर नदियाँ बहें, अरै रैया, गोरी घन माहो अन्हाय*
*काहे की सिल सपरय भई, काहैं कै जल स्नान*
*सुले की सिल सपरय भई, अरै मैया गंगा के जल स्नान*
*सपर खोर ठाड़ी भई अरै रैया सूरज की रख लैया*
*सूरज देवता तुम्हीं बड़ै अरै रैया तुम से बड़ोरे नइयाँ कोय॥*

नगर की परिक्रमा लगाते-लगाते महाराजा तथा महारानी के चेहरों पर पसीने के कण उभर आए थे, अतः जुलूस को और लंबे रास्ते में न ले जाकर किले में प्रवेश कराया गया, विशेषतः रानी लक्ष्मीबाई के स्वास्थ्य को ध्यान में रखकर। महारानी के चेहरे पर स्त्री-सुलभ चिह्न देखकर तथा उनकी शांत भाव-भंगिमा को दृष्टिगोचर करके जनता को भी शक हुआ कि कहीं महारानी गर्भवती तो नहीं हैं। चारों ओर ऐसी कानाफूसी होने लगी। राजमाता ने तुरंत राजलक्ष्मी की रनिवास के भीतरी कक्ष में आराम के लिए व्यवस्था की, दूसरी ओर राजा गंगाधर राव अपनी मंत्रिपरिषद्, सेनापति तथा महत्त्वपूर्ण नागरिकों तथा अधिकारियों से मिलने में व्यस्त हो गए। अंग्रेज प्रतिनिधि गॉर्डन ने आकर अंग्रेज प्रशासन की ओर से राजा को सैल्यूट किया एवं उनमें पूरा सम्मान एवं विश्वास व्यक्त किया। □

# सात

अगहन मास की एकादशी का दिन था। उसी समय एक दास ने रनिवास से आकर खुशी-खुशी चिल्लाकर खबर प्रसारित की, "महाराज की जय हो! महारानी की जय हो! झाँसी राज्य की जय हो।" राजा को ज्ञात था कि रानी प्रसवगृह में है और वे जय शब्द का इंतजार कर रहे थे, फिर भी उन्होंने पूछा, "क्या बात है?"

दास हर्ष के मारे उछल पड़ा और बोला, "श्रीमंत सरकार! झाँसी को राजकुमार मिले हैं।"

राजा ने भी हर्षोल्लास से अपने चेहरे पर लालिमा लाते हुए कहा, "सोने के कड़े मिलेंगे। पाँच तोपों की सलामी छुड़वा, बड़ी तोपें न छूटें, हल्ला बहुत करती हैं। मंत्रियों, लड़के के नाना और बस्ती के पंचों और भले आदमियों को सूचना दे।"

मंदिरों में एकादशी की चहल-पहल ने उत्सव का रूप धारण कर लिया। अपनी प्रिय रानी के गर्भ से पुत्र के जन्म का समाचार सुनकर झाँसी आनंद सरोवर में डूब गया। पूरे राज्य में आनंद की बयार बहने लगी। सभी आश्वस्त हो गए कि अब उन्हें अंग्रेजों के क्रूर शासन में नहीं जाना होगा, सब लोगों ने राजा को बधाई दी। राजा ने बहुत खर्च किया। जो हाथ में आया, अपने मिलनेवालों और प्रशंसकों में बाँट दिया। गरीबों को इतना मिला जितना शायद कभी नहीं मिला हो। दरबार में सभी जागीरदारों को कुछ-न-कुछ मिला। बड़ी शान से दरबार लगा। कई कलाकारों ने संगीत और गायन प्रस्तुत किया। नाटक का अभिनय हुआ। कर्मचारियों और कलाकारों को भेंटें दी गईं।

रानी लक्ष्मीबाई की ख्याति चौगुनी बढ़ गई, पर अब झाँसी की जनता को उनके दर्शन दुर्लभ हो गए थे। वे कुछ महीनों से अपने गर्भ में पल रहे उत्तराधिकारी की ही देखरेख में व्यस्त थीं तथा उनका आनेवाला समय भी उसी नन्हे उत्तराधिकारी को समर्पित होने जा रहा था। रानी लक्ष्मीबाई का अधिकांश समय बच्चे के लाड़-प्यार में ही बीतता था। वे केवल किले के उद्यान में टहलकर स्वास्थ्य लाभ करती थीं।

गंगाधर भी बच्चे को अत्यधिक प्यार करते थे, अब जनता को उनके भी दर्शन अलभ्य हो गए थे। प्रतिदिन कोई-न-कोई महिला-समूह बच्चे के जन्म की खुशी में कलश रखकर नृत्य करती और गीत तथा सोहरें गाती। राजा उन्हें खुलकर धन देते। स्त्रियाँ गातीं—

*हाय राम जन्मे, आनंद भइ नगरी*
*रानी कौशल्या ने हथिया बक्सै*
*एक रहि गयौ ऐसा पति हाथी*
*हाय राम जन्में आनंद भई नगरी*

* * *

*छोड़ो न डगर हमारी कन्हैया।*
*नाई डरत नंद बाबा से न जसुदा महतारी कन्हैया॥*

लक्ष्मीबाई को रनिवास से निकलने पर पूरी पाबंदी थी। राजा-रानी नवजात बच्चे पर खूब प्रेम बरसा रहे थे। राजा की प्रकृति में अद्‌भुत अंतर आ गया था। शासन की कठोरता में उन्होंने कमी कर दी तथा वे भगवान् शंकर और गणेश की भक्ति में अधिक समय देने लगे। जनता अपने राजा को प्रजा-वत्सल कहने लगी।

बच्चा दो महीने का ही हुआ था कि उसके स्वास्थ्य में कमी आने लगी। वह बीमार रहने लगा। बच्चों के वैद्यों और हकीमों की झाँसी में कमी थी। राजा अंग्रेजों का अंग्रेजी इलाज नहीं कराना चाहते थे। यकायक राज्य का वारिस तीन महीने बाद मर गया। राजा और रानी पर जैसे विपत्ति का पहाड़ टूट पड़ा। उनकी चहचहाती दुनिया उजाड़ हो गई।

पुत्र-शोक में माता-पिता टूट जाते हैं। उनके लिए यह समस्त संसार दुःखमय लगता है। समय नहीं कटता। क्षण-क्षण भर में वही दुःखमय स्मृति आती है। दृढ़ लक्ष्मीबाई एवं कठोर गंगाधर राव को इस घटना ने झकझोर दिया। अभी उनका अप्रतिम मुन्ना तीन महीने का ही हुआ था कि हँसते-खेलते वह माता-पिता की गोद से आसमान की ओर उड़ गया। झाँसी के भविष्य का प्रकाश बुझ गया। झाँसी की जनता की आशा-आकांक्षाओं पर तुषारापात हो गया। झाँसी के कोने-काने में रुदन, क्रंदन-शोक संताप की लहर उठी। यह दिन होली की परमा थी। राज्य के सभी निवासियों ने तय किया कि वे होली परमा के दिन नहीं मनाएँगे और आज भी झाँसी में परमा को होली नहीं मनाई जाती है।

पुत्र-शोक में रानी कृशकाय हो गईं। हों भी क्यों नहीं, आखिर पुत्र-शोक से बढ़कर जननी के लिए दूसरा शोक ही क्या है? उनके हृदय का वात्सल्य प्रेम! दूध की पवित्र धारा! रह-रहकर रानी मुन्ना के अनुपम मुख को याद करके खोई-खोई महल की छत की ओर देखने लगतीं। 'वह ऐसे दूध पीता था—ऐसे किलकारियाँ छोड़ता था...ओह! हे ईश्वर! तुमने मेरी कोख को क्यों उजाड़ा? सिर्फ नाम के लिए मैंने क्यों उसे अपनी कोख से जन्म दिया?'

पर पुत्र-वियोग में भी राष्ट्र की चिंता रानी का जीने का एकमात्र संबल थी।

उन्हें अपने दांपत्य जीवन से लेकर झाँसी राज्य का भविष्य अंधकारमय दृष्टिगोचर होने लगा, जब व्यक्ति निराशा के गर्त में एक बार चला जाता है तो वहाँ से लौटना मुश्किल होता है। वह यह नहीं स्वीकार कर पाता कि अंधकार के बाद प्रकाश आता है, दु:ख के बाद सुख आता है, विफलता के बाद सफलता आती है, रात्रि के बाद दिन आता है। वह अपने मानसिक मकड़जाल में फँसकर अपने शरीर तथा मन और बुद्धि को बीमार कर लेता है। राजा परमात्मा से पूछते हैं, "हमारा क्या दोष था, जो आपने मुझे ऐसा कष्ट दिया?" व्यक्ति अपने बुरे कृत्यों को विस्मृत कर देता है तथा यह भूल जाता है कि परमात्मा को अपने उन पुत्रों का भी ध्यान रखना है, जो इस संसार में बिना किसी दोष के उससे अधिक दु:खी तथा प्रताड़ित हैं। परमात्मा की झोली में तो सीमित साधन हैं, जो उसे अपनी सभी संतानों में समानता के आधार पर बाँटने हैं।

पर राजा कुछ भी समझने को तैयार न थे। पुत्र की मृत्यु के बाद दो वर्ष तक दोनों का दांपत्य जीवन कठिनाइयों तथा दु:खों में गुजरा। राजा गंगाधार राव बराबर अस्वस्थ रहने लगे, उन्हें देखकर रानी लक्ष्मीबाई का भी राजकाज तथा सैन्य संचालन के कार्यों में उत्साह ठंडा हो गया। सन् 1852 से राजा गंगाधर राव का नियमित औषधोपचार आरंभ हुआ।

दूसरी ओर झाँसी स्थित अंग्रेजी अमला, उनके सैन्य कमांडर तथा सर्वोच्च अधिकारी एलिस मन-ही-मन खुश थे कि जल्द ही झाँसी के किले पर उनका झंडा यूनियन जैक लहराएगा। अब भारत में व्यापारी बनकर आए अंग्रेजों की महत्त्वाकांक्षा शासक बनने की थी, ताकि भारत का संपूर्ण धन इंग्लैंड ले जाया जा सके।

ग्रेट ब्रिटेन की महारानी एलिजाबेथ से भारत में व्यापार करने के लिए 31 दिसंबर, 1600 को आज्ञा-पत्र प्राप्त करने के पश्चात् ईस्ट इंडिया कंपनी ने भारत में व्यापार के साथ आर्थिक शोषण तथा भ्रष्टाचार का जाल फैलाया। प्लासी युद्ध का विजयी प्रथम गवर्नर क्लाइव बहुत साधन लेकर इंग्लैंड लौटा, तब ब्रिटिश संसद् ने उस पर काररवाई की। सन् 1765 में मुगल सम्राट् शाह आलम द्वितीय से दीवानी का अधिकार प्राप्त करने पर कंपनी व्यापार के साथ भारत के भू-भागों पर शासन करने का प्रयास करने लगी। प्रथम गवर्नर जनरल वारेन हेस्टिंग्स के कारनामे आज भी बारासात, चौबीस परगना (उत्तर), पश्चिम बंगाल में उनके बँगले में भूत-प्रेत के रूप में मौजूद हैं।

सन् 1772 में वारेन हेस्टिंग्स ने जिला कलेक्टर का पद सृजित किया, जो कंपनी की राजस्व वसूली का जिले में मुख्य कार्यकारी अधिकारी था। सन् 1813 के राज-पत्र द्वारा लॉर्ड वेलेजली ने ईसाई मिशनरियों को भारत में धर्म प्रचार की अनुमति दी गई। ईसाई मिशनरियों को मेटकॉफ और मैकाले जैसे बुद्धिजीवियों से समर्थन प्राप्त हुआ, जो देश को

एक सिरे से दूसरे सिरे तक पाप, अज्ञान, दमन, तानाशाही, बर्बरता तथा निष्ठुर रूढ़ियों से मुक्त कराने का दम भरते थे। वे भारतीय सांस्कृतिक, सामाजिक और राजनीतिक संस्थाओं को बहुत नीची दृष्टि से देखते थे और भारत की सांस्कृतिक धरोहर को नष्ट करके भारत को शीघ्र पश्चिमी रंग से रँगा देखना चाहते थे। जहाँ एक ओर मैकाले ने भारत में नई न्याय व्यवस्था एवं शिक्षा प्रणाली लाकर यह काम किया, वहाँ यह काररवाई निरंतर सैनिक अभियानों के माध्यम से गवर्नर जनरल डलहौजी तक चलता रहा। सन् 1833 के राजपत्र के द्वारा लॉर्ड मैकाले की अध्यक्षता में विधि आयोग का गठन हुआ, जिससे बंगाल के गवर्नर जनरल को संपूर्ण भारत का गवर्नर जनरल घोषित किया गया तथा उसके पास ही सारी शक्तियाँ केंद्रित हो गईं। सन् 1853 में ब्रिटिश संसद् को कंपनी के भारतीय शासन को समाप्त करने का अधिकार प्रदान किया गया, क्योंकि कंपनी के अधिकारी और कर्मचारी केवल भारत में लूट-खसोट करके ब्रिटिश प्रजातांत्रिक परंपरा का नाम बदनाम कर रहे थे, जबकि झाँसी जैसे स्थानीय राजाओं के प्रबंध से जनता बहुत खुश थी तथा इंग्लैंड के कर्ता-धर्ता इस प्रकार के देशीय शासन में कमियाँ निकालने में असमर्थ थे। सन् 1833 से 1853 तक बीस वर्षों में भी कंपनी ने किसी भी भारतीय को उच्च पद पर नियुक्त नहीं किया, जबकि 1833 के राजपत्र में इस प्रकार की व्यवस्था थी। दूसरी ओर ईसाई मिशनरियों ने पाठशालाओं में बाइबिल की शिक्षा अनिवार्य करा दी। अमेरिका हाथों से निकल जाने के पश्चात् सोने के अंडे देनेवाली मुरगी भारत-भूमि को वे हाथ से किसी भी हालत में नहीं निकलने देना चाहते थे। कंपनी नहीं समझती थी कि उसके इन अन्याय, अत्याचारों तथा लूट का जब पिटारा फूटेगा तो उसका ही इंग्लैंड में अस्तित्व समाप्त हो जाएगा। भारतीयों की आत्मा उन्हें बार-बार कोस रही थी। हिंदू और इसलाम के बीच तथाकथित तटस्थ रहनेवाले अंग्रेजों का कहना था कि वे हिंदुस्तान में लुटेरों, डाकुओं तथा बटमारों का दमन करके शांति स्थापित करेंगे, ताकि खेती-किसानी फले-फूले तथा व्यापार बेरोक-टोक चलती रहे, पर इन सबका लाभ इंग्लैंड जाता रहा। भारत के कुछ राजाओं ने विरोध करने की कोशिश भी की, लेकिन उन्हें कुचल दिया गया, पर झाँसी नरेश गंगाधर राव तथा रानी लक्ष्मीबाई के सुशासन पर अंग्रेज उँगली न उठा सके। फलस्वरूप उन्होंने अन्य रास्ता अपनाया कि वारिसहीन राजा का राज्य अंग्रेजीराज में जब्त हो जाएगा, जिसकी लाठी उसी की भैंस।

गंगाधर राव जैसे शक्तिशाली महाराजा भी अंदर से टूट गए। वे प्रतिदिन रानी से कहते, "अब इस झाँसी राज्य का उत्तराधिकारी कौन होगा? क्या नेवालकर वंश का अंत करने का लांछन हमें भोगना पड़ेगा? क्या इसीलिए पेशवा ने हमें पूना से झाँसी भेजा था कि झाँसी को अंग्रेजों की प्लेट में परस देना? यह राजपाट लेकर हम क्या करेंगे? क्यों मैंने इतनी सेना संगठित की? क्या यह मंजूमहल यूँ ही सूना पड़ा रहेगा? यह सब

तामझाम इकट्ठा करने की हमें क्या आवश्यकता थी? व्यक्ति तो अकेला ही इस संसार में आता है और अकेला ही यहाँ से चला जाता है। उसके साथ कुछ भी नहीं जाता, फिर यह सबकुछ क्यों?"

रानी राजा का धैर्य बँधाती, पर अंदर से वह स्वयं टूट चुकी थी। राजा के व्यामोह को दूर करने के लिए रानी पहले राजा से सहमत होती, फिर उन्हें गीता का उपदेश मानने की सलाह देती।

"पता नहीं हमारे सामने किस जन्म के पाप अब प्रकट हुए हैं? हमने इस जन्म में तो किसी का कुछ नहीं बिगाड़ा। सारी प्रजा को पुत्रवत् प्रेम दिया है।"

"हाँ रानी! हमने इस जन्म में किसी को भी दु:ख नहीं पहुँचाया, लेकिन पिछले जन्म में अवश्य पहुँचाया होगा। कर्मों का फल तो भोगना ही पड़ता है। कर्म अक्षुण्ण है। कर्म का सिद्धांत सार्वकालिक है। पहले जन्म में नहीं भोगा तो इस जन्म में भोगना पड़ रहा है।"

"तो फिर चिंता से क्यों जल रहे हैं, महाराज? चिंता चिता से बढ़कर है। जिसे जाना था, वह जाकर तारों के साथ बैठ गया। भाग्य में होगा तो पुत्र-रत्न की प्राप्ति फिर हो जाएगी।"

"ईश्वर ने चिर आकांक्षित पुण्य ही मुरझा दिया, फल हमसे छीन लिया। आगे किसने देखा है? मैं बचा, तब ही तो पुत्र की प्राप्ति होगी।"

"महाराज, आपको मुझसे कोई नहीं छीन सकता।" महारानी की चमकती आँखों से निस्सृत दृढ़ प्रतिज्ञा ने निराश गंगाधर राव को कुछ ढाढ़स बँधाया।

असाध्य बीमारी के कारण राजा की खीझ बढ़ गई। वे छोटी-छोटी बातों में नाराज होने लगे। उन्होंने सनकों में काम करना शुरू कर दिया। वे कान के कच्चे हो गए। एक दिन उन्हें मालूम हुआ कि खुदाबख्श नवाब अली बहादुर के यहाँ कभी-कभी आता है। इस छोटी सी बात के लिए उन्होंने नवाब साहब का महल जब्त कर लिया और केवल बाहरवाले हिस्से में उन्हें रहने के लिए इजाजत दी।

राजा का इलाज राजवैद्य प्रतापशाह मिश्र कर रहे थे। महाराज राजवैद्य पर बहुत खुश थे, क्योंकि वह महाराज के पास घंटों बैठकर उनको दवा के साथ मानसिक घुट्टी भी पिलाते रहते थे। बिना मानसिक स्वास्थ्य के शारीरिक स्वास्थ्य अच्छा नहीं हो सकता, इसीलिए राजवैद्य राजा के बहुत करीबी थे। वह उद्दंड प्रकृति के थे, पर राजा उसको बहुत निभाते थे।

दशहरे के भरे दरबार में वैद्य ने अपने एक पड़ोसी की शिकायत की—"सरकार, मैं हवेली बनाना चाहता हूँ। मेरे मकान में थोड़ी जगह है। पड़ोसी को मुँहमाँगा दाम देने को तैयार हूँ। वह पाजी मेरे लिए अपना मकान नहीं छोड़ता। मेरी हवेली नहीं बन पा रही है। वह मकान मुझे दिलवा दिया जाए।"

राजा ने उत्तर दिया, "वैद्यजी, मैं राजा के सिंहासन से अन्याय नहीं कर सकता। यही झाँसी के राज्य का स्थापित सिद्धांत है। प्रत्येक व्यक्ति अपना मकान या जमीन बेचने के लिए स्वतंत्र है। राज्य उसे विवश नहीं कर सकता, फिर मुझे इसमें कोई लोकहित नहीं दिखता।"

वैद्य ने हठपूर्वक कहा, "तब मैं झाँसी के परकोटे के बाहर एक अलग से छोटी सी झाँसी बसाऊँगा और एक दृढ़ कोट उसके चारों ओर खिंचवा दूँगा।"

कुछ साल पहले गंगाधर राव इस प्रस्ताव को सामने लानेवाले की खाल खिंचवा देते पर अब शरीर से दुर्बल और अस्वस्थ होने के कारण राजवैद्य के अजीबोगरीब प्रस्ताव को अनसुना कर रहे थे।

वैद्य ने एवं सभी उपस्थित सभासदों ने इसे राजा की अनुमति मान लिया और वैद्य राजा के उपचार से ध्यान हटाकर नई हवेली बनाने में लग गया। नई बस्ती तो वैद्य बसा नहीं पाया, पर उसने बड़ागाँव फाटक के बाहर एक कोट खिंचवा दिया, जो आज भी प्रतापसिंह मिश्र के हठ का स्मारक है।

लक्ष्मी फाटक के बाहर महालक्ष्मी मंदिर सहित ऐसा कोई मंदिर नहीं था, जहाँ राजा के रोग-निवारण के लिए पूजा-अर्चना नहीं हो रही थी और जनता अपने स्तर पर प्रार्थनाएँ कर रही थी। झाँसी के पोलिटिकल एजेंट मैलकम ने भी महाराजा से अंग्रेजी इलाज के लिए सुझाव दिया, पर वैद्यों तथा हकीमों को अभी भी आशा थी, अत: राजा ने मैलकम का प्रस्ताव अस्वीकार करते हुए कहा, "जीना यहाँ, मरना यहाँ। मैं हिंदुस्तान की माटी में ही बड़ा हुआ हूँ। यहाँ का ही इलाज करूँगा।" सन् 1853 के सितंबर मास में शारदीय नवरात्रि के पर्व पर आवश्यक उपवास करके गंगाधर राव गृहदेवी महालक्ष्मी के मंदिर तक पैदल चलकर गए। लक्ष्मीबाई अथवा श्वसुर मोरोपंत किसी के भी निषेध को उन्होंने नहीं माना। उसी परिश्रम की थकावट से स्वास्थ्य और तीव्र गीत से गिरता गया। दशहरा, अर्थात् विजयदशमी के दिन देश विजय के प्रतीक के रूप में राजागण प्राचीन अनुष्ठान की नकल में सीमोल्लंघन करने जाते हैं। राजा लोग अपने राज्य की सीमा का अतिक्रमण करके दूसरे राज्य की सीमा में प्रवेश करके वन-भोजन आदि का उत्सव करके वापस लौट आते हैं। गंगाधर राव इस बार भी सीमोल्लंघन करके दतिया राज्य की सीमा पर गए, किंतु वहाँ से उन्हें बीमार होकर पालकी में लेटकर आना पड़ा। उस दिन से तो राजप्रासाद में वैद्य का आना-जाना लगा रहा। विजयदशमी के बाद गंगाधर राव को संग्रहणी रोग ने ग्रसित कर लिया। दवा-दारू चलती रही, फिर मर्ज बढ़ता ही चला गया।

राजा की हालत देखकर रानी अंदर-ही-अंदर घुट रही थीं, राजा और रानी दूसरों के सामने अपना दु:ख प्रकट भी नहीं कर सकते अन्यथा वे लोग ही उन्हें दुर्बल समझकर उखाड़ फेंकने का षड्यंत्र कर देंगे अथवा गलियों-चौराहों पर उनका मखौल उड़ाएँगे।

राजा की स्थिति निरंतर गिरती जा रही थी। इसलिए शासन की जिम्मेदारियाँ रानी के सिर पर ही पड़ चुकी थीं। राज्य में कहीं अव्यवस्था न फैल जाए, इसलिए ऐसा करना रानी के लिए आवश्यक भी था। राजा साहब की स्थिति बहुत नाजुक हो गई। पिता मोरोपंत के बहुत समझाने–बुझाने के पश्चात् रानी स्वयं को पहचान सकी। उसके पिता ने समझाया, "तुम तो राष्ट्र के लिए जन्मी हो, न कि किसी व्यक्ति की सेवा करने या राजपाट करने।" यह वाक्य रानी के मन–मस्तिष्क में बराबर कौंधता रहा तथा उन्हें धैर्य दिलाता रहा।

नवंबर के तीसरे सप्ताह में राजा का स्वास्थ्य और भी बिगड़ गया। अफवाह थी कि राजा की दवा के साथ विष घोला जा रहा था। प्रताप मिश्र ने बड़े दंभ के साथ 'प्रताप लंकेश्वर रस' तैयार किया, किंतु वह रस भी प्रभावहीन हो गया।

राजा ने वैद्य मिश्र पर कटाक्ष किया, "कोट खिंचवाने से कैसे अवकाश मिल गया?"

उसके बाद राजा यकायक बेहोश हो गए। रानी के पिता मोरोपंत और दीवान नरसिंहराव घबराए हुए आए।

राजा को पुनः चेतना आई।

नरसिंहराव ने कहा, "सरकार शीघ्र ही स्वस्थ हो जाएँगे। कोई चिंता की बात नहीं है। हम लोगों को आज्ञा दी जाए।"

राजा समझ गए। उन्होंने मोरोपंत, मंत्रियों, रघुनाथसिंह, जवाहरसिंह मेजर एलिस, कप्तान मार्टिन और प्रधानमंत्री नरसिंहराव को बुलाया तथा राज्य के उत्तराधिकारी हेतु दत्तक पुत्र लेने की इच्छा प्रकट की। निकट ही परदे के पीछे लक्ष्मीबाई बैठी हुई थी। रानी से विचार लिया गया, "रानी साहिबा, इस बारे में आपकी क्या राय है?"

"राज्य को उत्तराधिकारी तो चाहिए ही, बिना उत्तराधिकारी के राज्य कैसे चलेगा।"

"तो दस्तक पुत्र लेने की प्रक्रिया...!"

"शुरू करें।"

रामचंद्र बाबा को उपयुक्त लड़के की खोज का दायित्व सौंपा गया। झाँसी राजवंश के मूल पुरुष रघुनाथ राव के छोटे पुत्र दामोदर राव का वंश ही झाँसी पर बराबर राज करता आया है। रघुनाथ राव के बड़े लड़के खंडेराव के वंशधर परोला में रहते थे, जहाँ गंगाधर राव की जागीर थी और दशहरा उत्सव के लिए वे झाँसी में ही थे। गंगाधर राव का इन नेवालकर लोगों के साथ खूब मिलना–जुलना तथा घनिष्ठ संबंध था। गंगाधर की अस्वस्थता के कारण वे लोग तुरंत वापस नहीं गए। उन्हीं में एक वासुदेव थे। उनके साथ पाँच वर्ष का उनका पुत्र आनंद भी था। समय की कमी एवं अन्यान्य विपत्तियों, अंग्रेजों की आपत्तियों की विवेचना करने के पश्चात् इसी आनंद को दत्तक पुत्र के रूप में गोद लेने का निर्णय लिया गया। वासुदेव को व्यक्तिगत रूप से कोई आपत्ति नहीं थी। 20 नवंबर गोद लेने का दिन स्थिर हो गया।

राजा के कहने पर मैलकम के सहायक एलिस को भी इस अवसर पर बुला लिया गया, ताकि वे प्रत्यक्षदर्शी होकर इसमें आपत्ति न कर सकें। 26 नवंबर प्रातः गंगाधर के सामने दत्तक पुत्र लेने का अनुष्ठान पूरा हो गया। वासुदेव ने बालक आनंद के ऊपर से अपने सारे अधिकारों का त्याग करके गंगाधर के हाथों पुत्र को समर्पित कर दिया। गंगाधर ने शिथिल कंपित हाथों से आनंद राव को आशीर्वाद दिया। रानी आनंद राव को गोद लेकर स्वामी के पास आईं। खुशी में गंगाधर की आँखें अश्रुपूरित हो गईं। दत्तक पुत्र आनंद का नाम हुआ दामोदर गंगाधर राव।

इसके तुरंत बाद राजा ने कंपनी सरकार के नाम एक पत्र लिखा—

"ब्रिटिश सरकार का राज्याधिकार बुंदेलखंड में स्थापित होने से पहले मेरे वंशजों ने किस प्रकार उनकी सहायता की, यह बात यूरोप भर में प्रसिद्ध है और मैं भी ब्रिटिश सरकार की आज्ञा पालन करता आया हूँ। इसका हाल बहुतेरे पोलिटिकल एजेंट साहबों को ज्ञात है। मैं आजकल रोगग्रस्त हूँ। मैं अब तक ब्रिटिश सरकार के साथ अच्छा बरताव करता आया हूँ और सरकार ने भी सदैव मेरे ऊपर कृपादृष्टि रखी है, परंतु अब मुझे खेद है कि मेरे पीछे मेरे घराने के नष्ट होने का समय आ गया है। ऐसा न हो, इस कारण ब्रिटिश सरकार का ध्यान उस संधि पर, जो मेरे घराने से हुई है, दिलाता हूँ। मैंने उसी संधि के अनुसार आनंद राव नामक पाँच वर्ष के बालक को गोद लिया है। उसका नाम दामोदर गंगाधर राव रखा है। यह बालक मेरे ही वंश का है। वह मेरा नाती लगता है। मुझे यह आशा है कि ईश्वर की कृपा और सरकार के अनुग्रह से मैं इस बीमारी से शीघ्र ही अच्छा हो जाऊँगा। मेरी अवस्था के अनुसार मुझे संतति होना भी संभव है। यदि ऐसा हुआ तो फिर विचार किया जाएगा, परंतु यदि मेरा परलोकवास हो जाए तो जिस प्रकार मैं अब तक सरकार के साथ आम बरताव करता आया हूँ, उसकी ओर ध्यान देकर उस बालक पर भी सरकार की कृपादृष्टि रहनी चाहिए, जब तक मेरी स्त्री जीवित रहे, तब तक वही इस राज्य की स्वामिनी और बालक की माता समझी जाकर राज्य व्यवस्था उसी के अधीन रहे। उसे किसी प्रकार का दुःख न पहुँचे।"

महाराज ने भारी हृदय से वह खरीता एलिस के हाथ में थमा दिया और बार-बार अपने घराने के सम्मान को सुरक्षित रखने का उनसे निवेदन किया। मेजर एलिस ने भी उन्हें आश्वासन दिया, लेकिन दुःख के आवेग, चिंता तथा खराब स्वास्थ्य के कारण महाराज बोलते-बोलते बेहोश हो गए। मेजर एलिस और कप्तान मार्टिन अपने बँगले से डॉक्टर और दवा भिजवाने हेतु चले गए और महारानी ने परदे से बाहर निकलकर महाराज को सँभाला।

महाराज गंगाधर राव जानते थे कि मैलकम ही मुख्य अधिकारी है, अतः उन्होंने मैलकम को एलिस के पत्र के प्रारंभिक दो परिच्छेद वही रखकर लिखे—

• 'झाँसी राज्य और ब्रिटिश सरकार की मित्रता चिरकाल तक बनी रहे। इस हेतु ब्रिटिश सरकार रामचंद्र राव तथा उनके वारिसों को और उन वारिसों के उत्तराधिकारों को, बुंदेलखंड में अंग्रेजी अमलदारी के आरंभ में जो प्रांत शिवराव भाऊ के अधीन था उसके और संप्रति झाँसी राज्य के अधीन जो प्रांत हैं, उनके वंश परंपरागत स्वामी नियत करके यह स्वीकार करती है कि वे उन प्रांतों के स्वाधीन राजा रहेंगे।

• मैंने मेजर एलिस और कैप्टन मार्टिन को सभी समझा दिया है। उनके हाथ में एक पत्र भी दिया है। उसमें मैंने अपने पौत्र को अपने स्थान पर गद्दी पर बैठाने का अनुरोध किया है। मेरा विश्वास है कि वह पत्र आपको दिया जाएगा। अंग्रेज शिवराव भाऊ की बड़ी इज्जत करते थे, क्योंकि उन्होंने कंपनी को उस समय मान्यता दी, जब कंपनी शक्तिशाली नहीं थी।

• इसी वंश परंपरा के अंतर्गत शिवराव भाऊ ने सन् 1817 की संधि द्वारा झाँसी पर पेशवा के अधिकार ब्रिटिश सरकार को हस्तांतरित किए थे और कंपनी सरकार ने 1832 में उनके उत्तराधिकारी रामचंद्र राव को 1832 में राजा का खिताब दिया। सन् 1835, रामचंद्र राव के वारिसहीन मरने पर उनके भाई रघुनाथ राव उत्तराधिकारी बने, पर उन्हें कुष्ठ रोग होने के कारण उनके भाई गंगाधर राव को झाँसी की गद्दी प्राप्त हुई।'

एलिस ने अपने पत्र के साथ ये दोनों पत्र मैलकम को भिजवा दिए, जो ग्वालियर, रीवा और बुंदेलखंड का तत्कालीन राजनीतिक प्रतिनिधि था तथा सरकारी भ्रमण पर था।

एलिस को दुबारा महल में बुलाया गया। वह अपने साथ डॉ. एलन को ले गए, पर महाराज ने उसकी दी गई दवा नही खाई, लेकिन महाराज को बहुत संतोष हुआ कि एलिस उनके वंश के पक्ष में ही लिखेगा। महाराज वैद्य की दवा खाने के लिए राजी हो गए, पर उन्होंने गंगाजल मँगाने के लिए भी कहा।

21 नवंबर, अपराह्न। महल के बाहर जनता-जनार्दन की विशाल भीड़ थी। सभी अपने प्रिय राजा का कुशल समाचार जानने को उत्सुक थे। रानी के अतिरिक्त, मोरोपंत एवं नाना भोपटकर भी राजा के पास खड़े थे। राजा साहब ने सबको सरसरी दृष्टि से देखा और गंगाजल पीकर कहा, "मैंने बहुत अपराध किए हैं, बहुतों को सताया है, सब क्षमा करें हरि ॐ!"

और करवट बदलते ही राजा का देहांत हो गया।

महल में हाहाकार मच गया। जिस रानी को कभी किसी ने विह्वल नहीं देखा, वह धाड़ें मारकर रो रही थी, आर्तनाद कर रही थी।

महल में भगवद्गीता के श्लोक उच्चरित होने लगे—

*वासांसि जीर्णानि यथा विहाय*
*नवानि गृह्णाति नरो पराणि।*

*तथा शरीराणि विहाय जीर्णा—*
*न्यन्यानि संयति नवानि देही॥*

जिस प्रकार मनुष्य पुराने तथा फटे वस्त्रों को त्यागकर नए वस्त्र ग्रहण करता है, वैसे ही देहधारी आत्मा जीर्ण-शीर्ण शरीरों को त्यागकर दूसरे नए शरीरों में गमन करती है। झाँसी के लोगों को अभी भी भरोसा था कि गंगाधर राव की आत्मा उनके साथ है।

*जातस्य हि ध्रुवो मृत्युर्ध्रुवं जन्म मृतस्य च।*
*तस्माद परिहार्येऽर्थे न त्वं शोचितुर्महसि॥*

यह ध्रुव सत्य है कि जिसने जन्म लिया है, उसकी मृत्यु निश्चित है और यह भी सत्य है कि मृत्यु के पश्चात् जन्म सुनिश्चित है।

इसलिए अपना कर्म करते रहो। निरंतर चलते रहो। निष्काम कर्म करते रहो। स्वधर्म पालन में मृत्यु भी स्वर्ग का द्वार है। जनता का दृढ़ विश्वास था कि महाराज गंगाधर राव सीधे स्वर्ग गए हैं।

उस रात महल और किले में बुझे हुए दीपक गंगाधर राव के प्रयाण की कहानी कह रहे थे। दूसरे दिन लक्ष्मी दरवाजे के बाहर, महालक्ष्मी मंदिर की विपरीत दिशा में लक्ष्मीताल के किनारे गंगाधर राव का धूमधाम के साथ अंतिम संस्कार किया गया। श्मशान भूमि पर एलिस और मार्टिन भी उपस्थित थे। झाँसी की जनता के साथ काले बिल्ले पहने राजा की सेना के सिपाही भी अस्त्र-शस्त्र नीचे किए खड़े थे। बालक दामोदर ने मुखाग्नि दी और महाराज गंगाधर पंचतत्त्व में विलीन हो गए। आज भी अपनी छतरी में शांत भाव से पड़े हुए महाराजा गंगाधर झाँसी एवं झाँसी की जनता के कल्याण की कामना कर रहे हैं।

□

# आठ

झाँसी अप्रत्याशित संकट से गुजर रही थी। विधि का विधान। सबकुछ ठीक चल रहा था। झाँसी निवासी समृद्धि और सुशासन का आनंद ले रहे थे कि झाँसी का उत्तराधिकारी दो वर्ष पूर्व चल बसा, अब नया उत्तराधिकारी आया है, पर वह भी कंपनी सरकार का मुखापेक्षी है, अब तो जैसे झाँसी पर विंध्य पहाड़ टूट पड़ा। झाँसी का सर्वप्रिय राजा चल बसा। झाँसी की लक्ष्मी का कम उम्र में सुहाग लुट चुका था। उसकी माँग का सिंदूर गायब हो चुका था, पर झाँसी के पंचों, राजा के दीवान और मंत्रियों की सलाह पर रानी ने पुरानी परंपरा के अनुसार काशी में जाकर वैधव्य जीवन व्यतीत करने से इनकार कर दिया।

कवि मदनेश के शब्दों में 'लक्ष्मीबाई रासो' में—

*जब सूनी झाँसी लखी एन, जुर सचिव मंच पर गहे बैन श्री बाई लक्ष्मी करे राज, सबको पूरन होय काज।*

*जब आपा साहब झंडू–आय, चौधरी स्याम बगसी बुलाय, नारायण राव वहाँ बैठे, बंका दीवान तहं पैठे,*

*जाँ चुन्नी और जवाहर हे, गनपति गिर मुन्ना साहबहे,*
*रनवीर सिंह नागर जु आय, बसती के पंच लीने बुलाय।*

उसे तो भारत माँ के वैधव्य की रक्षा करनी थी। लक्ष्मीबाई के पिता मोरोपंत ने भी सलाह दी, "बेटी! याद करो, तुम्हारी माँ भागीरथी ने काशी से बिठूर के लिए प्रस्थान करते समय तुमसे क्या कहा था? माँ काली ने तो अकेले ही राक्षसों की अपार सेना का संहार किया था। सेना तो सिर्फ उनकी देखभाल करने के लिए थी। क्या तुम भारत माता को आजाद करने के लिए काली और दुर्गा की तरह युद्ध नहीं कर सकती? तुमने काली और दुर्गा की भाँति उत्साह के साथ 'हाँ' कहा था। तुम शोक–संतप्त हृदय से अपने लक्ष्य की प्राप्ति कैसे करोगी?"

राजा गंगाधर राव के फेरे के लिए बिठूर से नाना अपने दोनों भाइयों सहित आया। तात्या भी साथ था। वे सब जवान हो गए थे तथा पेंशन जब्त होने के कारण दु:खी और कंपनी सरकार के विरुद्ध रोष से भरे हुए थे। गंगाधर राव के अचानक देहांत के कारण उन्हें ठेस पहुँची। जिला जालौन भी उनके कब्जे से जा चुका था। मराठों की एकमात्र गद्दी झाँसी बची थी। तात्या ने चर्चा चलाई—"ये अंग्रेज एक-एक करके हम सभी को दबोच लेंगे। हमें कुछ करना होगा। क्या तुम बुंदेलखंड के राजा-रजवाड़ों को एकजुट कर सकोगी?"

रानी—"बुंदेलखंड के राजा-रजवाड़े बुझे हुए दीपक हैं। उनमें साहस है, उत्प्रेरणा है, पर उन्हें एकजुट करना बड़ा मुश्किल है। वे अपने छोटे-छोटे निहित स्वार्थों में फँसे हुए हैं। पूरे राष्ट्र के लिए सोच ही नहीं पाते।"

नाना—"क्या तुम उन्हें एकजुट नहीं कर सकती?"

रानी—"मैं प्रयत्न करूँगी, पर कह नहीं सकती, लेकिन वे मुझमें अटूट विश्वास और श्रद्धा रखते हैं।"

तात्या—"मैं भी बुंदेलखंड में कुछ घूमा-फिरा हूँ। राजाओं को अपने सरदारों, चारणभाटों, चमचों, चाटुकारों और प्रजा से सलाम लेने से ही फुरसत नहीं है।"

नाना—"और लखनऊ के वाजिद अलीशाह को तो सुरा और सुंदरियों से फुरसत नहीं है। बचे हुए समय में वे शतरंज खेलते हैं।"

रानी—"और दिल्ली के बादशाह का क्या हाल है।"

तात्या—"बादशाह वृद्ध हैं। सब समझते हैं। काफी वृद्ध हैं। वे अपना कष्ट कविता में निकालते रहते हैं।"

रानी—"ग्वालियर के राजा पर तो कभी भरोसा नहीं किया जा सकता, क्योंकि वे प्रारंभ से अंग्रेजों के साथ रहे हैं।"

नाना—"यही हाल निजाम हैदराबाद का है। वह अंग्रेजों का परम भक्त है।"

रानी—"पंजाब की सिख-रियासतों का क्या हाल है?"

नाना—"वहाँ मैं कहीं-कहीं गया। सिखों में अंग्रेजों को हराने की सामर्थ्य है, पर उनमें आपसी फूट है। उनसे कुछ आशा करना व्यर्थ है, फिर सिखों से आशंकित होकर अंग्रेजों ने उन्हें निहत्था कर दिया है।"

रानी—"हम कुछ दिनों बाद चर्चा करें। पहले देख लें कि दामोदर राव की गोद को स्वीकार करने में अंग्रेज क्या नाटक करते हैं, कैसी दुंगी चाल चलते हैं।"

नाना—"हमें तो झाँसी पर ही पूरा भरोसा है। तुम ही अंग्रेजों के विरुद्ध हमारी नेत्री होगी, जो तुम बचपन से रही हो।"

रानी—"गोदी हो जाए तो कुछ आमदनी का जरिया भी हो जाएगा। साज-सामान

और हथियारों के बिना कुछ नहीं होता। कितने दिन बेचारे सैनिक बिना खाए-पिए लड़ेंगे?"

तात्या ने कहा, "एलिस ने तो गोद स्वीकार करने के लिए लिखा है। मेरे भी कलकत्ता में कुछ मित्र हैं, वे लोग सहायता करेंगे।"

रानी ने कहा, "एलिस, मैलकम सभी एक थैली के चट्टे-बट्टे हैं। ये लोग अन्य नौकरशाहों की भाँति गवर्नर जनरल के इशारे पर चलते हैं कि लाट को क्या अच्छा लगेगा, क्या अच्छा नहीं लगेगा। मैंने यहाँ से पूरनचंद्र बंगाली बाबू को कलकत्ता भेजा है। बंगाली बंगाली को मानता है। यदि राइटर्स बिल्डिंग से हमारे पक्ष मैं ठीक नोट गया तो लाट हमारे पक्ष में निर्णय करने के लिए बाध्य होंगे। वह स्वयं भी लाट से मिलेगा और लोगों को भी भेजा है। क्या कंपनी सरकार का लाट हमारी इतनी स्थायी और बड़ी संधि को निगल जाएगा?"

तात्या ने कहा, "ये अपने स्वार्थ के लिए कुछ भी कर सकते हैं?"

नाना—"देखो लक्ष्मी, इनकी बात का कोई भरोसा नहीं। हमारी पेंशन छीन ली, अब तक तीन-चार करोड़ रुपया बैठता है। वह सब कहाँ गया?"

तात्या ने कहा, "ये तो न्याय की दुहाई उसी समय तक देते हैं, जब तक निर्णय इनके पक्ष में जाए। गवर्नर जनरल हेस्टिंग्स और उनके मुख्य न्यायाधीश इम्पे तो एक साथ बैठकर रात में शराब पीते थे तथा वेश्यागीरी करते थे और दूसरे दिन निर्णय हेस्टिंग्स की मर्जी के हिसाब से आ जाता था। उन्होंने बंगाली राजा नंदकुमार को फाँसी पर चढ़ा दिया, जबकि उसने कोई अपराध नहीं किया था। उन्होंने न्याय के नाम पर अवध की बेगमों को लूटा। उन पर मुकदमा चलाया, फिर बदनामी के डर से उन्हें छोड़ा। डलहौजी भी कुछ कम नहीं है। बेंटिक कुछ अच्छा था, पर अच्छे लोगों को ये बहुत दिन तक जमने नहीं देते, कहीं अंग्रेजों का राज्य कमजोर न हो जाए, कहीं अंग्रेजों का अन्याय सरेआम न खुल जाए।"

रानी ने थोड़ा सोचकर कहा, "वास्तव में जनता ही असली शक्ति है। मैं जनता को ही संगठित कर रही हूँ, पर बीच में यह पहाड़ जैसी अड़चन आ गई। महाराजजी के हाथ में लक्ष्मी थी, जनता को उन पर पूरा भरोसा था, प्रशासन में वे माहिर थे। मैंने सोचा था कि उनके रहते हुए मैं झाँसी की सेना को इतना सुदृढ़ कर लूँगी, पास के राजे-रजवाड़ों की स्वामिभक्ति सुनिश्चित कर लूँगी कि अंग्रेजी सेना हमारा कुछ न बिगाड़ सकेगी, पर महाराज के स्वर्गवास होते ही सबकुछ क्षणभंगुर हो गया, अब केवल जनता की शक्ति मेरे पास बची है। देखती हूँ, क्या और कितना कर सकूँगी। कुछ दिन हमें झाँसी राज्य के भविष्य पर कंपनी सरकार के निर्णय का इंतजार करना पड़ेगा। हम शीघ्र ही फिर मिलेंगे। नाना और तात्या समझ गए कि इस असमय में अंग्रेजों के विरुद्ध पूरी योजना की रूपरेखा

बनाना उचित नहीं होगा, क्योंकि दीवारों के भी कान होते हैं। वे बिठूर लौट आए। रानी राजा द्वारा लिखे प्रस्तावों पर गवर्नर जनरल डलडौजी द्वारा उत्तर की प्रतीक्षा करने लगी।

वास्तव में मेजर एलिस चाहते थे कि गोदनामा को स्वीकृत किया जाए एवं रानी लक्ष्मीबाई को राज्य लौटा दिया जाए, क्योंकि वह एक अत्यंत साहसी, दक्ष एवं योग्य प्रशासक एवं सेनापति थी, पर एलिस कुछ भी करने में अक्षम थे, क्योंकि गवर्नर जनरल डलडौजी द्वारा कोर्ट ऑफ डायरेक्टर्स की सहमति से झाँसी राज्य के राजा गंगाधर राव के उत्तराधिकारी नामित करने के विरुद्ध 11 नवंबर, 1853 को निर्णय लिया जा चुका था तथा स्थानीय प्रतिनिधि को शांति स्थापित करने के लिए आवश्यक कदम उठाने के लिए आदेश दिया जा चुका था। इस पर डलहौजी, लॉरिस, डोरिन तथा जेट लॉ के हस्ताक्षर थे। इस सभा का कार्यवृत्त या निर्णय 2 दिसंबर भारत सरकार के सचिव ग्रांट द्वारा मेजर मैलकम को भेजा गया। मैलकम ने ग्रांट को गवर्नर जनरल के निर्णय के लिए दो पत्र 25 नवंबर, 1853 को भेजे थे, जिनका सारांश था—

1. श्री युत गवर्नर जनरल साहब बहादुर को यह समाचार लिखते हुए मुझे दुःख होता है कि झाँसी के महाराजा गंगाधर राव का तारीख 21 नवंबर को देहांत हो गया।

2. मृत्यु से एक दिन पहले महाराज ने पाँच वर्ष का एक लड़का दामोदर गंगाधर राव गोद लिया, जो उनके पूर्वज रघुनाथ राव की पाँचवीं पीढ़ी का चचेरा भाई है।

3. मेजर एलिस का पत्र भेज रहा हूँ। इसके साथ महाराज का एक खरीता भेज रहा हूँ, जिसमें दत्तक पुत्र लेने के कारणों को दिया गया है।

4. महाराज ने अपनी मृत्यु के समय यकायक गोद लेने का विचार किया, यह देखकर झाँसी दरबार के प्रत्येक व्यक्ति को आश्चर्य हुआ होगा। सब लोग यह आशा करते थे कि राज्य की सारी संपत्ति महारानी के जीते-जी उन्हीं के अधीन रखने की प्रार्थना ब्रिटिश सरकार से की जाएगी, परंतु जब उन्होंने यह देखा कि झाँसी के सूबेदार (शिवराम भाऊ) के वंश में, जिसके साथ हमारी प्रथम संधि हुई थी, कोई भी वारिस नहीं है और न अपने ही वंश में कोई निकट रिश्तेदार है, तब उन्होंने दत्तक लेने का विचार किया होगा, जो हमें कभी नहीं भेजा गया।

5. मैं सरकार की सूचनार्थ झाँसी राजघराने का वंश-वृक्ष इस पत्र के साथ भेज रहा हूँ, जिससे विदित होगा कि यह लड़का महाराजा झाँसी के परदादा तथा शिवराव भाऊ के दादा का वंशज है।

6. मैंने एलिस को आदेश दिया है कि वह काररवाई करें, जैसे कि गोदनामा हुआ ही नहीं है और वे सरकार के अंतिम आदेश की प्रतीक्षा करें।

7. उसके साथ एक संक्षिप्त व्याख्या भी भेज रहा हूँ, जिससे हमारे झाँसी राज्य के

संबंधों के विषय में सरकार निश्चित विचार बना सकेगी। मुझे यह संदेहजनक लगता है कि राजा को अपना उत्तराधिकारी नामित करने का अधिकार है।

8. सन् 1804 में बुंदेलखंड से हमारा प्रथम संबंध हुआ, उस समय हमने शिवराज भाऊ के साथ, उसको पेशवा का नौकर और मांडलिक समझकर संधि की, जब सन् 1817 में पेशवा ने झाँसी के सब अधिकार ब्रिटिश सरकार को सौंप दिए, तब हमने शिवराम भाऊ के पौत्र रामचंद्रराव को झाँसी राज्य का स्वामित्व वंश परंपरा के हित में दे दिया, फिर उनको सन् 1835 में सूबेदार के बदले राजा का खिताब दे दिया।

9. रामचंद्र राव की 1835 में मृत्यु के पश्चात् राज्य का उत्तराधिकार शिवराव भाऊ के दो पुत्रों रघुनाथ राव और गंगाधर राव को चला गया। गंगाधर राव की मृत्यु से उनके वंश का अंत हो गया।

10. रामचंद्र राव की मृत्यु के पश्चात् दो लोगों ने दावेदार बनना चाहा। एक राजा का दत्तक पुत्र, दूसरी राजा की विधवा (जो सदाशिव राव को राजा बनाने की पक्षधर थी)। दोनों दावों को खारिज कर दिया गया।

11. महाराजा गंगाधर राव ने अपने पश्चात् राज्यभार जिस स्त्री को सौंपने की इच्छा प्रकट की है, वह अत्यंत योग्य और समर्थ है और वह राजकाज सुचारु रूप से चला सकेगी, पर इन सभी परिस्थितियों में यह संभावना नहीं देखता हूँ कि सरकार झाँसी राज्य को वापस लेने का अधिकार छोड़ देगी। मुझे विश्वास है कि सरकार रानी साहिबा को उनके जीवनपर्यंत स्वर्गवासी राजा की सारी निजी संपत्ति, झाँसी नगर में स्थित महल देकर उनकी मान-मर्यादा पूर्व रीति से बनाए रखने और उनके कुटुंबियों को सुख से रहने के लिए मासिक भत्ता देने की आज्ञा देगी।

12. कितनी वृत्ति देना उचित होगा, यह मेरे लिए कठिन है। बुंदेलखंड में मराठों का यही एक अंतिम घराना है। इन सब बातों का ध्यान देकर रानी साहिबा को पाँच हजार रुपए मासिक से कम वृत्ति न दी जाए।

13. झाँसी लंबे समय से हमारे अधीन है। मेजर रोस की शासन-व्यवस्था से झाँसी के निवासी परिचित हैं। झाँसी अपने पड़ोसी राज्य सिंधिया के जिलों की पद्धति पर झाँसी का प्रशासन किया जा सकता है।

14. यदि गवर्नर जनरल का आदेश आता है तो मुझे झाँसी राज्य के शासन का अधिग्रहण करना होगा, पर न मेजर एलिस और न ही मुझे राजस्व मामलों का अनुभव है और मुझे ग्वालियर, बुंदेलखंड और रीवा में सर्वत्र परिदर्शन करना पड़ता है। इसलिए मैं विनयपूर्वक अनुरोध करता हूँ कि जबलपुर के कमिश्नर कप्तान आरस्काइन के अधीन अन्य बुंदेलखंड जिलों के साथ झाँसी संबद्ध रहे।

उपर्युक्त पत्रों से स्पष्ट है कि कंपनी सरकार ने पहले से मन बना लिया था कि झाँसी

राज्य को तो हड़पना ही है, पर वे महाराजा एवं महारानी की लोकप्रियता तथा व्यवहार के कायल थे, लेकिन यह वस्तुस्थिति गवर्नर तक नहीं पहुँच पाई थी।

विधवा रानी एवं झाँसी के नागरिकों की उम्मीदों के विपरीत दिशा में फाइल चल रही थी। न तो दत्तक पुत्र को झाँसी का नरेश बनाने का प्रस्ताव था और न ही रानी लक्ष्मीबाई को झाँसी राज्य के शासन का कार्यभार सौंपने का। इस सभी कारवाई के पीछे कंपनी सरकार की राज्य हड़पने की भूख प्रधान थी। अंग्रेजों की नीति थी—"राज्य बढ़ाकर राजस्व बढ़ाया जाए। यदि भारतीय राजाओं का कोई इलाका हमारे राज में जुड़ जाता है तो उसका अर्थ यह है कि उस हद तक रक्षणीय सीमा की हद भी घट जाती है या बंगाल की सेनाओं और दूसरी प्रेसीडेंसियों की सेनाओं के बीच की दूरी उसी हद तक कम होती है और सैनिक शक्ति के लिए अधिक राजस्व प्राप्त होता है और वह भी किसी प्रकार के नए जोखिम में पड़े बिना, यानी जो जोखिम है, उसमें कोई वृद्धि न होगी। इस प्रकार बजाय यह सोचने के कि राज्य का विस्तार घाटे का सौदा है, हमें न्यायपूर्वक राज्य के विस्तार की इच्छा करनी चाहिए, ताकि उससे हमारी शक्ति बढ़े और सुरक्षा हो सके।" इसी नीति के अंतर्गत भारतीय राजाओं के कुप्रबंध के बहाने उनके राज्य हड़प लिये और वारिसों को स्वीकृति और गोद लेने की इजाजत न देकर अंधाधुंध तरीके से उनके इलाके हथियाए। 'हड़पने के सिद्धांत' के निर्माता डलहौजी के अनुसार अंग्रेजों को उचित सुविधा मिलने पर उसका फायदा उठाकर वे मौजूदा राज्य को मजबूत क्यों न बनाएँ और ऐसे संतानहीन या अयोग्य राजाओं के राज्यों को क्यों न लें, जो 'लैप्स' हो जाएँ। इस प्रकार कंपनी उन्हें छोटे-छोटे राज्यों से छुटकारा मिलेगा, जो उनके लिए परेशानी के कारण हो सकते हैं।

फिर भी रानी लक्ष्मीबाई गवर्नर जनरल के पास पत्र एवं संदेशवाहक भेजकर यह निरंतर प्रयास करती रहीं कि उनकी न्यायसंगत माँग को मान लिया जाए, ताकि बाद में पश्चात्ताप न रहे।

रानी लक्ष्मीबाई की माँग को न्यायसंगत मानते हुए एलिस ने भी मैलकम को 21.12.1853 को एक पत्र भेजा, जिसमें लिखा—'मैं नहीं समझ पा रहा हूँ, जब ओरछा के मामले में दत्तक पुत्र लेने के कार्य का अनुमोदन कर दिया गया था तो वह झाँसी के मामले में क्यों नहीं लागू होगा। मुझे लगता है कि झाँसी के दत्तक लेने के अधिकार को खारिज करना अन्याय है।'

यह स्थानीय अधिकारी की टिप्पणी अति सराहनीय है, जबकि एलिस भलीभाँति जानता था कि ऊपर के कंपनी अधिकारियों की क्या मंशा है। कोलकाता से कोई उत्तर न प्राप्त करने के कारण महारानी ने 31.12.1853 को मैलकम को एक और संक्षिप्त पत्र भेजा, ताकि उनके पत्र पर शीघ्र कारवाई हो, फिर भी कोई उत्तर न मिला। उस समय पत्र

पैदल या घोड़े पर संदेशवाहकों के माध्यम से ही जाते थे, क्योंकि उस समय न रेलगाड़ी थी और न बस या कार, अतः झाँसी से कलकत्ता प्रायः 750 मील दूर पत्र भेजने में महीनों लग जाते थे, फिर मैलकम भी दूर रहते थे। इस फारसी पत्र को मैलकम ने एलिस से अंग्रेजी में अनुवाद कराकर गवर्नर जनरल के सचिव ग्रांट को भेजा। वस्तुतः कंपनी का निश्चयात्मक निर्णय था कि गंगाधर राव का गोदीनामा मंजूर नहीं होगा, पर दोनों ओर के पत्र रास्ते में ही टकरा रहे थे। ये पत्र जब कोलकाता पहुँचे तो डलहौजी अयोध्या में था। मैलकम का पत्र पाकर डलहौजी की अनुपस्थिति में, दूसरे तीन सदस्यों ने अपने विचारों से दिनांक 9/12, 10/12 और 12/12/1853 को अवगत कराया कि इस गोदनामे का अनुमोदन करना उचित नहीं है। यह विषय गवर्नर जनरल के वापस आने तक विचाराधीन रहा। दिनांक 16/12/1853 को गवर्नर जनरल के सचिवालय ने मैलकम को सूचना दी—

"झाँसी के विषय में लिये गए निर्णय से बाद में अवगत कराया जाएगा। इस बीच शांति बरकरार रखिए। देशी शासन–व्यवस्था में कोई परिवर्तन नहीं करना चाहिए। आप सावधान रहें कि सरकार की ओर से न तो गोदनामे को सहमति दें और न ही मना करें। जरूरत पड़ने पर ब्रिगेडियर पारसंस से सैन्य सहायता ले सकते हैं।"

कलकत्ता में झाँसी के पैरोकार कोर्ट ऑफ डायरेक्टर्स तथा गवर्नर जनरल कार्यालय में बराबर झाँसी को स्वतंत्र राज्य की मान्यता देने की वकालत कर रहे थे, क्योंकि गोद लेना ईसाई धर्म में भी समान रूप से मान्य है तथा विशिष्ट संधियों को सरकार की सामान्य नीति के आधार पर खारिज नहीं किया जा सकता, पर रानी लक्ष्मीबाई को चिंता हो रही थी। डलहौजी इसी नीति के आधार पर एक के बाद एक भारतीय राज्य को कंपनी राज्य में मिलाता जा रहा था। नागपुर, सतारा एवं करौली रियासतें ब्रिटिश भारत में मिला ली गई थीं।

बिठूर में निर्वासित अंतिम पेशवा बाजीराव द्वितीय की मृत्यु के बाद वार्षिक 8 लाख रुपया वृत्ति से उनके दत्तक पुत्र नाना धोंडूपंत को वंचित कर दिया गया था। कर्नाटक के नवाब और तंजौर के राजा की मृत्यु के बाद उनके लिए वार्षिक वृत्ति बंद कर दी गई। डलहौजी गिद्ध की भाँति भारतीय राज्यों एवं रियासतों पर आँख गड़ाए हुए था और मौके की तलाश में रहता था।

इन सभी दृष्टांतों को देखकर रानी को लगा कि उनका पक्ष ठीक तरह से लाट साहब के सामने नहीं रखा जा रहा था, क्योंकि इसी बीच मैलकम ने 15 दिसंबर, 1853 की कृष्णराव और सदाशिव नारायण राव की दावेदारी भी कंपनी सरकार को भेज दी, यह लिखकर कि उनका भी दावा आधारहीन नहीं है।

अतः रानी लक्ष्मीबाई ने 16 फरवरी, 1853 को दूसरा विस्तृत खरीता गवर्नर जनरल डलहौजी को भेजा, जिसमें उनके पुत्र दामोदर राव की गोदीनामे का तर्कसंगत ढंग से

विवेचन दिया गया था तथा उसके साथ वे चार समान दृष्टांत दिए, जो गवर्नर जनरल ने हड़प-नीति के बावजूद भी स्वीकृत किए थे। वे थे—

1. दतिया के वर्तमान राजा रास्ते में पड़े मिले लड़के हैं। स्वर्गवासी राजा परीक्षित ने उन्हें रास्ते में पड़ा हुआ पाकर गोद लिया एवं ब्रिटिश सरकार ने अनुमोदन कर दिया।

2. जालौन के राजा बालाराव की विधवा पत्नी ने अपने भाई को दूसरे गोत्र से गोद लिया। भिन्न गोत्र से गोद लेने के इस अधिकार का ब्रिटिश सरकार ने अनुमोदन किया था।

3. ओरछा के भूतपूर्व महाराजा सुजानसिंह राजा तेजसिंह द्वारा गोद लिये हुए थे एवं गोदनामा अनुमोदित था।

4. सन् 1839 में आलगी के ब्राह्मण जागीरदार खंडेराव मर गए। विधवा रानी ने बहुत दूर के जातिवाले एक व्यक्ति को गोद लिया एवं राज्य जब्त करने के बाद से दत्तक पुत्र लेने तक का संपूर्ण खजाना ब्रिटिश सरकार ने उन्हें लौटाकर गोदनामे को स्वीकृत कर दिया।

मैलकम साहब रानी लक्ष्मीबाई के इस तर्कपूर्ण खरीते से असहमत न हो पाए। अंतत: व्यक्ति कितना भी अन्याय करने की सोचे, न्याय करने के लिए उसकी आत्मा उसे कुरेदती रहती है। मैलकम ने महारानी का दूसरा खरीता 28 फरवरी, 1854 को अग्रसारित करते ही अनुरूप संस्तुति दी, जबकि पूर्व में वे अपनी प्रतिकूल टिप्पणियाँ एवं विरोध में सिफारिशें भेजते रहे, जिन पर लाट साहब के कलकत्ता कार्यालय में पुख्ता मोटी फाइल बन चुकी थी तथा फाइल गवर्नर जनरल डलहौजी का इंतजार कर रही थी। हुआ भी यही। दु:ख इस बात का है कि रानी लक्ष्मीबाई का तर्कसंगत पक्ष गवर्नर जनरल के समक्ष नहीं रखा गया। मैलकम द्वारा रानी लक्ष्मीबाई का खरीता कलकत्ता भेजने से एक दिन पूर्व ही डलहौजी ने झाँसी राज्य को अंग्रेजी राज्य में मिलाने का फैसला ले लिया था तथा अपने हस्ताक्षर भी 27 फरवरी को कर दिए थे। बस झाँसी के इतिहास में इस सबसे अधिक महत्त्वपूर्ण निर्णय पर कोर्ट ऑफ डायरेक्टर्स के तीन सदस्यों ने क्रमश: 28 फरवरी, 1 मार्च तथा 2 मार्च को औपचारिक रूप से हस्ताक्षर किए तथा 7 मार्च को विधिवत् राजाज्ञा प्रकाशित हुई। इस राजाज्ञा के एलान के साथ डलहौजी द्वारा झाँसी राज्य का बलपूर्वक अपहरण कर लिया गया।

□

# नौ

नवंबर के अंतिम सप्ताह से लेकर 16 फरवरी तक के प्रतिवेदनों पर कलकत्ता स्थित कंपनी सरकार के मुख्यालय राइटर्स बिल्डिंग में संबंधित अधिकारी अपनी टिप्पणियों से फाइलों को रँगे जा रहे थे। कंपनी सरकार के सचिव जे.पी. ग्रांट की सिफारिश थी कि झाँसी राज्य को अंग्रेजी अमलदारी में शामिल कर लिया जाए। इस पर काफी वाद-विवाद हुआ और प्रशासनिक समिति के सलाहकारों से लेकर लॉर्ड डलहौजी ने अपने विचार रखे, अंततः लॉर्ड डलहौजी ने अपना अभिमत 27 फरवरी, 1854 को काफी विस्तार से प्रायः 16 परिच्छेदों में प्रकट करते हुए निर्णय दिया कि झाँसी राज्य लावारिस होने के कारण हमारे अधिकार के अनुसार मिला लिया जाए। अपने निर्णय हेतु डलहौजी ने सारांश में निम्न तर्क दिए—

- बुंदेलखंड प्रांत का स्वत्व ब्रिटिश सरकार के हाथ में आ गया है। उस स्वत्व का ब्रिटिश सरकार के हाथ में रहने देना ही एक ओर राजनीति की दृष्टि से उचित होगा।
- पुरानी टिप्पणियों पर विचार करने से यही निश्चित होता है कि झाँसी राज्य को लावारिस समझकर अंग्रेजी राज्य में मिला लेने का हमको पूर्ण अधिकार है।
- हम प्रत्यक्ष या अप्रत्यक्ष रूप से किसी प्रकार वचनों से बद्ध नहीं हैं।
- झाँसी का राज्य सतारा राज्य की भाँति ब्रिटिश सरकार का आश्रित राज्य है, अतएव औरस पुत्र न होने से उसको वापस लेने का अधिकार ब्रिटिश सरकार को है।
- सन् 1835 में रामचंद्र राव के देहांत के बाद वारिस लेने को मंजूरी नहीं दी गई तथा उनके चाचा रघुनाथ राव एवं बाद में उसके भाई गंगाधर राव को 1838 में गद्दी पर बैठाया गया।
- गंगाधर राव ने अपनी मृत्यु से एक दिन पहले जो लड़का गोद लिया है, वह वंश-वृक्ष के अनुसार बहुत दूर का संबंधी प्रतीत होता है।
- टेहरी और दतिया स्वतंत्र राज्य हैं। उनके उत्तराधिकारी के नियम झाँसी जैसी

आश्रित रियासत पर नहीं लगाए जा सकते। जालौन रियासत ने जबसे दत्तक लिया है, तब से यह रियासत सरकार के ही अधीन समझी जाती है, फिर भी दत्तक लेने के कारण रियासत का राजस्व बहुत कम हो गया और नौ-दस वर्ष में 30 लाख रुपए का ऋण हो गया।

- गंगाधर राव शासन करने योग्य नहीं थे।
- पॉलिटिकल एजेंट की सूचना के अनुसार रानी साहिबा को अच्छी तरह वेतन दिया जाए और उस प्रांत की व्यवस्था लेफ्टीनेंट गवर्नर के अधीन रहे।

इस निर्णय से अंग्रेज मध्य भारत के केंद्रबिंदु झाँसी पर काबिज होने में सफल हो गए। इस निर्णय को कार्यान्वित करने के लिए राजाज्ञा लिखे जाने की तैयारी कंपनी सरकार के कलकत्ता स्थित सचिवालय में शुरू हो गई।

कंपनी सरकार ने अपनी स्वार्थपूर्ण नीति के कार्यान्वयन हेतु बदनीयती से झाँसी के साथ हुई सन् 1804, 1817 और 1842 की संधियों की खुल्लमखुल्ला हत्या की। ऐसी मिसाल भारत ही नहीं, विश्व इतिहास में खोज निकालना मुश्किल है। जिस कंपनी सरकार के अमलातंत्र को परिच्छन्न, पक्षपातरहित तथा सत्य का दर्पण होना चाहिए था, वह डलहौजी का दास हो गया। डलहौजी की टिप्पणी का प्रत्येक परिच्छेद दुर्भावना से सना हुआ है तथा उसके अन्यायपूर्ण राजहित तथा राज-अहंकार को दरशाता है। ये सोलह परिच्छेद झाँसी के इतिहास पर तथा भारत के इतिहास पर लगाए गए गहरे जख्म हैं, जो सन् 1857 में उभरकर आए। देश के स्वतंत्र होने के साथ-साथ 15 अगस्त, 1947 को ये घाव तो भर गए, पर इन घावों के गहरे काले दाग अभी तक बार-बार अंग्रेजों की काली करतूतों को स्मृत कराते हैं। डलहौजी का निर्णय यह भी तथ्य प्रकाश में लाता है कि स्थानीय स्तर की सच्चाई तथा ऊपरी स्तर पर निर्णय में जमीन-आसमान का अंतर रहता है। जहाँ झाँसी की जनता, अधिकारी, अंग्रेज अधिकारी झाँसी की रानी को शासन के अधिकार सुपुर्द करने में सभी की भलाई समझते थे, वहीं डलहौजी तथा उसका भोंपू दल रानी लक्ष्मीबाई द्वारा शासन करने में फाइल पर खोट देखते थे, जबकि वस्तुस्थिति से वे भी भलीभाँति परिचित थे।

काश! अमलातंत्र शासकों की स्वेच्छाचारिता, व्यक्तिगत अहं एवं उनके राजनीतिक स्वार्थों के विरुद्ध खड़ा हो। काश! ऊपर और नीचेवाले अमलातंत्र के बीच विचार-विनिमय की खाई को पाटा जा सकता। जनता को अमलातंत्र पर भरोसा है, क्योंकि वह ही उसके पास है।

रानी लक्ष्मीबाई को भी अमलातंत्र पर पूरा भरोसा था। पति की मृत्यु के पश्चात् उनकी पूरी दिनचर्या बदल गई थी। उनके कानों में बार-बार अपने पिता मोरोपंत, तात्या टोपे तथा भगवद्गीता का प्रवचन करनेवाले पंडित के ये श्लोक बार-बार कानों में गूँजते—

*सुख दुःखे समे कृत्वा लाभालाभौ जयाजयौ।*
*ततो युद्धाय युज्यस्व नैवं पापं वाप्स्यसि॥*

अर्थात् सुख-दुःख, लाभ-हानि, जय-पराजय को समान समझो। तत्पश्चात् युद्ध के लिए तैयार हो जाओ। इस तरह तुम पाप को कभी नहीं प्राप्त करोगे।

इस मंत्र से रानी के जीवन में अकस्मात् परिवर्तन हुआ। वे वैधव्य जीवन की कठोर साधना के साथ-साथ राजकाज में भी पूर्ण मनोयोगपूर्वक ध्यान देने लगीं, क्योंकि कलकत्ता से लाट साहब का आदेश अनिश्चितता के गर्भ में था। वे नित्य प्रातःकाल चार बजे उठकर स्नान करतीं, आठ बजे तक महादेव का पूजन करतीं और उसी समय भजन-गायन सुनतीं, फिर 11 बजे तक महल के समीपवर्ती क्षेत्र में घोड़े की सवारी, तीरंदाजी, दोनों हाथों से तलवार चलाना, बंदूक से निशाना लगाना, मलखंभ, कुश्ती का अभ्यास इत्यादि करती थीं और अपनी सहेलियों तथा नगर या आसपास से आनेवाली स्त्रियों को यह सब सिखलाती थीं। इनमें बख्शी की पत्नी प्रमुख थी और बहुधा आनेवालों में झलकारी बाई।

झलकारी बाई को उन्होंने अपनी नवगठित 'दुर्गावाहिनी' का कमांडर बना दिया था तथा उनके लिए राजमहल में ठहरने का विशेष प्रबंध कर दिया था।

ग्यारह बजे के उपरांत रानी फिर स्नान करतीं और भूखों को खिलाकर, कुछ दान-धर्म करके या महालक्ष्मी मंदिर के दर्शन करके भोजन करतीं। भोजन के उपरांत थोड़ा सा विश्राम। तीन बजे के उपरांत संध्या तक फिर वे व्यायाम और कसरतें करतीं, जो शरीर को फौलाद बनाए। संध्या के उपरांत आठ बजे तक कथावार्त्ता, पुराण, भगवद्गीता का पाठ, राजकाज। उसी समय आगंतुकों से भेंट तथा जनता की शिकायतें सुनने एवं उनका निराकरण करने की व्यवस्था, फिर तीसरी बार स्नान और ब्यालू भोजन, अर्थात् रात्रि का भोजन। तत्पश्चात् सुंदर, मुंदर और काशीबाई के साथ अल्प वार्त्तालाप और ठीक दस बजे शयन। वे समय की बहुत पाबंद थीं। शिथिलता तो उन्हें छू नहीं गई थी।

झाँसी राज्य को ब्रिटिश राज्य में मिलाने की राजाज्ञा 7 मार्च, 1854 को घोषित कर दी गई। डलहौजी के सहयोगी डॉयरेक्टर डोरिनो के मसौदे के मुख्य प्रावधान थे—

1. झाँसी, सतारा की अपेक्षा ब्रिटिश राज्य के अधिक अधीन राज्य है। बहुत थोड़े समय के लिए ब्रिटिश सरकार के अनुमोदन पर रामचंद्र राव ने राज किया था। इसलिए किसी पुरुष उत्तराधिकारी के अभाव में झाँसी स्वाभाविक रूप से ही ब्रिटिश सरकार के अधीन फिर आ जाएगा।

2. झाँसी पूरी तरह से अधीन राज्य है, इसे समझाने के लिए तर्क देना बेकार है। झाँसी की शासक मंडली स्वाधीन नहीं है। टेहरी, ओरछा जिस अर्थ में स्वाधीन राज्य हैं, उस अर्थ में झाँसी किसी भी दिन स्वाधीन राज्य नहीं था। मूल रूप से झाँसी ओरछा राज्य

का ही एक अंश है। पेशवा ने उसे अलग करके एक स्वतंत्र रियासत के रूप में उसका गठन करके सूबेदार के अधीन रखा था।

3. अकस्मात् गोद लेना संदेहजनक है। मैलकम ने स्वयं ही कहा है कि गोद लेने की बात सुनकर सभी को विस्मय हुआ था।

4. झाँसी का पूर्व इतिहास रानी के तर्कों का खंडन कर देगा। रामचंद्र राव की विधवा पत्नी ने एक व्यक्ति को गोद लिया था। उस गोद लिये लड़के को सामाजिक एवं व्यक्तिगत कार्यों के लिए वैध और राजनीतिक उद्देश्य के लिए अवैध घोषित करके दूसरा राजा चुना गया था।

5. हमारे द्वारा झाँसी के पुन: अधिग्रहण का एकमात्र कारण है—न्यायसंगत पुरुष उत्तराधिकारी का अभाव। इस विषय में किसी दोहरे मत का पोषण करना उचित नहीं है।

6. झाँसी को लेकर ब्रिटिश सरकार किसी भी अंश में लाभान्वित नहीं होगी, क्योंकि इस राज्य की सीमा अत्यंत छोटी है। खजाना भी मामूली है, किंतु झाँसी की भौगोलिक स्थिति बहुत अच्छी है। अन्य ब्रिटिश अधिकृत जिलों के बीच अवस्थित होने के कारण झाँसी का अधिग्रहण हमारे द्वारा अधिकृत बुंदेलखंड के राज्यों की आंतरिक शासन-व्यवस्था को उन्नत और सुनियंत्रित करेगा।

7. अन्य राज्य-संबंधी अनुभव से समझ में आ जाएगा कि ब्रिटिश राज्य की सीमाओं के साथ झाँसी को शामिल कर लेने से झाँसी की जनता का परम उपकार होगा।

8. राजनीतिक प्रतिनिधि के प्रस्ताव के अनुसार रानी को पर्याप्त वृत्ति दी जाएगी एवं झाँसी बुंदेलखंड के अन्यान्य ब्रिटिश राज्यों की तरह ही उत्तर-पश्चिम प्रदेश के गवर्नर के शासन के अधीन रहेगा।

इस घोषणा के आधार पर जे.पी. ग्रांट, सचिव, विदेश राजनीतिक विभाग, ने डी.ए. मैलकम को 7 मार्च को ही संक्षिप्त ग्यारह पंक्तियों का पत्र लिखा कि सरकार ने दत्तक ग्रहण को मान्यता नहीं दी है, जैसा पहले भी किया जा चुका है। अत: स्वर्गीय राजा के वंशज की अनुपस्थिति ने ब्रिटिश सरकार ने झाँसी राज्य को अपने अधिकार में लेने का निर्णय लिया है, तद्नुसार कारवाई की जाए। रानी के लिए उदारतापूर्वक व्यवस्था की जाए तथा प्रशासन उत्तर-पश्चिम प्रांत के गवर्नर को सौंप दिया जाए।

मैलकम ने उपर्युक्त पत्र के अनुसार एलिस को निम्न आदेश भेजा तथा साथ में वह इश्तहार भी संलग्न था, जिसमें मैलकम द्वारा झाँसी राज्य के अधिग्रहण की विधिवत् घोषणा थी। मैलकम ने लिखा—

• अधिग्रहण का आदेश मिला। मेरे घोषणा-पत्र की झाँसी में सब जगह मुनादी कर दी जाए।

• महाराज के पुराने सैनिकों को दो मास का वेतन देकर छुट्टी कर दीजिए।

• राजा के पुराने कर्मचारियों को जितना संभव हो, अपने-अपने कामों में बहाल रखा जाए।

• झाँसी में तीन और करैरा में दो कंपनी सेना रखिए।

• झाँसी में पूरी तरह से सिंधिया की छठी कंटिंजेट रखिए। करैरा के लिए सीपरी से कैप्टन हैंसी खबर पाते ही 500 सैनिक, 2 तोपें और एक टुकड़ी अश्वारोही को लेकर आ जाएगा।

• बारहवीं बंगाल नेटिव इंफेंट्री के आ जाने पर सिंधिया की सेना मुरार लौट जाएगी। उस समय झाँसी में हैंसी की सेना के साथ नेटिव इंफेंट्री की एक पूरी रेजीमेंट, एक कोर अश्वारोही और तोप रहेगी। जरूरत पड़ने पर बुंदेलखंड के किसी भी स्थान से झाँसी में सैनिक सहायता भेजी जाएगी।

रानी को प्राप्य वृत्ति इत्यादि के संबंध में मैं गवर्नर जनरल से पत्र-व्यवहार कर रहा हूँ। यथासमय लिये गए निर्णयों से अवगत करा दिया जाएगा।"

डी.ए. मैलकम ने 15 मार्च, 1854 को इश्तहार द्वारा घोषणा एलिस को भेज दी—"इस इश्तहार से सब लोगों को सूचना दी जाती है कि संप्रति झाँसी रियासत बुंदेलखंड के पोलिटिकल एजेंट मेजर एलिस साहब के अधीन समझकर मेजर एलिस साहब को कर दिया करें।"

मैलकम ने इस घोषणा को गुप्त रूप से एलिस के पास भेजा, क्योंकि मैलकम डरता था कि रानी लक्ष्मीबाई जनप्रिय शासक है। झाँसी की जनता उसके कहने पर जान न्योछावर कर सकती है। कहीं यह इश्तहार सुनकर झाँसी की जनता विद्रोह न कर बैठे, जो एलिस और उसकी सेना न सँभाल सके।

एलिस भी इस काली घोषणा को बड़ा बंदोबस्त करके सशस्त्र अंगरक्षकों को साथ लेकर रानी के पास महल में पहुँचा। रानी को सूचना दी गई कि छोटे साहब बड़े लाट का फरमान सुनाने आ रहे हैं। मोरोपंत, दीवानजी आदि बहुत दिनों से आशा लगाए बैठे थे। सभी दरबार में आ गए। रानी परदे के पीछे बैठी तथा दामोदर राव एक ऊँची कुरसी पर।

प्रारंभिक आवभगत के बाद एलिस बोला, "मैं आज अपना एक दु:खदायी कर्तव्य निभाने आया हूँ।"

सब लोग नि:स्तब्ध हो गए।

एलिस ने गवर्नर जनरल डलहौजी का आदेश पत्र पढ़ना आरंभ किया, जिसमें झूठ और असत्य को सुनकर लोग विस्मित और स्तब्ध थे। एलिस ने वज्राघात की भाँति मैलकम का इश्तहार पढ़कर सुनाया कि झाँसी रियासत एलिस साहब के अधीन समझी जाए।

एलिस का पढ़ना शेष होते-होते परदे की आड़ से बाहर आकर संपूर्ण अपरिचित

गंभीर और दृढ़ स्वर में दुर्गा जैसी रानी लक्ष्मीबाई बोली, "मैं अपनी झाँसी नहीं दूँगी," और अपनी नंगी तलवार से लक्ष्मीबाई ने सामनेवाले स्तंभ पर वार किया।

इन शब्दों से दरबार हॉल गूँज उठा। भारत के वायुमंडल में ये शब्द समाहित हो गए—सदा-सदा के लिए, जो उस समय के लोगों को प्रेरित करते रहे तथा भविष्य की पीढ़ियों को भी उत्प्रेरित करते रहेंगे। भारत के इतिहास में ये शब्द स्वर्णाक्षरों में लिखे हैं। ये शब्द केवल शब्द मात्र ही नहीं, उस शक्तिशाली ब्रिटिश साम्राज्य के विरुद्ध प्रथम चिंगारी थी, जिसने समस्त भारत के भू-भाग को अपने में समेट लिया। भारतीयों को प्रथम बार उस शक्तिशाली साम्राज्य, जिसमें सूर्य नहीं डूबता था, के विरुद्ध अपनी शक्ति का एहसास हुआ, उनकी आत्मा में स्फुलिंग उठा। जिसने भारत को पहाड़ से लेकर समुद्र तक, गली से लेकर गाँव और शहर तक तथा गरीब की झोपड़ी से लेकर महल तक को संलिप्त कर लिया। इस छोटी दीपशिखा ने जैसे भारत के अंधकार आच्छादित आँगन में प्रकाश की ज्योति जगा दी हो। जहाँ भारत की बड़ी-बड़ी रियासतों के स्वामिओं और राजाओं ने अंग्रेज महाप्रभुओं का प्रतिवाद नहीं किया, उस समय झाँसी की वीरांगना का यह कथन ही प्रथम एवं एकमात्र प्रतिवाद था, जिसकी अनुगूँज भारतवासियों के मन में बार-बार झनकार उत्पन्न करती रहेगी। रानी द्वारा उच्चरित उनकी झाँसी का अर्थ तदंतर केवल झाँसी तक केंद्रित नहीं रहा, वह अंग्रेजों की बेड़ी में जकड़ी भारतमाता से था, जो भारतवासियों ने ठीक ढंग से हृदयंगम किया। उसे सुनकर अंग्रेजी राज्य का प्रतिनिधि एलिस हिल गया। वह भलीभाँति जानता था कि झाँसी की वास्तविक शासिका रानी है और रहेगी, जो झाँसीवालों के मन, मस्तिष्क और हृदय में दृढ़ता से विराजमान है। वह अपनी झेंप मिटाते हुए बोला, "मुझको गवर्नर जनरल साहब की, जो राजाज्ञा मैलकम साहब के द्वारा मिली, उसको मैंने पेश किया। हम सभी गवर्नर साहब की आज्ञा से बँधे हुए हैं, परंतु मैं समझता हूँ कि असंतोष का कोई कारण नहीं है। पाँच हजार रुपए मासिक वृत्ति महारानी और उनके कुटुंब के लिए काफी है और उनकी व्यक्तिगत संपत्ति को भी छूट मिली है।"

एलिस ने अधिक ठहरना उचित नहीं समझा, क्योंकि महारानी के तेवर अभी भी संयत होने का प्रयत्न कर रहे थे। इस प्रकार रानी का विस्फोटक रूप एलिस और दरबारियों ने पहली बार देखा था।

मुंदर रानी के पास परदे में बैठी थी, जब घोषणा सुनाई गई, वह मूर्च्छित हो गई। एलिस को दीवान ने पान खाने का आग्रह किया। वह पान खाकर चला गया और दीवान से कहता गया, "आप तुरंत मेरे पास आइए।"

22 नवंबर को मेजर एलिस और सेना के कमांडर कैप्टन मार्टिन राजप्रासाद गए। शोकसंतप्त रानी से मिले और इसके बाद उन्होंने आकर किले पर कब्जा कर लिया। किलेदार एवं ज्वालानाथ पंडित को बुलाकर उनकी चाबी लेकर एलिस ने खजाने के ताले

को सीलबंद कर दिया। उसमें सोने-चाँदी के 2,45,738 रुपए थे।

सिंधिया की छठी कंटिंजेंट पल्टन, बंगाल नेटिव पैदल सेना की एक पलटन तथा ब्रिगेडियर पार्सन्स, मुरार से चार पलटनें मँगाई गईं।

एलिस के जाने के बाद मुंदर होश में आई। रानी ने कहा, 'क्यों री, क्यों मूर्च्छित होती हो? क्या इस छोटे से राज्य के लिए ही हम लोग जीवित हैं? जननी जन्म भूमिश्च स्वर्गादपि गरीयसी।' दीवान ने रानी से पूछा, "क्या मैं एलिस साहब के पास जाऊँ?" रानी अनुमति देकर रनिवास में चली गईं।

झलकारी ने जब सुना तो अपने पति पूरन से कहा, "छाती फट जाए इन अंग्रेजन की। इनन ने गुटक लई झाँसी।"

कुछ क्षणों में विद्युत् की भाँति यह समाचार सारे नगरे में फैल गया। झाँसी के निवासियों के आक्रोश का ठिकाना न था। रानी की सेना तुरंत युद्ध छेड़ देना चाहती थी, परंतु रानी ने मना किया और कहलाया, "अभी समय नहीं आया है।"

कंपनी सरकार के इस अन्यायपूर्ण कदम की चारों ओर भर्त्सना हुई। ब्रिटिश संसद् में भी कई संसद् सदस्यों ने इस प्रकार का कदम ब्रिटेन के मौलिक लोकतांत्रिक मूल्यों के विरुद्ध बताया।

सभी एकमत थे कि 1817 की संधि में झाँसी का राज्य एक स्वतंत्र राज्य था और कंपनी सरकार की सनद के आधार पर कायम नहीं हुआ था। कंपनी की इंग्लैंड के राजा द्वारा दी गई सनद में यह शर्त थी कि कंपनी प्रत्येक देश के निवासियों (मुल्कों) और धार्मिक रीति-रिवाजों का यथोचित आदर करेगी। हिंदू उत्तराधिकार संबंधी कानून और शास्त्रों में वर्णित विधि को कोई अन्य सरकार उलट-पलट नहीं कर सकती, क्योंकि दत्तक लेना एक सामान्य और आवश्यक प्रक्रिया है। इसलिए सन् 1853 में गोद लिया बालक न्यायसम्मत था।

अत: रानी लक्ष्मीबाई अब कानूनी समर में उतरी। सर्वप्रथम रानी लक्ष्मीबाई ने अपना मुकदमा कलकत्ता के अंग्रेज बैरिस्टर जॉन लैंग को दिया। जॉन लैंग की अपील भी 9 जून, 1854 को कंपनी के डॉयरेक्टरों ने निरस्त कर दी। उसके पश्चात् 19 जुलाई, 1854 को लॉर्ड डलहौजी ने फिर से उनकी दूसरी अपील निरस्त कर दी। इसके पश्चात् महारानी लक्ष्मीबाई ने लंदन में अपील दायर करने के लिए कलकत्ता के प्रसिद्ध वकील उमेश चंद्र बनर्जी और लिटन साहब को लंदन भेजा, जिस पर उनके प्राय: 4,000 तोला सोने के बराबर उस समय के 60,000 रुपए खर्च लगा, जो आजकल के हिसाब से प्राय: 20 करोड़ रुपए से अधिक बैठता है। इस अपील में भी झाँसी राज्य सफल नहीं हुआ। यदि झाँसी राज्य सफल हो जाता तो अन्य राजाओं की भाँति झाँसी का शासक भी गुमनामी में डूब जाता, जो कि इतिहास को मंजूर नहीं था।

इतिहास ने तो झाँसी की अजर, अमर यश की पताका झाँसी की महारानी के बलशाली हाथों में सौंपकर भारत में ही नहीं, विश्व-पटल पर एक आदर्श स्थापित करने का प्रण कर रखा था।

झाँसी राज्य पर अपने अन्यायपूर्ण रवैये से डलहौजी मन-ही-मन दुःखी था, अंत में उसने निर्णय दिया कि नगरवाला महल उनकी व्यक्तिगत संपत्ति समझा जाए। रानी या उनके नौकरों पर ब्रिटिश अदालतों की सत्ता न रहे। राजा का निजधन, रियासत के लेन-देन का हिसाब करके जो बाकी बचे, वह और राज्य के सब जवाहरात रानी को दे दिए जाएँ, परंतु डलहौजी ने तय किया कि यह निजी संपत्ति दामोदर राव की होगी, यद्यपि वह राज्य का अधिकारी नहीं है, पर हिंदू शास्त्र के अनुसार वह स्व. गंगाधर राव की निजी संपत्ति का अधिकारी अवश्य है। वे रानी के पास सीधे संपत्ति पहुँचाने में अंग्रेजी राज को खतरा देखते थे, तदनुसार पोलिटिकल एजेंट, झाँसी ने झाँसी के खजाने से छह लाख रुपए निकालकर दामोदर राव के नाम कर दिए तथा रियासत के सब हीरे-जवाहरात और सोने-चाँदी के आभूषण 'दामोदर हेतु' रानी के अधीन कर दिए।

इस प्रकार ब्रिटिश राजनीति और ईमानदारी में कुछ सामंजस्य हुआ। अंग्रेजी पलटन ने किले पर कब्जा कर लिया। अंग्रेज अफसरों ने रात को कबाब और शराब से जश्न मनाया। दूसरे दिन रियासती फौज का सामान या तो नष्ट कर दिया अथवा अंग्रेज सेना ने अपने सामान में मिला लिया। रानी के सिपाहियों ने छह माह का वेतन लेकर 'रानी माता, रानी माता' कहकर अश्रुपूर्ण विदाई ली। महारानी ने संयम बनाए रखा, ताकि जनता का मनोबल न टूटे। बाकी लोगों को छोटी-मोटी नौकरियाँ देकर समायोजित किया अथवा उन्हें बरखास्त कर दिया गया। सबसे खराब प्रकरण यह हुआ कि राजा गंगाधर राव का बाकी 36,000 रुपए उनका शेष व्यक्तिगत ऋण मानकर रानी की पाँच हजार रुपए मासिक वृत्ति पेंशन से काटने का आदेश हुआ, पर झाँसी के अधिग्रहण के समय निम्न सूची दामोदर राव और उसकी संरक्षिका रानी लक्ष्मीबाई की मानी गई एवं उनकी सुपुर्दगी में रखी गई—

1. चाँदी के सिक्के रुपए मूल्य-208182
2. सोने के सिक्के-मूल्य 8355415 रुपए
3. सोने और चाँदी के आभूषण और हाथियों, पालकियों की सजावट का सामान-4,16,310 रुपए
4. बेशकीमती झूले और सजावट के उपकरण
5. काँसे और ताँबे के बहुत से बरतन
6. बहुत सा फर्नीचर, हौदा और पालकियाँ
7. बहुत सी बंदूकें एवं अन्य हथियार

8. तरह-तरह की 41 तोपें (काँसे) की
9. बड़ी मात्रा में बारूद, ब्रिमस्टोन और साल्ट पीटर वगैरह
10. बड़ी संख्या में संस्कृत पुस्तकें।

यह भी तय किया गया कि जिन चीजों को महारानी स्वीकार नहीं करेंगी, उनको बेचकर नकद धनराशि में बदला जाएगा और यह रकम सरकारी प्रतिभूतियों में दामोदर राव की नाबलिगी के दौरान जमा रखी जाएगी।

इन सभी कंपनी सरकार के कारनामों की बड़ी आलोचना हुई। इन्हें अंतरराष्ट्रीय विधि के विरुद्ध बताया गया तथा ब्रिटिश संसद् में इसे ब्रिटिश जाति की भावना, प्रतिष्ठा और नीति के प्रतिकूल माना गया।

अंततः सब पूर्व प्रतिज्ञाओं, संधियों को अनदेखा करके अपनी विस्तारवादी नीति के परिपालन में 2 अगस्त, 1854 को ब्रिटिश सरकार ने झाँसी राज्य को 'अंग्रेजी इलाके' में मिला लेने की मुहर लगा दी। झाँसी का अपहरण पूर्ण हो गया।

□

# दस

डलहौजी के द्वारा गंगाधर राव की व्यक्तिगत संपत्ति को रानी लक्ष्मीबाई को नाबालिग राजा दामोदर के नाम पर हस्तांतरित करने पर कुछ कटुता कम हुई। उनकी परोला, पूना और काशी में संपत्ति, मकान, धन और गहने बच गए। साथ-साथ रानी को कई चरागाह भी अंग्रेजों ने दे दिए। इसके अतिरिक्त झाँसी में कई उनकी व्यक्तिगत संपत्तियाँ जैसे बाग-बगीचे एवं जमीनें थीं, जिनसे काफी राजस्व की आमदनी होती थी, फिर रानी के पास उनके विवाह का वह बेशकीमती हार था, जो उस समय झाँसी राज्य के एक वर्ष के आधे राजकोष के बराबर था तथा उसे सहजकर लंदन से बंबई जहाज द्वारा तथा बंबई से विशेष घोड़ों पर विवाह के दिन लाया गया था। रानी के व्यवहार, मृदु भाषा तथा अप्रत्याशित सहयोग को दृष्टिगत रखते हुए मैलकम भी रानी पर श्रद्धा रखने लगा तथा उसने 15 मार्च से 30 अप्रैल तक इस डेढ़ महीने का झाँसी राजकोष में जमा पूरा कर रानी को अपने व्यक्तिगत कामों में लगाने की छूट दे दी, अतः रानी ने छत्तीस हजार रुपए के ऋण की वसूली को मुद्दा न बनाकर अंग्रेजों से अच्छे संबंध बनाए रखने पर ध्यान दिया अन्यथा अंग्रेज शासक उसी समय रानी की 'स्वतंत्र भारत' की महत्त्वाकांक्षा को कुचल डालते।

एलिस की स्थिति बड़ी दुविधा में थी—इधर कुआँ, उधर खाई। यदि विधवा महारानी के प्रति सहानुभूति न रखता तो महारानी क्रोध में आकर कुछ भी कर सकती थी, दूसरे मैलकम द्वारा लगाए जानेवाले प्रशासनिक आरोप, जिनका अप्रत्यक्ष कारण था एलिस का रानी लक्ष्मीबाई की न्यायसंगत माँगों के समर्थन में लिखना। मैलकम चाहता था कि एलिस वही करे, जो वह चाहता था तथा उसे उसके लिए कुछ कहना भी न पड़े, पर एलिस के अंदर भी आत्मा थी, जिससे सत्य कागज-कलम द्वारा बाहर निकलता था। मैलकम को एलिस की कारवाइयों में कमियाँ देखते-देखते एक कमी मिल गई। मैलकम खुशी से उछल पड़ा। उसे एलिस को ठीक करने का अवसर मिल गया। उसने एलिस पर

यह आरोप उच्चतर स्तर पर भेज दिया कि एलिस ने झाँसी राज्य की सेना को क्यों तुरंत बरखास्त नहीं किया, जैसे ही रियासत खत्म होने का एलान हुआ था। मैलकम ने ऊपर अमलातंत्र को विश्वस्त किया कि एलिस ने महारानी और झाँसीवालों के दिलों में यह गलत विचार उत्पन्न किया था कि झाँसी राज्य का कंपनी राज्य में विलय एक अस्थायी बात है। इसी कारण रानी ने इतनी लिखा-पढ़ी करके गवर्नर जनरल को परेशान किया। मैलकम का 'यस मैन' न होने के कारण एलिस का स्थानांतरण रीवा हो गया, जबकि उसने झाँसी राज्य के अपहरण के आदेश पर सटीक काररवाई की थी, जो एक कंपनी सरकार के स्वामिभक्त अधिकारी को करना चाहिए था। उसने कंपनी सरकार और झाँसी राज्य के संबंधों में संतुलन बनाए रखा, फिर भी उसका वेतन कम कर दिया गया तथा रीवा में मकान न मिलने के कारण उसे नागौद में रहने का हुक्म दिया गया।

अमलातंत्र की ऐसी कार्यशैली के कारण ही जनता इस पर हँसती है, पर जनता करे तो क्या करे? अमलातंत्र से ही जनता का प्रतिदिन काम पड़ता है, राजा-महाराजा, लाट-गवर्नर तो अपने महलों में बंद रहते हैं।

कैप्टन स्कीन को झाँसी का डिप्टी कमिश्नर बनाया गया तथा कप्तान गॉर्डन को सुपरिंटेंडेंट। रानी लक्ष्मीबाई ने झाँसी के नए प्रांत सेंट्रल इंडिया के लेफ्टिनेंट गवर्नर हैमिल्टन से अच्छे संबंध स्थापित किए। कप्तान गॉर्डन ने अपनी बंदोबस्ती में ज्यादतियाँ आरंभ कर दीं। कई जागीरें जब्त हुईं। कर न देने के कारण कई जागीरें जमीनों का बंदोबस्त करके नए-नए जमींदारों को दे दीं, जिन्होंने जुल्म करके राजस्व वसूलना आरंभ कर दिया। मंदिरों की सेवा-पूजा के लिए जो जायदादें लगी थीं, वे समाप्त हो गईं। पुजारियों के होश ठिकाने लग गए। उनका जीवन-निर्वाह मुश्किल हो गया। प्रत्येक बात के लिए प्रार्थना-पत्र दो। वकीलों का एक मध्यस्थ वर्ग खड़ा हो गया, जिसकी सनद भी डिप्टी कमिश्नर देता था। सभी शक्तियाँ एक डिप्टी कमिश्नर के हाथ में आ गईं। स्वाभावत: डिप्टी कमिश्नर को जहाँ अंग्रेज उच्च अधिकारियों को प्रसन्न रखना पड़ता था, वहाँ जनता को खुश रखने के लिए चोरी-डकैती आदि अपराधों को नियंत्रण में रखना पड़ता था। झाँसी की जनता नए प्रशासन से खुश नहीं थी, क्योंकि वह गंगाधर राव के रामराज्य का स्वाद चख चुकी थी। लोग रानी के पास अपने साथ हो रही ज्यादतियों की शिकायतें लेकर आते थे, पर कंपनी शासन के डिप्टी कमिश्नर के विरुद्ध कुछ भी करने या कहने से रानी बंधेज रखती थीं।

सरकारी राजकोष में वृद्धि के लिए लगान की बढ़ी दरें जनता पर थोप दी गईं। फौजदारी और दीवानी न्यायालयों में पेचीदे अंग्रेजी कानूनों से जनता भारी संकट में पड़ गई, अब जो व्यवस्था अंग्रेज जज देता, वही वेद वाक्य माना जा रहा था। झाँसी राज्य की सीधी-सादी न्याय-व्यवस्था ध्वस्त हो चुकी थी। झाँसी राज्य में नमक का बनना बंद हो

गया। कंपनी राज के आते ही झाँसी राज्य का सारा व्यापार मंद पड़ गया। मऊरानीपुर की मंडी, जिससे दूर-दराज के जिलों में माल भेजा जाता था, अब बिल्कुल सुस्त पड़ गई। प्रशासन हृदयहीनता का ही समानार्थी बन गया था।

इसी बीच एक घटना घटी। महारानी लक्ष्मीबाई ने दामोदर राव के जनेऊ संस्कार समारोह के लिए छह लाख जमा धनराशि से एक लाख रुपया माँगा, तब सरकार ने उसे देने पर रोक लगा दी और इसके लिए जमानतदारों की आवश्यकता जाहिर की। रानी ने कहा, "मेरा पैसा और मैं ही जमानतदार दूँ जो अभी तक दूसरों को धन देते आ रहे थे, उन्हें ही पैसे की माँग करनी पड़ रही है?" रानी के लिए यह अत्यंत दुःखद तथा आश्चर्यजनक परिस्थिति थी। रानी अत्यंत मर्माहत हुई। रानी के प्रति श्रद्धावान झाँसी के कई सेठों ने रानी को बार-बार रुपया देना चाहा।

उन्होंने कहा, "झाँसी के ये 52 लखपति आपके ही बनाए हुए हैं। यह पैसा आपका ही है। हम लोगों ने आपका नमक खाया है, यह आपके प्रति कृतज्ञता निवेदन मात्र है।" रानी ने यह स्वीकार नहीं किया, लेकिन बहुत समझाने पर रानी मान गईं, अंत में मोरोपंत जयपुरवाला, लक्ष्मीचंद और भी दो अन्य लोगों के हस्ताक्षर करने पर सरकार ने रानी को एक लाख रुपया उधार दे दिया।

अंतर में अपमान की ज्वाला रखे रानी ने विधिवत् जनेऊ संस्कार का आयोजन करके पुत्र दामोदर के प्रति अपने प्रथम अभिभावक के दायित्व को शानो-शौकत से पूरा किया। नगर में महल के सामने विशाल पंडाल लगाया गया। बाहर से पंडित बुलाए गए। इस आयोजन में झाँसी की संपूर्ण जनता आमंत्रित हुई। प्रातः विधि-विधान के साथ पूजन के पश्चात् विशाल भोज का आयोजन हुआ। गरीब, ब्राह्मणों, पुरोहितों तथा भिखारियों को रानी ने दोनों हाथों से दान-दक्षिणा दी। अंग्रेज शासकों ने इस आयोजन की कड़ी आलोचना की तथा ऊपर भी सूचित किया, पर झाँसी की भोली-भाली जनता को इस आयोजन के बाद फिर से विश्वास हो गया कि उनकी शासिका अब भी पूर्णतः कमजोर नहीं पड़ी हैं। उनमें उनकी रक्षा तथा पोषण की अभी भी क्षमता है। यह समय की माँग थी और रानी ने वैसा ही किया। लोगों के निराश मन-मस्तिष्क और हृदयों में आत्मविश्वास लौट आया।

रानी का व्यायाम, घुड़सवारी तथा हथियार चलाने का अभ्यास नगर के राजमहल की ढलान पर पुस्तकालय के मैदान में फिर से प्रारंभ हो गया। अब रानी को वह परदा करने की आवश्यकता नहीं थी, जो वह गंगाधर राव के समय करती थीं, क्योंकि अब वह केवल वीरांगना थीं—झाँसी को अंग्रेजों से मुक्त करने के लिए। उनकी महाराष्ट्रीयन सास भी अपना अंतिम समय बिताने के लिए काशी जा चुकी थीं। वे लक्ष्मीबाई के इस बदले व्यवहार और स्वरूप को न समझ सकीं। नगर की जो स्त्रियाँ वहाँ आतीं, रानी उनको बड़ी

निष्ठा के साथ इसी बाग में कसरतें सिखलाती थीं, अब तो मुंदर, सुंदर और काशीबाई इतनी सीख गई थीं कि रानी को इनसे बड़ी सहायता मिलने लगी। कुश्ती सिखाने के लिए रानी ने अमीर खाँ और वजीर खाँ नाम के दो उस्तादों को रख लिया। बाला गुरु भी बिठूर से आए और मल्लविद्या के सूक्ष्म दाँव-पेच बतलाकर चले गए। नरसिंहराव टौरिया के नीचे दक्षिण भारतीयों के लिए वे एक और अखाड़ा चालू कर गए। चारों ओर रानी का बोलबाला हो गया।

रानी लक्ष्मीबाई की सदाशिव राव से पुरानी रंजिश थी, क्योंकि उसने ही अंग्रेजों के सामने अपने उत्तराधिकार का दावा पेश करके रानी के दावे को कमजोर बनाया था। मैलकम ने भी गंगाधर राव के बाद झाँसी की गद्दी पर उसकी सिफारिश की थी। उसी समय से वह अपने को झाँसी का राजा घोषित करने लगा था तथा उसी ठाठ-बाट से रहने लगा था, जब रानी लक्ष्मीबाई ने उस पर दबाव बनाया तो वह बगावत करके झाँसी से तीस मील दूर करैरा, शिवपुरी भाग गया। उसने वहाँ के किले पर अधिकार करके 'झाँसी नरेश महाराज सदाशिव नारायण राव' के नाम से राजतिलक करा लिया। उसने गाँव-गाँव में अपने राजा बनने का समाचार पहुँचाया एवं अपने नाम से आज्ञा-पत्र प्रकाशित किया, "मैं झाँसी राज्य का सच्चा अधिकारी हूँ।"

झाँसी को प्रतीत हुआ कि यह उनकी सत्ता को सीधी चुनौती थी। यदि जनता के मन में ऐसा भ्रम फैल गया तो वे कैसे आसपास की जनता, राजाओं और जमींदारों को एकजुट करेंगी। स्व. गंगाधर राव के समय में भी वह स्वयं झाँसी का महाराजा बनना चाहता था और इस उद्देश्य की पूर्ति के लिए झाँसी राज्य के शस्त्रुओं और अंग्रेजों से साँठ-गाँठ करता रहता था। रानी लक्ष्मीबाई ने अपने वंश के इस षड्यंत्रकारी को नियंत्रित करने के लिए अपने विश्वासपात्र सरदार जवाहर सिंह को सेना सहित करैरा भेजा। जवाहर सिंह ने सदाशिव नारायण को करैरा में घेर लिया, जहाँ से भागकर वह नरवर पहुँचा और यहाँ रानी के सेनापति ने उसे वहाँ से अंततः गिरफ्तार कर लिया। सदाशिव को झाँसी दुर्ग में कैद करके रखा गया और झाँसी राज्य के विरुद्ध परचम लहरानेवाले सदाशिव की गतिविधियों पर सदा के लिए विराम लग गया। साथ-साथ सिंधिया को भी अप्रत्यक्ष रूप से यह संदेश गया कि वे अंग्रेजों के साथ कुछ भी मित्र-भाव रखें, पर वे रानी झाँसी के विरुद्ध कुछ भी कारस्वाई में संलग्न न हों। इस प्रकार पति की मृत्यु के कुछ वर्षों बाद ही रानी लक्ष्मीबाई का झाँसी और आसपास के क्षेत्रों में एकच्छत्र अनौपचारिक शासन स्थापित हो गया। सुपरिटेंडेंट गॉर्डन उनकी शक्ति, साहस एवं क्षमता से गंगाधर राव के समय से ही परिचित था। वह बाहर-बाहर एक कूटनीतिक की भाँति गंगाधर राव से मित्रता प्रकट करता था, पर अंदर-ही-अंदर वह झाँसी का अस्तित्व पूर्ण तौर से ब्रिटिश राज्य में मिला लेना चाहता था। रानी लक्ष्मीबाई को प्रारंभ से ही वह नापसंद था

पर एक भारतीय स्त्री, अपने पति की पसंद को नहीं नकार सकती, पर गॉर्डन का यह साहस नहीं था कि वह रानी लक्ष्मीबाई के अपने क्षेत्राधिकार से बाहर दखल का विरोध करे। इस प्रकार स्थानीय अंग्रेज शासन तथा रानी लक्ष्मीबाई सहअस्तित्व की भावना से अपना-अपना काम कर रहे थे। जहाँ गॉर्डन झाँसी की जनता, किसानों को जितना अधिक लूट सका, लूट रहा था, वहाँ रानी लक्ष्मीबाई अपना शक्तिशाली अंग्रेजों के विरुद्ध संगठन एवं सेना खड़ी करने में व्यस्त थी।

रानी पर स्थानीय अंग्रेज प्रशासन रानी की एक सीमा से अधिक सहायता नहीं कर पाते थे, क्योंकि उन्हें छोटे-छोटे विषयों पर उच्च अधिकारियों से अनुमोदन प्राप्त करना पड़ता था। रानी ने अपनी पति की स्मृति में काशी जाकर अपने बाल मुँड़वाने के लिए अंग्रेजी शासन से अनुरोध पत्र दिया, पर लाट साहब के यहाँ से मनाही आ गई। लाट साहब की कलकत्ता फाइलों में गंगाधर राव की कलकत्ता यात्रा का कटु अनुभव दर्ज था। रानी लक्ष्मीबाई अपना मन मसोसकर रह गईं। वे हिंदू विधवा की भाँति अपने बाल गंगा में समर्पित करना चाह रही थीं तथा अंतिम बार अपने जन्म-स्थान का दर्शन करना चाह रही थीं, पर यह हो न सका।

रानी को अंग्रेजों की इस प्रतिक्रिया पर काफी रोष आया और उन्होंने प्रतिज्ञा की, "मैं तब तक अपने बाल नहीं मुड़वाऊँगी, जब तक अंग्रेज भारत से नहीं चले जाते।"

उनकी परम सहेलियों को उनकी इस प्रतिज्ञा के विषय में पता था और मुंदर तथा सुंदर उन्हें द्रौपदी की भाँति उनकी इस प्रतिज्ञा का स्मरण दिलाती रहती थीं पर रानी लक्ष्मीबाई उनसे कहती, "शक्तिशाली अंग्रेजों को भारत से निकालने का काम मैं अकेले नहीं कर सकती। इसके लिए हम सभी को मिलकर काम करना होगा।" सन् 1857 के जून मास में एक बुरा समाचार आया, जब वर्षा में बेतवा को पार करना कठिन हो जाता है। वहाँ सागर नाम के डकैत ने अपने गिरोह के साथ आसपास डकैतियाँ डालकर एवं अपहरण तथा हत्याएँ करके रानी के क्षेत्र की जनता में भय एवं आतंक फैला रखा था। महारानी राज-व्यवस्था को सुचारु रूप से चलाने के लिए अपने प्राणों की बाजी लगाने को तैयार रहती थीं। इस कारण डिप्टी कमिश्नर झाँसी सदैव शांति और व्यवस्था कायम रखने के लिए उनकी सहायता माँगते रहते थे तथा रानी साहिबा भी उन्हें निराश नहीं करती थीं।

रानी के कान में खुदाबख्श के संपूर्ण प्रकरण की भनक पड़ी थी। खुदाबख्श झाँसी राज्य का बहादुर एवं विश्वसनीय सेनापति था, पर गंगाधर राव ने उसे मोतीबाई के नृत्य पर वाहवाही करने के अपराध में राज्य निकाला दे दिया, लेकिन उसे कोई-न-कोई शरण देता ही रहता था। मोतीबाई को भी उससे लगाव था, पर अली बहादुर आदि के उकसाने पर भी मोतीबाई ने राजा की इस काररवाई को पलटने के लिए अंग्रेज सरकार को लिखित

आवेदन देने से मना कर दिया। मोतीबाई का कहना था, यह तो हमारा अंदरूनी मामला है। यदि अंग्रेज सरकार स्वयं से जानकर खुदाबख्श के देश-निकाले को खारिज कर दे तो वह स्वीकार करेगी। रानी लक्ष्मीबाई भी राजा के इस निर्णय से सहमत नहीं थीं। वह कहती थीं—"नाटकशाला कोई मंदिर तो नहीं है, जब नृत्य होगा तो वाहवाही होगी ही, फिर नृत्य करनेवालियों तथा कलाकारों को भी वाहवाही के बिना पाठ करना अच्छा नहीं लगता, तालियाँ तो बजनी ही चाहिए।" पर वे अपने-अपने पति परमेश्वर के विरुद्ध कुछ कहने से परहेज करती थी। उन्होंने खुदाबख्श को क्षमादान करने का निर्णय लिया था। रानी को भी अंग्रेज शक्ति का सामना करने के लिए अपनी सैन्य शक्ति बढ़ाना अपरिहार्य था। रानी ने खुदाबख्श को अपने पास बुलाकर कहा, "आज से तुम्हारा अपराध माफ। तुम आज से हमारे पहले की तरह सेनापति हो।" खुदाबख्श फूला न समाया। उसने रानी का चरण स्पर्श किया।

रानी ने खुदाबख्श को कुछ सैनिकों के साथ सागर सिंह तथा उसके दल को गिरफ्तार करने भेजा, पर खबर आई कि खुदाबख्श घायल हो गया और उसके साथ के सभी 7-8 सैनिकों को घायलावस्था में गाड़ी में डालकर बरुआसागर के किले में रखा गया है, जहाँ उनका इलाज चल रहा है। सागर सिंह ने इलाके में अपना दबदबा बना रखा है तथा वह कहता है, "मैं झाँसी की रानी अथवा अंग्रेज सरकार किसी को नहीं मानता।" यह रानी के लिए चुनौती थी। वह अपनी दुर्गावाहिनी को लेकर बरुआसागर की ओर निकल पड़ी।

झाँसी से बरुआसागर जाने के लिए बेतवा पार करना आवश्यक है। बुंदेलखंड की महानदी वेत्रवती (बेतवा) में जिस समय बाढ़ आती है, तब उसकी तूफानी धारा, जो ओरछा के पथरीले क्षेत्र से आकर बीभत्स रूप ग्रहण कर लेती है, उस समय उसको तैरकर पार करना तो दूर छोटी-बड़ी नाव तक नहीं छोड़ी जाती है। इस उफनती महाप्रलयंकारी बेतवा में घोड़े को नदी में डालकर पार करना तो अति कठिन है।

*प्रातः खुले बादल दिखे, रानी किया प्रयान।*
*दलबल पहुँचा घाट पर, देख नदी उफनान॥*
*देख नदी उफनान, पाट दोनों थी दाबैं।*
*वेत्रवती का जोश, देख सब होश गमाबैं॥*
*रानी दिया प्रबोध, कूदें साहस वृत्त लिखें।*
*मिली चुनौती आज, यहाँ घिरे बादल दिखें॥*

**—राधारमण**

रानी भी अपने प्रति सैनिकों के समर्पण की परीक्षा करना चाहती थीं, क्योंकि वे अंग्रेजों के विरुद्ध एक बड़े युद्ध की तैयारी कर रही थीं। रानी ने पाया कि झाँसी और

बुंदेलखंड के सैनिक और जनता वास्तव में उनके आह्वान पर जान दे सकते हैं—

*रानी के उपदेश थे, विद्युत शक्ति समान।*
*तन-मन छाया वीर रस, हृदय ठान ली ठान॥*
*हृदय ठान ली ठान, ऐड़ दें अश्वारोही।*
*कूदें नदी छपाक, पकड़ने डाकू द्रोही॥*

रानी के साथ सभी पच्चीस घुड़सवारों ने नदी में अपने घोड़ों को उतार दिया। रानी जैसी सेनानायिका का सैनिक क्यों साथ न देते, क्योंकि वे जो कहती थीं, वह स्वयं पहले करके दिखाती थीं, उन्हें धर्मपालन में अपनी जान की परवाह नहीं थी।

*घर-घर करती बेतवा, सर-सर वायु प्रकोप।*
*झर-झर बदरा बरसता, हुआ सूर्य का लोप॥*
*हुआ सूर्य का लोप, शीत से कँपतीं काया।*
*अश्व सभी जल मग्न, मात्र मुख ऊपर आया॥*
*कटि ऊपर जल राशि, टकरा जाती थी बिखर।*
*लहर थपेड़े मार, गुँजाती थी बस घर-घर॥*

चढ़ी हुई बेतवा नदी में उतरकर पार करना कितना साहसिक कार्य है, यह लक्ष्मीबाई के नेतृत्व में ही संभव था, जो शायद विश्व की अन्यतम साहसिक घटनाओं में एक हो।

लक्ष्मीबाई की अनुप्रेरणा उनके द्वारा प्रशिक्षित घोड़ों में भी निम्न पंक्तियों में समान रूप से देखी जा सकती है—

*घोड़े आगे बढ़ रहे, जल नथुनों फुफकार।*
*अतफर टापों काट जल, धारें पीठ सवार॥*
*धारें पीठ सवार, किनारा नजर न आता।*
*रानी दें उत्साह, जोश दूना भर जाता॥*
*निकली बगुला पंक्ति, पंख फैलाती चौड़े।*
*निकट लग रहा पार, बढ़ रहे आगे घोड़े॥*

बेतना बुंदेलखंड की ही नहीं, भारत की बड़ी नदियों में एक है। झाँसी-बरुआसागर के बीच में तो इसकी विशाल जलराशि समुद्र की भाँति ज्ञात होती है। इसके एक किनारे से दूसरे किनारे को वर्षा ऋतु में देखना मुश्किल होता है, फिर भी रानी का दल बेतवा की उफनती धारों को चीरता हुआ दूसरी पार पहुँच गया। इसमें यह कहना कठिन है कि इस हैरतअंगेज कारनामे का श्रेय घोड़ों का है या उनके सवार सैनिकों का—

*आगे घोड़े बढ़ रहे, चीर भँवर का जोर।*
*एक भँवर फिर दूसरी, देती मन झकझोर॥*
*देती मन झकझोर, न हिम्मत कोई डिगावै।*

*रानी का उत्साह, जोश दूना भर जावै॥*
*आगे बढ़ते वीर, वीर रस में थे पागे।*
*चीर भँवर का जोर, बढ़ रहे घोड़े आगे॥*

रानी के साहस को देखकर सभी विस्मित थे—

*रानी साहस की धनी, अद्वितीय बलवान।*
*सारी बाधा झेल, किनारा पाया पल में॥*

फिर रानी बरुआसागर किले में पहुँचकर खुदाबख्श और अन्य सैनिकों से मिलीं और उनके साहस और वीरता की प्रशंसा की। रानी का स्पर्श पाकर जैसे घायल सैनिक और खुदाबख्श अपने सभी घावों को भूल गए।

*रानी पहुँची किले में, देखे घायल वीर।*
*पाकर कर स्पर्श वह, पुलकित हुए शरीर॥*
*पुलकित हुए शरीर, घाव की पीड़ा भागी।*
*धन्य भाग श्रीमंत, हुए हम सब बड़ भागी॥*
*खुदाबख्श से कहा, कुँअर तुम हो लासानी।*
*रखें शीश पर हाथ, कुशलता पूछें रानी॥*
*यह शासक का मातृवत् भाव अनुकरणीय है।*

इसके बाद बरुआसागर किले की सबसे ऊँची मंजिल के हवाई घर में रानी ने निवास किया और सागर डाकू की टोह लेने के लिए अपने मुखबिर भेजे। बिना योजनाबद्ध तरीके से की गई काररवाई में बहादुर-से-बहादुर सेनापति असफल हो सकता है।

पाँच मंजिला बरुआसागर के किले का सौंदर्य दृष्टिगोचर करके रानी ने कहा, "यह ही बुंदेलखंड का कश्मीर है।" पहाड़ी पर प्रायः दो एकड़ क्षेत्रफल में फैला मेहराबों से युक्त तथा परकोटे से घिरा यह गिरि दुर्ग रानी जैसे व्यस्त शासकों के लिए आदर्श विश्राम स्थल है। सायंकाल स्थानीय ग्रेनाइट तथा लाहौरी ईंटों से बने अपने लघु हवादार कक्ष से रानी ने किले से लगी झील पर ढलते हुए सूर्य की लालामी में बरुआसागर झील का मनोहारी दृश्य देखा तथा दूसरी ओर नीचे की ओर बरुआसागर की अपनी प्रजा के ईंट-खपरैल तथा मिट्टी से बने घर एवं पक्की कुछ कोठियाँ तथा मंदिर देखे। रात्रि में टिम-टिम जलते दीपक नगर को मनोहारी बना रहे थे। उन्होंने वहीं से उसी पहाड़ी पर स्थित शिव मंदिर के दूर से दर्शन किए तथा किले के अंदर भी हाथी की पीठ की भाँति गोल शिखर के शिव मंदिर के भी। उन्होंने दूर से अपने झाँसी किले की झाँई तथा गढ़कुंडार किले का बुर्ज देखा। रानी को आश्चर्य हुआ कि किस प्रकार चंदेल राजाओं और राजा उद्योत सिंह ने तालाब को इस प्रकार बाँधकर बरुआसागर की बाढ़ आदि से रक्षा की तथा अन्य ऋतुओं में सिंचाई के पानी की व्यवस्था की। काश!

ऐसा पूरे बुंदेलखंड में हो पाता। रानी के मन में वे स्मृतियाँ उभर आईं, जब उनके पति को उनके पिता रघुनाथ राव के सन् 1838 में निधन के बाद तथा सन् 1842 के बीच बरुआसागर किले में ही भेज दिया गया था। उन्होंने कहा, "यह किला भी हमारे वंशजों का एक समय हुआ करता था। सिंधिया परिवार के रानोजी के मालवा की एक राजपूत महिला से अंतरजातीय विवाह के कारण पूना की मराठा गद्दी ने उसे स्वीकार नहीं किया। बाद में बरुआसागर के हाकिम ज्योतिबा सिंधिया की मराठा-बुंदेला युद्ध में हत्या कर दी गई। चौथ एवं उस पर बाकी ब्याज माँगने के कारण ओरछा नरेश पारीछत ने उसके छोटे भाई नरेश मल्हार कृष्ण के पुत्र और दामाद को मार डाला तथा झाँसी पर कब्जा कर लिया। इसका बदला नारोशंकर ने लिया और उन्होंने ओरछा नरेश को हराया, ओरछा लूटी और जलाई तथा ओरछा नरेश पृथ्वीसिंह को गिरफ्तार करके झाँसी के दुर्ग में रख दिया। हम उन्हीं यशस्वी नारोशंकर की यश पताका आगे ले जा रहे हैं।" नारोशंकर का नाम मुँह पर आते ही लक्ष्मीबाई की आँखें लाल हो गईं तथा उनका शरीर काँप उठा। रानी ने आगे कहा, "फिर भी मैं अपने पड़ोसी राजाओं से पुराने बैर को आगे नहीं बढ़ाना चाहती हूँ। यह किला और बाँध भी ओरछा के बुंदेला शासक उद्योतसिंह ने बनवाया था। कब तक हमारे राजा-राजवंश आपस में बैर और प्रतिकार में लड़ते-मरते रहेंगे, जबकि हमारा सभी का शत्रु सामने खड़ा है। हम मराठों, होल्करों बुंदेलाओं को एकजुट होकर अंग्रेजों का सामना करना है।" इसी बीच गुप्तचर खबर लेकर आया कि सागर खिसनी के जंगलों में है। रानी तुरंत ही सागर को पकड़ने की रणनीति बनाने में लग गई। उन्होंने अपनी सहेलियों तथा रघुनाथसिंह के साथ सलाह-मशविरा किया और दूसरे दिन सागर को गिरफ्तार करने चल पड़ीं—

*गुप्त योजना के तहत, दल को किया विभक्त।*
*एक सौंप रघुनाथ को, अपर स्वीय अनुरक्त॥*
*अपर स्वीय अनुरक्त, प्रथम भेजकर रावली।*
*महिला दल के साथ, खुद खिसनी बन राह ली॥*

*   *   *

*रानी पहुँची वनस्थली, अपने दल को थाम।*
*चढ़ी स्वयं वे वृक्ष पर, दल को दे विश्राम॥*
*दल को दे विश्राम, निरीक्षण दूरबीन से।*
*था सच्चा पैगाम, जासूसी छानबीन से॥*
*दो टौरियों दुबीच, दर्रा-सी थी इक गली।*
*वही बावरी पास, दिखी दस्यु पाक स्थली॥*

रानी का आदेश था कि सागर को जिंदा ही पकड़ना है, जैसे ही डाकू पत्तलें डालकर

खानेवाले थे, रानी ने बंदूक चलाकर डाकुओं पर चारों दिशाओं से आक्रमण करने को कहा—

*महिला दल को साथ ले, खुद भी श्री सरकार।*
*पूर्वी मोर्चे पर डटीं, हाथ ढाल तलवार॥*
*हाथ ढाल तलवार, काँध बंदूक भरी थी।*
*मोती-सुंदर दाएँ, ढाल नीचे उतरी थी।*
*काशी-सुंदर बाएँ, रानी ले पत्थर बगल।*
*छिप बैठी तैयार, प्रबला महिला सबल दल॥*

इस प्रकार रानी की महिला ब्रिगेड का यह प्रथम युद्ध का अभ्यास था, यद्यपि ब्रिगेड की सेनापति झलकारीबाई को उन्होंने झाँसी महल की रक्षा का भार सौंपकर झाँसी ही रहने का आदेश दिया था। राजा और सेनापति में एक ही युद्ध का संचालन करने में सक्षम होता है।

तीनों दिशाओं से घिरा देखकर डाकू सुनसान पूर्व दिशा से जान बचाकर भागे—

*सारे डाकू भाग गए, मात्र रहे दो शेष।*
*एक दिखा सामान्य सा, अपर राजसी वेश॥*
*अपर राजसी वेश, वत्रालंकार सुशोभित।*
*चढ़ा कावली अश्व, वीरता उस पर मोहित॥*
*हुलिया से पहिचान, कुछ किए गुप्त इशारे।*
*सागर सिंह है यही, भगे तज साथी सारे॥*

सागर सिंह बहादुर व्यक्ति था। वह रानी के सामने स्वयं को पाकर भौचक्का रह गया तथा रानी पर आक्रमण करने लगा—

*सागर सिंह ने कर दिया, रानी पर असि वार।*
*रानी कुछ पीछे हटीं, किया वार बेकार॥*
*किया वार बेकार, कुपित होकर महारानी।*
*पलटवार कर तुरत, घाल दी कठिन कृपानी॥*
*खड्ग हुआ दो टूक, निहत्था होकर कातर।*
*विवश समर्पण हेतु, किया वह बागी सागर॥*

सागर सिंह के द्वारा समर्पण का इशारा करते ही रानी ने अपनी आगे निहत्थे सागर को मारने के लिए अपनी तलवार रोकी—

*दिया इशारा हाथ, मुंदर को तत्काल।*
*कम्मर फेंट लपेट का, कर सागर कटि डाल॥*
*कर सागर कटि डाल, स्वयं रानी हो बाएँ।*

*डाटी सिंह-सी कमर, जकड़कर मुंदर दाएँ॥*
*लात मार बेहाल, घायल घोड़े को किया।*
*सागर अतफर टाँग, भगा अश्व खाली दिया॥*

सागर के घोड़े को भगाकर सागर के हाथ-पैर बाँधकर रानी ने अपनी संपूर्ण फौज को बुला लिया और वे बरुआसागर के किले में लेकर सागर को आ गए। रानी की वीरगाथा चारों ओर गूँज गई, पर रानी के मन में पसोपेश था, क्या उसे दंड दें या बागी सैनिक की भाँति दुबारा राष्ट्र-सेवा में लगा दें। बरुआसागर किले में कैदियों के उपस्थित करने तथा उनकी सुनवाई करने की झाँसी किले की भाँति अदालत की उत्तम व्यवस्था थी, परंतु रानी ने लीक से हटकर बरुआसागर किले के बड़े आँगन में खुला दरबार लगाया और उससे पूछा—

*रानी ने पूछा कड़क, क्या है तेरा नाम।*
*कौन ग्रामवासी बता, क्यों करता ये काम॥*
*क्यों करता ये काम, वृथा कुल कीर्ति गँवाता।*
*लूटमार कर दुष्ट, प्रजा की व्यथा बढ़ाता॥*
*क्यों फाँसी का दंड, तुझे न दे दूँ अज्ञानी।*
*प्रत्युतर के हेतु, प्रतीक्षारत थीं रानी॥*

सागर ने अपने पूर्वजों का इतिहास बयान किया और कहा कि उसने अंग्रेजों के दमन के विरुद्ध ही हथियार उठाए थे और वह अंग्रेजों की जेल से उन्हें चकमा देकर भागा था। यह दिखाने के लिए कि वे सर्वशक्तिशाली नहीं हैं—

*मैं सागर सिंह हूँ कुँअर, बसा रावली ग्राम।*
*प्रचलन में बस कुँअर जू, अति लघु मेरा नाम॥*
*अति लघु मेरा नाम, पूर्वज मम सैनिक बड़े।*
*चंपत-छत्ता संग जो, मुगलों से हरदम लड़े॥*
*फिर अंग्रेजी दमन, की मेंटने को पैं-पैं।*
*उठा लिये थे शस्त्र, राह गह पुरखों की मैं॥*

* * *

*चकित-थकित अंग्रेज थे, देख-देख रण खेल।*
*धोखा दे पकड़ा मुझे, डाल दिया फिर जेल॥*
*डाल दिया फिर जेल, रात में मौका पाकर।*
*लाँघ जेल-दीवाल, छुपा जंगल में आकर॥*
*लूटे शोषक सेठ, पोषे निर्धन जन दुखित।*
*सुन सागर की कथा, रानी थी अतिशय चकित॥*

रानी ने सागर की संपूर्ण कथा सुनकर उसे क्षमादान किया और उसे अपनी सेना सृजित करने के लिए कहा—

*रानी बोली कुँअर जू, क्षमा कर दिया तुम्हें।*
*जो डाकों में साथ थे, आओ लेकर के उन्हें॥*
*आओ लेकर के उन्हें, बनें वे सैनिक सारे।*
*कुँअर-मंडली नाम, लिखें अभिलेख हमारे॥*
*वेतन के अतिरिक्त, मुफ्त सब राशन-पानी।*
*पाएँगे सम्मान, सहित बोलीं महारानी॥*

बस क्या था? सागर का हृदय द्रवित हो गया। उसकी आँखों में आँसू आ गए। यह अद्भुत हृदय परिवर्तन का दृश्य था, जो उस समय केवल रानी लक्ष्मीबाई जैसी मानवदर्दी और दूरदर्शिता शासिका ही कर सकती है—

*पाया जीवन दान सह, जब सैनिक सम्मान।*
*ली खंग-गंग-पद की शपथ, जगा हृदय ईमान॥*
*जगा हृदय ईमान, शीघ्र अड्डों पर जाकर।*
*कुँअर सेन निर्माण, कर दिया सत्तर लाकर॥*
*माता जैसा प्यार, प्रजा वीरों ने पाया।*

सागरसिंह ने गंगा की कसम खाकर रानी लक्ष्मीबाई का सेनानायक बनना स्वीकार किया।

इस प्रकरण के द्वारा जहाँ जनता भयमुक्त हुई, वहीं दूसरी ओर रानी को अपनी सेना में एक प्रशिक्षित, बहादुर एवं ईमानदार सैन्यबल प्राप्त हो गया, जिसकी वे अंग्रेजों का सामना करने के लिए तलाश कर रही थीं। रानी ने इसी प्रकार अंग्रेजों के विरुद्ध अपने सैन्य-बल में वृद्धि की।

□

# ग्यारह

रानी के नए अवतार के बाद तात्या एक दिन झाँसी आया। तात्या को झाँसी की रानी लक्ष्मीबाई पर ही पूरा भरोसा था। तात्या का स्वयं पर भरोसा डगमगाने लगा। तात्या ने सोचा कि देखकर आए कि क्या हमारी वही मनू है, जो विवाह से पहले तेज-तर्रार, बहादुर थी या समय के थपेड़ों से शांत हो गई है। तात्या तथा नाना स्वयं तो दुःखी थे, क्योंकि कंपनी सरकार ने बिठूर में नाना की पेंशन काट दी थी, उन्हें अंग्रेजों पर व्यक्तिगत खुन्नस थी—कहाँ बिठूर में राजसी ठाठ-बाट और कहाँ राजा को वेतन बाँटने के लाले। नाना ने पेशवा के राज्य में सभी कर्मचारियों, मंत्रियों और सलाहकारों को घर जाने की छूट दे दी थी। कई परिवार तो बिठूर छोड़कर पूना चले गए, कुछ कानपुर में काम तलाशने लगे तो कुछ अपनी पुरानी बचत पर ही गुजर-बसर कर रहे थे। झाँसी में अभी इतनी नौबत नहीं आई थी, क्योंकि रानी की पाँच हजार रुपए प्रतिमास पेंशन राजसी तामझाम के लिए काफी थी, पर रानी की सैन्य शक्ति बढ़ाने के लिए कम थी। झाँसी के राजा की पुरानी सेना तो बरखास्त हो चुकी थी, पर वे घर पर रहकर भी रानी के आदेशों का इंतजार कर रहे थे—भले अवैतनिक हो। तात्या इस बार भी पूर्व की भाँति मुहम्मद जमाखाँ की हवेली में ठहरा, जो अपने को कर्नल कहता था।

तात्या ने इस बार रानी को और सतेज और सक्रिय पाया। रानी के दिमाग से वह कीड़ा भी अब निकल चुका था कि शायद अंग्रेजी राज उनके राज्य को बहाल कर दे। रानी अब पूर्ण तौर से अंग्रेजों के विरुद्ध देशव्यापी संग्राम छेड़ने की रणनीति में संलग्न थीं। उनकी तीनों सहेलियाँ उनके साथ थीं।

कुशलक्षेम के बाद वार्त्ता हुई।

रानी के सामने पूरे देश का नक्शा था। उन्होंने तात्या से पूछा, "हमें राजस्थान तथा पंजाब का स्पष्ट रूप से बताइए। जब तक हम अंग्रेजों को चारों तरफ से नहीं घेरेंगे, ये अपनी पूरी शक्ति लगाकर हम एक-एक को पराजित कर देंगे। हमें दक्षिण भारत तथा

बंगाल को भी साथ में लेना होगा, ताकि वहाँ से भी अंग्रेज निश्चिंत न होकर अपनी पूरी सैन्य शक्ति हमारे विरुद्ध झोंक दें।"

तात्या ने अपनी पोथी खोली और कहा, "मैं इस बार बहुत घूमा हूँ और एकाध जगह तो पकड़ा ही गया हूँ, पर भाग आया। मैं राजपूताने से आरंभ करता हूँ। बड़े-बड़े राज्य जैसे जयपुर, जोधपुर, बीकानेर, अजमेर इत्यादि किसी विशेष पक्ष में नहीं हैं, परंतु सब कहते हैं कि झाँसी के साथ अंग्रेजों ने बेईमानी की और हिंदुस्तान की स्वाधीनता के लिए उपयुक्त अवसर आने पर सर्वस्व न्योछावर करने को तैयार है। राजस्थान की सेना हमारा साथ देगी। वह अंग्रेजों से बहुत नाराज है, क्योंकि अंग्रेज अधिकारी अपने कार्यकलापों में उनको गाली-गलौज करते हैं, उनके स्वाभिमान को ठेस पहुँचाते हैं। अंग्रेजों को मूँछ और पगड़ी पसंद नहीं है, पर वे दोनों ही राजपूताने की पहचान है, उनकी अस्मिता है।

रणजीतसिंह का पंजाब पाँच रियासतों में विभक्त हो गया। इन रियासतों के राजा अपने आरामतलबी में दखल नहीं चाहते हैं। पंजाब को साथ करना बहुत आवश्यक है। वहाँ पर हमें एक सर्वमान्य नेतृत्व खड़ा करना पड़ेगा, क्योंकि दिल्ली के वृद्ध बहादुरशाह से मुझे कोई आशा नहीं है। बैठकर कौन उनकी 'स्वराज्य' संबंधी दुःखमय कविता सुने? यह फैसला तो युद्ध-भूमि में होना है। उसके लड़के विलासिता के पंक में डूबे हैं, परंतु दिल्ली के आसपास के लोगों में स्वतंत्रता के लिए विद्रोह का जज्बा है, हमें उसे बस सुलगाना है। किंतु बहादुरशाह हिंदुस्तान का बादशाह घोषित होने के लिए राजी हो गया।

रानी ने कहा, "और आगे सुनाते जाओ।"

तात्या ने कहा, "मैं हैदराबाद गया। नवाब, अंग्रेजों के आतंक से खौफ में है तथा सिंधिया की भाँति बीच का तथा सुरक्षित रास्ता अख्तियार करना चाहता है, पर सेना जिस ओर पासा पड़े, उस ओर जाएगी। सेना न तो अंग्रेजों से खुश है, न नवाब से। नवाब की सेना को अंग्रेजों की सेना से कम सुविधाएँ मिलती हैं। जनता हमारे साथ होगी। मैं मैसूर गया था। मैसूर की जनता में टीपू सुलतान और उनके लड़कों की अमानवीय नृशंस हत्या अंग्रेजों द्वारा किए जाने से रोष है, पर उनका प्रिय और वीर शासक टीपू सुल्तान भी उनके बीच नहीं बचा और किसी में अंग्रेजों से मुकाबला करने का दमखम नहीं है। यही अवस्था दक्षिण में अर्काट राज्य की है। सभी चुपचाप बैठे हैं और देख रहे हैं कि आपकी प्रतिक्रिया कंपनी सरकार के अन्याय के विरुद्ध क्या होती है।"

"पर पूरे देश में क्रांति का क्या दृश्य है? जब तक हम अंग्रेजों को चारों ओर से नहीं घेरेंगे, हम उन्हें हरा नहीं सकते। मैं तो कहूँगी कि साथ-साथ हमें इंग्लैंड अथवा उनके मित्र-राष्ट्रों से आनेवाली सेना तथा अस्त्र-शस्त्रों को भी रोकना होगा, उन्हें नष्ट करना होगा।"

"मुझे नहीं लगता कि यह संभव हो सकेगा।' तात्या ने उत्तर दिया। वर्तमान स्थिति

अस्थिर है। एक धन-धान्यपूर्ण देश में 15 करोड़ लोग शांति और संतोष के साथ विदेशियों की सरकार के सामने घुटने टेके हुए हैं। कंपनी के डायरेक्टर दिन-प्रतिदिन आदेश भेजते हैं कि किफायत की जाए, ताकि उनका लाभांश न घट जाए। भारत के कंपनी-शासन ने जो कदम उठाए हैं, उनमें से भारतीय राजाओं की पेंशन बंद या कम करना, जैसे महाराजा रणजीत सिंह की महारानी जिंदा कौर की वार्षिक पेंशन को 15,000 पौंड से घटाकर 1,200 पौंड कर दिया गया और कर्नाटक तथा तंजावूर राज्यों के नाममात्र राजाओं की समाप्ति। देशी राजाओं के पुराने सेवकों की जागीरों तथा इनामों की जब्ती। समाज कल्याण के कार्य प्रायः बंद करके भी खर्च घटाए गए। 1813 में एक बहुत छोटी रकम 10,000 पौंड शिक्षा के लिए रखी गई थी, पर स्वच्छता, चिकित्सा, दुर्भिक्ष सहायता जैसे कामों के लिए कोई रकम नहीं थी और शिक्षा के लिए जो रकम रखी गई थी, वह कई वर्षों तक खर्च नहीं की गई। कंपनी के डायरेक्टर्स वह रकम डकार गए। कंपनी शनैः-शनैः यह वास्तविकता समझ रही है कि भारत जैसे देश को एक कंपनी के व्यापारिक प्रबंध ढाँचे के द्वारा नहीं चलाया जा सकता। सेना का खर्च भी घटाया गया। इसलिए सेना में भारतीय सिपाही अधिक-से-अधिक भर्ती किए जा रहे हैं। एक भारतीय सिपाही का खर्च ब्रिटिश सिपाही का एक-तिहाई बैठता है। इसी आर्थिक कारण से 1856 में कंपनी के तीन लाख सैनिकों में केवल 23,000 सैनिकों की 24 गोरी रेजीमेंटें थीं। स्पष्ट है कि कंपनी सरकार गोरों की संख्या कम करके बड़ा जोखिम उठा रही है। हमें इस समय ही कंपनी पर आक्रमण करना चाहिए। दूसरी ओर ईसाई मिशनरियों के बढ़ते प्रभाव से हिंदू और मुसलमान दोनों परेशान हैं। इन्हें स्थानीय प्रशासन से सहायता मिलती है। ये हमारे तीर्थों और महापुरुषों के विरुद्ध बहुत अपमानजनक बातें करते हैं और हिंदुओं को ईसाई बनाते हैं। इससे जनता को बहुत क्रोध आता है। इनकी शिक्षा संस्थाओं में भी ईसाई मिशनरियों का बहुत प्रभाव रहता है। बहुत से फौजी और गैर-फौजी अधिकारी भी ईसाई धर्म के सिद्धांतों का प्रचार करते हैं। मंदिरों के प्रबंध को सरकार द्वारा अपने हाथ में ले लेने से पुजारियों तथा पंडों का रोजगार बंद हो गया है। सरकार द्वारा पुरी के जगन्नाथ मंदिर के प्रबंध को अपने नियंत्रण में लेने से हिंदुओं की भावना आहत हुई है।

किसान भी संतुष्ट नहीं हैं। पुराने जमींदारों ने अपने विलासपूर्ण खर्चों के कारण किसानों पर कर बढ़ा दिया तथा उनसे वे जोर-जबरदस्ती करके मालगुजारी वसूलते थे। सन् 1824-25 में प्रिंगल ने कुल उपज का 55 प्रतिशत सरकारी मालगुजारी के रूप में निर्धारित किया। परिणाम यह हुआ कि किसान अपनी जमीनें छोड़कर भाग खड़ा हुआ और बहुत बड़े इलाके में खेती बंद हो गई। सन् 1852 में ब्रिटिश संसद् की एक रपट के अनुसार दक्षिण भारत के रैयतवाड़ी क्षेत्रों में किसानों की हालत भिखमंगों जैसी हो गई। यहाँ तक कि परंपरागत मुखिया के मिरासदार और मद्रास के पोलिगार और जमींदार

विद्रोह का नेतृत्व करने के लिए नहीं बचे हैं। बाद में इसे कम किया गया, पर वह मालगुजारी भी काफी थी। सन् 1855 में सहारनपुर में नियमों के अनुसार मालगुजारी की दर 50 प्रतिशत कर दी गई। यह दर अवध, मध्य प्रदेश, पंजाब और बाद में मद्रास और बंबई में लागू की गई। अवध में ताल्लुकदारों को जमींदारों के अधिकार दिए गए। वे पुराने खानदानी भूमि के अधिकारी वर्ग के थे। सन् 1856 में अवध की नवाबी के हरण के समय अवध का दो-तिहाई भाग उन्हीं के कब्जे में था। ताल्लुकदारों का उन्मूलन करने के लिए राजस्व तंत्र के माध्यम से पुनर्ग्रहण अधिकारी नियुक्त हुए, जिन्हें खुला छोड़ दिया गया। लोगों से कहा गया कि "अपने अधिकार के कागजात दिखलाओ, जिनसे हम संतुष्ट हों। इतने दिनों तक शांति से संपत्ति भोगने के बाद संपत्ति का प्रमाण माँगना अत्यंत अव्यावहारिक तथा जबरन कदम था, जबकि एकमात्र प्रमाण जमीन पर वास्तविक कब्जा ही है। इससे आतंक छा गया। यह डलहौजी की शासन जब्ती के बाद लोगों की जमीन की जब्ती की काररवाई है। इससे लोगों में नाराजगी है। इनमें से बहुत से उलेमा थे, जिन्हें शिक्षा व धार्मिक कार्य करने के लिए गुजारे के लिए जमीनें दी गई थी। मौलवियों के साथ भी यही बरताव किया। अपने अधिकार और जीविका के साधन छिन जाने पर उनमें बहुत नाराजी उत्पन्न हुई और वे सरकार के शत्रु हो गए हैं। छोटे लोग भी बंदोबस्त और बेदखली की मार से नहीं बच पाए। वास्तव में छोटे जमींदारों की ही संख्या बहुत अधिक है, जो कहने को तो जमींदार हैं, पर उनका अपना घर का खर्च चलाना ही मुश्किल है। वे राजपूत, ब्राह्मण, जाट, गुर्जर आदि कई जातियों के थे। दूसरी ओर मालगुजारी न देने के कारण नीलाम में जमीन या जमींदारी खरीदनेवाले मुख्यत: शहर के निवासी थे और वे केवल लगान वसूलने या डिगरी इजरा कराने गाँव में जाते थे। वे भी अंग्रेजों के विरुद्ध हो गए हैं। जनता उनके साथ है।"

रानी ने धैर्यपूर्वक तात्या का देश की विद्रोहात्मक परिस्थिति का विस्तृत जायजा लेने के बाद कहा, "पर जब तक लड़नेवाले सामने नहीं आएँगे, भारतीय जनता सुषुप्त अवस्था में ही रहेगी। वे अन्याय, अत्याचारों को सहते रहेंगे तथा अपने भाग्य को दोष देते रहेंगे अथवा किसी अवतार के आने की प्रतीक्षा करते रहेंगे। हमें यह बताओ कि अंग्रेजों के विरुद्ध संग्राम में उतरनेवाले कौन-कौन हैं?"

"वह भी सुनिए, रानीजी!" तात्या ने अपना वृत्तांत जारी रखा।

"सारे देश में असंतोष और विद्रोह फैल रहा है। सन् 1833 में असम के अंतिम राजा पुंदर सिंह का राज्य लेने के पश्चात् कंपनी सरकार के अत्याचारों से जनता कराह उठी। सन् 1853 में दीवान मनीराम दत्त ने सरकार को एक ज्ञापन दिया कि शासकों को धर्म से चलना चाहिए और अपनी प्रजा पर न्याय के साथ शासन करना चाहिए। दीवान ने माँग की कि पहले का देशी प्रशासन पुनः स्थापित किया जाए, पर स्थानीय अधिकारियों

और गवर्नर जनरल दोनों ने यह अर्जी नामंजूर कर दी। उलटे मनीराम और प्याली बरुआ पर मुकदमा चला दिया।

उड़ीसा में परिस्थितियाँ बिल्कुल भिन्न हैं। सन् 1803 में हुए राज्यहरण के बाद दो-तिहाई उड़िया जमींदार लुप्त कर दिए गए और उनकी जगह बंगाली जमींदार रखे गए। किसान वर्ग पर भी बड़ा आघात हुआ और उनमें पाइकों का, जो उड़ीसा के शासकों के कृषक सैनिक थे, कंपनी सरकार के छोटे कर्मचारियों द्वारा जबरदस्त लूट और दमन हुआ। दशकों से उड़ीसा में गड़बड़ी चल रही है, क्योंकि गुमसर, बाउड और आंगुल के राजाओं ने ब्रिटिश प्रभुसत्ता को चुनौती दे रखी हैं। इस इलाके के आदिवासी खोंड़ भी दु:खी हैं और वे इनके साथ शामिल हो गए हैं। पारलकी पारस की मेंडी की जमींदारी में गंजाम के आदिवासी साबरा लोग, राधाकृष्ण दंड सेना के नेतृत्व में उठ खड़े हुए हैं तथा कुटिया खोंड़ों ने भी विद्रोह कर दिया है। इसी प्रकार बिहार के पूर्वी भाग में संथाल परगना के रोहिणी में संथालों द्वारा विद्रोह की अग्नि भड़क रही है। संथाल लोगों ने हजारीबाग और मानभूम से राजमहल के पहाड़ी इलाके के 400 से ज्यादा गाँवों में दो वर्ष पूर्व सन् 1855 में विद्रोह कर ही दिया, पर भला बंदूकों के सामने धनुष-बाण कैसे ठहरते और उन्हें दबा दिया गया, पर उनके विशेष प्रशासन के लिए संथाल परगना नामक एक पृथक् जिला बनाया गया। मौलवियों और पंडितों दोनों ही विद्रोह को प्रोत्साहन दे रहे हैं। राजपूत और मुसलमान जमींदार उनके साथ हो गए। सादिकपुर के मौलवी, नरहट के जमींदार, नामदार के उत्तराधिकारी और नवादा, जहानाबाद, राजगीर, अमरथू, अमाना इत्यादि के हिंदू और मुसलमान जमींदार एक साथ मिलकर काम कर रहे हैं। शाहाबाद जिले के जगदीशपुर के वृद्ध बाबू कुँअर सिंह उनके सभी के नेता है। दिल्ली के आसपास मेरठ में ही क्रांति की ज्वाला भभकनेवाली है। अवध समेत पूरा उत्तर प्रदेश, बिहार के बहुत से जिले, छोटा नागपुर, मध्य भारत, महाराष्ट्र में आदिवासियों का इलाका, मालवा, बुंदेलखंड और मध्य प्रांत सभी शस्त्र लेकर खड़े हो गए हैं।"

रानी तात्या के इस विश्लेषण को पूर्णत: ग्राह्य न कर सकीं। उनका रात्रि-भोजन तथा विश्राम का समय हो रहा था। रानी ने तात्या से कहा, "आप कल आकर मुझे समझाएँ कि अपने इस प्रयास में भारतीय सैनिक किस प्रकार मदद करेंगे, क्योंकि यदि हमें इनकी मदद न मिली तो निहत्थी जनता अंग्रेजों की बंदूकों, तोपों तथा गोला-बारूद के सामने हथियार डाल देगी, जैसा अभी तक हम देखते आ रहे हैं।

कल मैं अपनी चाणक्य रणनीति पर विशेषज्ञ शिक्षक को भी आमंत्रित करूँगी।"

"जैसा आदेश महारानी!" यह कहकर तात्या भी विश्राम हेतु चले गए। दूसरे दिन तात्या ने अपनी सूचना रानी के सामने प्रकट करते हुए कहा—

"कंपनी ने अपनी सेनाओं का पूरे देश में जाल बिछा रखा है। इनमें बंगाल कमान

सबसे बड़ी है। इसका क्षेत्राधिकार बंगाल की खाड़ी से लेकर अफगानिस्तान की सीमाओं तक फैला हुआ है। बंगाल कमान में 1,10,000 पैदल, 10 से 12 हजार तक घुड़सवार और 30,000 सब तरह की गोरी सेना है। भारतीय सेना में 8 से 10 प्रतिशत मुसलमान और बाकी हिंदू हैं। मुख्य छावनियाँ हैं—बैरकपुर, बरहामपुर और दमदम। बिहार, दूसरा डिवीजन क्षेत्र है। इसका मुख्यालय दानापुर में है। इसके अधीन 7 छावनियाँ, 5 पैदल और 2 अनियमित घुड़सवार रेजीमेंटें, एक गोरी बटालियन और एक गोरी तोपखाना बटालियन हैं। उत्तर-पश्चिम प्रांत की दो कमानें कानपुर और मेरठ में हैं तथा उनमें 20 से अधिक छावनियाँ हैं। उनमें कम-से-कम 10 रेजीमेंटें हैं, जिनके साथ अनियमित घुड़सवार सेना, कुछ सिख सेना और अस्त्र-शस्त्र डिपो के साथ तोपखाने की बटालियनें हैं।"

पश्चिम में सेनाओं का जमावड़ा काफी है। यह क्षेत्र तीन कमानों में विभक्त है—सरहिंद, लाहौर और पेशावर। इनमें लगभग 20 सैनिक स्टेशन हैं। सब मिलाकर 65 हजार सैनिक हैं, जिनमें 15,000 गोरी सेना है, जो पंजाब में लगी हुई है। मध्य भारत और राजपूताने में बहुत बड़ी-बड़ी भारतीय टुकड़ियाँ हैं। इनमें कुछ अनियमित घुड़सवार और भारतीय तोपखाने और भारतीय राजाओं की सेनाएँ हैं। इस इलाके में लगभग 1 दर्जन छावनियाँ है। ग्वालियर सबसे बड़ी छावनी है। यहाँ 8,000 सैनिक, दो घुड़सवार रेजीमेंटें, 10 पैदल बटालियनें और तोपखाने की चार कंपनियाँ हैं। नसीराबाद, नीमच और सागर दूसरी बड़ी छावनियाँ हैं, जिनमें प्रत्येक में दो पैदल रेजीमेंटें और उसके साथ घुड़सवार और तोपखाने हैं। जबलपुर, महू और नागौद में प्रत्येक में एक रेजीमेंट है।

बंबई कमान के अधीन, जिसमें सिंध भी आता है, 23 छावनियाँ हैं, जिनमें 26,000 सैनिक हैं। इसके अतिरिक्त बलूच रेजीमेंटें भी हैं। इन सैनिकों में एक-तिहाई उत्तर के हिंदू और मुसलमान, एक-तिहाई मराठे और बाकी दूसरी छोटी जातियों के मुख्यतः महार लोग हैं।

कोई उच्च वर्ग का मराठा या सारस्वत सेना में नहीं लिया जाता है। मद्रास सेना की भर्ती स्थानीय रूप से होती है और इसमें बहुत सी जातियों के सिपाही हैं। चूँकि मद्रास में कोई योद्धा वर्ग नहीं है और ब्राह्मण लोग युद्ध के पेशे को अपनाते नहीं हैं, इसलिए मद्रास सेना में अधिकांश छोटी जाति के हिंदू और मुसलमान होते हैं, वे भी उत्तर भारत के। मद्रास और बंबई की सेना में एक-तिहाई मुसलमान हैं और दो-तिहाई हिंदू।

पर आप यह संख्या सुनकर चिंतित न हों। प्रायः अनेक प्रांतों और राज्यों को मिला लेने के बाद अंग्रेजों ने उन्हीं सैनिकों को कम वेतन पर तैनात किया है। गरीब सिपाही को वेतन के रूप में 7 रुपए महीने वेतन मिलता है, जिसमें से वह साढ़े तीन रुपए खाने पर और दो या ढाई रुपए जीवन की अन्य जरूरतों पर खर्च करता है। वह मुश्किल से

एक या डेढ़ रुपया बचा पाता है तथा अपने परिवार को यह राशि ही भेज पाता है, जिससे उसके परिवार की गुजर-बसर नहीं होती।

इसके अतिरिक्त उन्हें मुसलमानों के बीच रहना पड़ता है और उन्हीं से खाना और पानी लेना पड़ता है, उन्हें अफगानिस्तान और बर्मा भेजा जाता है। इस प्रकार समुद्र पार जाने से उनकी धार्मिक भावनाओं को ठेस पहुँचती है। इससे भी बढ़कर गोरे अफसर, यहाँ तक कि सार्जेंट भी उनके साथ बहुत दुर्व्यवहार करते हैं। वे भारतीय सिपाहियों को गालियाँ देते हैं। उनके साथ भद्दा व्यवहार करते हैं। उन्हें 'निग्गर' या काला आदमी कहा जाता है। उनके ऊपर शिकायत करने पर बड़ा अधिकारी सार्जेंट का ही पक्ष लेता है, अत: सैनिकों में क्षोभ बढ़ा हुआ है। यही कारण है कि 1843-44 में बंगाल और मद्रास सेना में गड़बड़ी तथा पंजाब में 1849-50 में सिपाही-विद्रोह हुआ। दूसरी ओर ब्रिटिश अफसरों की बहुतायत और दूसरी तरफ कार्नवालिस की आंग्लीकरण नीति के कारण भारतीयों के लिए पद-वृद्धि के दरवाजे बिल्कुल बंद हो गए। यहाँ तक कि उन्हें कमीशन प्राप्त अफसरों का पद प्राप्त करने की कोई आशा नहीं रह गई, जबकि आपकी सेना में तो सभी उच्च-उच्च पदों पर विराजमान हैं। मैं स्वयं आपके कर्नल के आवास में रहता हूँ।

रानी ने जिज्ञासावश प्रश्न किया, "हम कैसे इतनी विशाल अंग्रेजी सेना का मुकाबला करेंगे ?"

तात्या ने उत्तर दिया, "रानी! आप इसकी चिंता न करें। भारतीय सैनिक अंग्रेजों के विरुद्ध एक चिनगारी की प्रतीक्षा कर रहे हैं, जो आप ही दे सकती हैं, वैसे अंग्रेजों ने रेलों के न होने से नदियों के किनारे ही अपनी छावनियाँ और शस्त्रागार स्थापित किए हैं, जैसे गंगा, यमुना, सिंधु और उनकी सहायक नदियों के किनारे, ताकि वे गड़बड़ी के स्थान पर शीघ्र पहुँच सकें। आप जानती ही हैं कि चर्बीदार कारतूसों को लेकर सेना में भीषण असंतोष है। बंगाल की दमदम छावनी में कम-से-कम दो-तिहाई देशी कमीशन प्राप्त अधिकारी सामने आए और उन्होंने राइफलों के सूअर और गाय की चर्बीदार कारतूसों के खिलाफ अपनी औपचारिक आपत्तियाँ पेश कीं। बैरकपुर छावनी में मंगल पांडे के नेतृत्त में तो सिपाहियों ने खुला विद्रोह ही कर दिया। उनका विचार है कि उनके मुँह से लगाकर खोलने में उनका धर्म भ्रष्ट होता है, जहाँ हिंदू सिपाही गाय की चर्बीवाले कारतूसों के विरोधी हैं, वहीं मुसलमान सिपाही सूअर की चर्बीवाले कारतूसों के उपयोग के सख्त विरोधी हैं। उनके मन में भय है कि कारतूसों को दाँत से काटने से उनकी जाति चली जाएगी। दूसरी ओर ये सिपाही जब घर जाते हैं तो अंग्रेजों के द्वारा राजपरिवारों और अमीर-उमरावों के अपमान तथा अपने परिवार के एवं पास-पड़ोस के लेगों के प्रति अपमान तथा बदसलूकी की घटनाएँ सुनकर क्षुब्ध हो जाते हैं। उनके मन में विद्रोह की ज्वाला सुलग जाती है। वे सोचते हैं कि क्या हम ऐसी अन्यायकारी सरकार के लिए काम

कर रहे हैं और क्यों? अंग्रेज हमारी भाषा, संस्कृति, धर्म सभी क्षेत्रों में हुक्म चला रहे हैं और उन्हें हेय दृष्टि से देखते हैं। अंग्रेजों की यह सभी व्यवस्था देशभक्ति के ज्वार और बलिदान के सामने धरी रह जाएगी।

रानी लक्ष्मीबाई के चाणक्य पर विशेषज्ञ शिक्षक ने सुझाव दिया, "क्या हम यह विप्लव कुछ महीनों के लिए टाल नहीं सकते? जब तक हम महत्त्वपूर्ण राजाओं और नवाबों को साथ नहीं ले लेते, इस युद्ध में विजय निश्चित नहीं हो सकती। हमारा पड़ोसी राज्य ओरछा ही हमसे दुश्मनी रखता है और आए दिन लड़ने को तैयार रहता है। दूसरे पड़ोसी सिंधिया तो अंग्रेजों के मित्र हैं।"

"हम बहुत दूर आ चुके हैं, अब पीछे मुड़ना संभव नहीं है। आप इसी में कुछ रणनीति तैयार करें, जिससे अंग्रेजों को सबक सिखाया जा सके।" रानी लक्ष्मीबाई ने कहा।

तात्या ने सुझाव दिया, "रानीजी, आज हम बैठकर एक इश्तहार तैयार करें, जिसमें यह रहे कि किस प्रकार विधर्मी और विश्वासघाती अंग्रेजों के जुल्म से हिंदुस्तान तथा हिंदुस्तानी बरबाद हो रहे हैं।"

"कल हम दुबारा बैठते हैं—आप इश्तहार बनाकर लाएँ। हम विचार-विमर्श करके इसको फाइनल कर देंगे।" रानी ने उत्तर दिया। दूसरे दिन तात्या और रानी के दल ने निम्न इश्तहार तैयार किया—

## कंपनी सरकार के विरुद्ध अभियोग-पत्र

**1. जमींदारियों के संबंध में :** कंपनी सरकार ने ज्यादा मालगुजारी लादी, बकाया के लिए जमींदारियों को नीलामी पर चढ़ाया गया और अदालत की अधिक फीस तथा मुकदमों की लंबी खर्चीली विधि के द्वारा उन्हें तबाह किया गया।

**2. व्यापारियों के संबंध में :** ईस्ट इंडिया कंपनी ने सब अच्छी और कीमती चीजों जैसे नील, कपड़ा और जहाज से आनेवाली अन्य चीजों के व्यापार का एकाधिकार प्राप्त किया और केवल बहुत मामूली चीजों का व्यापार देशवासियों के लिए बाकी छोड़ा और उसमें भी लोगों से शुल्क, स्टांप फीस, टैक्स, चुंगी वसूल की।

**3. सरकारी नौकरों के संबंध में :** जो भारतीय फौजी और गैर-फौजी नौकरियों में नियुक्त भी हैं, उन्हें कोई सम्मान प्राप्त नहीं है, वे बहुत थोड़ा वेतन पाते हैं और उनका कोई प्रभाव नहीं है। ऊँची मर्यादा और वेतनवाली नौकरियाँ संपूर्ण रूप से अंग्रेजों के लिए सुरक्षित हैं।

**4. कारीगरों के संबंध में :** अंग्रेजों ने विलायत में बना हुआ माल चलाकर यहाँ के जुलाहों, धुनियों, बढ़इयों, लोहारों और मोचियों आदि के रोजगार छीन लिये हैं और हर तरह के देशी कारीगरों के रोजगार छीनकर उन्हें भिखमंगा बना दिया है।

**5. पंडितों, मौलवियों और दूसरे पढ़े-लिखे लोगों के संबंध में :** पंडित और मौलवी क्रमशः हिंदू और मुसलमान धर्मों के अभिभावक हैं और गोरे दोनों के दुश्मन हैं, इसलिए पंडित और मौलवी इस धर्मयुद्ध में अपना हिस्सा अवश्य अदा करेंगे।

इश्तहार की तैयारी पर प्रसन्नता व्यक्त करते हुए रानी लक्ष्मीबाई ने कहा, "तात्याजी, जाइए और इसे सारे देश में फैलाइए।"

तात्या ने महारानी का कृतज्ञतापूर्वक अभिवादन करके कहा, "जैसी आपकी आज्ञा, मैं वैसा ही करूँगा, फिर ऊपरवाले की मर्जी है। मैं प्रयास करूँगा कि यह इश्तहार रोटी के साथ-साथ जाए, ताकि यह महल से लेकर गरीब की झोपड़ी तक पहुँच सके, फिर कमल के फूल के साथ-साथ भी इसका प्रचार-प्रसार करने की चेष्टा करूँगा।"

तात्या ने विदा लेने से पूर्व रानी को एक अच्छा समाचार दिया, "मैं जब दक्षिण भारत में भ्रमण कर रहा था तो मुझे बाजार में एक फटियल ब्राह्मण मिला। उसने मुझे पहचान लिया। मैंने भी उसको पहचान लिया। वह झाँसी का रहनेवाला नारायण शास्त्री निकला। उसको स्वर्गीय महाराज ने एक निम्न जाति की वेश्या के साथ प्रेम और विवाह करने के अपराध में देश-निकाला दे दिया था। मैं सोचता हूँ, यदि आपकी अनुमति हो तो उसे दक्षिण का कार्यभार सौंप दूँ। वह प्राणपण से अपना दायित्व निभाएगा।"

"चलो, मेरे मन का एक और खटका दूर हुआ। मैं दक्षिण भारत की ओर से बहुत चिंतित थी, फिर नारायण शास्त्री झाँसी राज्य का स्वामिभक्त बुद्धिजीवी है। मैं तो महाराजा के इस निर्णय से अंदर-ही-अंदर सहमत नहीं थी, पर मैं क्या कर सकती थी—परदानशीन स्त्री। चलो, अब हम उसका पूरा उपयोग ब्याज सहित करेंगे, उसके मान-सम्मान को लौटा देंगे।"

तात्या ने कहा, "वह सेना के साथ संपर्क करने का काम करेगा। नारायण शास्त्री ज्योतिष जानता है और कविता गाता है। सेना के अधिकारियों को ज्योतिष में खूब चाव है। हम उसके माध्यम से दक्षिण में सेना में अपनी पैठ बना सकेंगे।"

रानी लक्ष्मीबाई ने तात्या को उनके अभियान में सफलता के लिए धन, शुभकामनाएँ एवं आशीर्वाद दिया तथा एक मास पश्चात् दुबारा मिलने की तारीख निश्चित कर दी। साथ-साथ रानी ने मोतीबाई को अपने गुप्तचर विभाग का प्रमुख बना दिया। मोतीबाई जूही के माध्यम से झाँसी स्थित अंग्रेज सेना की गतिविधियों पर कड़ी निगाह रखने लगी। शत्रु के विषय में सटीक गुप्त सूचना का संग्रहण एवं उपयोग किसी भी युद्ध या राज्य की सफलता का प्रथम सोपान है।

□

## बारह

कंपनी के सहायक पोलिटिकल एजेंट कप्तान गॉर्डन को झाँसी का डिप्टी सुपरिंटेंडेंट बनाना कंपनी की बड़ी भूल थी, जो उन्हें बाद में भारी पड़ी। कप्तान गॉर्डन और राजा गंगाधर राव की निकटता से उनके सामंत तथा सेनानायक खुश नहीं थे, क्योंकि वह सब समय भारतीयों और भारतीयों के रीति-रिवाजों की आलोचना करता था। गॉर्डन जब भी बाजार से निकलता था, सब को उठकर-झुककर सलाम करना पड़ता था। यह दूसरी बात है कि उसके जाने के बाद सभी उसे कोसते थे तथा अंग्रेजी राज को भी कोसते थे, क्योंकि रानी लक्ष्मीबाई सभी की व्यक्तिगत गरिमा का ध्यान रखती थी। एक बार तो गॉर्डन ने सीमा लाँघ दी, जब उसने अपने रास्ते में आनेवाली एक बारात के दूल्हे को घोड़े से उतार दिया। दूल्हे के पिता ने बहुत अनुनय-विनय की, "हमारे यहाँ राजा तक दूल्हे का मान रखते हैं।"

"चुप," गॉर्डन ने धमकाया। दूल्हे को घोड़े पर से उतरना पड़ा। इसी प्रकार सागरसिंह के जेल से फरार होने पर डिप्टी कमिश्नर स्कीन और गॉर्डन किले में जेल पहुँचे और उन्होंने अपने क्रोध का पारा सर्वोच्च डिग्री पर कर दिया। जेलर बख्शीश अली ने कहा, "हुजूर हुकुम दे गए थे कि हथकड़ी-बेड़ी खोल दो और अच्छा खाना दो। मैंने वैसा ही किया। उस पर पहरा रखा, फिर भी वह रात में फुर्र हो गया।" "बेवकूफ, गधा, नालायक," स्कीन टूटी-फूटी हिंदी में बोला, "हमने यह हुकुम दिया था ?"

और तड़ाक से उसने बख्शीश अली को जूते की ठोकर दी। वह गिर पड़ा, वैसी हालत में भी स्कीन ने उसको कई ठोकरें और लगाईं, तब कहीं उसका क्रोध शांत हुआ। उच्च अधिकारी अपनी गलती नहीं स्वीकारते हैं।

गॉर्डन ने अपने ज्येष्ठ अधिकारी की बात का समर्थन करते हुए पहरेवाले सिपाही को बर्खास्त कर दिया।

बख्शीश अली का जो अपमान पहरेदारों और कैदियों के सामने हुआ, उसको वह भूल न सका। उसने मन-ही-मन निश्चय किया, 'यदि मैं पाक मुसलमान हूँ तो इस

अपमान का बदला अवश्य एक-न-एक दिन लूँगा।' वह उस दिन की तलाश करने लगा।

बख्शीश अली ने बीवी से कहा, "जी चाहता है कि तलवार से तुम सबको कतर डालूँ और गोली मारकर मैं भी मर जाऊँ। महाराज गंगाधर राव या रानी लक्ष्मीबाई ने कभी तू-तड़ाक तक नहीं किया। आज इन गोरों ने मेरे बुजुर्गों तथा मुसलमानों की इज्जत खाक में मिला दी।"

ऐसी ही घटना मऊ में गॉर्डन के निरीक्षण के दौरान घटी। निरीक्षण में नायब थानेदार आनंदराय पगड़ी और कानों तक मूँछों को चढ़ाए गॉर्डन के स्वागत में थे। गॉर्डन ने उनसे पूछा, "तुम डाकुओं जैसी दाढ़ी क्यों रखते हो?" आनंदराय कोई उत्तर न दे सका और सिर नीचा कर लिया।

गॉर्डन ने हुक्म दिया, "दाढ़ी रखनी है तो सीधी रख। कानों पर कभी मत चढ़ा। जा सीधी करके आ।"

आनंदराय गया और दाढ़ी-मूँछों को कानों पर से उतार करके आ गया, पर सब के सामने अपमान से उसका चेहरा पीला पड़ गया। गॉर्डन संतोष से मुसकराया और बोला, "अब तुम्हें माफ किया। तुम जा सकते हो।" इस प्रकार के दृष्टांत प्रतिदिन घटित हो रहे थे। झाँसी की जनता को लेटकर प्रणाम करने को कहा जाता।

ये सभी घटनाएँ रानी तक जातीं और रानी उन्हें इकट्ठा होने देतीं। रानी ने कहा, "ये अपमान के घूँट ही एक दिन विष के घूँटों में बदल जाएँगे तथा कर्मचारियों, सिपाहियों तथा आम जनता का रोष उबलकर इन अंग्रेजों को झाँसी की सड़कों पर घसीटकर मारेगा, तब इन्हें कोई भी नहीं बचा पाएगा। यहाँ तक कि मैं भी। यह ठीक है कि अंग्रेजों के पास शासन की शक्ति और अधिकार हैं, पर उनका प्रयोग उनके बनाए कानूनों के तथा कानूनी प्रक्रिया के अंतर्गत होना चाहिए, न कि अंग्रेज अधिकारियों की हेकड़ी, भारतीयों की अवहेलना तथा उपेक्षा एवं उनकी कार्यशैली में स्वेच्छाचारिता और हिंसा के अनुसार।"

रानी झाँसी की गुप्तचर प्रधान मोतीबाई नियमित रूप से नृत्य आदि के बहाने जूही को झाँसी छावनी के क्लब में भेजती। जूही की सुंदरता तथा शरीर पर अंग्रेज मोहित रहते तथा शराब के नशे में भारतीयों के विरुद्ध गंदी-गंदी गाली-गलौज करते और कहते—"हम संपूर्ण भारत के महाराजा हैं और रहेंगे। यदि भारतीयों का चाल-चलन तथा अस्त्र-शस्त्रों की स्थिति ऐसी ही रहेगी तो शताब्दियों तक ये हमें हिंदुस्तान से नहीं निकाल सकते। हम यहाँ का सबसे अच्छा खाना खाएँगे, सबसे अच्छे कपड़े पहनेंगे, बड़े-बड़े आलीशान बँगलों में रहेंगे, इनकी सुंदर औरतों का भोग करेंगे, यहाँ के नौकरों का दासों की भाँति उपयोग करेंगे और अंत में भारत से हीरे-जवाहरात पोटली में बाँधकर चले जाएँगे, ताकि हमारी इंग्लैंड में दस पीढ़ियाँ आराम से जी सकें।" झाँसी में अंग्रेजी सेना छावनी के सेनानायक डनलप के लिए आलीशान भोज एवं शराब पार्टी का छावनी

के क्लब में आयोजन हुआ और डनलप के साथ जूही को रात बितानी पड़ी। जूही ने डनलप से शराब के नशे में कई राज उगलवाए। डनलप ने जूही से कहा, "तुम समझती हो क्या, मैं हिंदुस्तान में, बंगाल में, विकास कार्य हिंदुस्तानियों के लिए करता हूँ ? मैं यह सब नाटक कंपनी सरकार और ब्रिटिश सरकार के लिए करता हूँ, ताकि रेल यातायात के द्वारा हम शीघ्रता से एक स्थान से दूसरे स्थान तक जा सकें। हमने इसलिए बंगाल में जूट के कारखाने स्थापित किए हैं, ताकि जूट से बने बोरों में इंग्लैंड के कारखानों में बने माल को भरकर संसार के सभी देशों में निर्यात किया जा सके। सबसे अधिक आनंद तो हमें हिंदुस्तान में इसमें आता है कि हमें यहाँ सुबह से शाम तक 'हुकुम सरकार' पुकारा जाता है, हमारी आज्ञा से सभी काम किया जाता है, यहाँ तक कि तुम जैसी सुंदर लड़कियों का उपभोग। गोरी औरतों में तो केवल गोरा रंग होता है, बाकी उनमें न कोई हुनर, न ही कोई संगीत या नृत्य की कला। बस वे केवल एक ही कमर में हाथ डालकर हिलने का नाच करना जानती हैं। तुम्हारे नाच को तो देखकर मैं तुम्हारा आशिक हो गया—क्या तरह-तरह के भाव और भंगिमाएँ! फिर नौकरों से घिरे रहने के कारण हिंदुस्तान में हमारी औरतों का शरीर बेडौल हो गया है और वे कभी-कभी नौकरों से लग जाती हैं। हमें उनके लिए समय कहाँ है ? हम तो पूरे हिंदुस्तान में पैसा कमाने और विद्रोह को दबाने में लगे रहते हैं, पर जब तक यहाँ के राजा-महाराजे मौज-मस्ती में लगे हैं, हमें कोई हिंदुस्तान से नहीं भगा सकता। सुना है कि तुम्हारी रानी तो बहुत सुंदर है। उसकी बड़ी-बड़ी आँखें, गोल चेहरा तथा छरहरा शरीर हमें खूब भाता है, पर वह चंडी है। मजाल है कि हममें से कोई उससे बदतमीजी से पेश आ सके। वह वहीं उसे तलवार भोंककर ढेर कर देगी। ऐसी औरत इंग्लैंड में तो क्या हमारे शासन में अमेरिका सहित जितने देश हैं, वहाँ भी नहीं है। हम अंग्रेज उसकी इज्जत करते हैं, उससे डरते हैं। आजकल वह हमारी दुश्मन नंबर एक है।"

बस, जूही को अपने समर्पण के एवज में जरूरी सूचना मिल गई। उसने उसे दूसरे दिन मोतीबाई के माध्यम से रानी तक पहुँचा दिया। यह सब सुनकर रानी लक्ष्मीबाई ने निश्चय किया—'अब क्रांति में देरी नहीं की जा सकती अन्यथा ये अंग्रेज हमारी अधकचरी तैयारी का पता लगाकर हम सभी को फाँसी पर लटका देंगे। चलो, हमारे विद्रोह से दबे हुए भारतीयों को कुछ-न-कुछ तो प्रेरणा प्राप्त होगी। वे समझेंगे कि वे अंग्रेजों से सदा के लिए दोयम दर्जे के मनुष्य नहीं हैं तथा संगठित होकर अंग्रेजों का इस देश से काम तमाम कर सकते हैं।'

अंग्रेजों के जासूस खबरें इकट्ठी करके झाँसी के अंग्रेज अधिकारियों को नियमित रपटें दे रहे थे। विद्रोह शुरू होने से कुछ समय पूर्व कैप्टन स्कीन ने कैप्टन डनलप को सूचित किया कि महारानी के सलाहकार लक्ष्मण राव और भोलानाथ ने अंग्रेजी छावनी के सिपाहियों से संपर्क साधा है, जिसमें 881 भारतीय सिपाही और छह अंग्रेज हैं। ये दोनों

छावनी में गड़बड़ पैदा करने की चेष्टा कर रहे हैं। स्कीन ने पुनः सूचित किया कि छावनी की सुरक्षा को और अधिक चुस्त-दुरुस्त बनाया जाए, ताकि इस घुसपैठ को तत्काल रोका जाए। झाँसी के तमाम जागीरदार, जो असंतुष्ट हो गए थे, वे भी विद्रोह में शामिल होने की सोचने लगे हैं।

कप्तान गॉर्डन ने कप्तान डनलप को सूचना दी कि कुछ ठाकुरों के प्रतिनिधियों और सिपाहियों ने वादा किया है कि अगर सेना में विद्रोहियों का साथ देने पर सहमति हुई, तब वे अंग्रेजों के विरुद्ध शस्त्र उठा लेंगे और यदि ऐसा न किया जा सका तो वे तटस्थ रहेंगे, पर स्कीन साहब ने लेफ्टीमेंट गवर्नर को लिखा कि उसे पूरी उम्मीद है कि झाँसी की सेना में सब ठीक-ठाक रहेगा, परंतु शहर के धनी-मानी तबके में बहुत ज्यादा बेचैनी दिखाई दे रही है और जागीरदार ठाकुर लोग, जो पहले शांत थे, अब कुछ कर डालने के लिए तैयार हो रहे हैं।

झाँसी में तैनात चौदहवीं इररेगुलर केवलरी बंगाल फौज का ही एक अंग थी और इसका एक बड़ा भाग नौगाँव (वर्तमान छतरपुर जिला म.प्र.) में पड़ाव डाले हुए थी। एक जून सन् 1857 को लेफ्टि. गॉर्डन ने कप्तान स्कीन को सूचना देते हुए कहा कि उसे विश्वस्त सूत्रों से ज्ञात हुआ है कि कटेरा के पँवार ठाकुर विद्रोह का झंडा उठाने जा रहे हैं। उन्होंने दो जून को कटेरा कस्बे पर हमला करना तय किया है। इसके अनुसार झाँसी से पहली जून को ही लेफ्टीनेंट रीवज्स की अधीनता में सेना की एक टुकड़ी भेजी, जिसे कटेरा के किले पर अधिकार करना था। यह सेना उसी दिन शाम को सात बजे कटेरा पहुँच गई और ठाकुरों ने हमला करने की अपनी योजना स्थगित कर दी। 2 जून को शाम के समय छावनी स्थित दो बँगलों में आग लगा दी गई। इसके बावजूद कप्तान स्कीन का यह दृढ़ विश्वास था कि झाँसी में शांति बरकरार रहेगी। उसने तीन जून को लेफ्टीनेंट गवर्नर काल्विन को ऐसा ही पत्र भेजा।

झाँसी स्थित अंग्रेज अधिकारियों को स्कीन ने आश्वस्त करते हुए कहा, "आप लोग चिंता न करें। आप सुरक्षित हैं। आपकी सुरक्षा हमारी प्रथम जिम्मेदारी है।" पर अंग्रेज परिवारों में अनिश्चितता की स्थिति बनी हुई थी। छावनी की भारतीय सेना में खलबली मची हुई थी। इसी अवसर पर एक सिपाही के रिश्तेदार ने, जो रेजीमेंट में तैनात था, दिल्ली से एक पत्र लाकर दिया कि पूरी बंगाल रेजीमेंट में विद्रोह हो चुका है, परंतु झाँसी स्थित 14वीं बंगाल रेजीमेंट ने ऐसा नहीं किया है, इसलिए इस सेना के सिपाहियों को बिरादरी से खारिज किया जाता है। यह स्थानीय भारतीय सिपाहियों के लिए अपमान के विष के घूँट जैसा था, अतः झाँसी स्थित बंगाल के चार सिपाहियों देवीसिंह, नौरंगसिंह, जयसिंह और जयदीन सिंह ने रेजीमेंट के सिपाहियों को विद्रोह में शामिल होने के लिए दबाव डाला। एक साझी रणनीति बनाई गई—'एक शोर इस बात का मचाया जाएगा कि डाकुओं ने

मुख्य किले, झाँसी (स्टारफोर्ट) पर हमला कर दिया है, जब पूरी रेजीमेंट इस मौके पर आएगी तो वह विद्रोह के खिलाफ कोई कारवाई नहीं करेगी।'

इस योजना के तहत सेना के कई सिपाहियों ने अपनी बंदूकों में कारतूस भरे और वे किले में मोर्चे पर आ गए। 4 जून को यकायक फौज में बलवे के चिह्न दृष्टिगोचर होने लगे। सातवीं काली पल्टन के गुरुबख्श नाम के एक हवलदार ने कुछ सिपाहियों को अपने साथ लेकर बलवे का झंडा खड़ा किया, जब यह समाचार स्थानीय सेनानायक कप्तान डनलप को मालूम हुआ, तब उन्होंने अपनी बची हुई फौज इकट्ठी करके स्टारफोर्ट पर धावा करने का निश्चय किया, परंतु वहाँ तो लड़ाई का सब सामान और खजाना विद्रोहियों ने पहले ही अपने अधीन कर लिया था, जिसकी कुल विशाल राशि साढ़े चार लाख रुपए थी। वहाँ के पहरेवाले भी विद्रोहियों में शामिल हो गए।

इस प्रकार बलवे के भयानक चिह्न देखकर सब अंग्रेज छावनी से निकलकर अपने बच्चों के साथ शहर में आए और किले के कोतवाली वाले मुख्य द्वार से अंदर हो गए तथा किले में बंद हो गए। उनकी सुरक्षा पुलिस के हवाले थी।

दिनांक 5 जून को कप्तान डनलप से वार्त्ता करने कप्तान स्कीन, डिप्टी कमिश्नर और डिप्टी सुपरिंटेंडेंट गॉर्डन छावनी पहुँचे और वे भी वार्त्ता करके किले में लौट आए। डनलप ने गोला-बारूद का प्रबंध करने के बाद कुछ पत्र लिखे और उन्हें छोड़ने डाकघर पहुँचे, फिर वे लेफ्टीनेंट टेलर के साथ परेड ग्राउंड पर आए, जैसे ही ये दोनों अफसर वहाँ पहुँचे, बारहवीं पल्टन के विद्रोही सैनिकों ने उन पर गोली चलाई और डनलप मारा गया। उनके साथ स्काक और पार्सेल बंधु को भी मार दिया गया, जैसे-तैसे घायल अवस्था में टेलर भागकर घोड़े पर किले में आया।

डिप्टी कमिश्नर स्कीन ने नागौद, ग्वालियर आदि स्थानों से फौजी मदद प्राप्त करने के लिए पत्र भेजे, परंतु सात जून तक कहीं से कोई सहायता झाँसी नहीं पहुँच सकी। इसी समय एक बड़ा जुलूस, जिसमें रानी के सहयोगी भी शामिल थे, दो झंडे लहराते हुए कैंटोनमेंट की तरफ बढ़ते दिखाई दिए। परेड ग्राउंड पहुँचकर अहसान अली नामक व्यक्ति ने मुसलमानों को नमाज अदा करने को कहा। यही युद्ध शुरू करने का एलान था। छावनी पूरी तरह बागियों के कब्जे में आ गई। छावनी के बँगलों में आग लगा दी। दूसरी ओर टेलर और गॉर्डन ने मिलकर किले की सुरक्षा का जायजा लिया, पर इसी बीच जागीरदार रघुनाथसिंह नोनेर अपने सभी साथियों के साथ जेल से भाग निकला। सिपाहियों और जेलरक्षकों ने मिलकर कचहरी में आग लगा दी और कैंटोनमेंट स्थित बँगलों को फूँक डाला, फिर इस जत्थे ने शहर में प्रवेश करके सभी सरकारी नौकरों को जो उनके हाथ लगे, पकड़ लिया। इसके पश्चात् विद्रोही दल ने किले पर आक्रमण किया, जहाँ अंग्रेज परिवार शरण लिये हुए थे। किले पर रात तक गोलीबारी होती रही।

रानी ने विद्रोहियों को बहुत रोकना चाहा, पर वे न रुके। अंग्रेज परिवारों ने रानी से जान बचाने के लिए गुहार लगाई। रानी ने भूखे परिवारों, बच्चों के लिए चार मन प्राय: 200 किलो आटे की रोटियाँ बनवाकर किले में भिजवा दीं, जिससे अंग्रेज परिवारों को कुछ राहत मिली।

रानी ने अपने आसपास के लोगों से कहा, "मैं स्त्री और बच्चों के विरुद्ध किसी प्रकार की हिंसा सहन नहीं कर सकती।"

रानी को एक ही उपाय दिखा कि अपने स्वामिभक्त तोपची गौस खाँ को कड़क बिजली तोप द्वारा विद्राहियों पर गोले बरसाने का आदेश दें, पर इस काररवाई में उनकी भोली-भाली झाँसी की जनता में से अधिक लोग मारे जाते, फिर विद्रोही भी उन्हीं को अपना लीडर मानकर आगे बढ़ रहे थे, यद्यपि मानवीय दृष्टि से महारानी लक्ष्मीबाई इस प्रकार विद्रोहियों द्वारा आक्रमण करने के सख्त विरुद्ध थीं, पर उन्हें अपने पास कोई विकल्प नहीं दिख रहा था। यहाँ तक कि उनके प्रमुख सलाहकार लक्ष्मण राव, जो विद्रोहियों के साथ हो गए थे या विद्रोहियों ने उन्हें अपने साथ जबरदस्ती कर लिया था। अकेली रानी क्या करतीं? उन्होंने किले में रात्रि में जाकर अंग्रेज परिवार को अभयदान दिया तथा उन्हें उनके आदेश के बिना किले से बाहर नहीं जाने की सलाह दी।

6 जून को कप्तान गॉर्डन ने मेजर इर्सकिन, कमिश्नर सागर डिवीजन को लिखा कि तोपखाना भी इसी बगावत में शामिल हो गया और अब केवल दो तोपें शेष रह गई हैं, अब घुड़सवार सेना के साथ-साथ सिपाहियों पर भी भरोसा नहीं किया जा सकता।

परिस्थिति नियंत्रण के बाहर जाती देखकर, रात्रि में गॉर्डन तथा स्कीन ने सभी अंग्रेज परिवारों को सागर भेजने का निर्णय लिया।

अंग्रेज बहुत देर तक विद्रोहियों की गोलीबारी का सामना न कर सके और उन्होंने महारानी को किले की दीवार से नीचे फेंका एक पत्र भिजवाया तथा गोलीबारी बंद करने की अपील की। थोड़ी देर में महारानी का जवाब आ गया, जो अंग्रेजों ने किले की दीवार से डोरा लटकाकर खींच लिया। महारानी ने इस पत्र द्वारा सूचित किया कि विद्रोही महारानी को अंग्रेजों की सहायता करने का दोषी मान रहे हैं और विद्रोहियों ने उनका महल घेर रखा है और वे लाचार हैं। विद्रोहियों ने उनकी माँगों को पूरा न करने पर राजमहल को तोपों से ध्वस्त करने की धमकी दी। ऐसी हालत में महारानी के पास विद्रोहियों की माँगों को स्वीकारने के अतिरिक्त कोई चारा नहीं था, यद्यपि ऐसी शर्त मानने पर उन्हें काफी नाराजगी थी। लक्ष्मीबाई जैसी दृढ़प्रतिज्ञ महिला के महल को बागी सिपाहियों द्वारा घेरकर उनसे, उनकी इच्छा के विरुद्ध कार्य कराने की इस पहल को उन्होंने पसंद नहीं किया, क्योंकि वह तो राजमहिषी थीं और उन पर हुक्म चलाने की बात शासकों को कब रास आती, फिर उन्हें विद्रोहियों का साथ देने का यह उचित अवसर नहीं दिखाई दे रहा था।

उनकी तात्या एवं अन्य क्रांतिकारियों के साथ पूरी योजना इन विद्रोहियों द्वारा अचानक क्रांति का बिगुल बजा देने से अधर में ही लटक गई थी और वे इस विद्रोह को निश्चित तारीख से पूर्व अपरिपक्व मान रही थीं, क्योंकि चारों तरफ तैयारियाँ पूर्ण नहीं हुई थीं एवं अंग्रेज कहीं से भी अपनी सेना बुलाकर इस प्रकार के विद्रोह को कुचल सकते थे।

अंग्रेजों ने किले में बंद रहते हुए जहाँ-तहाँ मदद हेतु खत भेजे, उनके हरकारे या तो मार डाले गए अथवा कहीं से उन्हें कोई सहायता नहीं मिल सकी।

लेफ्टि. गॉर्डन किले से जवाबी हमले का संचालन कर रहा था। इसी बीच किले की एक बुर्ज से विद्रोहियों को झाँकते समय विद्रोहियों की एक बंदूक की गोली उसकी कनपटी में लगी और वह वहीं ढेर हो गया। उसकी मृत्यु से किले में हलचल मच गई। चारों ओर हाहाकार सुनाई देने लगा। अंग्रेजों की तथाकथित वीरता का पर्दाफाश हो गया। ठीक इसी समय अंग्रेजों के पास किले में गोला-बारूद आदि लड़ाई का सामान भी चुक गया था। कोई कुमक उनकी सहायता के लिए नहीं आई। विद्रोहियों के मुखिया काले खान रिसालदार और अहमद हुसैन तहसीलदार ने अप्रतिम वीरता से युद्ध करके किले का बहुत बड़ा भाग हस्तगत कर लिया। अंग्रेजों के परिवारों ने तब डिप्टी कमिश्नर स्कीन से सुलह करने के लिए दबाव डाला।

8 जून को बागी किले के द्वार के पास पहुँच गए। उन लोगों ने डॉ. मो. सलेहखाँ, जो सिविल अस्पताल में कार्यरत थे, अपना प्रतिनिधि बनाकर स्कीन साहब के पास भेजा। स्कीन साहब किले का दरवाजा खोलकर बाहर आए और अनुनय-विनय करने लगे, "हमें बिना किसी बाधा व कष्ट के सागर जाने दोगे। हम लोगों का बाल भी न छुएँगे।" मोहम्मद सलेह ने वचन दिया। स्कीन के नेतृत्व में पैंसठ अंग्रेज नर-नारी, शिशु, बच्चे-बच्चियाँ एक-एक करके निकल आए। झाँसी शहर के लोग इस अभूतपूर्व दृश्य को देखने लगे। अंग्रेज लोगों को कुछ दूर झोकन बाग के उद्यान में ले जाया गया।

विद्रोहियों को खबर लग चुकी थी कि विद्रोहियों का मेरठ और दिल्ली पर कब्जा हो चुका है, अत: वे अति उत्साहित हो गए। विद्रोही नेता काले खाँ ने हुक्म दिया कि कसमें भुलाकर अंग्रेजों को मार दिया जाए। जेल दरोगा बख्शीश अली डिप्टी कमिश्नर स्कीन द्वारा किए गए अपने अपमान को भूल नहीं पाया था। स्कीन को देखकर उसकी आँखों में खून उतर आया। उसने तीन कतारों में सभी अंग्रेजों को खड़ा किया और सर्वप्रथम अपनी तलवार से स्कीन का सिर काट दिया और उपस्थित विद्रोहियों ने सभी अंग्रेजों को तलवार और भालों से मार डाला तथा उनकी लाशें झोकन बाग के एक कुएँ में फेंक दीं। बाद में महारानी ने बचे हुए अंग्रेजों को ईसाई रीति-रिवाज से शवों को कब्र में गाड़ने की व्यवस्था की। एक अंग्रेज महिला, जो देसी साड़ी में थी, इस कत्लेआम से बच गई।

इस घटना का अंग्रेज इतिहासकारों ने अतिरंजित वर्णन किया है, पर थॉरटन,

कलेक्टर, झाँसी ने, जो घटना के समय मऊ में थे, साफ-साफ लिखा कि इसके लिए कप्तान गॉर्डन और डिप्टी कमिश्नर स्कीन का झाँसी के सिपाहियों तथा फौज पर जरूरत से ज्यादा आत्मविश्वास था कि झाँसी में ऐसा कुछ नहीं हो सकता। यहाँ तक कि डिप्टी सुपरिंटेंडेंट गॉर्डन ने कलेक्टर की सावधान रहने की चेतावनी पर भी ध्यान नहीं दिया। कलेक्टर के अनुसार इस कत्लेआम में 77 अंग्रेज मारे गए, वे थे—कप्तान स्कीन, पत्नी और दो बच्चों सहित, लेफ्टिनेंट गॉर्डन, जे. एंड्रूज, आर. एंड्रूज, पत्नी तथा चार बच्चों सहित, केशोर पत्नी तथा चार बच्चों सहित, विल्टन पेट्रोल, पत्नी, एक बच्चा तथा दो बहनों सहित, कस्टम अधीक्षक, पत्नी और माँ सहित, कप्तान डनलप, कप्तान टेलर, लेफि. राइडेलिस, डॉ. इगन, पत्नी तथा बहन सहित, डॉ. सर्जेंट अरनॉट, पत्नी तथा चार बच्चों सहित, लेफ्टि. कैम्पबेल तथा अन्य एक घुड़सवार अधिकारी, सेक्रेटरी राइले, सार्वजनिक निर्माण विभाग, कप्तान बर्गेस, रेवेन्यू सर्वेयर लेफ्टि. टर्नबल, सहायक रेवेन्यू सर्वेयर ब्लिथ, पत्नी, सास, 4 बच्चे तथा सहायक रेवेन्यू सर्वेयर सहित, मुनरो, दो नौजवान, गेबटाइल, लेफ्टि. पोविस, पत्नी एवं बच्चे सहित, ए स्कॉट, क्लर्क, दो पार्सल क्लर्क, 2 मतलू, बच्चे एवं पत्नी, एलिस, पिता एवं माता सहित, क्रॉफोर्ड।

इस हत्याकांड के पश्चात् विद्रोही रानी के पास गए और उनसे 35,000 रुपए तथा उनके आभूषण लेकर प्रायः कुल एक लाख रुपए लेकर झाँसी छोड़कर दिल्ली पर कब्जा करने के लिए चलने लगे। जाने के पहले उनका एलान था—

*खल्क खुदा का,—*
*मुल्क बहादुरशाह का—*
*अमल लक्ष्मीबाई का,*
*झाँसी लक्ष्मीबाई का॥*

इस हत्याकांड के पश्चात् झाँसी से अंगेजों का सफाया हो गया और प्रश्न उठ रहा था कि झाँसी का प्रशासन कौन चलाएगा?

रानी ने 12 जून को कमिश्नर सागर प्रभाग मेजर इर्सकॉइन को एक खरीता भेजा, जिसमें उन्होंने अपनी स्थिति का पक्ष रखा। उन्होंने लिखा—'रानी के पास केवल महल की सुरक्षा करने के लिए 50 से 100 व्यक्ति थे तथा कोई बंदूक और सिपाही नहीं थे, इसीलिए वह यूरोपियों की रक्षा नहीं कर सकीं, जिसका उन्हें अफसोस है। सिपाहियों ने उनके महल को उड़ाने की धमकी दी। इस कारण उन्हें अपनी जान और सम्मान बचाने के लिए काफी धन और आभूषण विद्रोहियों को देने पड़े। यह जानकर कि जिले में कोई भी ब्रिटिश अधिकारी नहीं बचा है, मैं लोगों की सुरक्षा और कल्याण के लिए अपने जीवन का खतरा लेकर प्रशासन चलाती जा रही हूँ। विद्रोहियों के दिल्ली कूच कर जाने पर ही यह पत्र लिख रही हूँ।' रानी लक्ष्मीबाई ने दूसरा खरीता 14 जून को परंपरागत ढंग से

रेशम के कपड़े में बाँधकर गंगाधर और भवानी हरकारों द्वारा मेजर डब्लू. सी. इर्सकाइन को भिजवाया, जिसमें उन्होंने लिखा कि इस घटना के पश्चात् सभी प्रमुखों ने गढ़ियों पर कब्जा कर लिया है और जिला झाँसी में लूटपाट चल रही है। ऐसी परिस्थिति में न तो उनके पास कोई अधिकार है और न ही आवश्यक धनराशि और न ही इस परिस्थिति में कोई महाजन उन्हें रुपए उधार देगा, पर उन्होंने अपनी व्यक्तिगत संपत्ति बेचकर एवं सभी परेशानियों का सामना करके झाँसी शहर को बचा लिया है। इस समय कोई भी यूरोपीय झाँसी में नहीं बचा है, पर सक्षम सरकारी सशस्त्र बल और धन के बिना उन्हें इस परिस्थिति को कायम रखना असंभव है। आशा है कि जिले की परिस्थिति का आकलन करके आप शीघ्र काररवाई करेंगे। इस पत्र के साथ झाँसी की रानी ने 5 जून से 11 जून, 1857 की घटनाओं का विवरण संलग्न किया, जो कमिश्नर सागर ने रानी लक्ष्मीबाई को झाँसी प्रशासन की बागडोर सौंपने की संस्तुति करते हुए गवर्नर जनरल को कलकत्ता भेज दिया, ताकि ब्रिटिश अधिकारी उन्हें दिग्भ्रांत न कर सके।

गवर्नर जनरल से अनुमोदन आया या नहीं, पर सागर के कमिश्नर ने प्रशासनिक शून्यता को झाँसी में दृष्टिगत रखते हुए 2 जुलाई, 1857 को झाँसी की रानी के नाम उनके खरीता के जवाब में एक जवाबी खरीता भेजा, जिसमें उन्होंने झाँसी की रानी को ब्रिटिश सरकार के लिए झाँसी जिले के प्रबंध के लिए अनुरोध किया कि जब तक झाँसी का अधीक्षक नियुक्त नहीं हो जाता है, तब तक उन्हें पुलिस बल की भर्ती तथा राजस्व वसूली करने का अधिकार जाता है। अधीक्षक आने पर उन्हें सभी खर्च और मुआवजा आदि भुगतान कर देगा। उन्होंने झाँसी में यूरोपीय फौज शीघ्र भेजने की भी सूचना दी। उन्होंने कहा कि हिंदुस्तान के सभी भागों में व्यवस्था शीघ्र कायम होगी और दिल्ली में जो विद्रोही और विप्लवी इकट्ठे हुए थे, वे मार डाले गए, गाँववालों द्वारा लूट लिये गए अथवा सरकारी अफसरों द्वारा फाँसी पर लटका दिए गए। दिल्ली के बादशाह को भी गिरफ्त में ले लिया गया है, जब तक झाँसी अधिकारी और फौज नहीं पहुँच जाती, रानी ब्रिटिश सरकार की परंपरा के अनुसार ब्रिटिश सरकार की ओर से झाँसी पर राज्य करेंगी। उन्होंने इसके साथ फारसी तथा हिंदी में अपनी मुहर सहित एक घोषणा-पत्र भेजा।

## झाँसी के संबंध में घोषणा

सरकार के जिला झाँसी के सभी बाशिंदों और निवासियों को सूचित किया जाता है कि यद्यपि सिपाहियों के खराब आचरण के फलस्वरूप कई मूल्यवान् जीवन और संपत्ति नष्ट हो चुकी है, फिर भी शक्तिशाली और क्षमतावान ब्रिटिश सरकार विद्रोह से प्रभावित स्थानों में हजारों यूरोपीय सैनिक भेज रही है और झाँसी में कानून एवं व्यवस्था स्थापित करने की शीघ्र व्यवस्था होगी।

जब तक अफसर और सेना झाँसी नहीं पहुँच जाते हैं, तब तक ब्रिटिश शासन की रीति के अनुसार ब्रिटिश सरकार के नाम पर उनकी ओर से झाँसी की रानी झाँसी पर शासन करेंगी।

मैं बड़े से लेकर छोटे तक सभी को आदेश देता हूँ कि वे रानी की आज्ञा का पालन करें तथा उन्हें सरकारी राजस्व का भुगतान करें, जिसका उन्हें समायोजना मिलेगा।

ब्रिटिश फौज ने दिल्ली पर पुन: अधिकार कर लिया है और हजारों विद्रोहियों को मार दिया है तथा विद्रोही जहाँ कहीं भी पाए जाएँगे, ब्रिटिश फौज उन्हें फाँसी पर लटका देगी या उन्हें गोली मार देगी।

हस्ताक्षर

**—डब्ल्यू. सी. इर्सकाइन**

कमिश्नर एवं लेफ्टीनेंट

गवर्नर का एजेंट

इर्सकाइन ने इस पत्र-व्यवहार की प्रतियाँ फोर्ट विलियम, कलकत्ता भेज दीं, लेकिन फोर्ट विलियम में बैठे अधिकारियों ने रानी के विवरणों पर विश्वास नहीं किया, पर ब्रिटिश शासन में एक उत्तम परंपरा थी कि वे विकेंद्रीकृत प्रशासन में विश्वास करते थे तथा दूरदराज तैनात अधिकारियों के निर्णयों से जहाँ तक हो, छेड़छाड़ नहीं करते थे। क्षेत्र में तैनात अंग्रेज अधिकारी भी कंपनी सरकार के हितों का पूर्ण ध्यान रखते थे तथा फोर्ट विलियम से घोषित नीति का अक्षरश: पालन करते थे, पर इस पत्र के उत्तर में गवर्नर जनरल के सचिव ने जो उत्तर भिजवाया, वह अजोबोगरीब था—'कलकत्ता, स्थित उच्चतम सत्ताधारी का निर्णय है कि यदि रानी का विवरण जैसा लिखा गया है, उसके विपरीत पाया गया तो फल रानी को भुगतना होगा। मेजर एलिस के अनुसार रानी ने बागियों को आदमी और बंदूकें उपलब्ध कराईं।'

इस पत्र से यही गंध आती है कि अंग्रेज शासक किसी भी भारतीय पर विश्वास नहीं करते थे, वह चाहे जितना मानवीय दृष्टिकोण अपनाए अथवा उनके हित में काररवाई करे। इसी अविश्वास की खाई अंग्रेजों और भारतीयों की शांति एवं व्यवस्था में बाधक बन गई थी।

□

# तेरह

कंपनी सरकार के क्षमतावान ब्रिटिश अधिकारी से अधिकार-पत्र प्राप्त करके रानी लक्ष्मीबाई प्रशासन के कार्य में संलग्न हो गईं, उन्हें अपनी जनता की बड़ी चिंता थी, जो राजा या शासन की शून्यता में लुटेरों और अराजक तत्त्वों का शिकार हो रही थी। दूसरे रानी को भी यह सुअवसर स्वयमेव प्राप्त हो गया, जब वह अपने उद्देश्य की पूर्ति हेतु काफी सेना को संगठित कर सकती थीं एवं राज्य के राजस्व से बचत करके स्वतंत्रता संग्राम के लिए धन इकट्ठा कर सकती थीं। बागियों ने तो उनका काफी व्यक्तिगत धन लेकर उन्हें असहाय कर दिया था। रानी ने भी सोचा, 'शायद विद्रोह के कारण ही मुझे अपनी व्यक्तिगत संपत्ति में फिर से वृद्धि करने का सुअवसर प्राप्त हुआ है। ईश्वर जो करता है, अच्छा ही करता है।'

रानी लक्ष्मीबाई को भाग्य तथा ईश्वर पर अत्यधिक भरोसा था। रानी ने सबसे पहले बुंदेलखंड के गरीब किसानों को गत वर्ष की लगान वसूली से मुक्ति देकर उनकी आस्था और श्रद्धा जीत ली। गंगाधर की मृत्यु के पश्चात् जो झाँसी सरकार का 3,240 सैनिक बरखास्त होकर घर बैठे हुए थे, उन्हें वापस बुला लिया। वे प्रतिदिन घर पर बैठकर रानी का गुणगान करते थे और कभी-कभी महल में आकर रानी के दर्शन और प्रणाम करते थे। उनके लिए रानी लक्ष्मीबाई केवल उनकी सेनानायिका ही नहीं थी, उनकी अन्नपूर्णा देवी भी थी। कंपनी के बहुत से सिपाही, जो दिल्ली विद्रोहियों के साथ नहीं जा सके थे, रानी की सेना के सिपाही बन गए। रानी ने सभी का स्वागत किया और दुर्ग तथा नगर की सुरक्षा का कार्यभार उन्हें सौंपना शुरू किया। इसमें एक दीवान जवाहर सिंह थे, जिन्हें रानी ने अपना सेनापति नियुक्त किया। रानी के सलाहकार मंडल में अन्य लोग थे—मोरोपंत, ताम्बे (रानी लक्ष्मीबाई के पिता), दीवान लक्ष्मण राव, गंगाधर (दीवान लक्ष्मण राव के पुत्र), काशीनाथ हरी (महारानी के खानदानी), लालू बख्शी, मझलेराव (दीवान जवाहरसिंह के भ्राता), दीवान रघुनाथ राव (नौनेरवाले), दुल्हाजू (कटेरा

निवासी), गणेश जू (कैरवा निवासी), कुँअर जालिमसिंह (सुक्टी निवासी), भुजबल सिंह (कुरार खेड़ा के ठाकुर), मंगलसिंह (कुरार खेड़ा के ठाकुर), झंडू कुँअर, भारू कुँअर, चैनसिंह, मंसाराम, फूलसिंह, बोधसिंह, गुमान जामदार (किलेदार), बालाभाऊ, भोलानाथ, मुंसरिम, नाना भोपतकर। इनके अतिरिक्त, जेल के दारोगा बख्शीश अली तथा जमादार मुहम्मद बख्श भी रानी के सहयोग में थे।

महारानी लक्ष्मीबाई ने किले को अपने नियंत्रण में लेकर, पुरानी तोपों को, जो जमीन में गाड़ दी गई थीं, निकलवाया, जिसका पता अंग्रेजों को नहीं था, उन्हें साफ कराया, उनमें कीलें लगवाईं और चालू हालत में लाकर किले की बुर्जों पर रखवाया गया। ऐसी बीस बड़ी तोपें रानी को प्राप्त हो गईं, जिनमें कड़क बिजली तथा घनगरज अभी तक प्रसिद्ध हैं। तोपखाने का प्रबंध करेरा निवासी गौस खान और नायब दीवान दुल्हाजू को सौंपा गया। नाना भोपटकर को न्यायाधीश बनाया गया। महिलाओं में मोतीबाई को पुराना जासूसी विभाग तथा मुंदर और काशीबाई को महिला वाहिनी में कर्नल पद पर नियुक्त किया गया।

अपने प्रशासनिक ढाँचे को गठित करने के साथ-साथ रानी ने शासन व्यवस्था में जन सहयोग माँगा। बुंदेला, ठाकुर, उच्च वर्गों से लेकर काछी, कोरी, तेली, बरार, चमार, कर्मचारी, साहूकार, जागीरदार सभी रानी के शासनतंत्र में सहर्ष सम्मिलित हो गए। रानी ने अफगान, पठानों और मकरानी मुसलमानों का आह्वान किया। वे भी रानी के अनुप्राणित करने पर सेना में शामिल हो गए। झाँसी में एलान कर दिया गया—

*जो बाई लक्ष्मी हुकुम होय*
*सब सिर धन मानन करौ सोय*
*जो बाई हुकुम करहैं न कान*
*तैहि देस बदल हमे करें ज्वान।*

पर झाँसी की रानी को किसी का देश-निकाला न करना पड़ा। वे स्वयं प्रजावत्सल थी। उन्होंने विद्रोह के बाद जनजीवन की रोजी-रोजगार पर ध्यान दिया, खेतीबारी की उन्नति की ओर ध्यान दिया तथा झाँसी शहर में चार उद्योग केंद्रों की स्थापना की।

रानी स्वयं परेड ग्राउंड जाकर फौजी ड्रिल का निरीक्षण करतीं, स्वयं बंदूक, तलवार, तोप वगैरह का संचालन करतीं। उन्होंने प्रशासनिक तथा फौजी प्रबंध करने में जो पटुता तथा दक्षता का उदाहरण पेश किया, वह विश्व-इतिहास में दुर्लभ है—चाहे वह जय या पराजय में हो अथवा शांति या युद्धकाल में।

इसके साथ-साथ झाँसी की सामाजिक और सांस्कृतिक गतिविधियाँ लौट आईं। रानी लक्ष्मीबाई गुणियों का बहुत आदर करती थीं। बड़े-बड़े विद्वान्, शास्त्री और यांत्रिक उनके पास रहते थे। पुस्तकों का संग्रह भी वे खूब करती थीं और उनका पुस्तकालय

उत्तर भारत में प्रसिद्ध था, जो उनके स्वर्गीय पति ने स्थापित किया था, अच्छे पुराने गवैए, सितारवादक, शास्त्री-संगीतज्ञ और देश-विदेश के नामी-गिरामी कारीगर उन्होंने अपने यहाँ रखे थे।

नाटक फिर से शुरू हो गए। नाटकों में 'हरिश्चंद्र' नाटक का विशेष प्रदर्शन होता था। उन्होंने मंदिरों-मसजिदों में पूजा-आराधना, नमाज-रोजा, ताजियादारी, कजरी वगैरह के जुलूस फिर से शुरू किए। महारानी के राजमहल पर एक विशेष ताजिया रखा जाता था। झाँसी का करबला भी लक्ष्मी मंदिर के पास लक्ष्मी तालाब पर अभी तक मौजूद है। महारानी के निजी अंगरक्षकों की पल्टन तो मुसलिम पठानों की ही थी, जिनकी सुरक्षा के बिना महारानी की सवारी निकलती ही नहीं थी। किले और महल को पूर्व की भाँति ही सुसज्जित किया गया। महल के चित्र तो विदेशों में भी प्रसिद्ध थे, विशेषत: हिरणों और हंसों के जोड़े तथा विभिन्न प्रकार की फूल-पत्तियाँ, जिन्हें देखकर रानी लक्ष्मीबाई ने महल में तीन वर्ष से अधिक व्यतीत किए, जब कचहरी में महारानी बैठती थीं तो वे कभी-कभी पुरुष वेश धारण करती थीं। पायजामा, बंडी, सिर पर टोपी, तुर्रा तथा कमर में जरी के दुपट्टे में लटकी हुई तलवार। वास्तव में उस समय भारत में एक ही पुरुष राजा था और वह थी झाँसी की वीरांगना रानी लक्ष्मीबाई। उनका व्यक्तिगत जीवन अति सादगी, संयम और अनुशासन से युक्त था। वे अपने सिपाहियों का बहुत ध्यान रखती थीं। एक गीत प्रचलित है—

*जिन्नें सिपाही लोगों को मलाई खिलाई*
*अपने खाई गुड़धानी*
*अमर रहे झाँसी की रानी।*

रानी सिपाहियों को मलाई खिलाकर स्वयं गुड़ और लाई खाती थीं। इसलिए सेना भी उन पर जान न्योछावर करने के लिए सब समय तत्पर रहती थी। शासकगण उनसे बहुत कुछ सीख सकते हैं कि आचरण और कथन में विभेद नहीं होना चाहिए, पर शासन चलाना बहुत कठिन कार्य है। इसमें पोथी में लिखे सिद्धांत सब समय कारगर नहीं होते। रानी का ध्यान कानपुर और अवध में हो रहे सफलतापूर्वक विद्रोह पर था। उनके शुभचिंतक और स्वतंत्रता-संग्राम के कर्णधार तात्या टोपे तथा नानाजी कानपुर के विद्रोह में उलझ गए, जो समय से पूर्व ही आरंभ हो गया। वहाँ से समाचार आना बंद हो गया। अंग्रेजों के अत्याचारों का घड़ा भर चुका था और उसमें जगह-जगह से पत्थर मारकर छेद किए जा रहे थे। लोगों में और धैर्य नहीं बचा था। झाँसी में भी रानी क्या करती? उन्हें स्थानीय देशीय राजाओं से बड़ी चुनौतियाँ मिल रही थीं। ओरछा राज्य झाँसी राज्य का सबसे बड़ा शत्रु था। ओरछा राज्य की दृष्टि झाँसी के क्षेत्र पर लगी हुई थी, क्योंकि मराठों ने चौथ वसूली से उत्पन्न हुए विवाद में मार डाले गए मराठा सैनिकों की मृत्यु

का बदला लेने के लिए तत्कालीन महाराजा पृथ्वीसिंह को पराजित करने के लिए सन् 1742 में नारोशंकर मराठा सेनानायक को झाँसी भेजा था, जिसने ओरछा का दमन किया और महाराजा पृथ्वीसिंह को गिरफ्तार करके झाँसी दुर्ग में बंद करके पूना समाचार भेज दिया। पूना में मराठा शासक अपने सेनानायक की इस वीरता के प्रदर्शन से अति प्रसन्न हुए। काफी सोच-विचार के बाद नारोशंकर को सुलह करने भेजा, जिसके तहत महाराजा पृथ्वीसिंह मुक्त कर दिए गए थे और उनके राज्य का बँटवारा हुआ। उस समय सुसंपन्न ओरछा रियासत का कुल राजस्व 24,59,464 रुपए था। इसमें से लगभग दस लाख का क्षेत्र ओरछा राज्य को पराजित होने के कारण मराठों को देना पड़ा था। यह ओरछा राज्य को चुभता रहता था। मराठों की चौथ वसूली ही उनके सूर्यास्त का मुख्य कारण थी, क्योंकि इस आर्थिक बोझ के कारण देशीय राजा मराठों से अच्छा अंग्रेजों को मानने लगे थे।

मराठों का दबदबा ओरछा राज्य पर इतना अधिक था कि प्रत्येक नए राजा के गद्दी पर बैठने के पूर्व मराठा पेशवाओं से आज्ञा लेनी पड़ती थी और भारी रकम का भुगतान करके गद्दी पर बैठने का परवाना प्राप्त करना पड़ता था। इसी कारण सन् 1812 में ओरछा के राजपूत राजा विक्रमाजीत सिंह ने अंग्रेजों से संधि की और मराठों से वे अलग हो गए। उसके बाद उसका पुत्र धर्मपाल राजा हुआ। उसकी मृत्यु नि:संतान अवस्था में हुई। विक्रमाजीतसिंह के भाई तेजसिंह और उसका पुत्र सुजानसिंह एक के बाद एक राजा हुए।

मृत धर्मपाल की विधवा लँड़ई दुलैया अत्यंत महत्त्वाकांक्षी, चतुर तथा दरबार राजनीति में दक्ष थी। उसने ओरछा राज्य का बँटवारा कर लिया एवं हम्मीरसिंह नामक एक दत्तक पुत्र के नाम पर राज करने लगी। रानी लँड़ई दुलैया की तीक्ष्ण बुद्धि के सामने पराभूत होकर सन् 1851 एवं 1853 में सुजानसिंह ने झाँसी के राजा गंगाधर राव की शरण ग्रहण की।

ब्रिटिश सरकार 1854 में रानी लँड़ई दुलैया के दत्तक पुत्र हम्मीरसिंह को उत्तराधिकारी के रूप में स्वीकार कर लिया। यह कंपनी सरकार की कूटनीति थी, ताकि झाँसी के पास एक पड़ोसी राज्य शक्तिशाली शत्रु रहे।

महारानी लक्ष्मीबाई पड़ोसी राज्य से नहीं उलझना चाहती थीं, क्योंकि उनके शासन सँभालते समय बैरकपुर, बंगाल में सिपाही मंगल पांडे ने 29 मार्च को विद्रोह कर दिया था तथा 8 अप्रैल को उसे फाँसी देकर अंग्रेजों ने संपूर्ण 19वीं नेटिव इन्फेंटरी को प्रतिबंधित कर दिया था। 13 मई को बहादुरशाह जफर ने दिल्ली के शासन की बागडोर अपने हाथ में ले ली थी तथा वहाँ भी विद्रोहियों का दबदबा था। यही हाल कानपुर तथा लखनऊ का भी था, अत: महारानी लक्ष्मीबाई ने अपनी पड़ोसी रियासतों के शासकों को पत्र लिखकर

यह अनुरोध किया कि कानून और व्यवस्था हर कीमत पर सम्मिलित प्रयासों से कायम रखी जाए और इसमें सब शासक सहयोग करें। रानी ने बिहारी लाल को ओरछा इस संबंध में बातचीत के लिए भेजा। रानी ने बलदेव पुरोहित को दतिया सुलह-मशविरा के लिए भेजा, पर दोनों पड़ोसी राज्य वर्षों से झाँसी राज्य के बढ़ते हुए प्रभाव तथा शक्ति से विद्वेष करते थे। उन्होंने झाँसी राज्य की अस्थिरता भाँपकर झाँसी के क्षेत्र में घुसपैठ शुरू की। ओरछा राज्य की टीकमगढ़ स्थित लँड़ई रानी इस स्थिति में ओरछा राज्य से अलग हुए झाँसी पर कब्जा करना चाहती थी। दीवान नत्थेखान उनकी इस महत्त्वाकांक्षा को और हवा दे रहे थे। दूसरे मराठों के समय संधि के अनुसार ओरछा राज्य को वार्षिक छह हजार रुपया कर के रूप में झाँसी को देना पड़ रहा था। रानी लँड़ई इस सब विरोध का बदला लेने के लिए कमर कसकर तैयार हो गई। लँड़ई रानी सोच रही थी कि झाँसी में अंग्रेजी राज सदैव के लिए समाप्त हो गया है, तब यदि ओरछा अपना पुराना इलाका प्राप्त करने के लिए झाँसी पर हमला कर दें तो अंग्रेजों को कोई विरोध नहीं होगा, क्योंकि ओरछा राज अंग्रेजों का मित्र और झाँसी राज अब उनका शत्रु बन गया है, पर दतिया नरेश विजय बहादुर सिंह ने लँड़ई रानी के सहायता प्रस्ताव को स्वीकार नहीं किया, क्योंकि दतिया नरेश विजय बहादुर सिंह के लक्ष्मीबाई के पति झाँसी नरेश स्व. गंगाधर राव के साथ अच्छे संबंध थे।

ओरछा युद्ध के संबंध में एक और स्थानीय कहानी प्रचलित है कि टीकमगढ़ का दीवान नत्थेखान ओरछा आकर बेतवा के किनारे पहुँचा। ओरछा और बरुआसागर की सीमा पर घने जंगल में बरुआसागर का किलेदार बहादुर सिंह भी शिकार का पीछा करते हुए पहुँचा। ओरछा के दीवान और बरुआसागर के किलेदार दोनों ने काले हिरण के ऊपर गोलियाँ दागीं, हिरण भागा और एक खेत में जाकर गिर पड़ा। उस खेत की रखवाली एक स्त्री कर रही थी। वह शिकार पर झपटी और शिकार को घसीटकर अपने गाँव हरपुरा ले जाने लगी। दोनों शिकारियों में तलवारें खिंच गईं। नत्थेखान भी अकेला था। वह समझ गया कि बहादुर सिंह भी उससे कम नहीं है, अतः दोनों में समझौता हो गया—'इस शिकार को उस औरत को ले जाने दो।' वह जाति की ढीमरिन थी तथा अति सुंदर थी। नत्थेखान का उस पर दिल आ गया—प्रथम दृष्टि में ही उसे पाने की लालसा। रात्रि को जब ढीमरिन राजेश्वरी उस काले हिरण को लेकर गाँव आई तो सभी ने रात्रि में उसकी दावत की। सुबह उस ग्राम्य सुंदरी को खोजते हुए ओरछा से नत्थेखान के सिपाही आए तो गाँव के मुखिया तिवारी की सलाह पर गाँववालों ने राजेश्वरी को रक्षाबंधन का मेला देखने झाँसी भेज दिया, ताकि गाँव पर नत्थेखान न चढ़ाई करे तथा नत्थेखान के सिपाहियों को तद्नुसार सूचित कर दिया। दूसरे दिन नत्थेखान अपने हाथी पर चढ़कर राजेश्वरी की खोज करते हुए झाँसी में मेला-स्थल पर पहुँचा। उसने अपनी प्रेयसी की खोज में चारों

ओर दृष्टि दौड़ाई, पर वह नहीं दिखाई दी। मेले में हाथी के खड़े होने से भगदड़ मच गई, पर नत्थेखान नहीं माना। मेले में तैनात रानी के सिपाहियों ने बल्लम मारकर हाथी को हटाने की काररवाई की, जिसे नत्थेखान ने अपना अपमान समझा।

नत्थेखान वहाँ घायल साँप की भाँति फुफकारने लगा। उसने प्रतिज्ञा की—'मैं अगले वर्ष रक्षाबंधन त्योहार झाँसी में नहीं होने दूँगा।'

उसने ओरछा लौटकर लँड़ई रानी के कान भरे—"झाँसी ओरछा का इलाका रहा है। हमें उसे अपने में मिलाकर अपने पूर्वज राजाओं का बदला लेना चाहिए। यदि आप हुक्म दें तो मैं टीकमगढ़ से फौज लेकर झाँसी पर चढ़ाई कर दूँ।" रानी ने अपने सरदारों से परामर्श किया, जो रानी का लड़ाई का मन जानकर अंदर से असहमत होते हुए भी सहमत हो गए, अब यह प्रायोजित युद्ध दो सक्षम विधवा शासकों के बीच था।

नत्थेखान बीस हजार सैनिकों की विशाल सेना और पर्याप्त मात्रा में युद्ध का सामान लेकर झाँसी राज्य के सीमावर्ती क्षेत्रों पर विजय प्राप्त करता हुआ झाँसी राज्य के समृद्ध कस्बे मऊरानीपुर पहुँचा, क्योंकि झाँसी के लिए एक अपशकुन हो गया था।

मऊ परगने का अधिकारी पाथरकर था। उसने तीन दिन तक नत्थेखान की फौज को रोके रखा और सहायता के लिए महारानी लक्ष्मीबाई के पास संदेश भेजा। महारानी ने कहला भेजा—"नत्थेखान को झाँसी की ओर बढ़ने दो और अपनी सैन्य शक्ति इस विशाल सेना से लड़कर नष्ट न करो। तुम अपनी सेना को लेकर झाँसी चले आओ, हम सभी नत्थेखान से यहाँ निबट लेंगे।"

यह थी महारानी की रणनीति, जब शत्रु शक्तिशाली हो तो पीछे हटकर अपनी शक्ति को इकट्ठा करके ही उसका मुकाबला करना समझदारी होती है, पर बरुआसागर के किलेदार ने रानी को पूरा भरोसा दिलाया—"मैंने नत्थेखान को आमने-सामने देखा है। आप चिंता न करें, मैं नत्थेखान को बरुआसागर में ही तहस-नहस कर दूँगा। वह डरपोक होने के साथ-साथ लंपट भी है।"

महारानी भी चाहती थी कि एक बीच में युद्ध हो, जिसमें नत्थेखान की सेना की शक्ति कम हो जाए, तब झाँसी की जो भी सेना है, वह नत्थेखान की सेना से मुकाबला करने में सक्षम होगी। नत्थेखान ने 22 अगस्त की रात से तोपें चलाना शुरू कर दिया और मऊ पर कब्जा कर लिया। इसके बाद उसने सात दिन तक मऊ, गरौठा, पंडवाहा में लूटमार जारी रखी। उसने मार्ग में रानीपुर कस्बा लूटा और फिर वह बरुआसागर पहुँचा।

बरुआसागर किलेदार की कमान में 1200 सिपाही तैनात रहते थे। दो तोपें थीं, जिनका नाम क्रमशः 'मन-पसार' और 'लौ-लपक' था। बहादुरसिंह किलेदार का ओरछा युद्ध में योगदान झाँसी की सेना की वीरता की एक ऐतिहासिक यादगार है, उसने महारानी को संदेश भेजा—"यदि नत्थेखान बरुआसागर पर हमला करेगा तो उसका सामना किया

जाएगा और यदि ऐसा नहीं हुआ, तब वह नत्थेखान की सेना का पीछा झाँसी तक करेगा।'

नत्थेखान ने बरुआसागर पर तोप दागकर हमला किया। झाँसी की बरुआसागर स्थित सेना के तोपची बसंत भाट ने भी बरुआसागर किले से 'लौ-लपक' नामक तोप का गोला छोड़कर प्रतिउत्तर दिया। इस गोले से नत्थेखान के साठ सिपाही और छह घुड़सवार मारे गए। नत्थेखान ने फौज हटाई, तब बसंत भाट ने 'मन-पसार' तोप से गोला दागा, जिससे टीकमगढ़-ओरछा सेना के नौ ऊँट सवार और दो घुड़सवार मारे गए। इस पर नत्थेखान ने अपनी सभी 85 तोपों से गोले दागने का हुक्म दिया। टीकमगढ़ सेना की 'मुलुक मैदान', 'गिरिश्रृंग हिला' और 'गर्भपतन' तोपों ने प्रलय का दृश्य उपस्थित कर दिया। इतनी भयंकर तोपों का उत्तर बहादुरसिंह केवल दो तोपों से दे रहा था। इस तरह पाँच दिन तक अकेले बसंत भाट ने नत्थेखान की सेना को युद्ध में अटकाए रखा। नत्थेखान ने जासूस लगाकर तथा टीकमगढ़ की ही पुरोहित वंश में ब्याही एक स्त्री से जानकारी लेकर बरुआसागर में स्थित झाँसी की सेना का आकलन कर लिया, तब छठवें दिन 9 सितंबर, 1857 को नत्थेखान ने बरुआसागर फतह करने के लिए अपनी पूरी सेना झोंक दी। किले की दीवार टूट गई। किले को असुरक्षित देखकर वीर किलेदार बहादुरसिंह अपनी पूरी 1,200 सिपाहियों की सेना लेकर फाटक खोलकर किले के बाहर आ गया और आमने-सामने का युद्ध होने लगा। बुंदेला बनाम बुंदेला, विधवा बनाम विधवा।

टीकमगढ़ की विशाल वाहिनी के सामने घोड़े पर सवार बरुआसागर का किलेदार बहादुरसिंह युद्ध में डट गया। किले के ठीक सामने एक फर्लांग तक उसे गोलियों के छह जख्म लगे। उसकी ढाल गिर गई, फिर भी वह युद्ध करता रहा। उसको जो गोलियाँ लगी थीं, उनसे बराबर रक्त बह रहा था। उसे मूर्च्छा आ रही थी और उसने अपने घोड़े के आयालों (गरदन के बाल) को पकड़ लिया। नत्थेखान के सैनिक जालिम पटिया ने उसका सिर काट दिया। बहादुरसिंह की वीरगाथा लक्ष्मीबाई रासो में इस प्रकार वर्णित है—

*तब वीर बहादुर घिरौ जाय*
*गोली तन में छै गयौ खाय*
*तबहि अस्व पै भूमिगौ*
*बीर बहादुर राय*
*जालिम पटिया ने तबै*
*लीनो सीस कटाय।*

तत्पश्चात् बरुआसागर की हवेलियों-मकानों को धूल में मिला दिया गया और नौ दिन तक लूटमार का तांडव नृत्य चलता रहा। नत्थेखान ने मऊरानीपुर ध्वंस करने के बाद बरुआसागर कस्बे की चहल-पहलवाली बस्ती को श्मशान बनाने में कोई कोर-कसर

नहीं छोड़ी। इस घटनाचक्र को सुनकर रानी झाँसी व्यथित हो उठीं। रानी ने बरुआसागर आकर सामूहिक अंत्येष्टि की व्यवस्था की। चारों ओर खून-ही-खून, लाशें-ही-लाशें। ऐसा कोई बरुआसागर का घर नहीं था, जिससे कोई एक व्यक्ति इस नरसंहार में बलि न चढ़ गया हो।

नत्थेखान ने आगे बढ़कर बेतवा नदी के पथरीले बालू भरे तट पर तंबू डाला और रानी को पत्र लिखा—

'ब्रिटिश सरकार ने तुम्हें जो मशविरा दिया है, वही मैं दूँगा। तुम किला और शहर छोड़कर चली जाओ।'

रानी ने इर्सकॉइन को सहायता के लिए संदेश तथा पत्र भेजा, पर उसने रानी के पत्रों को स्वीकार नहीं किया। एक अंग्रेज मित्र को गिरगिट की भाँति रंग बदलने में देरी नहीं लगी। उलटा उसने झाँसी पर ओरछा के आक्रमण को युक्ति-युक्त ठहराते हुए उच्च स्तर पर लिखा—'ओरछा की रानी ब्रिटिश की मित्र है।'

कमिश्नर इर्सकॉइन के इस निहित स्वार्थ भरे आचरण को दृष्टिगत रखते हुए विपन्नावस्था में रानी कंपनी सरकार की सहायता की अपेक्षा न रखते हुए स्वयं ओरछा-टीकमगढ़ राज्य के विरुद्ध युद्ध के लिए तैयार होने लगी, पर इसके पूर्व महारानी लक्ष्मीबाई ने ओरछा की रानी लँड़ई दुलैया को शांति संदेश भेजा। उपरोक्त पत्र में महारानी लक्ष्मीबाई ने ओरछा और झाँसी राज्य के मध्य काफी समय से चले आ रहे शांतिपूर्ण रिश्ते का संदर्भ देते हुए टेहरी की महारानी से अति संयत रूप से स्पष्ट किया, 'झाँसी राज्य युद्ध में लिप्त नहीं होना चाहता है और इसी क्रम में सुझाव दिया कि टेहरी राज्य की सेना अपना मोर्चा समेट ले। महारानी लक्ष्मीबाई ने शिष्टाचार में कहा कि टेहरी की शासिका उम्र में उनसे श्रेष्ठ हैं, अतः वे मऊरानीपुर से तथा जिन मकानों पर उनकी सेना ने अतिक्रमण किया है, उसे हटा लें।'

इसके जवाब में उन्हें दीवान नत्थेखान से आक्रामक दलीलें प्राप्त हुईं, अतः रानी ने दरबार बुलाया। नीली चँदेरी छींट से बना बूँदीदार अचकन, गाढ़े नीले रंग का पाजामा, सिर पर मुरैठा, गले में मोतियों की माला, हाथ में रत्नजटित तलवार लेकर वे गोद में दामोदर को लेकर गद्दी पर बैठीं। दरबारी ने सर्वप्रथम प्रशस्ति पढ़कर झाँसी राज्य की ओर से सेनानायकों का स्वागत किया—"भैया काशीनाथ, सेना के नायक तथा इनके ही प्रबंध में राज्य का शस्त्रागार तथा गोला-बारूद है।"

ठाकुर रघुनाथ सिंह, जो महारानी के भ्रातातुल्य हैं तथा इनके पास 'पचास नाली' बंदूक है, जो पचास फायर किए जाने पर भी गरम नहीं होती।

जागीरदार जवाहरसिंह, रक्सा, जिनके शरीर को देखकर ही शत्रु काँप जाते हैं और जो स्वर्गीय महाराज गंगाधर राव के साथ बचपन से ही हैं।

मधुकर दीवान, चौड़ी छातीवाले तलवारबाजी के उस्ताद हैं तथा जो तमाम युद्ध विधाएँ जानते हैं।

चुन्नी, जिन्होंने बाई साहब को तलवार और बंदूक चलाना सिखाया।

ठाकुर जंग बहादुर सिंह कटीला वालों के पास सब समय 1600 ठाकुरों की सेना उपलब्ध रहती है।

इन शूरवीरों की प्रशस्ति के बखान के पश्चात् दरबार में विचार-विमर्श शुरू हुआ कि ओरछा की विशाल सेना से कैसे निपटा जाए? तय किया गया कि बुर्जों पर तोपें चढ़ा दी जाएँ और गोला-बारूद का संग्रह किया जाए। बारूद तैयार कराकर उसको सिपाहियों में वितरित किया जाए। शहरपनाह की खिड़कियों (लघुद्वारों) को पत्थर से चुनवा दिया जाए और उन पर सैनिक टुकड़ियों की नियुक्ति करा दी जाए। प्रत्येक बुर्ज पर बीस सैनिक तैनात रहें और शहर के प्रत्येक फाटक पर सौ सिपाही तैनात कर दिए जाएँ। खिड़कियों पर पचास सैनिकों की नियुक्ति रहेगी। दो हजार सिपाही नगरकोट की दीवारों की रक्षा करेंगे। आठ द्वार खुले रखे जाएँ और साठ सिपाही विशेष रक्षा हेतु तैनात रहेंगे। इन स्थानों पर प्रत्येक जगह पच्चीस घुड़सवार एक बड़ी तोप काफी गोला-बारूद थैलियों में भरकर तैयार रखी जाए।

सेनापति काशीनाथ के साथ एक हजार (विलायती) पठान रहेंगे और एक हजार पठान किले की सुरक्षा में तैनात रहेंगे। शमसेर बहादुर के साथ 1300 गुर्जर सिपाही थे। लाहोरीमल के साथ 1800 जाट सिपाही थे। मर्दनसिंह 1300 पँवार सिपाहियों के साथ तैयार थे। देशमुख अपने 1600 खंगार योद्धाओं सहित कूच के लिए तैयार थे। 1600 ठाकुर राजपूत सिपाही ठाकुर जंगबहादुर सिंह के साथ रखे गए। खूबचंद के साथ भी 1000 पुरबिया सिपाही मौजूद थे। मनसबदार के साथ 1500 पठान और शेख योद्धा थे। लीलाधर कोतवाल ने भी 2200 पुलिस सेना के जवानों के साथ महारानी की हाजिरी बजाई। चुन्नी सरदार के पास 2000 मेहतर सैनिकों का हुजूम था।

शहरी आठ घुड़सालों से दो-दो सौ घुड़सवार महारानी के पास थे। महारानी स्वयं अपने प्रिय अश्व 'चंपा' पर सवार हुईं तथा उन्होंने विशेष इस्पात का जिगर-बख्तर धारण किया हुआ था।

कुछ सरदारों ने महारानी से कहा, "हम कब तक किले में घिरे-घिरे बैठे रहें। हम बाहर निकलकर मारकाट करना चाहते हैं।"

इस पर महारानी लक्ष्मीबाई ने निर्णय लिया, "अभी तोपों से गोलाबारी नहीं होगी, उन्हें घेरा डाले रहने दो, देखें कब तक वे ऐसा करते हैं, उन्हें यही आभास कराना है कि हमारे पास गोला-बारूद कुछ भी नहीं है। वे इसी जोश में आगे बढ़ेंगे तब हम उन्हें थकाकर शेर की भाँति उन पर कूद पड़ेंगे, जैसे ही ओरछा की फौजें किले के नीचे

पहुँचेंगी, पत्थर और लक्कड़ गिराए जाएँ, इससे बहुत दुश्मन मारे जाएँगे, जब ऐसा होने लगे, तब अपनी तोपों का वार होगा और बंदूकें चलेंगी। उसी समय अपनी सेना दरवाजा खोलकर भयंकर हमला भी करेगी। यह युद्ध बहुत विधि से करना है, क्योंकि नत्थेखान की सेना बहुत बड़ी है।"

उचित रणनीति से युद्ध करनेवाला ही युद्ध जीतता है।

नत्थेखान ने अपनी तमाम तोपों से गोले उगलवाना शुरू किया, परंतु झाँसी की तोपों की कुशल निशानेबाजी से ओरछा की कई तोपें बेकार कर दी गईं। किले से घनगर्ज तोप दागी गई, जिसका गोला नत्थेखान के कैमासन पहाड़ी पर स्थित तोपखाने की दिशा में गया और मोर्चे के बीच में गिरा, जिससे ओरछा की काफी सेना नष्ट हो गई। नत्थेखान की सेना में भगदड़ मच गई।

महारानी लक्ष्मीबाई ने घनगर्जन के तोपची को ताँबे के पैसों को तोप में भरकर दगाने का हुक्म दिया। यह निशाना नत्थेखान के लहर गिर्द (पहाड़ी) में जमावड़े को ध्वस्त करने हेतु साधा गया, जिसमें नत्थेखान के काफी सिपाही मारे गए। महारानी तमाम शत्रु के मोर्चों को नाकाम करने के लिए किले पर तैनात तोपखाने का संचालन कर रही थीं। केसरी बुर्ज पर लगी तोप की मार ने भी ओरछा की सेना का खूब विनाश किया। अभी रानी ने अपनी सबसे बड़ी तोप 'कड़क बिजली' का तो इस्तेमाल ही नहीं किया तथा उसके तोपची गुलाम गौस खाँ को आपातकाल के लिए तैयार रखा था। झाँसी के तोपखाने की मारक क्षमता और अचूक निशानेबाजी से नत्थेखान को अपनी सेना पीछे हटाने पड़ी। उसके अनुरोध पर ओरछा से और सैनिक सहायता नहीं आ रही थी। इधर रात व्यतीत होते-होते किले से तोपों के कवर में झाँसी की पैदल सेना बड़ागाँव गेट के बाहर आ गई और आमने-सामने का 'इस पार या उस पार' वाला युद्ध शुरू हो गया, जिसमें झाँसी की सेना ने अपने साथ लाई हुईं छोटी तोपों का भी इस्तेमाल किया। झाँसी रानी ने सेना के साथ आकर उसका मनोबल बढ़ाया। इस युद्ध में झाँसी की सेना ने जोरदार हमला करके बहुत मारकाट मचाई। नत्थेखान ने अपनी सेना का हौसला बढ़ाया और झाँसी की सेना पर दबाव डाला। यह देखकर चुन्नी सरदार अपने 'अबलख' घोड़े पर सवार इस मोर्चे की मदद को दौड़ पड़े। उनके साथ उनकी मेहतर टुकड़ी ने बहुत मारकाट मचाई और उनकी बहादुरी और करिश्मे ने युद्ध का पलड़ा झाँसी राज्य के पक्ष में झुका दिया। झाँसी के अन्य सरदारगण भी अपनी सेना सहित ओरछा के सिपाहियों का विनाश करने के लिए आमने-सामने का युद्ध करने लगे। नत्थेखान ने ओरछा गेट के बाहर प्रायः अपनी सारी शक्ति लगा दी। चोटिल सिपाहियों को उत्साहित करने के लिए रानी स्वयं उन्हें सोने की मुहरें, आभूषण इत्यादि देने लगीं। अपनी नेत्री को घोड़े पर सवार युद्ध करते देखकर गुलाम गौस खाँ पीछे न रह पाया। उसने हाथी द्वारा खींचकर सर्वश्रेष्ठ कड़क बिजली

तोप से भारी गोला-वर्षा शुरू करी दी। रानी ने सिपाहियों का उत्साहवर्धन करते हुए कहा, “तुम लोग आज मेरी लाज की रक्षा करो। मैं तुम्हारी विधवाओं और परिवारों की उचित देखभाल करूँगी।”

झाँसी की प्रजा भी हथियार लेकर युद्ध में शामिल हो गई, फिर क्या था ? सैनिकों ने प्राणपण से युद्ध किया। नत्थेखान अपने बीस हाथियों, तोपों, अस्त्र-शस्त्रों को झाँसी किले के दक्षिण और पूर्व की दीवार के बाहर फेंककर भागने को विवश हुआ। झाँसी की सेना ने झाँसी-ओरछा के मध्य कच्चे मार्ग पर ‘धुबिया नाले’ तक ओरछा की सेना को ढकेल दिया और ओरछा की सेना अपने राज्य में कुम्हरी ग्राम में जा टिकी। इस युद्ध में नत्थेखान की सेना किले की ‘चढ़ाई’ भी न छू सकी। उसके 1,800 सैनिक खेत रहे। झाँसी की सेना के लगभग तीन सौ सैनिक मारे गए, जबकि 1,000 सिपाही घायल हुए। इस प्रकार झाँसी के युद्ध में नत्थेखान को हराकर रानी ने उसके द्वारा बरुआसागर हत्याकांड का बदला लिया। नत्थेखान को झाँसी पर हमला करने के लिए महाराज रघुनाथराव के अवैध पुत्र अलीबहादुर ने भी उकसाया था। नत्थेखान के हारते ही अलीबहादुर झाँसी से भागकर कहीं छिप गया तथा अंग्रेजों के लिए रानी के विरुद्ध जासूसी करने लगा। उसका यह आरोप था कि महारानी लक्ष्मीबाई ने 12 जून, 1857 को झाँसी राज्य अपने हाथ में लेने पर उसकी करैरा की जागीर नहीं लौटाई, जो अंग्रेजों के कोर्ट ऑफ वार्ड्स ने अपने शासनकाल में वापस ले ली थी। रानी लक्ष्मीबाई कानून की पढ़ाई न करने पर भी उनका प्रत्येक पत्र तथा कदम कानून के अनुसार होता था। वे कैसे अलीबहादुर की जागीर कानून-विरुद्ध लौटाती ? इस अनुचित माँग के कारण झाँसी की जनता का उस पर बड़ा रोष था और नत्थेखान के उसकी नई बस्ती स्थित हवेली में छिपे होने की अफवाह के कारण जनता ने उसकी हवेली के सामनेवाले भाग में आग लगा दी। इस प्रकार झाँसी-ओरछा युद्ध में यह पूर्णतः स्थापित हो गया कि महारानी लक्ष्मीबाई ही झाँसी की एकच्छत्र बादशाह हैं तथा उनकी सहमति के बिना झाँसी में तिनका भी नहीं हिल सकता। दूसरी ओर उन्होंने अपने पारिवारिक शत्रु सदाशिव राव को भी किले की जेल में डाल दिया था।

अब अपने शत्रुओं से बेफिक्र होकर महारानी लक्ष्मीबाई ने भारत को स्वतंत्र करने के अपने परम लक्ष्य की ओर समस्त ध्यान एवं शक्ति केंद्रित की।

□

# चौदह

ओरछा युद्ध जीतने के पश्चात् रानी लक्ष्मीबाई अपनी सेना को सुंगठित करने में संलग्न हो गई। रानी भलीभाँति समझती थीं कि दिल्ली पर कंपनी सरकार का कब्जा 20 सितंबर, 1857 को, 16 जुलाई को नाना साहिब की कानपुर में पराजय तथा लखनऊ के नवाब वाजिद अली शाह के निष्कासन के पश्चात् कंपनी सरकार का अगला लक्ष्य झाँसी ही होगा, क्योंकि मध्य भारत में विशेषत: बुंदेलखंड तथा बघेलखंड में विप्लव फैल चुका था। विप्लव के संदेशवाहकों, जिसमें कवि, साधु-संत, फकीर भी थे, ने विप्लव को गाँव-गाँव तक पहुँचा दिया था। झाँसी में अंग्रेज स्त्री, पुरुषों तथा बच्चों के कत्लेआम से जनता उत्साहित थी, यद्यपि रानी ने उसे अप्रत्यक्ष रूप से ही समर्थन दिया था। दूसरी ओर अंग्रेज इस नरसंहार का प्रतिकार करने के अवसर को तलाश रहे थे।

रानी ने अपने विश्वासपात्र तथा वीर समर्थकों को अंग्रेजों से अंतिम युद्ध करने के लिए पहले से ही गोपनीय रूप से सतर्क कर दिया था। उन्होंने 1 अप्रैल, 1857 को बानपुर के महाराजा मर्दनसिंह को लिखा—'अपुन ने लिखी कै फौज की तैयारी में लगे हैं, सो मन को खुसी भई। हमारी राय है कै बिदेसियों का सासन भारत पर न भऔ चाहिजे और हमको अपुन कौ बड़ौ भरोसौ है और हम फौज की तैयारी कर रहे हैं, जो अँगरेजन से लड़ वौ बहुत जरूरी है।'

21 मई, 1857 को रानी लक्ष्मीबाई ने राजा मर्दनसिंह को तात्या टोपे व नाना साहब के साथ क्रांति की योजना को अंतिम रूप देने के लिए अपने पत्र द्वारा आमंत्रण भेजा, 'पाती देखत अवाई भयो चाहिए क्षेका न करवी कछू अपून से सलाह करने हैं—राजा साहब कों साथ में लिवाउत आवी यहाँ पर तात्या टोपे व नाना साब हैं।' उन्होंने राजा मर्दनसिंह को 4 अगस्त, 1857 को अंग्रेजों की पूना की ओर से आक्रमण करने की योजना से सचेत करते हुए लिखा—"आप सागर को कूँच करें, उहाँ दो कंपनी बीच में साहबन की है, उनको मारत बखेड़त साहगढ़ बारे राजा कों लिवा, उत फौज के सीधे

कालपी कूँच करे हम व तात्या टोपे व नाना साहब फौज की तैयारी में लगे, सो आप सीधे नोंट घाट (बेतवा) पर सर ह्यूरोज की फौज को मारत बखेड़त कालपी कूच करे, यहाँ से हम आप सब जनें मिलके ग्वालियर में अंगरेजन पर धावा करें, अब देर न भओ चाहिजै।"

अत: रानी की योजना सुनिश्चित थी कि बुंदेलखंड क्षेत्र से अंग्रेजों का सफाया करने के पश्चात् अंग्रेजों के परम मित्र, सहायक और पोषक सिंधिया के ग्वालियर पर कब्जा किया जाएगा, ताकि दक्षिण में भी हैदराबाद के निजाम को संदेश जाएगा कि अंग्रेजों की भक्ति करने से उन्हें कुछ भी प्राप्त नहीं होगा तथा दक्षिण तथा उत्तर भारत की जनता और भारतीय फौज में फिर से विद्रोह का ज्वालामुखी फूटेगा।

फिर भी उत्तम कूटनीति के अंतर्गत झाँसी की रानी अंग्रेज अधिकारियों को खरीता भेजती रहती थीं कि वे ब्रिटिश शासन के हित में सर्वदा काम कर रही थीं, जैसा कि उन्होंने अपनी व्यक्तिगत सुरक्षा तथा संपत्ति को दाँव पर लगाकर अंग्रेज स्त्री, पुरुष और बच्चों को झोकन बाग नरसंहार से बचाने के लिए प्रयास किया। झाँसी की रानी ने अपने 15 जून, 1857 के पत्र में लिखा, 'रानी के तहसीलदार, राजस्व, न्यायिक सरिश्तादार तथा अधीक्षक, न्यायालय के माध्यम से यह समाचार भिजवाया कि विद्रोही बंदूकों से उनका महल उड़ा देंगे, यदि उन्होंने उनकी माँग पूरी नहीं की।'

14 जून, 1857 को रानी ने पत्र लिखा, 'रानी ने बहुत से लोगों को आश्रय दिया तथा शहर और ग्रामीण इलाकों में पुलिस चौकियों को जलाने से बचाया, पर सक्षम सरकारी फौज एवं धन के बिना इस व्यवस्था को आगे जारी रखना असंभव है।'

रानी ने कमिश्नर, सागर को झोकन बाग विप्लव से संबंधित दिन बारी रपट भी भेजी, जिसमें 5, 6, 7, 8 जून से विद्रोह की घटनाओं का विवरण तथा विद्रोहियों के 11 जून को झाँसी छोड़ने की सूचना थी।

यही कारण है कि मेजर इर्सकॉइन, कमिश्नर से लेकर सभी जिले के अधिकारी रानी के पक्षपाती थे। दूसरे वे भलीभाँति जानते थे कि रानी लक्ष्मीबाई ही झाँसी को सँभालकर रख सकती थीं। उनकी सहायता के बिना उनका झाँसी-प्रशासन टिकना असंभव था।

झाँसी की रानी इतनी कम उम्र में भी समझती थीं कि किस प्रकार ब्रिटिश नौकरशाही, अर्थात् अमलातंत्र लिखित पत्रों तथा सूचनाओं पर काम करता था। उनका प्रत्येक पत्र या खरीता उनकी बुद्धिमत्ता, विधि-विशेषज्ञता तथा तार्किक क्षमता को दरशाता है, जो आज भी देदीप्यमान हैं। झाँसी की रानी ने जनवरी 1958 के अंत में गवर्नर जनरल के एजेंट, कमिश्नर, जबलपुर को लिखा तथा डिप्टी कमिश्नर जालौन, पोलिटिकल एजेंट ग्वालियर को उपर्युक्त खरीता की प्रतिलिपियाँ भेजीं। पत्र में महारानी ने लिखा, 'देश में अशांति के कारण दतिया और ओरछा के राजाओं ने झाँसी के सीमावर्ती इलाकों पर कब्जा कर लिया है, अत: आपसे ऋणों का भारी बोझ चुकाने तथा व्यक्तिगत एवं लोगों की सुरक्षा

के लिए सहायता के लिए अनुरोध करती हूँ।' पर कमिश्नर ने अपने 9 नवंबर के पत्र में सूचित किया कि वे ब्रिटिश सेना नहीं भेज सकते हैं, क्योंकि उनकी उनके स्थानों पर ही आवश्यकता है।

कंपनी सरकार का गुप्तचर विभाग भी गवर्नर जनरल को लगातार यह सूचना प्रेषित कर रहा था कि झाँसी की रानी का अंग्रेजों के विरुद्ध लड़ने का कोई इरादा नहीं है। गुप्तचर विभाग की 4 फरवरी और 7 फरवरी, 1858 की सूचनाओं में यह स्पष्ट रूप से था, "कुछ ठाकुर तथा पंडित झाँसी की रानी को लड़ने के लिए कह रहे हैं। रानी का बानपुर के राजा के साथ गठजोड़ है तथा झाँसी में बड़े पैमाने पर बारूद का निर्माण प्रत्येक दिन हो रहा है। विद्रोहियों की उपस्थिति के कारण झाँसी शहर खाली हो रहा है।...रानी ने छह बड़ी तोपों का विनिर्माण कर लिया है। ग्वालियर से 200 मन साल्टपीटर बारूद बनाने के लिए किले में लाया गया है। किसी को भी झाँसी छोड़ने की अनुमति नहीं है। रानी ने मऊरानीपुर से अपनी सेना बुला ली है।"

पर कलकत्ता में गवर्नर जनरल केनिंग एवं उनकी कौंसिल ने एक अन्य निर्णय ही ले लिया था, अब झाँसी राज्य तथा महारानी लक्ष्मीबाई अंग्रेजों के दुश्मनों की सूची में शीर्ष पर अंकित थीं। अंग्रेजों की उत्तर भारत ही क्या संपूर्ण भारत में खोई हुई प्रतिष्ठा का पुनः प्रतिरोपण करना अनिवार्य हो गया था। साम्राज्यवादी शक्ति किसी की भी बंधु नहीं होती, वह तो भूतल पर अपना एकच्छत्र शासन चाहती है। झाँसी तथा झाँसी की रानी साम्राज्यवाद के इस छुआछूत के रोग से कैसे दूर रह सकते थे?

गवर्नर जनरल लॉर्ड केनिंग ने इंदौर स्थित एजेंट, गवर्नर जनरल को कंपनी सरकार का निश्चयात्मक निर्णय भेजा,

'प्रिय श्री रॉबर्ट,

यदि नर्मदा थल सेना झाँसी जाती है और यदि रानी उनके द्वारा गिरफ्तार होती है तो कोर्ट मार्शल नहीं, एक कमीशन नियुक्त कर उस पर मुकदमा चलाया जाएगा।

सर, रानी को आपके पास भेजने के लिए ह्यूरोज को निर्देश दिया जाएगा एवं आप निश्चय ही श्रेष्ठतम कमीशन की नियुक्ति करना भूलेंगे नहीं!

यदि किसी कारण से रानी के संबंध में तुरंत कुछ करना संभव न हो और उसे झाँसी में अथवा निकटस्थ किसी और स्थान में बंदी बनाकर रखने में असुविधा हो तो उसे यहाँ भेजा जा सकता है। मुकदमे के बाद उसका क्या करना होगा, यह आपकी राय पर निर्भर रहेगा।'

हस्ताक्षर

—केनिंग

पर झाँसी की रानी ने भीष्म प्रतिज्ञा की थी—मैं किसी प्रकार भी अंग्रेजों के पापी हाथों में नहीं चढ़ूँगी। इन दोनों निश्चयों के बीच झाँसी के युद्ध का आरंभ होता है।

गवर्नर जनरल के इस निर्णय की इबारत कई मास पूर्व ईस्ट इंडिया कंपनी के लंदन मुख्यालय में लिखी जा चुकी थी, जब कंपनी के निदेशकों ने जाकर ब्रिटिश सरकार से याचना की, "अब हम लोग हिंदुस्तान को बहुत दिनों के लिए नहीं सँभाल सकते। वहाँ चारों ओर विद्रोह की आग भड़क उठी है, अत: कंपनी के हितों तथा ब्रिटिश राज की साख बचाने के लिए आप हिंदुस्तान सैन्य सहायता भेजने की कृपा करें।"

ब्रिटिश राज तथा अंग्रेज जाति की अस्मिता की रक्षा करने के लिए ब्रिटिश शासन आगे आया। कंपनी के साथ गहन विचार-विमर्श करने के पश्चात् ब्रिटिश सरकार ने कई हजार अंग्रेज सैनिक भेजने तथा मेजर जनरल ह्यूरोज को भारत की कमान सौंपने का फैसला लिया।

ह्यूरोज झाँसी युद्ध का अंग्रेजों की ओर से नायक था। यह कहना अतिशयोक्ति न होगी कि ह्यूरोज के व्यक्तिगत सैन्य अनुभव, परिपक्वता एवं विलक्षण सैन्य दक्षता के कारण अंग्रेजों की झाँसी एवं पूर्ववर्ती तथा परवर्ती युद्धों में विजय हुई। ह्यूरोज ने सन् 1820 में सैनिक जीवन में प्रवेश किया। सन् 1854 में उसे मेजर जनरल का रैंक प्राप्त हुआ। आयरलैंड, सीरिया, क्रीमिया एवं सिवास्तोपोल के विभिन्न युद्धों में उसने अपनी दक्षता प्रमाणित कर दी थी। सन् 1855 में उसे नाइट कमांडर का उच्चतम सैनिक सम्मान दिया जा चुका था। क्रीमिया युद्ध में उसने फ्रांस सेना के मुख्यालय में महारानी के कमिश्नर के पद पर कूटनीतिज्ञ की भाँति काम किया। वह स्वयं ही हिंदुस्तान जाकर वहाँ पर विद्रोह को समाप्त करने के लिए आगे आया।

जब 17 सितंबर, 1857 को वह बंबई बंदरगाह पर उतरा तो उसे अपने सामने एक सुंदर देश में युद्ध अभियान का नेतृत्व करने का सुअवसर था। वह बंबई में गिरजाघर में गया तथा अपनी एवं ब्रिटिश राज्य की सफलता की दुआ की। आजीवन अविवाहित मेजर जनरल ह्यूरोज को रानी लक्ष्मीबाई की भाँति केवल युद्ध की रणनीति तैयार करने, स्वयं युद्ध में भाग लेने तथा अपने सीने को जीत के पदकों से सजाने का शौक था। चाहे कितनी भी नई युद्धभूमि हो, ह्यूरोज उसे बिना सोचे-समझे, स्वयं न देखकर कोई युद्धाभियान प्रारंभ नहीं करता था। युद्ध में पराजय तो जैसे उसके शब्दकोश में था ही नहीं। दूसरी ओर उसकी सबसे बड़ी शत्रु झाँसी की वीरांगना रानी थी, जो फ्रांस की 'जॉन ऑफ आर्क' से किसी भी दृष्टि में कम नहीं थी। दो युद्ध के महारथियों में महासंग्राम।

* 17 दिसंबर, 1857 को ह्यूरोज को सेंट्रल इंडिया फील्ड फोर्स, जिसे नर्मदा फोर्स भी कहते थे—मध्य भारत थल सेना की दो ब्रिगेड सेना का नेतृत्व सौंपा गया। पहली ब्रिगेड इंदौर के पास मऊ में स्थित थी तथा दूसरी ब्रिगेड सीहोर, मध्य भारत में रही।

प्राय: दो महीने बंबई सेना के पूना डिवीजन के कमांडर की हैसियत से भारतीय परिवेश में अभ्यस्त होने के पश्चात् ह्यूरोज ने सेंट्रल इंडिया फोर्स की कमान सँभाली तथा महु से 6 जनवरी, 1958 को अपना कूच आरंभ करके 16 जनवरी को सीहोर स्थित दूसरी ब्रिगेड को अपने साथ लेते हुए अभियान की शुरुआत की। जनरल ह्यूरोज अपने गत अनुभव से भलीभाँति जानता था कि उसके इस सैन्य अभियान में उसे स्थानीय निवासियों से रसद आदि की कोई सहायता प्राप्त नहीं होगी, अत: उसने बंबई सैन्य मुख्यालय को लिखा—'इस अभियान पर निकलने के पूर्व हमारे साथ कम-से-कम दो महीने की रसद आदि की व्यवस्था की जाए।' जनरल ह्यूरोज अपने लक्ष्य से भटकना नहीं चाहता था, अत: उसने कूच करने के पूर्व संपूर्ण सैन्य व्यवस्था अपने ही अनुकूल बना ली थी, ताकि उसे अपनी ही सेना या जवानों के विरोध का सामना न करना पड़े। उसके सैनिक भी ह्यूरोज के व्यक्तिगत आचरण, चरित्र, निष्ठा, जीवन-शैली तथा सैनिकों के प्रति उसके प्रेम तथा सहानुभूति के कायल हो गए थे तथा अपने कमांडर के लिए मर-मिटने के लिए तैयार हो गए। उन्होंने पूर्व में न तो राजाओं की ओर से अथवा अंग्रेज सैनिक कमांडरों की ओर से ऐसा व्यवहार एवं कार्यदक्षता का अनुभव किया था।

15 जनवरी को प्रात: ह्यूरोज अपनी सारी सेना लेकर रॉबर्ट हैमिल्टन के साथ यूनियन जैक फहराता हुआ, रणभेरी बजाता हुआ भोपाल पहुँचा। भोपाल की समृद्धि देखकर ह्यूरोज विस्मय में पड़ गया कि वास्तव में हिंदुस्तान सोने की चिड़िया है और उसी का शिकार करने उसकी जाति-बिरादरी के लोग हिंदुस्तान पधारे हैं। उसे भोपाल की बेगम साहिबा के स्वागत-सत्कार से अत्यंत प्रसन्नता हुई, जैसे वह लंदन की किसी समृद्ध उपनगरी में खा रहा हो। भोपाल की बेगम ने सैनिकों के खाने-पीने का व्यापक प्रबंध किया तथा रास्ते के लिए भी रसद साथ कर दी। ह्यूरोज आश्चर्य में पड़ गया, जब बेगम ने उसे सात सौ सैनिक और अस्त्र-शस्त्र भी दिए। उसने अपने साथी ब्रिगेडियर स्टुअर्ट से कहा, "स्टुअर्ट देखो, अंग्रेज इसीलिए तो हिंदुस्तान पर राज कर रहे हैं। हम अपना झाँसी तक का रास्ता बेगम की रसद तथा उनके सैनिकों का बलिदान करके ही तय कर सकते हैं। इन राजाओं की आपसी दुश्मनी के कारण ही हम यहाँ हैं, वैसे अकेले भोपाल की सेना ही हमें समाप्त कर सकती है।"

"पर ये लोग अंग्रेजों से मित्रता करके अपने ऐशो-आराम को सुरक्षित करना चाहते हैं," स्टुअर्ट ने कहा।

ह्यूरोज को रास्ते में खबर मिली कि सागर किले में एक सौ बहत्तर अंग्रेज नर-नारी और बच्चे ब्रिगेडियर सेज के साथ घिरे हुए हैं। उनके साथ चालीस ब्रिटिश कंपनी कर्मचारी तथा कुछ ब्रिटिश गोलंदाज बंद हैं। एक सहायक मजिस्ट्रेट, जो अपने कलेक्टर से मिलने जा रहा था, उसको विद्रोहियों ने सागर किले के दरवाजे पर ही मार डाला।

सूचना मिलने पर जनरल ह्यूरोज को सागर प्रथम जाना पड़ा, क्योंकि अन्य सहायता आने में दो महीने लग जाते।

सागर से 24 मील दूर राहतगढ़ के दुर्ग पर जनरल ह्यूरोज तथा मुसलमान पठानों में कड़ा संघर्ष हुआ। राहतगढ़ के किले के रास्ते में अंग्रेजों को आगे बढ़ने से रोकने के लिए जो लोग इकट्ठे हुए थे, उनमें अधिकांश स्थानीय अंचलों के किसान थे। राहतगढ़ विद्रोहियों और स्वतंत्रता-प्रेमियों का गढ़ था। तीन दिन तक पहाड़, जंगल एवं गुफाओं में छिपकर स्थानीय जनता युद्ध करती रही। उनके पास केवल तलवारें थीं, जबकि ह्यूरोज की सेना के पास बंदूकें, तोपें तथा आधुनिकतम अस्त्र-शस्त्र थे। फलतः भारतीयों की तरफ से असंख्य लोग मारे गए, जबकि अंग्रेजों की ओर कम क्षति हुई। किले के युद्ध का नेतृत्व भोपाल की बेगम के खास रिश्तेदार फजील खाँ ने किया। उसने परम वीरता के साथ वीना नदी के पार गुफा में छिपकर युद्ध किया, पर भोपाल की बेगम की सेना ने ह्यूरोज को फजील खाँ को पकड़ने में मदद की। बाकी विद्रोही बारोदिया चले आए और ह्यूरोज का सामना करने की तैयारी करने लगे। प्रथमयुद्ध में ही ह्यूरोज को संकेत मिल गया कि किस प्रकार भारतीयों को भारतीयों के विरुद्ध आमना-सामना कराकर युद्ध जीता जा सकता है। उसने अपनी शक्ति और बेरहमी का प्रदर्शन करने हेतु स्थानीय अंग्रेजों की भाँति 28 जनवरी को राहतगढ़ किले के सामने मोहम्मद फज़ील खाँ, नवाब कामदार खाँ, बलीदार खाँ तथा किसाराम को फाँसी दे दी।

इस प्रकार 127 लोगों को फाँसी दी गई तथा प्रायः दो सौ लोग मारे गए।

राहतगढ़ किले में ही बानपुर के राजा मर्दनसिंह का एक पत्र जनरल ह्यूरोज को मिला, जिसमें लिखा था—"यह तो धार्मिक युद्ध है, जिसमें काफिरों के विरुद्ध मुसलमान हिंदू साथ-साथ काफिरों से भिड़ेंगे तथा काफिरों को हिंदुस्तान से निकाल देंगे... ।" इस प्रकार समग्र बुंदेलखंड में एक ब्रिटिश-विरोधी सुनियोजित प्रतिरोधी संगठित किया गया था, अब ह्यूरोज को इस पत्र के लेखक तथा क्रांति के नायक राजा मर्दनसिंह की बेसब्री से प्रतीक्षा थी। झाँसी की रानी लक्ष्मीबाई के खास विश्वासपात्र राजा मर्दनसिंह की योजना थी कि जैसे भी हो जनरल ह्यूरोज का झाँसी प्रयाण रोका जाए।

बानपुर के राजा मर्दनसिंह ने स्वयं बारोदिया युद्ध का नेतृत्व किया, पर उनकी दाईं कोख में गोली लगी और उन्हें वापस आना पड़ा। इस युद्ध में जनरल ह्यूरोज की सेना का कैप्टन नेविली भी मारा गया। भारतीयों की तरफ से बहादुर अमानत सिंह की मृत्यु एक बहुत बड़ी क्षति थी, पर इस युद्ध में विदेशी अफगानों ने अदम्य साहस एवं वीरता का प्रदर्शन किया। ह्यूरोज ने कहा, "मैंने ऐसे बहादुर सैनिक नहीं देखे, जो जब मरने लगते हैं, तब भी धरती से उछलकर मरणांतक वार करते हैं, अपनी लंबी तलवारों से।"

भारतीयों की तरफ से प्रायः पाँच सौ लोग मारे गए। इनमें से तीन सौ के लगभग

किसान गाँववासी थे। ये लोग पत्थर, तीर-धनुष और बल्लम, बरछा लिये हुए अंग्रेजों की बंदूकों से निकली गोलियाँ अंत तक रोकते रहे। स्वतंत्रता एक ऐसा शब्द है, विशेषतः विदेशियों से कि लोग इसके लिए अपनी जान भी दे देते हैं।

इन दो विजयों के बाद 3 फरवरी, 1858 को ह्यूरोज ने सागर पर चढ़ाई की और सागर के किले में आठ महीने से बंद सभी अंग्रेजों को आसानी से आजाद कराया।

ह्यूरोज ने सागर से सीधा झाँसी जाने का निश्चय किया—रास्ते में भारतीयों के सैन्य अवरोधों को ध्वस्त करते हुए, पर इसी समय बचे हुए भारतीय विद्रोही सैनिक तथा विप्लवी जनता गढ़कोटा में एकत्रित हुए। सागर से 25 मील दूर गढ़कोटा में बंगाल की 51वीं और 52वीं पल्टन के बागी सिपाहियों ने कब्जा कर लिया था। ह्यूरोज ने 10 फरवरी को वहाँ आक्रमण करके 13 फरवरी को फतह हासिल की। फ्रांसीसी इंजीनियरों द्वारा बनाए गए गढ़कोटा किले की सुदृढ़ता का अनुभव करके ह्यूरोज आश्चर्य में पड़ गया और उसने कहा, "काश! मैं भारत में जन्म लेता।"

बारोदिया में हार के पश्चात् बानपुर के राजा मर्दनसिंह तथा शाहगढ़ के राजा बखत बली ने ह्यूरोज के रास्ते में नारहट, मालथौन, मदनपुर, घामौनी घाटियों में अंग्रेजों को रोकने की पूरी तैयारी कर रखी थी। जनरल ह्यूरोज भी अनुभवी सेनापति था तथा उसका सटीक अनुमान था कि विद्रोहियों की सेना कहाँ-कहाँ जमा हुई है और वह उससे कैसे युद्ध करेगी। ह्यूरोज स्वयं नारहट घाटी पर से जाने को तैयार हुआ, परंतु जब नारहट की घाटी पर बानपुर के राजा को युद्ध के लिए तैयार देखा, तब उसने मदनपुर घाटी, जो शाहगढ़ के राजा के अधिकार में थी, निकल जाने का निश्चय किया। उसने अपनी सेना का एक अन्य भाग मर्दनसिंह को अटकाने के लिए नारहट घाटी भेज दिया, ताकि मर्दनसिंह और बखतबली न मिल सकें तथा उसका संयुक्त रूप से प्रतिरोध न करें, क्योंकि उसकी सूचना के अनुसार दोनों राजाओं ने प्रायः बीस हजार सेना तैयार कर रखी थी। दूसरी ओर झाँसी से भी लालू बख्शी दो हजार सिपाहियों तथा दो तोपों सहित ब्रिटिश सेना को रोकने के लिए पहुँच गए थे, जब सुंदर और प्राकृतिक मदनपुर घाटी में दोनों सेनाओं के बीच कड़ा संघर्ष हो रहा था तो लालू बख्शी ने अपनी बंदूक से जनरल ह्यूरोज पर फायर किया, जो जनरल ह्यूरोज को लगकर उनके घोड़े को लगा। गोली लगने से घोड़ा गिर पड़ा और ह्यूरोज भी नीचे गिर पड़ा। उसके फौजी सहायकों ने जनरल ह्यूरोज को युद्ध-स्थल से उठाकर सुरक्षित करने में बड़ी तत्परता दिखाई अन्यथा अंग्रेजों की ओर से युद्ध वहीं समाप्त हो जाता। उस समय युद्ध सेनापति के इर्द-गिर्द होते थे, जैसे ही विप्लवियों के शीर्ष नेता मारे जाते, सेना यहाँ-वहाँ बिखर जाती या भाग आती, फिर ह्यूरोज तो वह सेनापति था, जिसके नाम एवं नेतृत्व के भरोसे ही अंग्रेज अपनी बुंदेलखंड विजय का अभियान चला रहे थे। ह्यूरोज एक जुझारू सैनिक था, जो पूर्व में कई युद्धों में

विदेशों की भूमि पर घायल हो चुका था तथा उसी घायलावस्था में वह पराजय को विजय में परिवर्तित करना भलीभाँति जानता था। उसने यहाँ भी अपने मातहत सेना नायकों का मनोबल कम होने नहीं दिया और कहा, "मुझे कुछ नहीं हुआ। एक सैनिक की वीरता तभी सिद्ध होती है, जब उसे शत्रु के कुछ घाव लगें। तुम लोग पूरी वीरता से लड़ो, मैं युद्धभूमि में ही हूँ। आवश्यकता पड़ने पर दूसरे घोड़े पर सवार होकर तुम्हारी सहायता के लिए पीछे से आऊँगा।"

ह्यूरोज मौत के मुँह में जाने से बच गया, पर बहुत से बुंदेला सरदार खेत रहे। यह समाचार सुनकर महाराजा मर्दनसिंह ने बख्शीजी का सम्मान करते हुए कहा, "बख्शीजी! यह बड़ा अच्छा हुआ कि तुमने जनरल को मेरे द्वारा ही ठिकाने लगाए जाने के लिए छोड़ दिया।" उन्होंने अपने गले की एक माला उतारकर बख्शी बहादुर राव को पहना दी।

3 मार्च को शाहगढ़ नरेश की हार हुई और वे युद्ध भूमि से पलायन कर गए। उनके कई सरदारों को फाँसी दे दी गई। यह खबर सुनते ही राजा मर्दनसिंह ने नारहट घाटी से अपना प्रतिरोध खत्म कर दिया। बानपुर और शाहगढ़ नरेशों के द्वारा इतनी तैयारी और सतर्कता के बावजूद भी इनकी सेनाएँ वह परिणाम न दे सकीं, जो ह्यूरोज की कम संख्यक सेना ने कर दिखाया। जनरल ह्यूरोज अपनी इस जानलेवा सफलता से अति उत्साहित हुआ। वह भलीभाँति समझ गया कि भारतीय विप्लवी सेनाओं के संगठन में क्या कमी है और संख्या में अधिक होते हुए भी कुशल सैन्य संचालन और अपनी मारक दक्षता का सही उपयोग न कर पाना ही उनकी खास कमजोरी है।

जब यह समाचार राजा मर्दनसिंह ने झाँसी की रानी को भेजा तो उन्हें बड़ी निराशा हुई, पर वे दुगने उत्साह से युद्ध की तैयारी में लग गईं, क्योंकि अब ह्यूरोज को रास्ते में रोकना मुश्किल था तथा झाँसी में ही महासंग्राम होने जा रहा था। रानी झाँसी ने राजा मर्दनसिंह को संदेश भिजवाया—"आप अपनी बची-खुची सेना लेकर झाँसी आ जाएँ, ताकि हम संयुक्त रूप से ह्यूरोज का यहाँ मुकाबला कर सकें।"

जब बानपुर के राजा मर्दनसिंह ने सुना कि शाहगढ़ के राजा को पराजित करके अंग्रेजी सेना मदनपुर घाटी से पार हो गई, तब उसने लड़ना व्यर्थ समझा। ह्यूरोज के नेतृत्व में अंग्रेजी सेना दूसरी ओर से भी बढ़कर बानपुर पहुँची। सेना को सारा बानपुर शहर खाली मिला। रॉबर्ट हैमिल्टन ने 10 मार्च, 1858 को यह आज्ञा प्रकाशित की कि बानपुर अब ब्रिटिश सरकार के अधीन है और जो लोग बलवे में शामिल नहीं हैं, वे वहाँ निर्भय होकर रहें। ह्यूरोज ने बानपुर के सुदृढ़ किले को देखकर उसकी सराहना की विशेषतः किले में स्थित तोपें ढालने की फैक्ट्री, जो यूरोपीय तर्ज पर थी। इसमें 18 पाउंडर तथा 9 पाउंडर की तर्ज पर तोपें तथा मोर्टर तैयार किए जाते थे। किले में अंग्रेजों की पोशाकें तथा फर्नीचर भी मिला, जो ललितपुर के अधिकारियों की थीं, इसके अतिरिक्त दो सौ सिपाहियों की पैंट

आदि भी थीं। ग्वालियर कंटिंजेंट पैदल सेना के सिपाहियों की कुछ अंगरक्षक वस्तुएँ भी थीं। यह सब देखकर मेजर बायलों ने 11 मार्च को बानपुर के राजमहल का कुछ भाग तोप से उड़ा दिया और शेष भाग में आग लगवा दी। रात भर इस प्रचंड अग्निलीला से अंग्रेजी सेना अपनी अपूर्व विजय का आनंद मनाती रही। ह्यूरोज मूकदर्शक बना रहा—जैसा देश, वैसा वेश। वह समझ नहीं पा रहा था कि उसके सैनिक क्यों इतना प्रतिकारवश नरसंहार एवं संपत्ति विनाश कर रहे हैं।

ह्यूरोज के साथ हैमिल्टन को ललितपुर से बुरी खबर आई कि क्रांतिकारियों ने फिर से सिर उठाया और उन्होंने ललितपुर नगर के बाजार को लूटा। उसी प्रकार बाँदा से भी समाचार आया कि व्हिटलॉक को कालिंजर किले की फतह के बाद बाँदा में नवाब अली बहादुर से कड़े प्रतिरोध का सामना करना पड़ रहा था। ओरछा, अर्थात् टेहरी रियासत की प्रायः 2500 फौज के बावजूद बाँदा भी अंग्रेजों के लिए एक सिरदर्द था, क्योंकि विप्लवियों ने प्रायः 17 अंग्रेज स्त्री-पुरुष, जैसे बेंजामिन, ब्रूस, लायड परिवार सहित तथा कॉकरेल और उसके बच्चों को मार डाला था तथा अंग्रेज कलेक्टर को पलायन करने पर मजबूर कर दिया था। व्हिटलॉक भूतपूर्व कलेक्टर मेन को वापस लाकर ब्रिटिश शासन की पुनर्स्थापना में प्रयासरत था, पर ह्यूरोज स्वयं अपने मुख्य लक्ष्य झाँसी से भटकने को तैयार नहीं हुआ।

इसी बीच ह्यूरोज ने ब्रिगेडियर स्टुअर्ट को प्रथम ब्रिगेड के साथ चंदेरी भेज दिया, ताकि बानपुर के राजा मर्दनसिंह के तथा विप्लवकारियों के आखिरी गढ़ पर भी अंग्रेजों का कब्जा हो सके। पहाड़ी पर स्थित परकोटेवाले विशाल दो किमी. लंबे और एक किमी. चौड़े ऊँची पहाड़ी पर स्थित प्रसिद्ध चंदेरी दुर्ग पर सात दिनों तक युद्ध करने के पश्चात् 17 मार्च को अंग्रेजों का कब्जा हो गया। इसी बीच झाँसी से प्रायः बीस मील दूर झाँसी खजुराहो रास्ते पर प्रायः आठ हजार विद्रोहियों के इकट्ठा होने की खबर आई। उसका भी मुकाबला करने के लिए ह्यूरोज ने एक छोटी सैन्य टुकड़ी भेज दी, ताकि झाँसी की रानी को कहीं से भी सैन्य आदि सहायता न पहुँच सके।

12 मार्च को ह्यूरोज के नेतृत्व में अंग्रेजी सेना तालबेहट के समीप पहुँची। वहाँ बहुत से विद्रोही एकत्रित थे, जो किले से सटे हुए विशाल तालाब के कारण इसे जल दुर्ग समझते थे, पर ह्यूरोज ने 14 मार्च को इस किले को तोड़ दिया एवं विद्रोही ह्यूरोज के सामने नहीं टिक पाए तथा तालबेहट से पलायन करने के लिए मजबूर हुए। इस प्रकार तालबेहट फतह करके और किले पर यूनियन जैक का झंडा फहराकर जनरल ह्यूरोज ने 17 मार्च को बेतवा पार कर ली और वह प्रथम ब्रिगेड को साथ लेकर 19 मार्च को झाँसी से 14 मील दूर स्थित कंचनपुर गाँव में पहुँचकर अपना शिविर स्थापित किया तथा झाँसी पर आक्रमण करने की रणनीति बनाने एवं उसे क्रियान्वित करने में लग गया।

झाँसी की रानी लक्ष्मीबाई ने भी ह्यूरोज की सेना को किले पर स्थित दूरबीन से देखा, अपने जासूसों के माध्यम से सूचना एकत्र की तथा वह भी अपने सलाहकारों के साथ सलाह–मशविरा करके अंग्रेजों का मुकाबला करने के लिए कमर कसकर तैयार हो गईं।

□

# पंद्रह

जनरल ह्यूरोज को गवर्नर जनरल से आदेश आया कि वह तात्या टोपे द्वारा घेरे गए अंग्रेज भक्त चरखारी के राजा की मदद के लिए कूच करें। चतुर जनरल ह्यूरोज ने इस धर्मसंकट की स्थिति में रॉबर्ट हैमिल्टन से सलाह-मशविरा किया तथा यह उचित समझा कि झाँसी की फतह को ही प्राथमिकता दी जानी चाहिए। ह्यूरोज ने सुझाव दिया, "यदि हम झाँसी पर विजय प्राप्त कर लेते हैं तो चरखारी, पन्ना, रीवा में सभी विद्रोह स्वयमेव शांत हो जाएँगे।" रॉबर्ट हैमिल्टन ह्यूरोज की दक्षता का प्रत्यक्षदर्शी था। उसने ह्यूरोज से कहा, "जनरल, आप अपना काम करें। मैं गवर्नर जनरल को समझाता हूँ।"

रॉबर्ट हैमिल्टन का मुख्य कार्य यह ही था—गवर्नर जनरल तथा सेनापति ह्यूरोज के बीच सब समय संवाद कायम रखना। हैमिल्टन ने ह्यूरोज से सहमत होते हुए उच्चाधिकारियों को समझाया, "चरखारी उनके पड़ाव से 80 मील दूर है, जबकि झाँसी केवल 14 मील दूर है। यदि वे इस समय झाँसी के मोर्चे को त्याग देते हैं तो इसके भयंकर परिणाम होंगे। झाँसी में विद्रोहियों का मनोबल बढ़ जाएगा। दूसरी ओर केवल ह्यूरोज की ब्रिगेड को तात्या टोपे का दल चरखारी के रास्ते में घेर लेगा तथा फिर उनका झाँसी लौटना मुश्किल हो जाएगा। दूसरी ओर मैं चरखारी अभियान में लगे मेजर जनरल व्हिटलॉक के साथ संबंध बनाए रखूँगा तथा चंदेरी से प्रथम ब्रिगेड के हमारे साथ झाँसी में मिल जाने का इंतजार करूँगा।" रॉबर्ट हैमिल्टन ने व्हिटलॉक से पत्राचार स्थापित किया। रॉबर्ट हैमिल्टन ने उच्चतम अधिकारी गवर्नर जनरल को अपने पक्ष में करने के लिए अनेक युक्तियाँ दीं, "ह्यूरोज यदि इसी समय चरखारी जाए तो उसे झाँसी किले पर लगी तोपों की मार के भीतर से (क्योंकि इसके अतिरिक्त और कोई रास्ता नहीं है।) होकर बरुआसागर रोड रखकर जाना होगा। ऐसा करने से यह होगा कि पहली ब्रिगेड के साथ उनका कोई संबंध ही नहीं रहेगा एवं पहली और दूसरी ब्रिगेड के बीच में रहेगा झाँसी का किला, जिसमें 1,500 बलूची और 1,000 बुंदेला सैनिक हैं। इसके अतिरिक्त रानी ने हम

लोगों के आगे बढ़ते आने की खबर सुनकर ओरछा और मऊ से अपनी फौज बुलाकर इकट्ठी कर ली है। संभवतः वह तात्या टोपे की सहायता भी चाहेगी। तात्या तब बाध्य होकर चरखारी छोड़कर झाँसी की तरफ आएगा एवं तब हम लोग एकदम झाँसी के पास ही तात्या से युद्ध करने में अधिक सक्षम होंगे।

इन सभी कारणों से गवर्नर जनरल यह निश्चय ही समझ सकेंगे कि वर्तमान में झाँसी छोड़कर जाना कितना राजनीतिक अदूरदर्शिता का काम होगा।"

यह पत्र पाकर केनिंग ने हैमिल्टन की राय से सहमति व्यक्त कर दी। ह्यूरोज प्रसन्न था कि उसकी युद्धक रणनीति में कोई भी हस्तक्षेप नहीं होगा। उसने अपने सैनिकों के सामने बाँदा, कानपुर तथा झाँसी में अंग्रेजों के नरसंहार की अमानवीय घटनाएँ सुनाकर उन्हें झाँसी की रानी के विरुद्ध धर्मयुद्ध करने के लिए अनुप्राणित किया। साथ में भारतीय सैनिकों से कहा, "कंपनी सरकार इन राजा-रानियों की भाँति आप लोगों का शोषण नहीं करती है।" आइरिश सैनिकों ने संत पेट्रिक के दिन 17 मार्च को कसम खाकर प्रतिज्ञा की कि वे लोग कानपुर और झाँसी में मारी गई महिलाओं और बच्चों की मौत का बदला लेंगे। भारतीय सैनिकों की सहानुभूति भी इन नरसंहारों के कारण अंग्रेजों के प्रति हो गई थी, उन्हें यह नहीं बताया जा रहा था कि इनके प्रतिकार में तो अंग्रेजों ने बूढ़े बरगद के पेड़ से नानाराव पार्क कानपुर में, बिठूर में स्थित फॉसिहा खेत में, फतेहपुर की बावनी इमली से, इलाहाबाद की फाँसी इमली से तथा हाल ही में राहतगढ़ तथा चंदेरी किलों के सामने हजारों क्रांतिकारियों और देशभक्तों को फाँसी पर लटका दिया था तथा हजारों निहत्थे स्थानीय कृषकों और आम जनता को अपनी गोलियों और तोपों से उड़वा दिया था।

झाँसी की रानी ने अंग्रेजों के अत्याचारों तथा नरसंहार का बदला लेने के लिए एक ठोस योजना बनाई।

जनरल ह्यूरोज 20 मार्च को सेना सहित झाँसी के पूर्व दक्षिण में कैमासिन की टौरिया के पीछे नगर से तीन मील दूर आ गया।

इसी बीच ह्यूरोज का जासूसी दल, मेजर बायल और वह स्वयं भी 21 मार्च को झाँसी के किले एवं शहर का निरीक्षण कर रहा था तथा झाँसी की रानी की युद्ध संबंधी तैयारियों की जानकारी इकट्ठी कर रहा था।

ह्यूरोज ने झाँसी पर चढ़ाई करने के पूर्व रानी लक्ष्मीबाई के पास संदेश भेजा—

"आप दीवान लक्ष्मणराव, लाला भाऊ बख्शी, मोरोपंत ताम्बे (आपके पिता), नाना भोपटकर, दीवान जवाहरसिंह, दीवान रघुनाथसिंह, कुँअर खुदाबख्श और मोतीसाई के साथ निःशस्त्र चली आवें अन्यथा कठोर और भयंकर फल के लिए तैयार रहें।"

इस प्रकार के संदेश के लिए रानी तैयार थी। प्रत्येक सेनानायक युद्ध प्रारंभ करने से पूर्व अपने शत्रु को आत्मसमर्पण करने का एक अवसर अवश्य देता है।

जिस मोतीसाई का जनरल ह्यूरोज ने अपने पत्र में नाम लिखा था, वह वास्तव में मोतीबाई थी।

इस कारण रानी का दीवाने खास हँसी से गूँज उठा। मोतीबाई ने पूछा, "और यह मोतीसाई कौन सी बला है? इसका क्या उत्तर होगा?"

रानी ने हँसी को दबाकर कहा, "मैं बतलाती हूँ।"

लक्ष्मण राव ने पूछा, "क्या उत्तर दिया जाए?"

रानी ने गंभीर मुद्रा में कहा, "मैं अकेली उत्तर देनेवाली कौन होती हूँ? झाँसी के सभी मुखियों को, सब जातियों के पंचों को जोड़ो। अपने सब सरदार इस समय झाँसी में ही हैं।"

तुरंत झाँसी के मुखिया, पंच, सरदार आदि इकट्ठे किए गए। सभी ने कड़े शब्दों में ह्यूरोज के संदेश की निंदा की और झाँसी की रानी के प्रति अपना पूर्ण ओजस्वी समर्थन व्यक्त करते हुए कहा, "लड़ेंगे। अपनी झाँसी के लिए, अपनी रानी के लिए, मरेंगे।"

"हमारे पास जितना रुपया और आभूषण है, सब स्वराज्य की लड़ाई के लिए रानी के हाथ समर्पित है।"

"आप अंग्रेजों को उत्तर दीजिए कि झाँसी उन लोगों को माँ की छठी के दूध की याद दिलावेगी।"

मोतीबाई ने सुझाव दिया, "तुम चुपचाप हिंदुस्तान को पीठ दिखाओ और अपनी विलायत में झख मारो।" रानी फिर से आश्वस्त हो गईं कि जनमत उनके साथ था तथा सभी उनके पीछे मरने-मारने के लिए तैयार थे, फिर भी रानी ने अंग्रेज जनरल ह्यूरोज को एक संयत उत्तर भेजा, 'मिलने के लिए क्यों बुलाया, इसका ब्योरा आपने कुछ नहीं दिया। मिलाप के परदे में मुझे धोखा दिखाई पड़ता है। मैं स्त्री हूँ। मैं कैसे नि:शस्त्र आ सकती हूँ? राज्य के दीवान और बख्शी ससैन्य आ सकते हैं।'

रानी ने इस चिट्ठी पर अपने हस्ताक्षर किए और उसे ह्यूरोज के दूत को दे दिया।

रसद, हथियार, गोला-बारूद आदि का भंडारण महारानी ने किया। किले एवं परकोटे की मरम्मत करा ली गई। सभी दस दरवाजों—खंडेराव दरवाजा, दतिया दरवाजा, उन्नाव दरवाजा, ओरछा दरवाजा, बड़ागाँव दरवाजा, लक्ष्मी दरवाजा, सैंयर दरवाजा, शांदेर दरवाजा, भांड़ेरी दरवाजा एवं झरना दरवाजा तथा इन दरवाजों के बीच परकोटे में चार खिड़कियों गनपत खिड़की, अलोगोल खिड़की, सूजेखाँ खिड़की एवं सागर खिड़की की मरम्मत करवा ली गई। लालू बख्शी को हथियार बनवाने का काम सौंप दिया गया। सारी मनों उपलब्ध चाँदी टकसाल में भेजकर सिक्कों में ढाल दी गई। मनों आटा, घी, शक्कर और अन्य खाद्य पदार्थों को इकट्ठा कर लिया गया। झाँसी की सुरक्षा को ध्यान में रखते हुए पेड़ काट दिए गए और दीवारें गिरा दी गईं, ताकि ब्रिटिश सेना पेड़ों या दीवारों

के सहारे न चढ़कर शहर या किले में प्रवेश कर सके एवं किले के चारों ओर पानी की खाई को भी पानी से भर दिया गया, ताकि किसी प्रकार शत्रु किले में न घुस सके। किले में 28 बुर्जें हैं, जो लगभग 12 फीट से 60 फीट तक ऊँचे हैं। बुर्जों के द्वार भीतरी प्रांगण में हैं। भीतरी परकोटा एवं बुर्जों पर चढ़ने के लिए चौड़ी सुविधायुक्त सीढ़ियाँ हैं। परकोटा भित्ति 6 से 8 फीट चौड़ी हैं, जिसके शिखर भाग पर 4 से 6 फीट का गलियारा है तथा बाहर की ओर पाँच-छह फीट सुरक्षा ओट दी गई है, जिसमें कँगूरों के बीच से तोप के गोलों के अनेक छिद्र हैं। इसी प्रकार शहर का भी प्रायः 41/2 मील घेरादार परकोटा की दीवारें प्रायः 18 से 30 फीट ऊँची, छह से 12 फीट चौड़ी हैं, जिस पर घुड़सवार भी घोड़े को दौड़ा सकता है।

दरवाजों के पास छोटा परकोटा 4-6 फीट चौड़ा है, जिस पर चढ़कर सैनिक या सिपाही दरवाजों में घुसनेवाले शत्रु पर फायर कर सकें तथा उन्हें रोक सकें। प्रत्येक दरवाजे की ऊँचाई 30 फीट, चौड़ाई 20 से 25 फीट तथा गहराई 10-12 फीट है तथा इन दरवाजों पर सागौन के विशाल दरवाजे लगे हैं, जिन पर 1 फीट की दूरी पर लोहे की पत्तियाँ एवं कीलें जड़ी हैं, ताकि हाथी भी इन्हें न गिरा सकें। दरवाजों की सुरक्षा के लिए दरवाजों के भीतर ही बीस से पचास सिपाहियों के पहरा देने की तथा ठहरने की व्यवस्था है तथा हनुमान एवं गणेश की मूर्तियाँ इन दरवाजों की सदा रक्षा करती हैं। खिड़कियों की ऊँचाई 10 फीट, चौड़ाई 10 फीट तथा गहराई प्रायः 8 फीट है। काले पत्थरों तथा चूने से बना यह परकोटा ही झाँसी शहर के लिए किला सदृश है।

ह्यूरोज ने आकलन किया कि वह झाँसी किले को सीधा आक्रमण करके कब्जे में नहीं ले सकता, जैसा उसने अन्य किलों को जीता है। उसे सर्वप्रथम दक्षिण में एक बड़ी गोल बुर्ज को कब्जे में लेना होगा, जहाँ से झाँसी शहर का परकोटा प्रारंभ होता है। इसी बुर्ज को घेरकर पत्थरों की एक गहरी खाई है। इस बुर्ज की सर्वाधिक महत्त्वपूर्ण स्थिति होने के कारण यहाँ पर सब समय रानी के लोग तैनात रहते हैं। दक्षिण के उसी बुर्ज पर दखल न कर पाने पर शहर में प्रवेश अथवा राजमहल पर कब्जा करना कुछ भी संभव न होगा। शहर पर कब्जा कर पाने पर ही किले पर अधिकार किया जा सकेगा। इस बुर्ज पर कब्जा करने के महत्त्व को समझकर ह्यूरोज ने लक्ष्मीसागर तालाब के दक्षिण में ओरछा दरवाजे के सामने कैमासिन की टोरिया (पहाड़ी) पर अपना तोपखाना स्थापित किया। इस पहाड़ी से झाँसी का किला भी अंग्रेजों की तोप की मार के बिल्कुल सीध में आता था। झोकन बाग के निकट गुप्त रीति से उसने दूसरा तोपखाना स्थापित किया। 25 मार्च को पहली ब्रिगेड लेकर स्टुअर्ट के आने से पहले तक इन दो तोपखानों को पूरी तरह स्थापित करना संभव नहीं हो सका। जनरल ह्यूरोज ने तेजगति से सूचनाएँ प्राप्त करने के दृष्टिकोण से एक टेलीग्राफ केंद्र केमासिन टोरिया पर स्थापित किया, जहाँ से पूरा झाँसी

क्षेत्र साफतौर से दिखाई दे रहा था। जनरल ह्यूरोज ने युद्ध शुरू होने से पूर्व ही शहर का पूरा निरीक्षण करके टेलीग्राफ लाइन डलवाकर उसने जितनी चौकियाँ स्थापित की थीं, उन सभी का आपसी संबंध तारघर से करा लिया, ताकि आदेश या रपटों तथा खबरों को जनरल तक पहुँचने में न देर हो और न ही कोताही। जनरल ह्यूरोज ने झाँसी शहर के दरवाजों के सामने अपनी चौकियाँ स्थापित कर दीं, ताकि शहर से लोग न तो बाहर जा सकें और न ही रानी की सहायता के लिए कोई बाहर से अंदर आ सके।

रानी लक्ष्मीबाई ने भी अपने झाँसी के निवासियों का झाँसी से बाहर जाने के लिए निषेध किया और वह अपनी सेना एवं झाँसी के निवासियों को युद्ध के लिए तैयार करने में लग गईं। उसी दिन राहतगढ़ से बचे भागे हुए पाँच सौ पठान रानी के शरणार्थी हुए। रानी ने उनको सब प्रकार की सुविधाएँ दीं। उन्होंने प्रण किया, 'स्वराज्य के लिए रानी के कदमों में अपने सब के सिर देंगे।' उन्होंने कहा, 'झाँसी अमारा मुल्क है। बाई साहब का राज्य है खास!'

रणभेरी के साथ-साथ रानी लक्ष्मीबाई की वीरता के विषय में झाँसी में चारों ओर इस प्रकार गूँज रहा था—

*राजे-महाराजे-मंडलीक हारे भारत के*
*अंग्रेजों आगे बढ़ने नहीं दूँगी मैं*
*फारो फरमान रोष रानी तन समानो आन*
*दासता स्वीकार जग हँसी न सहूँगी मैं*
*गोरेन के रुंड-मुंड चीर दो करूँगी मैं*
*दाबे होंगे पूना, सतारा, बिठूर, दिल्ली,*
*फिरंगी स्वदेश न काबिज होने दूँगी मैं*
*आन-बान-शान स्वराज हित लड़ूँगी मैं*
*दूँगी अपनी जान पर झाँसी नहीं दूँगी मैं।*

और गूँज रहा था यह युद्ध घोष—

*जननी जन्म दियो है तोखों बस आजहि के लानें?*

इसी समय झाँसी से दिल्ली को आजाद कराने गए दल का संदेशवाहक आया कि हिंदुस्तान के बादशाह का पुत्र उनके साथ मेरठ में है और वे फिर से दिल्ली पर कब्जा करने के लिए रानी से पाँच हजार रुपए की विनती करते हैं। रानी ने सोचा—'यदि देश बचेगा तो झाँसी बचेगी। देश के बिना झाँसी की आशा करना बेकार है। मैं देश की स्वतंत्रता में तो अपनी आहुति दे डालूँ। धनाभाव के बावजूद तथा झाँसी पर युद्ध के मँडराते बादलों की छाया में रानी ने उस संदेशवाहक को तीन हजार रुपए देकर संदेश दिया—"तुम लोग दिल्ली को आजाद करवाओ। झाँसी का नाम रोशन करो। देश की

आजादी ही हमारा सर्वस्व है। हम उसके लिए मर-मिटेंगे।" संदेशवाहक दुगने उत्साह से धन लेकर तुरंत मेरठ क्रांतिकारियों के पास पहुँच गया।

22 मार्च को ह्यूरोज के बीस-पच्चीस घुड़सवार निरीक्षण के लिए परकोटे के कुछ अधिक निकट आ गए। सैंयर फाटक के पास, इन घुड़सवारों के ऊपर ताबड़तोड़ गोलियाँ पड़ीं। उनमें से अनेक घायल हो गए, पर मरा कोई नहीं। ह्यूरोज को तुरंत समाचार मिल गया। उसने समझ लिया कि झाँसी कड़ा मुकाबला करने के लिए तैयार है। ह्यूरोज ने उसी दिन क्रोध में झाँसी पर धावा नहीं बोला। अपने संपूर्ण साधनों, आधुनिक अस्त्र-शस्त्रों, 120 तोपों तथा उपकरणों का फिर से निरीक्षण किया। जहाँ उसने त्रुटि पाई, उसको ठीक किया और अपने सेनानायकों को दूसरे दिन से युद्ध के लिए तैयार होने के लिए कहा।

23 मार्च सवेरे से ही ह्यूरोज ने दक्षिणी बुर्ज पर गोला बरसाना शुरू कर दिया। शहर के बाहर एक भी भारतीय नहीं था। सारी शक्ति किले में तथा शहर में सिमटी हुई थी। हो सकता है कि रानी लक्ष्मीबाई की यह रणनीतिक त्रुटि हो, पर उस समय लड़ाइयाँ किले में बंद होकर ही होती थीं। जिसने किले को फतह कर लिया, वह राजा हो गया। यह तो उस युद्ध-पद्धति से बढ़कर था कि झाँसी का प्रथम स्तरीय युद्ध केवल बुर्जों, फाटकों तथा खिड़कियों तक केंद्रित था। शत्रु परकोटे को पार ही नहीं कर पा रहे थे। रॉबर्ट हैमिल्टन के एक अनुमान के अनुसार, 'झाँसी में दस हजार बुंदेला और अफगान सैनिक, पंद्रह सौ भारतीय सैनिक, चार सौ घुड़सवार और तीस से लेकर चालीस तक तोपें हैं।'

किले की हर बुर्ज से—सागर, लक्ष्मी और ओरछा दरवाजों के तोपखानों से तोपों के जवाब में तोपों का उत्तर आने लगा। सैंयर फाटक की बाईं तरफ एक टेक पर अंग्रेजों का तोपखाना था। वहाँ से सैंयर फाटक और ओरछा फाटक पर तथा उन फाटकों के बीच की दीवार पर गोलों की वर्षा हुई। चलते हुए गोलों के कवर के नीचे गोरी पल्टन संगीनें बंदूकें लिये दीमक की भाँति चली। खुदाबख्श और दुल्हाजू ने उनको बढ़ने दिया, जब वे उनकी तोपों की मार के भीतर आ गए, तब उन तोपों ने मानो कहर उड़ेल दिया। गोरी पल्टन धरती में बिछ गई और फिर खुदाबख्श ने टेक-ने-टेक के तोपखाने को अपना लक्ष्य बनाया। अंग्रेज तोपची मारे गए और तोपों का मुँह बंद हो गया। तोपखाने के पीछेवाली सेना पीछे को भागी। उनके ऊपर रानी के प्रमुख तोपची गुलाम गौसा खाँ ने अपनी तोप 'घनगरज' से गोले दागे। घनगरज तोप के गोलों से अंग्रेज सैनिक बहुत परेशान हो गए, क्योंकि घनगरज की विशेषता थी कि गोला दगते ही अन्य तोपों की तरह उससे धुआँ नहीं निकला करता था। ह्यूरोज का महादेव मंदिर का तोपखाना भी गुलाम गौस खाँ ने शिवलिंग को बचाते हुए ध्वस्त कर दिया। इस प्रकार ह्यूरोज प्रथम दिन भारतीयों की धार्मिक भावनाएँ भी भड़काने में असफल हुआ।

झाँसी किले के बगीचा बुर्ज पर मुसलमान फकीर और हिंदू संन्यासियों की पताकाएँ

पास-पास लहरा रही थीं। मुश्किल से कुछ सैनिक बचकर ह्यूरोज के पास तक पहुँच पाए। पूर्व की ओर से सागर खिड़की और लक्ष्मी फाटक पर हमला धीमी गति से था। लक्ष्मीताल के दक्षिणी सिरे से हमले को भाऊ बख्शी की 'कड़क बिजली' तोप, जो 5.50 मीटर लंबी, 1.80 मी. चौड़ी तथा 0.60 मी. व्यास की थी, ने ऐसा मोर्चा साधा कि पूर्व की ओर से आक्रमण ही नहीं हो पाया, अतः प्रथम दिन युद्ध रानी के पक्ष में रहा। शाम को ह्यूरोज ने किले के दक्षिण में जीवन शाह की टोरिया के ठीक बगल में पूर्व की ओर किले से तीन सौ गज की दूरी पर मोर्चा बनाया, परंतु वह संध्या तक कम काम कर पाया। इस मोर्चे की सहायता के लिए तीन नए मोर्चे बनाए गए।

झाँसी के तोपची और सिपाही रात भर जागते रहे। रानी ने दुहरी तैनाती की। पुरुष तोपचियों के साथ अपनी दुर्गावाहिनी की विश्वासपात्र महिला सैनिकों और अधिकारियों को तैनात किया, ताकि वे उनका स्थान ले सकें, परंतु यह बदली सुबह होते ही नहीं हुई। स्त्रियाँ गोलंदाजों, गुलाम गौस, खुदाबख्श, रघुनाथसिंह, भाऊ बख्शी, दूल्हाजू, पूरन और सागरसिंह के पास काम करती रहीं। दोपहर के बाद बदली होनी थी।

गुलाम गौस ने लालता ब्राह्मण को माँगा। रानी ने लालता को भेज दिया। गुलाम गौस आराम करने चला गया। उसने कहा, "हम पठान स्त्रियों से दूर रहते हैं विशेषतः युद्ध के दौरान।" लालता ने गुलाम गौस को गाना सुनाया—

*जननी जनम दियो तोखो बस आजहिं के लाने।*
*जे झाँसी की लटी तकै, ताहि खाय कालिका माई।*

और वह अपने काम में लग गया। लालता ने फसील के छेद में होकर देखा कि जीवनशाह की पहाड़ी की आड़ में होकर बगलवाली टोरिया के पीछे कुछ तोपें चढ़ाई जा रही थीं। गुलाम गौस ने भी देखा।

गौस ने गिद्ध की भाँति अपनी आँखें साधीं और कहा, "पंडितजी, एक लोटा जल पिलाओ और मेरी घनगरज और उसकी छोटी बहनों का कमाल देखो। मैं इसके बाद छुट्टी लूँगा। शत्रु को इतने पास से वार करने देना खतरे से खाली नहीं है। खुदा ने चाहा तो खाने के बाद शाम को मिलूँगा।"

लालता ने पलीता लगाया और गुलाम गौस खाँ ने 'घनगरज और उसकी छोटी बहनों' से इतनी जोर से गरज करवाया कि धरती काँप गई। दक्षिण सिरे के सब बुर्जों से एक-एक क्षण के बाद गोले दागना शुरू हो गए। एक तोपखाने के बाद दूसरे को दागने में थोड़ा अंतर पड़ता था, जैसे यह रणक्षेत्र का संगीत हो। ह्यूरोज के अधुनातन तोपखानों ने जवाब दिया, परंतु जवाब कमजोर था। गौस के तोपखाने ने ऐसी मार बरसाई कि जनरल ह्यूरोज का दम फूल उठा। उसने अपने अभी तक की सैन्य-सेवा में इस तरह के सटीक प्रतिरोध का सामना नहीं किया था। वह कह उठा, "कितना दक्ष है रानी का तोपखाना! हमें

इसका ठहरकर जवाब खोजना होगा। जल्दबाजी ठीक नहीं होगी।" ह्यूरोज का दक्षिणी दस्ता नष्ट हो गया। कुछ तोपखाने बंद हो गए, परंतु एक तोपखाना शोर मचा रहा था। दोपहर का समय हो गया था।

गुलाम गौस ने कहा, "मुझे भूख लग रही है और गोरों का यह तोपखाना मानता नहीं। अच्छा देखता हूँ।" गुलाम गौस ने 'घनगरज' का निशाना और सटीक बैठाया और एक फटनेवाला गोला छोड़ा, जो सामनेवाले अंग्रेज तोपखाने पर गिरा। गोरे तोपची मारे गए और तोप भी उलटकर बेकार हो गई। गुलाम गौस ने सिद्ध कर दिया कि युद्ध में अस्त्र-शस्त्रों की बनावट या क्षमता से अधिक महत्त्वपूर्ण है इनको चलानेवाले तथा उनका मनोबल।

अंग्रेजों का दक्षिणी मोर्चा बिल्कुल ठंडा पड़ गया। गौस भोजन और आराम के लिए गया। लालता ने उसका स्थान पकड़ा। पूर्व की ओर से अंग्रेजी तोपों के गोले आने लगे। कुछ किले से टकराते थे और कुछ शहर में गिरकर घरों का और लोगों का नाश कर रहे थे, भाऊ बख्शी ने 'कड़क बिजली' का स्थान जरा सा परिवर्तित किया और निशाना साधकर पलीता दिया। थोड़ी देर में ह्यूरोज का पूर्वी मोर्चा भी ठंडा हो गया। तोपची मारे गए और तोपें बेकार हो गईं। बख्शी अपनी पत्नी को तोपखाना सौंपकर भोजन और आराम के लिए चला गया।

सुंदर ने रघुनाथसिंह की जगह ली। मुंदर ने दुल्हाजू की, मोती ने खुदाबख्श की। दीवान जवाहरसिंह को थोड़ी देर के लिए छुट्टी दे दी गई। रानी घोड़े पर सवार होकर शहर के सब मोर्चों को देखने और ठीक करने के लिए चली गईं। तीसरे पहर के अंत में लौट आईं। चौथे पहर से संध्या तक स्त्री तोपचियों एवं पं. लालता ने दृढ़तापूर्वक काम किया। झाँसी युद्ध का दूसरा दिन भी रानी की सेना ने लपक लिया।

ह्यूरोज अपने शिविर में चिंताग्रस्त बैठा शत्रु के विषय में सटीक सूचनाओं की प्रतीक्षा करने लगा। उसमें उनका रानी की ओर से पीर अली था, जो रानी का सेनानायक था, पर काम अंग्रेजों के लिए कर रहा था—मीरजाफर की तरह। रानी ने उसे सागर खिड़की की रक्षा के लिए तैनात कर रखा था, पर उस पर निगाह रखने के लिए बुंदेली पठान बहरामुद्दीन को भेज दिया, जो रानी का अटूट विश्वासपात्र था। वह बहरामुद्दीन को यह कहकर सागर खिड़की के पास से गुप्त द्वार से अंग्रेजों के पास कंटोनमेंट चला गया, यह जानने कि अंग्रेजों की ओर से क्या तैयारियाँ हो रही हैं। उसने कहा, "अंग्रेजी छावनी में भोपाल रियासत के सिपाही हैं। उनमें से मेरा एक रिश्तेदार है, वह कुछ और लोगों से मिला हुआ है, इसलिए ठीक-ठीक खबर मिल जाएगी, पर आप फाटक नहीं खोलना।"

"और यदि मैं सो गया तो क्या होगा?"

"यह छोटी सी खिड़की है। अंग्रेजों की यह सूची में नहीं है? फाटक में ताले पड़े हैं। मैं मोहरी के रास्ते जाऊँगा।" जब सब लोग सो गए, पीर अली ने बहरामुद्दीन को गुप्त सुरंग दिखाई और उसी से होकर वह अंग्रेजों की छावनी चला गया।

आधा मील चलने के बाद पीर अली अंग्रेज छावनी पहुँचा, उसे रोका गया। उसने पूर्व निश्चित संकेत दिया। संतरी ने उसे आगे बढ़ने दिया। उसे कई अड्डों पर रोका गया, पर अनुमति पाने पर पीर अली ह्यूरोज के सामने उपस्थित हुआ। दुभाषिए के द्वारा तुरंत बातचीत हुई।

ह्यूरोज—"किले में से जो गोलाबारी हुई, उसका प्रधान नायक कौन है?"

पीर अली—"गुलाम गौस खाँ और भाऊ बख्शी।"

ह्यूरोज—"ओरछा फाटक और सैंयर गेट पर कौन हैं?"

पीर अली—"दीवान दुल्हाजू ओरछा फाटक पर है और कुँअर खुदाबख्श सैंयर फाटक पर।"

ह्यूरोज के रजिस्टर में ये नाम नहीं थे।

ह्यूरोज—"कोई लालता ब्राह्मण है?"

पीर अली—"वह किले में है।"

रोज ने पूछा—"जनरल कौन है?"

पीर अली—"खुद रानी साहब! उनके नीचे दीवान जवाहरसिंह ठाकुर काम करते हैं।"

ह्यूरोज—"कुल कितने गोलंदाज हैं?"

पीर अली—"सैकड़ों। बहुत औरतें गोलंदाज हैं, जिन्हें रानी ने तोप चलाना सिखवाया है।"

ह्यूरोज—"बाई गॉड! यह झाँसी तो नरक है।"

औरतें गोलंदाज! यह तो यूरोप में भी नहीं है। मालूम पड़ता है कि झाँसी में रानी लक्ष्मी ही एक मर्द है। मैं कल दूरबीन से अच्छी तरह देखूँगा।"

ह्यूरोज—"उत्तरी दरवाजा किसके सुपुर्द है?"

पीर अली—"ठाकुरों, काछियों, कोरियों और मेहतरों के हाथ में। दतिया फाटक तेलियों के हाथ में है।"

ह्यूरोज—"दी होल पीपुल आर अगेन्स्ट अस (पूरे लोग हमारे विरुद्ध हैं।) अच्छा तुम किस जगह काम करते हो?"

पीर अली—"सागर खिड़की पर।"

ह्यूरोज—"हमारे हवाले कर सकोगे?"

पीर अली—"खुशी से, परंतु आपको फायदा कुछ नहीं होगा। सागर खिड़की के

ठीक पीछे तोपखाना है। वह मेरे काबू में नहीं है। वहाँ पठान और ठाकुर हैं।"

ह्यूरोज—"कोई औरतें हाथ आ सकती हैं?"

पीर अली—"झाँसी की औरतों को महारानी ने दुर्गा बना दिया है। उनको पकड़ना और काबू में करना असंभव है।"

ह्यूरोज—"जासूसी महकमे का अफसर एक मोतीसाई को सुना गया था।"

पीर अली—"जी नहीं। वह अफसर एक नाटकों में नाचनेवाली है, जो दिन में घूँघट में रहती है। उसका नाम मोतीबाई है। वे सब हँस पड़े।"

ह्यूरोज ने कहा—"हम लोग अपने को ही बेवकूफ बना रहे हैं। (वी हैव मेड फूल्स ऑफ अस!)"

फिर भी रानी का उत्तर कितना आदरपूर्ण था—"मैंने भी बुंदेलखंड में घूँघटवाली औरतों को ही देखा है तथा मेरे मन में उनके प्रति इज्जत उमड़ आई है, अब वे युद्ध भी कर रही हैं। मैं अपने सैनिकों से कहूँगा कि उन्हें न परेशान करें। अच्छा, किसी एक फाटकवाले से हमको मिला दो। तुमको और उसको हम मालामाल कर देंगे तथा तुम दोनों का कोई कुछ बिगाड़ भी नहीं पाएगा।"

ह्यूरोज जैसे बड़े जनरल से अभय का वादा पाकर पीर अली आश्वस्त हुआ। उसने एक-एक करके उसे झाँसी की रक्षा के रहस्य उगलना शुरू किया।

पीर अली—"जार पहाड़ी से।"

ह्यूरोज—"अच्छा, तुम हमको दक्षिण की तरफ का कोई फाटक वाला मिलवा दो।"

पीर अली—"मैं कोशिश करूँगा।"

ह्यूरोज ने पीर अली को धन्यवाद देकर वापस किया।

पीर अली के लौटने पर बरहामुद्दीन ने पूछा—"आज कुछ मालूम हो पाया या अपना ही रहस्य उनको दे आए।"

पीर अली—"रानी से कौन मरना चाहेगा? मैं इतना जान पाया कि अंग्रेजों ने हिंदुस्तानियों का भरोसा करना बिल्कुल छोड़ दिया है, फिर भी अपने सैनिकों की कमी पूरी करने के लिए गोरों के साथ भोपाल, हैदराबाद, सिंधिया रियासत के दस्ते हैं। मद्रास की काली पल्टन तो उनके साथ ही चल रही है। यहाँ से ओरछा का दस्ता उत्तर की ओर अंजनी टोरिया पर तैनात है।"

ह्यूरोज को जैसे स्वर्णिम रहस्य प्राप्त हो गया। जार पहाड़ी किले के पास सबसे ऊँची थी तथा उससे किले पर सीधा निशाना सधता था। दूसरी ओर उस पर पक्की चट्टानें हैं जिस पर रानी की तोपों का असर नहीं होता। अंग्रेज इन चट्टानों की ओट में बैठकर ठीक-ठीक निशाना साध रहे थे।

उसी रात ह्यूरोज ने सावधानी से जार पहाड़ी पर तोपखाने का मोर्चा बाँधा। सुबह होते ही निशाने ठीक बैठाए गए और तोपों में बारूद भर-भरकर शहर की ओर गोले दागे गए। झाँसी शहर का विध्वंस आरंभ हो गया। लोग बेहिसाब मरने और घायल होने लगे। जहाँ-तहाँ आग लगीं, बाजार बंद हो गए। शहर में हाहाकार मच गया। शहर के बीच दक्षिणी दिशा में लक्ष्मीताल के पास घास का एक विशाल ढेर था। मार्च मास की तीव्र गरमी से घास सूख चुकी थी। अंग्रेजों का गोला गिरते ही घास में आग लग गई और पास के घरों में भी आग लग गई। रानी की सेना द्वारा गोले बरसाने से जितनी अंग्रेजों की क्षति हुई, उससे अधिक क्षतिग्रस्त हुआ झाँसी का किला और झाँसी शहर। किले की पश्चिमी दीवार में छेद हो गया, जिसकी तुरंत मरम्मत कर दी गई।

शहर का हाल जानकर रानी दुःखी हुईं। तुरंत सवार होकर किले से उतरीं और गोलों की वर्षा के बीच में प्रत्येक मोहल्ले में जाकर उत्साह दिया। आग बुझाने का प्रबंध किया और भंडारे की व्यवस्था को पक्का किया।

लौटते ही रानी ने अपने प्रधान तोपची गुलाम गौस से कहा, "खाँ साहब, आज पश्चिम की ओर कोई नया मोर्चा अंग्रेजों ने खोल दिया। इसको शांत करना ही होगा। चौथाई नगर बरबाद हो गया है। कल जाने क्या गत होगी!"

रानी का उच्छ्वास देखकर गौस खाँ को क्रोध आया। उसने कहा, "रानी साहिबा! आप चिंता न करें। यह पठान अपने खून का आखिरी कतरा भी देकर आपका मान रखेगा और झाँसी की रक्षा करेगा। सरकार दक्षिण मोर्चे का इंतजाम कर दें, मैं अंग्रेजों के इस मोर्चे को देख लूँगा।"

रानी ने कहा, "मैं मोतीबाई को भेजती हूँ।"

खाँ बोला, "वह कमाल की गोलंदाज है सरकार! पर वह इस मोर्चे को न सँभाल पाएगी।" अंग्रेज लोग दक्षिण के सिवाय और किसी ओर से नहीं आ सकते, क्योंकि इस दिशा से किला अत्यंत निकट पड़ता है।"

रानी ने कहा, "तो मैं बख्शिन को भेज दूँ?"

"भेज दीजिए सरकार, वह बड़े खानदान की है।"

रानी ने मन-ही-मन सोचा, "हे भगवान्, त्याग में भी ऊँच-नीच! मोतीबाई किसी से कम नहीं है, फिर भी..." बख्शिन ने दक्षिण बुर्ज की 'घनगरज' और उसकी 'छोटी बहन' शंकर तोप को सँभाला। वह गौस के बताए हुए क्रम पर काम करती रही, गुलाम गौस तुरंत पश्चिमी बुर्ज पर पहुँचा। वहाँ लालता ब्राह्मण काम कर रहा था। गौस ने बारीकी के साथ दूरबीन से निरीक्षण किया और पाया कि अंग्रेज ताजा लाल मिट्टी के ढेरों में तोपों को छिपाकर गोले चला रहे थे।

गौस ने तोपों पर तदनुसार निशाना साधा। तोपों को इधर-उधर खिसकाकर ठीक

किया। निशाने बाँधे, बारूद और गोले भरे। गोलों के निशाने पर पड़ते ही मिट्टी और बजरी के ढेरों में से मरे हुए तोपची नजर आए। तोपें भी उलटी पड़ी दिखीं। अंग्रेजों के पश्चिमी मोर्चे से तोपों की आवाजें बिल्कुल बंद हो गईं। नगर में चैन हो गया। गौस ने जाकर रानी को प्रणाम किया। रानी ने सोने के कड़े मँगवाकर गौस को अपने हाथों से पहनाए। रानी हर्षित थीं और खाँ साहब का खुरदरा चेहरा आँसुओं से तर था। तीसरे पहर के बाद पारी बदली और स्त्रियों ने तोपें सँभालीं तथा भीषण गोलाबारी शुरू कर दी।

ह्यूरोज ने स्टुअर्ट को दूरबीन से दिखाया, "ओह! स्त्रियाँ तोपें चला रही हैं। स्त्रियाँ गोला-बारूद ढो रही हैं। कुछ खाना-पानी बाँट रही हैं। टूटी हुई दीवारों और कँगूरों की मरम्मत में सहायता कर रही हैं। इतनी तेजी से हिंदुस्तानियों को काम करते आज ही देखा। आश्चर्य हो रहा है।" जब ह्यूरोज को पता चला कि पश्चिमी मोर्चा तहस-नहस हो गया तो उसने स्टुअर्ट को भेजा तथा उसने 'घनगरज' तोप के शोर को बंद करने की आज्ञा दी।

दक्षिणी ब्रिगेड ने अत्यंत तीव्रता के साथ तोपों की वर्षा शुरू की। बख्शिन जवाब-पर-जवाब दे रही थी। बारूद के धुएँ से उसका सुंदर चेहरा काला पड़ गया। ब्रिगेड के कुछ लोगों ने किले की ओर दौड़ लगाई, ताकि किले की दीवार पर चढ़ा जा सके, पर घनगरज के तोपखाने ने उनको मार गिराया। अंग्रेजी फौज को वापस लौटना पड़ा, पर उनके तोपखाने ने एक सफलता अर्जित की। एक गोला बुर्ज के कँगूरे को तोड़कर बख्शिन के कंधे पर लगा, उसका कंधा उड़ गया। वह अचेत होकर गिर पड़ी, उसके पति बख्शी को पूर्वी बुर्ज पर समाचार गया। शांत होकर बख्शी ने उत्तर दिया—"मैं अपना मोर्चा नहीं छोड़ सकता। उससे बढ़कर मेरे लिए झाँसी और झाँसी की रानी हैं। शाम को देखूँगा, तब तक राह मत देखना।"

बख्शी अपने काम में जुटा रहा। एक बार आकाश की ओर देखा। गीता के श्लोक को याद किया 'नैनं छिन्दन्ति शस्त्राणि नैनं दहति पावक:।' और तोपों को दुगनी तेजी के साथ चलाने लगा। अंग्रेजों का पूर्वी मोर्चा शांत हो गया।

बख्शिन के रक्तरंजित शव को लेकर रानी विलाप करने लगीं तभी गौस खाँ ने उन्हें समझाया—"आप ऐसे करेंगी तो हम लोग गोरों से किस बारूद से लड़ेंगे? अभी न जाने हमारे कितने सरदार और सैनिक मारे जाएँगे। आप दीवानेखास में बैठकर हुकुम भेजती रहें और हमारा मनोबल बढ़ाती रहें। मैं इनको मजा चखाता हूँ।"

रानी बख्शिन के शव का आवश्यक प्रबंध करके दीवानेखास चली गईं। गौस खाँ ने 'बिसमिल्ला' कहा और घनगरज से तीन बाढ़ों में ही अंग्रेजों का तोपखाना, तोपची और उनके सहायक ऊपर उछलकर सिधार गए।

फिर गौस खाँ ने देखा कि झोकन बाग के पास गुसाइयों के मंदिरों की आड़ में अंग्रेज सैंयर गेट पर गोलाबारी कर रहे हैं। बेचारा खुदाबख्श जवाब नहीं दे पा रहा था,

क्योंकि अंग्रेज तोपें मंदिर के एक छिद्र से गोला चला रही थीं तथा जवाब देने पर मंदिर को नुकसान होने का डर था। गुलाम गौस खाँ रघुनाथसिंह वाली बुर्ज पर गया और उनसे अनुरोध किया, "दीवान साहब, दो पल के लिए तोप मुझे बख्श दीजिए। सैंयर फाटक के सामनेवाला अंग्रेजी तोपखाना बंद करना है। और कहीं से निशाना लगाने पर मंदिर को नुकसान हो सकता है।"

"तोप खुशी से लीजिए," रघुनाथसिंह ने कहा, "यदि मंदिर नष्ट होता है तो आप चिंता न करें। अंग्रेजी तोपखाना हर हालत में मिटना चाहिए। हम अपने देवी-देवताओं को बचाने के लिए लड़ रहे हैं और आप भी हमारे साथ हैं।" गौस ने तोप को सँभाला और दूरबीन से देखकर ऐसा लक्ष्य वेध किया कि तोप नष्ट हो गई। अंग्रेज तोपची मारे गए और मंदिर बच गया। सभी ने खाँ साहब की तारीफों के पुल बाँधे।

संध्या समय रानी की मुख्य सहेली बख्शिन के शव का दाह-संस्कार हुआ। बख्शी कुछ असंगत बातें करने लगा, पर रानी ने उसे जैसे-तैसे ढाढ़स दिया और दूसरे दिन युद्ध के लिए तैयार किया। रानी ने उपस्थित सभी को संबोधित करते हुए कहा, "हम झाँसी और वतन की रक्षा के लिए धर्मयुद्ध कर रहे हैं। जो इस युद्ध में मारा जाएगा, वह स्वर्ग जाएगा, जो बचा रहेगा, वह इस भूमि पर राज करेगा। हमारी मातृभूमि स्वर्ग से भी बढ़कर है।"

यह युद्ध का दिन भी रानी एवं झाँसी के महावीरों के पक्ष में रहा।

□

# सोलह

कानपुर और बिठूर से पराजित होने के बाद नाना साहब तो नेपाल चले गए, पर राव साहब और तात्या टोपे ने झाँसी की ओर रुख किया, ताकि रानी की झाँसी से मिलकर अंग्रेजों को अंतिम युद्ध में दफनाया जा सके तथा झाँसी जनरल ह्यूरोज का वाटरलू सिद्ध हो। राव साहब कुछ सेना के साथ कालपी में ही डेरा डाले रहे, जबकि तात्या टोपे ने पेशवा की तथा झाँसी की रानी द्वारा भेजी गई स्थानीय राजाओं की अतिरिक्त सेना के साथ चरखारी के राजा पर चढ़ाई कर दी, ताकि झाँसी के युद्ध में अंग्रेजों के चरखारी और टेहरी के पिट्ठू राज्य धन और बल से अंग्रेजों को सहायता न पहुँचा सकें। ह्यूरोज की झाँसी से सहायता न आने के कारण चरखारी के राजा ने तात्या टोपे की सेना के सामने समर्पण कर दिया, जिसमें तात्या टोपे के साथ महाराजा शाहगढ़, महाराजा बानपुर, राहतगढ़ के नवाब और नरवर की सेनाओं सहित बीस हजार से अधिक सैन्य बल हो गया था। उनके पास पकड़ी हुईं 4 अंग्रेजी तोपें, जिनमें एक 18 पाउंडर तोप भी थीं। इसके अतिरिक्त चरखारी से उठाई गई 18 अन्य तोपें भी थीं। 5 तोपें बानपुर नरेश भी अपने साथ लाए थे। इस तरह कुल मिलाकर 27 तोपें हो गई थीं।

तात्या टोपे ने चरखारी नरेश से तीन लाख रुपए दंड के रूप में वसूल किए, जिसमें से 2 लाख रुपए तो तुरंत मिल गए और एक लाख रुपए चरखारी नरेश ने तुरंत देने का वादा किया। यह राशि तात्या टोपे के लिए 20–25 हजार सेना के 10 दिन के संचालन के लिए काफी थी।

चरखारी से तात्पा टोपे अपनी सेना के साथ झाँसी–ओरछा जाने के लिए रास्ते में 27 मार्च को मऊरानीपुर में रुका। उसने 28 मार्च को भी अपना पड़ाव वहीं रखा, पर परस्पर सलाह–मशविरा करके तथा राव साहब से संदेश पाकर तात्या टोपे ने टेहरी न जाकर सीधा झाँसी जाने का निश्चय किया, ताकि झाँसी की रानी से मिलकर अंग्रेजी सेना को आखिरी शिकस्त दी जा सके। राव साहब ने यह आदेश झाँसी की रानी का काशीबाई

और जूही द्वारा सहायता का अनुरोध प्राप्त करने पर किया था। तात्या कैसे अपने पेशवा के आदेश का उल्लंघन करता?

वह मऊरानीपुर से बरुआसागर होता हुआ 31 मार्च को बरुआसागर और झाँसी के बीच बेतवा के किनारे नोंटघाट पहुँचा। यहाँ पर उसके साथ झाँसी की और भी सेना आ मिली, अब उसकी सेना प्राय: 22,000 हो गई थी, जो उसके द्वारा नियंत्रित करना संभव नहीं था।

झाँसी में जब ह्यूरोज को यह समाचार प्राप्त हुआ तो उसने पहले से ही अपनी सैनिक टुकड़ियों को तात्या टोपे की गतिविधि पर नजर रखने एवं उन्हें रोकने के लिए तैनात कर दिया था। उसने स्टुअर्ट के साथ सलाह-मशविरा किया एवं निश्चय किया—"मैं तात्या टोपे को रोकता हूँ। आप मेरे लौटने तक झाँसी की रानी का किले से आक्रमण को रोके रखना। यदि ये दोनों सेनाएँ मिल गईं तो हमारा अभियान यहीं समाप्त हो जाएगा, तब हम इस ब्रिटिश जाति के अपमान के जिम्मेदार होंगे तथा इंग्लैंड वापस न लौट सकेंगे।"

जनरल स्टुअर्ट ने अपनी ब्रिगेड को झाँसी के आक्रमण को रोकने के लिए तैयार किया, तब तक उसे सिंधिया, ओरछा और दतिया से भी कुछ सेना प्राप्त हो गई थी। ह्यूरोज को खबर मिली कि तात्या टोपे बरुआसागर से बेतवा नदी के किनारे नोंटघाट तक पहुँच गया। वह अपने साथ अपनी ब्रिगेड के अधिकांश भाग को लेकर बेतवा के किनारे पहुँचा तथा तात्या टोपे की विशाल सेना को पराजित करने की रणनीति में संलग्न हो गया।

तात्या टोपे की सेना की कमजोर जगहें कौन-कौन सी हैं, यह ह्यूरोज ने तुरंत समझ लिया। विश्व स्तर का सेनापति था ह्यूरोज—एक बार अजातशत्रु। युद्ध में शत्रु उसके नाम से ही काँपते थे, उसकी सेना उसके पीछे जी-जान से लग जाती थी, क्योंकि वह जानती थी कि ह्यूरोज जैसे योग्य, चतुर, दृढ़ सेनापति के नेतृत्व में उसकी जीत निश्चित है। शत्रु तो उससे युद्ध प्रारंभ होने के पूर्व ही हार मान लेता था। इस युद्ध में भी वही हुआ, जो हिंदुस्तान में किसी ने सोचा नहीं था। ह्यूरोज ने देखा कि तात्या की विशाल 22,000 सेना का मध्य भाग अत्यंत शृंखलाबद्ध है, जहाँ तात्या टोपे अपने हाथी पर बैठकर सेना को नियंत्रित कर रहा है, पर उसके बाएँ और दाएँ दोनों छोर कमजोर हैं। उसके निर्देशन पर कैप्टन प्रोटिजोन और कैप्टन मैकमोहन ने तात्या टोपे की दक्षिणी सेना पर आक्रमण किया। ह्यूरोज ने स्वयं कैप्टन नीड के साथ बाईं तरफ से आक्रमण किया। तात्या टोपे के सैनिक बंदूकों में गोलियाँ भर ही रहे थे कि कैप्टन नीड ने उनके बीच घुसकर जब हमला किया तो उसकी वरदी तार-तार हो गईं। दु:ख की बात यह थी कि तात्या की सेना के पास पुरानी किस्म की बंदूकें थीं, जिनमें भरने में बहुत समय लग रहा था और प्राय: 90 प्रतिशत सिपाही अप्रशिक्षित थे। झाँसी से भेजी गई सेना में तो अधिकांश अपने गाँवों से युद्ध करने के लिए ही आए थे। केवल ग्वालियर कन्टींजेंट के सैनिक अधिक तैयार और

युद्ध कौशल में पारंगत थे। जनरल ह्यूरोज स्वयं युद्ध में कूद पड़ा, अब ह्यूरोज की सेना ने तात्या की सेना पर दोनों-तीनों तरफ से हमला कर दिया था। युद्ध चरम गति से लड़ा जा रहा था और चारों ओर तलवार से मारकाट मची हुई थी। ह्यूरोज की संपूर्ण सेना केवल दो तोपें, 1182 सैनिक, घुड़सवार और गोलंदाज सब मिलाकर। तात्या टोपे तीन मील दूर हाथी पर चढ़कर, जिस पर पेशवाशाही का झंडा लगा हुआ था, जो झाँसी के सैनिकों को रास नहीं आया। वे झाँसी और केवल झाँसी के लिए लड़ने आए थे। अंग्रेजों के तेज और चपल सैनिकों और घुड़सवारों के हाथ तात्या टोपे ने पहली टुकड़ी को हारते देखकर अपनी सारी सेना को पीछे हटने का आदेश दिया। भागते-भागते भी उसके गोलंदाजों ने तोपों से गोले छोड़े। तात्या टोपे राजपुर घाट की ओर चलने लगा। बीच रास्ते में जो जंगल पड़ा, उसमें अंग्रेज सेना को रोकने के लिए आग लगा दी गई। तात्या टोपे की तीसरी सेना राजपुर गाँव में थी। राजपुर गाँव के सामने बेतवा नदी के रेतीले कछार के अंत में भीषण संग्राम हुआ। जनरल ह्यूरोज ने घुड़सवारों से दूसरा हमला करके तात्या टोपे की सेना को छिन्न-भिन्न कर दिया। 31 मार्च को तात्या टोपे अपने सभी तोपचियों को छोड़कर भाग गया। तोपचियों ने भी सेनापति को भागते देखकर तोपों को असुरक्षित छोड़कर मैदान त्यागना शुरू किया। तात्या जितनी तोपें कालपी से लाया था; वे सब लड़ाई के मैदान में छूट गईं। वीर, देशभक्त, बाईस हजार सैनिकों, 28 तोपों, 10 हाथियों तथा शाहगढ़ और बानपुर के राजाओं के समान सहयोगियों के रहते हुए भी तात्या टोपे उस दिन पराजित हो गया। इसका कारण है, उसकी रणनीति की विफलता, जो गुरिल्ला युद्ध पर अधिक केंद्रित थी, जबकि यहाँ युद्ध आमने-सामने का था तथा एक तेज-तर्रार, वेग से चलनेवाली शत्रु सेना तथा उसके योग्य सेनापति ह्यूरोज के सामने।

तात्या की सेना ने दो भागों में विभाजित होकर मोर्चा त्यागा। एक भाग कालपी और दूसरा मऊरानीपुर गया। 18 तोपें, अनेक बंदूकें एवं बारूद ह्यूरोज के हाथ लगा, जिसका उपयोग उसने अपने कमजोर होते झाँसी शिविर को शक्तिशाली बनाने में किया। यहाँ भी जनरल ह्यूरोज की रणनीति सफल हुई। तात्या टोपे की मध्य सेना के सामने हैदराबाद की घुड़सवार सेना न ठहर सकी, पर बाएँ-दाएँ से आक्रमण होने पर तात्या की सेना में भगदड़ मच गई। बंगाल के नवाब की सन् 1757 में प्लासी के युद्ध में पराजय को यहाँ दुहराया गया। बेतवा युद्ध में भारतीयों की पराजय सारे मध्य देश और बुंदेलखंड के सन् 1858 के इतिहास की एक अत्यंत दुखांत घटना है। यदि निर्भीक, देशभक्त एवं समर्पित सेनानायक तात्या टोपे ने बेतवा युद्ध का चतुरता और सूझ-बूझ से परिचालन किया होता तो मध्य भारत में अंग्रेजों के पुनः अधिकार का स्वप्न पीछे छूट जाता, उन्हें अपनी जान बचाने के लाले पड़ जाते, पर शायद ह्यूरोज पर उनका गॉड ईसा मसीह अधिक कृपालु था, जबकि रानी के ऊपर से मानो महालक्ष्मी ने अपना वरदहस्त उठा लिया हो। व्यक्तिगत

वीरता, साहस और देशभक्ति के ऊपर चपल, चंचल, विदेशी आधुनिक हथियारों की जीत हो रही थी। बेतवा युद्ध में जहाँ 1500 से 2000 सिपाही टोपे के मारे गए, वहाँ जनरल ह्यूरोज के केवल बीस सैनिक मरे और 61 घायल हुए।

विजय से लौटते हुए जनरल ह्यूरोज ने स्वच्छ, सुंदर नीलवर्णीय एवं विशाल बेतवा को प्रणाम किया और मन-ही-मन कहा, 'ये हिंदुस्तानी अपनी इतनी सुंदर प्राकृतिक धरोहरों का क्यों उपयोग नहीं कर पाते। बेतवा के सामने हमारे लंदन की टेम्स नदी की क्या तुलना है? कहाँ टेम्स एक नाला, कहाँ बेतवा एक समुद्र? इन लोगों की आपसी ईर्ष्या, दुश्मनी और अदूरदर्शिता के कारण यह सुंदर और समृद्ध देश बरबाद हो रहा है।'

बरुआसागर के किलेदार से तात्या टोपे की झाँसी की ओर बढ़ती हुई विशाल सेना का समाचार सुनकर रानी बहुत खुश थी। उन्होंने दूरबीन से भी पेशवा की विशाल सेना को देखा एवं वह आश्वस्त हुईं, पर यह उनकी खुशी कुछ ही घंटों के लिए थी। पेशवा सेना तो लौटकर कालपी चली गई। रानी ने अपने सलाहकारों, सरदारों और सिपाहियों को इकट्ठा किया और अश्रुपूर्ण नेत्रों से गला साफ करते हुए कहा, "मेरे बहादुर सरदारों और सिपाहियों, भाइयों और बहनों! पेशवा की सेना के भरोसे हम लोग युद्ध में नहीं कूदे हैं। अपनी हिम्मत, वीरता, एकता और त्याग से हम लोगों ने अब तक झाँसी की रक्षा की है, अब हमें शत्रु के साथ यह अंतिम युद्ध अत्यंत सूझ-बूझ एवं वीरता के साथ लड़ना होगा।"

तात्या टोपे की विशाल सेना की अप्रत्याशित पराजय एवं अचानक पलायन से जनरल ह्यूरोज तथा ब्रिटिश सैनिकों का मनोबल बहुत बढ़ गया और इसका लाभ उन्हें झाँसी की चल रही घेराबंदी का तुरंत हल करने में मिला। कहते हैं कि युद्ध में जन-बल और अस्त्र-बल से अधिक महत्त्वपूर्ण होता है मनोबल।

जनरल ह्यूरोज, स्टुअर्ट आदि सेनानायक तथा ब्रिटिश सैनिक जोश और मनोबल से लबालब हो गए, जो इस समय तक झाँसी की रानी द्वारा पलटकर प्रभावी एवं क्षतिकारक आक्रमण करने के कारण काफी निचले स्तर तक पहुँच चुके थे। दूसरी ओर ह्यूरोज की इस महान् जीत का समाचार सुनकर ओरछा और दतिया राजाओं ने अपने और सैनिकों को अंग्रेजों की सहायता के लिए भेज दिया, क्योंकि अब उनका रानी के सेनानायकों से डर समाप्त हो चुका था, दूसरी ओर युद्ध में निरंतर मारे गए सैनिकों तथा धन का अपव्यय हो जाने के कारण रानी के पास साधनों का निरंतर अभाव होता जा रहा था। अंग्रेजों के कड़े पहरे के कारण, चिड़िया भी झाँसी नगर में प्रवेश नहीं कर पा रही थी। एकमात्र सहायता की आशा थी, तात्या जैसी विशाल सेना से जो अंग्रेजों से लड़कर, उन्हें रास्ते में हराकर रानी की झाँसी सेना के साथ एकजुट हो जाती तथा दोनों सेनाएँ मिलकर अंग्रेजों की छोटी सेना पर टूट पड़ती और उन्हें पलायन करने के लिए बाध्य कर देती, पर युद्ध में सब समय आशानुकूल नहीं घटता। झाँसी के साथ भी कुछ अब ऐसा ही होने जा रहा है।

ह्यूरोज की अनुपस्थिति में भी अंग्रेज सेना झाँसी की रानी का प्रतिरोध करती रही। यह रानी न जान पाईं कि ह्यूरोज नहीं है। सभी हताश हो रहे थे, पर रानी ने अपना आक्रमण उसी प्रकार जारी रखा। दोनों पक्ष बराबरी पर चल रहे थे। सुंदर को रानी ने दूल्हाजू के साथ लगा दिया, ताकि दूल्हाजू एवं पीर अली पर निगरानी रखी जा सके। संध्या के बाद वह दूल्हाजू के पास ओरछा गेट पर पहुँच गई।

दूल्हाजू ने दिन में खूब तोप चलाई थी। सुंदर ने उससे कहा, "आप विश्राम करिए। मैं रात भर सावधान रहूँगी और जरूरत पड़ने पर अंग्रेजों को जवाब दूँगी।"

दूल्हाजू का सुंदर के प्रति छुपा हुआ प्रेम उमड़ गया, जो उसने इतने दिनों से अपने दिल में सँजोए रखा था। दूल्हाजू ने प्रस्ताव किया, "सुंदर, तुम बिल्कुल सुंदर हो। तुमको देखते ही मेरे दिल में हलचल होने लगती है। तुम तो महल की रानी बनने योग्य हो।"

"रानी तो एक ही है और एक ही हो सकती है।"

"तुम तो मेरे हृदय की रानी हो। क्या कहती हो ?"

"यही कि आप बहुत नीच हैं। यहाँ झाँसी पर कठिनाई के बादल मँडरा रहे हैं और तुम्हें इश्क सूझ रहा है।"

दूल्हाजू को इस उत्तर की आशा नहीं थी। उसने अपने अपमान को मुश्किल से सँभाला और बोला, "जानती हो, मैं ठाकुर हूँ।"

सुंदर ने दृढ़ स्वर में कहा, "जानते हो, मैं कुणभी हूँ, जिस जाति की सहायता से छत्रपति शिवाजी ने एकच्छत्र हिंदू राज्य स्थापित किया था।"

दूल्हाजू बनावटी हँसी हँस पड़ा और बोला, "मैं सुंदरबाई तुमसे प्रसन्न हुआ। मैंने तुम्हारी परीक्षा लेने के लिए ही यह सब कहा था।"

सुंदर ने स्थिर होकर कहा, "अच्छा हुआ कि परीक्षा शीघ्र समाप्त हो गई, नहीं तो इसका बुरा परिणाम होता।"

दूल्हाजू की आँख में लौ छूट पड़ी। वह सुंदर से बोला, "लो, यह तोपखाना सँभालो। मैं सवेरे काम पर आऊँगा।" पीर अली दूल्हाजू के पास आया। उसने दूल्हाजू को अन्यमनस्क पाया। उसने सोचा कि वह ही उसका उचित शिकार है। दोनों में बातचीत हुई। पीर अली ने कहा, "दीवान साहब, आप तो बड़ा परिश्रम कर रहे हैं, पर पुरस्कार तो गौस खाँ को दिया जा रहा है।"

दूल्हाजू—"मैंने परिश्रम करके ही ओरछा फाटक से दूर अंग्रेजों को रोके रखा है, पर रानी पठानों और विदेशियों को बहुत पैसा देती है। मुझे तो एक पैसा भी पुरस्कार में नहीं मिला। मारे जाने पर मेरे परिश्रम का कोई मूल्य भी आँका जाएगा, इसमें मुझे संदेह है। जी चाहता है कि यह लड़ाई समाप्त हो या अवसर मिले तो अपने घर चला जाऊँ। बाल-बच्चों के भविष्य का भी ध्यान रखना है।"

पीर अली—"मुझे लगता है कि हम लोग अंग्रेजों को हरा नहीं सकते।"

दूल्हाजू—"तुम तो अंग्रेज छावनी जाते हो, मुझे भी ले चलो।"

पीर अली—"चलो, अभी चलो।"

दूल्हाजू पीर अली के साथ जनरल ह्यूरोज के सामने पहुँचा।

ह्यूरोज ने प्रस्ताव दिया, "दीवानजी, आपको कल हमारे लिए ओरछा का फाटक खोलना होगा।"

दूल्हाजू—"पर एवज में मुझे क्या मिलेगा?"

ह्यूरोज—"तुम्हारी तथा तुम्हारे परिवार की सुरक्षा की गारंटी तथा दो गाँव की जमींदारी।"

दूल्हाजू का पसीना छूट गया, पर अब ह्यूरोज के सामने से वह वापस भी नहीं आ सकता था। यहाँ कुआँ, वहाँ खाई? अवैध कार्यों में एक बार संलिप्त होने पर लौटना मुश्किल होता है।

ह्यूरोज—"तो गंगाजी की सौगंध खानी पड़ेगी।"

दूल्हाजू ने गंगा माई की सौगंध ली, "मैं कंपनी सरकार, अंग्रेजों के साथ दगाबाजी नहीं करूँगा।"

ह्यूरोज ने तुरंत कहा, "दो गाँव की जागीर, दीवान साहब, हमेशा के लिए।"

रोज और स्टुअर्ट ने सलाह की और दूल्हाजू को समझाया, "जब हमारे मोर्चे के पीछे लाल झंडा देखो, तब तुम्हें अपने तोपखाने से गोले बंद करने पड़ेंगे। यदि तुमने हमारे साथ बेईमानी की तो सबसे पहले हम तुमको ही मारेंगे।" दूल्हाजू ह्यूरोज के कड़े निर्णय को भलीभाँति समझता था। वह ह्यूरोज का प्रस्ताव स्वीकार करके वापस लौट आया तथा उसने एवं पीर अली ने अंग्रेजों का साथ देने का निश्चय किया। पीर अली के साथ काम कर रहे बरहामुद्दीन ने पीर अली और दूल्हाजू के संशयपूर्ण व्यवहार की शिकायत रानी से की, पर रानी का घोड़ा जल्दी में फड़फड़ा रहा था, रानी ने उपेक्षा कर दी और कहा, "इन छोटी-छोटी बातों पर अभी ध्यान करने का मेरे पास समय नहीं है। तुम अपना ठिया ठीक तरह से सँभाले रहो, पीर अली क्या कर सकेगा? फिर दूल्हाजू के स्थान पर मेरे पास कोई दूसरा तोपची फिलहाल नहीं है।" परंतु रानी ने अपनी गुप्तचर प्रमुख मोतीबाई को दोनों पर नजर रखने के लिए हिदायत दी।

1 अप्रैल को सारी रात रानी ने अपने सरदारों के साथ घूम-घूमकर गोलंदाजों को बख्शीश दी। किले की सभी दीवारों की मरम्मत करवाई। शहर में घूमकर नगरवासियों को सुरक्षा का विश्वास दिलाया तथा सावधान रहने के लिए कहा। सभी नागरिक भी अंग्रेजों का सामना करने के लिए तैयार हो गए। यह उनके लिए कत्ल की रात थी। रानी के साथ स्वयं को एक करते हुए सभी नर-नारी, बच्चे आज आसन्न मृत्यु के सामने खड़े हुए हैं,

पर वे लोग आज भी रानी पर विश्वास करते हैं, उस नेत्री पर जिसने झाँसी के कल्याण के लिए अपना सर्वस्व बलिदान कर दिया और जो और भी बलिदान देने को तत्पर है। वे रानी को जरा भी उलाहना नहीं दे रहे हैं, शिकायत-शिकवा नहीं कर रहे हैं। वे इसे अपना भाग्य ही समझ रहे हैं। बचे हुए सैनिकों को उत्साहित करते हुए रानी ने निर्देश दिए, जिससे वे लोग अपने-अपने स्थानों पर चौकस रहें, अब दैवीय घटना ही झाँसी युद्ध का पासा पलट सकती है या कुछ अनहोनी हो जाए। केवल ह्यूरोज के मारे जाने पर अंग्रेजी सेना में भगदड़ मच सकती है, पर ह्यूरोज जार के पहाड़ की भाँति जार के पहाड़ मोर्चे पर पूरी मुस्तैदी से अपनी सेना का नेतृत्व कर रहा था। मजाल थी कि कोई अंग्रेज सेना में उसके आदेश का बाल के बराबर भी उल्लंघन करे। ऐसा करने पर उसके पासवाले ही उसे मार डालते। एक सेना—एक सेनापति—एक आदेश और वह था झाँसी शहर और किले पर सभी ओर से आक्रमण और आक्रमण तथा सभी तहस-नहस। अंग्रेजों को जो झोकन बाग के नरसंहार का बदला लेना था, यद्यपि उसमें केवल एक व्यक्ति बख्शीश अली खाँ का हाथ था। वह भी अंग्रेज अधिकारी से उसके अपमान का बदला लेने के लिए।

2 अप्रैल को प्रात:काल ह्यूरोज ने देखा कि दक्षिण की ओर नगर के परकोटे में एक विशाल दरार हो गई। शहर पर 2 अप्रैल और 3 अप्रैल को आक्रमण करने का पूरा खाका बनाकर उसने जिम्मेवार अधिकारियों को उससे अवगत करा दिया। दक्षिण की दरार से होकर अंग्रेजों की सेना को दाएँ आक्रमण का अंजाम देना था, जो उस दरार से शहर में घुस जाएगा। दूसरी तरफ से किले पर चढ़ने का प्रयत्न किया जाएगा तथा नगर में भी प्रवेश किया जाएगा।

जनरल ह्यूरोज ने अपने टेलीग्राफ संदेश तथा बंदूक दागकर आक्रमण का ऐलान किया। दोनों तरफ की गोलाबारी से आकाश में चलते हुए गोलों की आग की चादर तन गई। अंग्रेजों की कुछ टुकड़ियाँ आकर किले की दीवार के नीचे खड़ी हो गईं। साथ-ही-साथ रानी के निर्देश से बज उठा—बदले का बिगुल। अंधकार से पूर्ण किला, नगर, बुर्ज सभी जगह उठीं हजार-हजार मशालें। जून में चमकता हुआ सूरज अंधकार से ढक गया। गरज उठीं तोपें, बंदूकें। इंजीनियर, अर्थात् सफरमैना सेना ने किले की दीवार से नसैनी (सीढ़ी) लगाई। किले के ऊपर से स्त्रियों को जो भी मिला, लकड़ी, पत्थर अपने हाथों से फेंकने लगीं। अंग्रेजों ने लाशों पर ही सीढ़ियाँ लगाईं और लेफ्टीनेंट डिक और लेफ्टीनेंट मेकलेजोन ऊँचे टावर के भीतर उछलकर कूद पड़े। दिलीपसिंह पंवार थे, उस स्थान पर, डिक और मेकलेजोन को मारकर उन्होंने भी अंग्रेजों की गोली लगने से प्राण दे दिए। इस तरह से ओरछा राज्य से स्वदेश के प्रति समर्पित इस राजपूत सरदार ने झाँसी के साथ युद्ध में अपने प्राणों की आहुति देकर देश का ऋण चुका दिया। यहाँ अंग्रेजों की सेना की हार हुई।

दक्षिण मोर्चे पर स्वयं ह्यूरोज था। अपने तोपखानों की छत्रच्छाया में अंग्रेज बंदूकची जीवनशाह की टोरियाँ से ओरछा फाटक और सैंयर फाटक की ओर बढ़े। अंग्रेजों की भारतीय पलटन जमीन पर बिछने लगी। पैर उखड़े। पीछे भागने को हुई। रानी ने ओरछा गेट पर मोतीबाई को भेजा, जहाँ तोपों की आवाज एवं तीव्रता धीमी पड़ रही थी। केवल नाममात्र को धुआँ उठता हुआ दृष्टिगोचर हो रहा था। मोतीबाई सैंयर गेट होती हुई ओरछा गेट के लिए निकली, पर खुदाबख्श ने कहा, "आज तुम मेरी बात मान लो। तुम ओरछा फाटक पर मत जाओ। यहीं मेरे साथ रहो। मुझे तुम्हारा चेहरा और कुछ पल देखने दो, शायद हमारा युद्ध के बाद विवाह करने का स्वप्न पूरा न हो सके। मैं आज अपनी रानी और अपने देश का नमक अदा करूँगा। तुम्हारे हाथ से मेरी लाश को ठिकाने लगने पर मुझे खुशी होगी।" मोतीबाई का चेहरा कुम्हला गया। उसकी आँखों से उसके सुंदर चेहरे पर आँसू टपक पड़े। तोप पर पलीता डालते ख़ुदाबख्श ने चिल्लाकर कहा, "यह वक्त आँसुओं का नहीं है।" मोतीबाई ने बारूद की कलोंचवाले हाथों से आँसू पोंछ डाले और बोली, "नहीं। अब आँसू नहीं आवेंगे।"

खुदाबख्श ने खुशी के साथ कहा, "आज मैं तुम्हारा हमेशा के लिए कैदी हो गया।"

मोतीबाई भी आँखें मिलाकर बोली, "और हमेशा के लिए मैं आपकी।"

खुदाबख्श ने देखा कि गोरे फाटक की ओर बढ़े चले आ रहे हैं। तोपों और बंदूकों से जवाब दिया गया।

खुदाबख्श ने मोतीबाई को ओदश दिया—"पूरी तौर पर पत्थर, कटे हुए पेड़ के लक्कड़ इन लोगों के सिर पर पटकवाओ।" मोतीबाई ने ऐसा ही किया। अंग्रेजों ने अपनी पैदल पल्टन को वापस बुलाने का बिगुल बजाया। पल्टन गिरते-गिरते लौट पड़ी। उत्तरी फाटक पर जोर का हमला था, परंतु ठाकुरों, काछियों, कोरियों और तेलियों की चतुरता तथा बहादुरी के कारण वहाँ अंग्रेज कुछ नहीं कर पाए।

3 अप्रैल को सुबह होते ही ह्यूरोज मारमुखी अवतार में घोड़े पर सवार होकर आ गया। उसने अपने सभी सेनानायकों को आदेश भिजवाया—'नाऊ और नेवर (या तो अभी या कभी नहीं)।' तार से यह आदेश ओरछा फाटक, टेक और जार पहाड़ी के तोपखाने को दिया गया। ओरछा फाटक अवरोध ने इसका जो अर्थ लगाया, वह लाल झंडे को और ऊँचा करना था।

उधर ह्यूरोज स्वयं अपने चार लेफ्टीनेंटों तथा अंगरक्षकों के साथ सैंयर गेट की ओर बढ़ा। वे तोपों की बरसात में आड़ लेते हुए, सैंयर फाटक की दाहिनी ओर पहुँचे, जहाँ परकोटे की दीवार धँस गई थी। खुदाबख्श के फाटक पर कहर-के-कहर बरसने लगे। इसी समय रामचंद्र देशमुख घोड़े पर आया। उसी समय एक गोली खुदाबख्श को लगी। सैंयर फाटक का तोपखाना बंद हुआ। एक अंग्रेज दीवार पर चढ़ा, मोतीबाई ने उसका

सिर कलम कर दिया और खुदाबख्श को देशमुख के घोड़े पर लादकर किले में आ गई। तभी ह्यूरोज को चिर-प्रतिक्षित खबर मिली कि ओरछा गेट पर लाल झंडा फहरा रहा है, पर जैसे ही दूल्हाजू लोहे की छड़ लेकर बुर्ज के नीचे फाटक खोलने पहुँचा, सुंदर को इस माजरे को समझने में क्षण भर की भी देरी नहीं लगी। वह तोप छोड़कर तलवार लेकर दूल्हाजू के पास पहुँची। उससे पहले दूल्हाजू ने फाटक पर पहुँचकर छड़ से मोटी साँकल और ताले को पीटना आरंभ कर दिया था, क्योंकि इनकी चाबियाँ नहीं थी, दूल्हाजू ने उछलकर ताले में छड़ डाली, तड़ाक से ताला टूट गया। दूसरे और तीसरे में डाली, सब टूट गए। दो साँकलों को भी तोड़ दिया और तीसरी साँकल खोल दी; फाटक केवल भिड़े रह गए कि सुंदर नंगी तलवार लिये आ पहुँची। सुंदर ने चिल्लाकर कहा, "देशद्रोही, नरक के कीड़े, तू अंग्रेजों से कुछ नहीं पावेगा।" यह कहकर सुंदर दूल्हाजू पर वार करने लगी। उसकी तलवार का एक वार दूल्हाजू ने लोहे की छड़ पर झेला। तलवार झन्ना कर बीच से टूट गई। तलवार का जो टुकड़ा सुंदर की मुट्ठी में बचा था, उसी को तानकर सुंदर दूल्हाजू पर उछली। दूल्हाजू ने छड़ को उसके पेट में भोंक दिया। चोट की परवाह न करके सुंदर ने फिर वार किंया। दूल्हाजू तुरंत पीछे हटा। इस बार उसने ठीक तरह से सुंदर के पेट में छड़ अड़ा दी। इधर गोरों ने धक्के से फाटक खोल दिया। सुंदर के मुँह से 'हर-हर महादेव' निकला था कि एक गोरे की गोली ने अपूर्व सुंदरी सुंदर को अमर कर दिया।

दूल्हाजू ने छड़ धरती पर टेक दी। दूल्हाजू पर भी गोरों की बंदूकें सीधी हुईं परंतु उनके अफसर ने कहा, "अवर मैन (अपना आदमी है)।"

गोरों ने बंदूकें नीची कर लीं। वे टिड्डी दल की भाँति भीतर घुस पड़े।

अफसर ने कहा, "यह रानी है।"

दूल्हाजू ने उत्तर दिया, "नहीं साहब, नौकरानी है।"

अफसर ने अपने साथियों से कहा, "उसे सिपाही का सम्मान देकर दफना दिया जाए।"

उसके बाद वे लोग सब दिशाओं में, शहर में घुसने लगे।

ह्यूरोज के पास द्वारा फाटक खुलने का विजयी संवाद पहुँचा। ह्यूरोज के आदेश पर दूल्हाजू और पीर अली दोनों को अंग्रेज छावनी में सुरक्षित पहुँचा दिया गया। दूल्हाजू के विश्वासघात के कुकृत्य का समाचार शीघ्र चारों ओर फैल गया।

रानी ने माथे पर हाथ रखकर कहा, "जीवन में यही बड़ा भारी धोखा खाया। बरहामुद्दीन ने मुझे ठीक ही चेताया था, पर मुझे विश्वास नहीं हुआ कि बुंदेलाओं में भी इस प्रकार के कृतघ्न, विश्वासघाती, नमक हराम हो सकते हैं।" फिर रानी ने खुदाबख्श के दफनाने की सुव्यवस्था करने का आदेश दिया, पर मोतीबाई ने कहा, "सरकार, किला अब भी आपके पास है। मैं इनका प्रबंध करती हूँ। हिम्मत न हारिए। बहादुर व्यक्ति मृत्यु

होने पर ही हारता है, मृत्यु से पहले नहीं। हो सकता है कि हमारे भाग्य में अब भी कुछ चमत्कार लिखा हो।"

दूसरी ओर ह्यूरोज की सेनाओं ने एक-एक करके शहर में प्रवेश किया। ह्यूरोज के नेतृत्व में सारी अंग्रेज फौज नगर स्थित राजमहल की ओर बढ़ने लगी। पथ-पथ पर उन्हें झाँसी की सेना का सामना करना पड़ा। प्रत्येक घर से बंदूकें गर्जना कर उठीं। अंग्रेज सैनिकों ने तब प्रत्येक घर में घुसकर आग लगा दी, यद्यपि उन्हें ह्यूरोज के आदेश पर वह घर छोड़ना पड़े, जिनके सामने स्त्रियाँ बैठकर विलाप कर रही थीं।

धूँ-धूँ करके जलने लगा शहर का नामी मोहल्ला हलवाईपुरा। दूसरी ओर राजमहल के नीचे मैदान में राजा के प्रसिद्ध पुस्तकालय में घुसकर अंग्रेज सैनिकों ने तलवारों से रेशम, जरी के बस्तों को खोलकर मूल्यवान और दुर्लभ पुस्तकों को फाड़-फाड़कर ढेर लगा दिया। उसमें थे वेदों, स्मृतियों, मीमांसाओं, ब्राह्मण ग्रंथों, पुराणों, उपवेदों, रामायण, महाभारत, भगवद्गीता, उपनिषद्, दर्शनशात्र की टीकाएँ। उसके बाद मूर्ख सैनिकों ने उस ढेर में आग लगा दी, दह-दह करती हुई अग्नि जल उठी। कोई यह समझ नहीं पाया कि ये दुर्लभ ग्रंथ सैनिकों के कैसे शत्रु हो गए? यह विश्व-इतिहास में नहीं सुना गया। यहीं से अंग्रेजी राज का पतन आरंभ हो गया। विद्या का अपमान पर अब सैनिक ह्यूरोज के नियंत्रण के बाहर हो रहे थे। दस-बारह दिनों से बिना वरदी बदले, बिना सोए वे युद्ध कर रहे थे। अंग्रेज अधिकारी और सैनिक समान रूप से लूटपाट के लिए राजमहल में घुस गए। उन्होंने सर्वप्रथम राजा गंगाधर राव की वह नाट्यशाला तोड़ी, जहाँ बैठकर वह सैकड़ों शीशों में नर्तकियों का नाच प्रतिबिंब देखकर खुश होते थे। गंगाधर की विख्यात पालकी, चाँदी का हिंडोला, आभूषण, माणिक-मोती, चाँदी के बरतन, बहुमूल्य कपड़े सभी ढोकर ब्रिटिश छावनी पहुँचा दिए गए। राजमहल के पास ही रानी की अश्वशाला थी, जिसके सामने मैदान में रानी प्रतिदिन अभ्यास करती थीं और वहाँ चालीस अफगान पहरा दे रहे थे। उन लोगों पर डेढ़ सौ अंग्रेजों ने आक्रमण किया। बंदूकों की गोलियाँ जब खत्म हो गईं तो बचे हुए अफगान रक्षक तलवार निकालकर लड़ने लगे। अस्तबल के पास घास का गोदाम था। अंग्रेजों ने विनाश का आनंद लेने के लिए उसमें आग लगा दी। अफगान वीरों के कपड़ों में आग लग गई, पर उन्होंने तलवारें अंत तक नहीं छोड़ीं। अंग्रेजों की लूट को देखकर देशी सिपाहियों ने भी लूटपाट आरंभ की, उन्हें बड़े-बड़े ताँबे, पीतल के बरतनों से लेकर जो भी चीज मिली, वह लेकर चला गया। इसके बाद राजमहल में आग लगा दी गई। राजमहल से लगे हुए बाग में पालतू हरिण और मोर आदि उसी अग्नि में जलकर मर गए। यह था ह्यूरोज का ब्रिटिश सम्मान को कायम रखने का तांडव नृत्य। ह्यूरोज की सेना, अब पूरे झाँसी शहर में फैल चुकी थी तथा लोगों को चुन-चुनकर मार रही थी तथा उनके घरों में लूटपाट करके आग लगा रही थी। ओरछा और दतिया से भी अतिरिक्त सैनिक आ गए। केवल ध्रुपद गायक मुगलखाँ को बख्शा गया।

रानी ने जब किले से अपनी झाँसी को जलते हुए देखा तो वह कराह उठीं, फिर भी उन्होंने गीता के श्लोक को स्मरण करके कि हमारा कर्म करने मात्र में अधिकार है, फल में नहीं, अपने सभी सलाहकारों, सेनापतियों, तोपचियों तथा सेनानायकों की हिम्मत बढ़ाते हुए कहा, "अब कोई उपाय नहीं बचा है। बाहर निकलकर लड़ो, गोरों को शहर से निकालो और झाँसी की रक्षा करो।"

जवाहरसिंह, रघुनाथसिंह, गुलाम गौस खाँ, भाऊ बख्शी, गुलमुहम्मद, भोपटकर आदि सभी ने सम्मिलित स्वर में कहा, "हम अपने रक्त की अंतिम बूँद तक झाँसी की रानी एवं झाँसी की रक्षा करेंगे।"

दूसरे दिन 4 अप्रैल को प्रात: से ही अंग्रेजी फौज ने फिर से नृशंस अत्याचार प्रारंभ कर दिया। गुलाम गौस खाँ अभी भी अपनी तोपों की मार से अंग्रेजी सेना की बाढ़ को किले में आने से रोके हुए था, पर कुछ अंग्रेजों ने किले के अंदर घुसकर उसे गोलियों से भून दिया, बस झाँसी का युद्ध यहीं समाप्त हो गया। गुलाम गौस के मरने के बाद मोतीबाई ने जाकर तोपखाना सँभाला, पर उसे भी गोरों ने गोली मार दी। रानी ने मोतीबाई की लाश को अपनी गोद में रखकर आखिरी विदाई दी। मोतीबाई ने मरते हुए कहा, "इस गोदी में सिर रखकर मरना किसी और के भाग्य में नहीं था, बाई साहब! मैं कुछ भी हूँ, परंतु शुद्ध हूँ, सरकार!"

रानी बोली, "शुद्ध ही नहीं, तू पवित्र है, हीरा है, देश के लिए एक अनमोल हीरा। एक दिन सभी को मरना है, परंतु सत्कार्य में, देश के लिए प्राण देना, भगवान् का ध्यान करते हुए, यह जन्म भर की अच्छी कमाई के कारण प्राप्त होता है।"

इसके बाद मोतीबाई की आँखें बंद हो गईं, अब रानी ने अपनी बची एकमात्र सहेली या सहायक मुंदर को तोप पर नहीं जाने दिया। झलकारी बाई को भी अपने आसपास रहने का निर्देश दिया।

इसी बीच सागरसिंह खंडेराव फाटक पर अदम्य वीरता का प्रदर्शन करते हुए मारा गया। अब अंग्रेज सेना ओरछा फाटक और खंडेराव फाटक से किले में प्रवेश करने का प्रयास करने लगी, पर किले के दरवाजे के बाहर तैनात अफगानी पठानों ने उनका कड़ा मुकाबला किया। वे मरते रहे, पर अंग्रेजों की सेना को आगे नहीं बढ़ने दिया। इसी बीच महारानी भी किले से उनका नेतृत्व करने आ गईं, उन्हें पाकर संपूर्ण सेना द्विगुणित उत्साह से लड़ने लगी, पर नाना भोपटकर रानी को समझा-बुझाकर जोर-जबरदस्ती से किले के भीतर ले गए। उन्होंने कहा, "यदि एक भी गोली आपको लग गई तो कौन इस युद्ध का संचालन करेगा। बिना सेनापति के सेना लंगर के बिना जहाज की भाँति होती है। आप चलकर किले से हुकुम दीजिएगा।"

भोपटकर की उम्र और अनुभव का लिहाज करके रानी किले में लौट आईं।

□

## सत्रह

रानी ने नहाया-धोया। वह पुरुष सैनिक वेश में आईं तथा किले में पंचमहल के नीचे के खंड में मुख्य-मुख्य लोगों को इकट्ठा किया। वह बोलीं, "आप लोगों ने अपने प्राणों की बलि लगाकर झाँसी की रक्षा की, परंतु अब मुझे अच्छे लक्षण नहीं दिख रहे हैं। हमारे कई मुख्य सेनानायक, दलपति, गोलंदाज काम आ गए। दीवारों और फाटकों के रक्षक वीर मारे गए। किले की चार हजार सेना में से चार सौ भी नहीं बचे हैं। अंग्रेजों ने किला घेर लिया है। वे शीघ्र ही किले के भीतर आ जाएँगे तथा आप लोगों में से जो लड़ते-लड़ते बचेंगे, उनको कैद और फाँसी होगी। मैं पकड़ी तो नहीं जा सकती, परंतु अंग्रेज मेरे शव को स्पर्श कर सकते हैं। इतने में ही मेरे पुरखों का अपमान हो जाएगा और मेरी प्रतिज्ञा टूट जाएगी। मैं बारूद की कोठरी में आग लगाकर मर जाऊँगी और आप लोग किले से बाहर जाने के मार्गों से बाहर जा सकते हैं।"

नाना भोपटकर ने तुरंत कहा, "आप आत्मघात करने जा रही हैं। क्या यही आप गीता हमें सुनाती आ रही हैं? आपने ही महिलाओं को आत्मदाह करने से मना किया है। आपने प्रत्येक परिस्थिति में स्वराज्य की स्थापना के लिए यज्ञ-वेदी पर संकल्प किया है। वह आत्मघात करेंगी! आपके आत्मघात से सभी को ठेस पहुँचेगी, आपकी ही नहीं आपके पूर्वजों की भी बदनामी होगी। देश की जनता क्या कहेगी, जिसकी रक्षा के लिए आपने बीड़ा उठाया था?"

रानी ने सिर नीचा कर लिया।

वृद्ध भोपटकर कहता गया, "आप राजमाता हैं। आपका नन्हा सा दामोदर राव पुत्र है, जो आपके पूर्वजों का चिह्न और झाँसी की आशा है। आपको जीवित सुनकर ही झाँसी की जनता अपने जनबल और धन की क्षति को भूल जाएगी। कालपी में अभी पेशवा की सेना मौजूद है। दिल्ली, लखनऊ, कानपुर इत्यादि के पतन होने पर जनता का पतन नहीं हुआ है। अभी भी महाराष्ट्र और दक्षिण भारत में आजादी का अलख जगाया जा सकता

है। उसके लिए तात्या और राव साहब कालपी में आपकी प्रतीक्षा कर रहे हैं। किले के भीतर और किले के बाहर बहुत से पठान झाँसी के लिए कट-मरने को तैयार हैं। आप किले के बाहर जाइए और अंग्रेज सेना को चीरती हुई कालपी निकल जाइए।"

रानी की आँखों के सामने एक नया दृश्य घूम गया—एक नई क्रांति, जो झाँसी की लाश पर जन्म लेती है। उनके मन-मस्तिष्क में कुरूक्षेत्र का मैदान सामने आया, जब अर्जुन को भी इसी प्रकार का व्यामोह उत्पन्न हुआ था। इतने में दामोदर राव को लाकर मुंदर ने रानी की गोद में दे दिया।

रानी उठीं। उन्होंने नाना भोपटकर के पैर छुए और कहा, "भाइयों, आप लोग मेरी इस क्षणिक दुर्बलता को भूल जाना। मैं लड़ूँगी। आज सभी के सामने प्रण करती हूँ कि यदि समस्त अंग्रेजों का मुझको अकेला सामना करना पड़े तो भी करूँगी। जो किले के बाहर जाना चाहें आज ही रात्रि के अंधकार में सुरंग से होकर चले जाएँ।" किले के भीतर नर-नारियों में एक बार फिर से उत्साह का संचार हो गया, आशा की किरण फूट आई। लाल भाऊ ने 'कड़क बिजली' तोप चलाकर किले में रानी की उपस्थिति का संकेत दिया।

रानी के निर्देश पर उनका वंशज सदाशिव राव जैसा था, वैसा ही जेल में रहने दिया, पर मालहरि को तुरंत गोली से मारकर फेंक दिया गया, क्योंकि रानी ने आशंका व्यक्त की, "मालहरि की मेरे अथवा झाँसी के प्रति कोई निष्ठा नहीं है। सुअवसर पाते ही वह हमारे आत्मीय, स्वजन, सहयोगी प्रत्येक को अंग्रेजों के द्वारा पकड़वा देगा। बहुजन हिताय उसे उसी समय प्राणदंड देना आवश्यक है।"

रानी ने उच्छ्वास लेते हुए कहा, "काश! मैं झाँसी छोड़ने के पहले दूल्हाजू को मृत्युदंड दे पाती! खैर, मनुष्य की सभी इच्छाओं की यदि पूर्ति होती तो वह ईश्वर को नहीं मानता।"

एक सुव्यवस्थित योजना के अंतर्गत रानी लक्ष्मीबाई ने भाऊ बख्शी को उनके भांडेर दरवाजे से निकालने की जिम्मेदारी सौंपी। भाऊ बख्शी का घर भी इस दरवाजे के पास था। वह दरवाजा अभी तक कोरियों, तेलियों से पूर्ण सुरक्षित था तथा वे भाऊ बख्शी के नियंत्रण में थे, जबकि अंग्रेजों ने बाहर अपनी फौज लगा रखी थी। जवाहरसिंह से रानी ने कहा, "तुम जाओ, अपनी सेना संग्रह करो और मुझसे कालपी में मिलो।"

पर जवाहरसिंह ने कहा, "इस समय मैं आपकी आज्ञा का पालन नहीं करूँगा, जब तक मैं आपको झाँसी से बाहर नहीं निकाल देता हूँ।"

रात बहुत हो गई थी। चाँद देर से निकला था। रानी ने एक चादर से दामोदर राव को पीठ पर कसा और अपनी तेजस्वी सफेद घोड़ी 'सारंगी' पर सवार होकर अपनी सखी मुंदर, सेनापति रघुनाथसिंह, अंगरक्षक गुलमुहम्मद एवं चार अफगान सैनिकों को साथ लिया। महारानी जब किले से जाने को तैयार हुईं, तब उनकी दासियों ने वियोग में आँसू

बहाकर महारानी के पैर छुए। कुछ स्वामिभक्त सेवकों ने महारानी के साथ चलने की आज्ञा माँगी। महारानी ने खुश होकर उनको अपने साथ चलने की आज्ञा दी। महारानी ने जाकर महादेव मंदिर के अंतिम दर्शन किए। महारानी ने किले में स्थित बारूद के गोदाम में, जिसमें कई मन बारूद था, आग लगाने का आदेश दिया, ताकि अंग्रेज समझें कि रानी लक्ष्मीबाई ने आत्महत्या कर ली है तथा किले में प्रवेश करने पर वे उस बारूद का भारतीयों के विरुद्ध उपयोग न कर सकें। महारानी के साथ सभी ने अपनी-अपनी कमर में धन-दौलत, हीरे-जवाहरात बाँध लिये थे, ताकि रास्ते में काम आएँ। महारानी के पिता मोरोपंत तांबे ने अपनी पत्नी चिमाबाई को आभूषण आदि देकर गुरसराय रवाना कर दिया था, पर वे स्वयं लाला भाऊ के साथ चार सौ पठानों को लेकर तथा एक हाथी पर बहुत-सा द्रव्य, जवाहरात लादकर झाँसी की वीरांगना के पीछे चले। रानी लक्ष्मीबाई ने आखिरी बार किले को प्रणाम किया और फिर वे तेजी से खंडेराव गेट से चल दीं।

कोतवाली के पास कुछ अंग्रेज सैनिकों ने विरोध किया, पर झाँसी की रानी उन्हें चीरती हुई आगे निकल गईं। बाकी काम मोरोपंत और लाला भाऊ के साथ आ रही पठानी सेना ने कर दिया।

जगह-जगह जलते हुए मकानों से उजाला हो रहा था, जैसे अंग्रेज दीवाली मना रहे हों। अंग्रेजी सेना के सैनिक सोए हुए थे। रानी और उनके संग छोटी सेना द्रुतगति से भांडेर फाटक पर पहुँची, जहाँ पर बख्शी ने एक कोरी की सहायता से फाटक खोल दिया। अंग्रेज सैनिकों के पूछने पर रानी ने बड़े संयत स्वर में कहा, "हम ओरछा से अंग्रेजों की सहायता के लिए आए हैं।" यह कहकर रानी लक्ष्मीबाई हवा के वेग से भांडेरी दरवाजे से दूर चली गईं। बख्शी कोरियों की सेना को लेकर अंग्रेज फौज से निबटते रहे तथा उन्हीं के साथ युद्ध करते हुए वीरगति को प्राप्त हुए। भांडेर फाटक छोड़ते समय रानी ने झाँसी को अंतिम बार प्रणाम किया, पर चाहते हुए भी वह झाँसी की रज घोड़ी से उतरकर अपने माथे पर न लगा सकीं, उन्होंने मन-ही-मन कहा, 'हे मातृभूमि! तुझको मेरा आखिरी नमन! मेरी भूल-चूक माफ करना।' अब रानी लक्ष्मीबाई अंग्रेजों की पकड़ से बाहर थीं। उनकी टुकड़ी 5 अप्रैल को पौ फटने के पूर्व 21 मील दूर भांडेर पहुँचने के प्रयास लिए तेजी से दौड़ रही थी।

लाला भाऊ और मोरोपंत रानी का पीछा करते हुए दतिया फाटक से ही बाहर निकल पाए, क्योंकि झाँसी की रानी की भांडेर फाटक से निकल जाने की अफवाह के कारण वहाँ घमासान युद्ध हो रहा था। अंग्रेज सेना समझती थी कि ऐसा न करने पर उन्हें बड़े जनरल ह्यूरोज के कोप का भाजन होना पड़ेगा। दतिया फाटक से निकलते ही लाला भाऊ और मोरोपंत को अंग्रेजी सेना का सामना करना पड़ा, पर मेजर गोल ने घबराकर कातर भाव से ह्यूरोज की सहायता की माँग की। ह्यूरोज ने छह सौ अश्वारोही

और पैदल सेना को भेज दिया। मोरोपंत तांबे और लाला भाऊ भागने में सफल हुए। कोई भी भारतीय या पठान सैनिक जीवित न बच सका। इस युद्ध में रानी के पिता मोरोपंत के पैर में चोट लग गई थी, इसलिए उन्होंने घोड़ों पर चढ़कर कालपी भाग जाने का विचार त्याग दिया। वे दोनों झाँसी से सटे दतिया राज्य के अकोला गाँव में छिपकर मोरापंत का इलाज कराते रहे।

4 अप्रैल को रात दो बजे किले का सन्नाटा देखकर ह्यूरोज आश्चर्य में पड़ गया। कुछ जासूसों ने उसे बताया कि शायद रानी ने अपने प्रस्ताव के अनुसार किले के बारूद में आग लगाकर आत्मदहन कर लिया है।

अफवाहों का बाजार गरम था। झलकारी को भी पता चला कि रात में ही रानी भांडेर फाटक से कालपी की ओर रवाना हो गई हैं। झलकारी के मन में बार-बार यह कौंध रहा था कि किस प्रकार गोरों का ध्यान रानी से हटाया जाए, ताकि रानी सुरक्षित कालपी पहुँच जाएँ। उसका चेहरा रानी का हमशक्ल था। वह इसी समय रानी के प्रति अपने एहसानों को चुकाना चाहती थी।

थोड़ी देर में झलकारी को अपने दरवाजे के सामने घोड़े की टाप का शब्द सुनाई पड़ा। झाँककर देखा। भाग्य से बिना सवार का सफेद घोड़ा जीन लगाम समेत। जीन से जान पड़ता था कि झाँसी की सेना का है। झलकारी समझ गई कि सवार मारा गया और घोड़ा भाग खड़ा हुआ। झलकारी ने किवाड़ खोले। घोड़े को पकड़ा और घर के पासवाले पेड़ से बाँध दिया, फिर वह रानी झाँसी जैसी सजी। गले में सच्चे मोती का हार तो न था, उसने काँच की गुरियों के हार को ही पहन लिया।

जनरल ह्यूरोज कैंप में ही था। गोरे पहरे ने पूछा, "तुम कौन हो?"

झलकारी ने बेखौफ उत्तर दिया, "मैं रानी हूँ।"

उसी सैनिक ने पुनः पूछा, "कौन रानी?"

झलकारी ने विश्वास के साथ उत्तर दिया, "झाँसी की रानी, महारानी लक्ष्मीबाई।"

शहर भर के गोरों में खबर फैल गई कि झाँसी की रानी पकड़ ली गई। सिपाहियों ने तुरंत ह्यूरोज को खबर दी, शीघ्र ही ह्यूरोज स्टुअर्ट के साथ आ गया। ह्यूरोज ने उसे कैंप के अंदर चलने को कहा।

थोड़ी देर में वहाँ दूल्हाजू आ गया। उस मक्कार, गद्दार दूल्हाजू ने उसे पहचान लिया और बोला, "सर, यह झलकारी कोरिन है। रानी की दुर्गावाहिनी की सेनापति, अर्थात् कर्नल।"

दूल्हाजू जैसे गद्दार को छावनी में देखकर झलकारी का खून खौल उठा। उसकी ओर बढ़ते हुए वह गरज उठी, "अरे पापी, तै ठाकुर होके याई का करौ। तैं पैदा होतई मर कौ नई गयौ। रानी का नमक खाया पर अंग्रेजों का साथ दिया।"

इसी बीच तीन-चार गोरे सिपाही उसके सामने आ गए, दूल्हाजू डर के मारे पीछे हटा। उसने अपनी चोली के भीतर से कटार निकाली, पर वह दूल्हाजू तक न पहुँच सकी।

"यह पागल हाय," पास खड़े स्टुअर्ट ने कहा। तभी स्त्रियों का सम्मान करनेवाला जनरल ह्यूरोज अंग्रेजी में बोला, "नो स्टुअर्ट, अगर भारतीय स्त्रियों में एक प्रतिशत भी इस स्त्री की तरह पागल हो जाएँ तो हमको यह देश छोड़कर चला जाना पड़ेगा।"

इस बार ह्यूरोज ने झलकारी से पूछा, "टुमको मौट से डर नय लगटा हाय।"

झलकारी ने जवाब दिया, "नई जंडैल, हम तो मौत को गले लगाई।"

जनरल ह्यूरोज ने झलकारी के साहस से बहुत प्रसन्न हुआ और उसे कैद में एक सप्ताह रखने के बाद छोड़ने का आदेश दिया।

झलकारी ह्यूरोज को कुछ समय के लिए संशय में रखने में सफल हुई, तब तक रानी भांडेर के पास पहुँच गईं। झलकारी अपने स्वाँग के प्रयोजन में सफल हुई।

पर जैसे ही भांडेर फाटक या भांडेरी गेट से यह खबर आई कि रानी अपने कुछ साथियों के साथ भांडेर की ओर भाग गई है, ह्यूरोज का क्रोध भड़क उठा। ह्यूरोज ने स्टुअर्ट से कहा, "वह स्त्री अपने प्रपंच में सफल हुई।" अभी तक शांतचित्त तथा स्थिर रहनेवाले ह्यूरोज ने चिल्लाकर कहा, "तुम लोगों ने मेरी जीत को हार में बदल दिया है। मेरे रहते हुए कैसे रानी इतने सैनिकों के साथ तुम लोगों के पहरों को धता बताकर पलायन कर सकती है ? तुम लोग पूर्णतः अयोग्य एवं कायर हो।" यह कहकर ह्यूरोज ने अपने मातहत सैनिक अधिकारियों को अंग्रेजी में गाली-गलौज किया, जो उन्होंने प्रथम बार जनरल के मुँह से सुना था।

तभी क्रोध से पागल ह्यूरोज को खबर मिली कि भारतीय सैनिकों की एक टुकड़ी उत्तर-पूर्वी दिशा में भागती हुई देखी गई है। ह्यूरोज ने तुरंत रानी का पीछा करने के लिए फार्बस, कप्तान रोबिंसन तथा लेफ्टीनेंट डॉकर को कड़ा निर्देश दिया। फार्बस और कप्तान रोबिंसन आगे न बढ़ सके और अफगान सैनिकों की टुकड़ियों से भांडेर कस्बे में ही उलझे रहे। अंग्रेजों के दल को आता हुआ देखकर रानी नाश्ता करते-करते उठ गईं तथा अपने पुत्र को भी पूरी तौर से नाश्ता न खिला सकीं, दूध न पिला सकीं। रानी का तंबू तथा नाश्ता यहाँ-वहाँ बिखर गया, पर एक सैनिक माता के पुत्र को युद्ध के परिवेश से समझौता करना ही पड़ता है। लेफ्टीनेंट डॉकर कुछ सैनिकों को लेकर तेजी से घोड़ा दौड़ाकर रानी के दल के पास तक आ गया। रानी के साथ चल रहे अफगान सैनिकों ने डॉकर के सैनिकों को रोक लिया, पर डॉकर अति उत्साह एवं बहादुरी दिखाते हुए रानी के घोड़े के पास तक पहुँच गया। डॉकर के साथ रानी का आमने-सामने का युद्ध हुआ। क्रोधित रानी ने अपनी आग उगलती तलवार से डॉकर की कमर पर तेज वार किया, किंतु डॉकर की कमर में चमड़े की खोल में पिस्तौल होने की वजह से वह मरते-मरते बच

गया अन्यथा डॉकर के वहीं दो टुकड़े हो गए होते। डॉकर घोड़े से गिर गया। उसी अवसर का लाभ उठाकर रानी आगे की ओर वेग से अदृश्य हो गईं। जहाँ रानी के कई सैनिक हताहत हुए, वहीं अंग्रेजों के भी सैकड़ों सैनिक मारे गए। यहाँ पर ह्यूरोज नहीं था। स्वयं को ह्यूरोज विहीन पाकर अंग्रेजी टुकड़ी घायल डॉकर को लेकर कायरों की भाँति झाँसी लौट आई। रानी आगे बढ़ गईं। कालपी के मार्ग पर जहाँ उन्हें पेशवा राव साहब और तात्या टोपे की सेना में शामिल होना है तथा अंग्रेजों के विरुद्ध संयुक्त मोर्चाबंदी करनी है। अपनी असफलता की खीज में पागल ह्यूरोज ने अंग्रेजों के कर्तव्यपालन में शिथिलता का प्रतीक भांडेर फाटक को तुरंत बंद करवा दिया और लोहे की कीलों से उसे जाम करवा दिया, पर सबसे छोटा भांडेर दरवाजा और उस के ऊपर आँके गए सुंदर मेहराब और फूल-पत्ती अपनी प्रिय रानी के प्रति कर्तव्य-पालन में सफलता पर मुसकरा रहे थे, जो काम झाँसी का कोई बड़ा दरवाजा भी न कर सका और न ही उनकी रक्षा करनेवाले पठान, मुसलमान, ठाकुर और क्षत्रिय सैनिक।

ह्यूरोज ने अपना माथा पकड़ा और कहा, "मेरे बिना इस देश में अंग्रेज कुछ भी नहीं कर सकते।" ह्यूरोज ने स्वयं किले पर कब्जा लेने के लिए निश्चय किया। दूसरी ओर पागलपन में उसने अपने सैनिकों को झाँसी लूटने के लिए छूट दे दी।

जगह-जगह लाशें पड़ी हुई थीं। आग की लपटें भी जोरों पर थीं। जो घायल बेचारे मर नहीं पाए थे, वे भूख और पीड़ा से तड़प-तड़पकर रो रहे थे। गली-गली में लोग अपने प्रियजनों के शव खोज-खोजकर उनके पास बैठे हुए रो रहे थे। हैदराबाद के सैनिक लूटने में सबसे आगे थे। उन्होंने प्रथम वस्त्रों की लूट की। वे ऊँचे दामों के पीतांबरों से लेकर चिथड़े-गुदड़े तक बटोर ले गए, शायद भारतीय गाँवों से, कस्बों से बिना किसी औपचारिक प्रशिक्षण लिये वेतन लिये बिना सैनिक इसी काम के लिए सेना में भर्ती होते हैं। इसके बाद रियासतों की पलटनें आईं। वे अनाज लूटने लगीं। वे लोग अपने साथ बड़े-बड़े बैल लाए थे। दरवाजों पर बैलों को खड़ा करके वे घरों से गेहूँ, दाल, चावल, ज़ुंधरी, बाजरा जो मिलता था, उसे ही लाद लेते थे। अनाज लेकर मटकियाँ फोड़ डालते थे। तीन दिन तक तो घरों में जो अनाज था, उसे भिगोकर लोगों ने वैसे ही चबाकर खाया। लोगों ने अपने चौक में नाज और नमक वगैरह नालियों में छिपाकर रखा था। अंग्रेजों की सेना कुछ भी नहीं बख्श रही थी। जिसे जो लेने लायक मिला, वही ले गया। कुओं के रहट, उन पर पड़ी हुई डोरियाँ-दरवाजे, कुंडी-कुलफ, पेड़ों पर से आम और दूसरे फल, लकड़ियाँ, कुरसियाँ—कुछ नहीं छोड़ा। यह अंग्रेज सेना द्वारा लूट का तांडव नृत्य प्रायोजित था, तब क्या किया जा सकता है—

*अबला यत्र प्रबला बालो राजा निरक्षरोमंत्री।*
*नहि नहि तत्र धनाशा जीविताशापि दुर्लभा भवति॥*

झाँसी की अक्षरशः यही स्थिति थी। ऐसी राजव्यवस्था में पैसा मिलने की आशा तो बड़ी दूर की बात है, प्राणों तक की आशा नहीं की जा सकती, पर कोई भी शासक या राजा इस प्रकार प्रजा का शोषण और दमन करके बहुत दिनों तक शासन नहीं चला सकता, शायद झाँसी की जनता का रानी को बहुत सारा प्यार देने का यह दंड था, जैसे-जैसे झाँसी के घरों की लूट, अन्याय एवं अत्याचार हो रहा था, उनकी अंग्रेजों के प्रति घृणा और उनसे प्रतिकार की भावना दृढ़ होती जा रही थी। सैनिकों के जाने के बाद लोग गाते थे—

*अपनी गाथा छोड़, चली वह झाँसी के मैदानों में,*
*जहाँ खड़ी है लक्ष्मीबाई मर्द बनी मर्दानों में,*
*लेफ्टिनेंट डॉकर आ पहुँचा, आगे बढ़ा जवानों में,*
*रानी ने तलवार खींच ली, हुआ द्वंद्व असमानों में,*
*जख्मी होकर डॉकर भागा, उसे अजब हैरानी थी,*
*खूब लड़ी मर्दानी वह तो झाँसी वाली रानी थी॥*

झाँसी की रानी के कुशल प्रशासन, उनका झाँसीवालों तथा सैनिकों के प्रति मातृवत् स्नेह, महिलाओं के सशक्तीकरण तथा सभी युद्धों में बहादुरी के किस्से, किंवदंतियाँ तथा अफवाहें ही झाँसीवालों का संबल रह गया था। वे झाँसी की वीरांगना लक्ष्मीबाई से पृथक् होकर अपने अस्तित्व की कल्पना ही नहीं कर रहे थे। जिन-जिन बच्चों ने अपनी अबोध और निरीह आँखों से अंग्रेजों के अत्याचार, हिंसा तथा लूट का दृश्य या अपने परिवार पर घटित वास्तविकता देखी, वे सदा के लिए विद्रोही हो गए और जीवनपर्यंत इस अत्याचार तथा हिंसा के प्रतिकार का उपाय खोजते रहे। एक सत्तर वर्षीय वृद्ध ने एक व्यक्ति को गोली मारनेवाले अंग्रेज सैनिक से कह ही दिया, "क्रूर कंश और महाबली रावण का अत्याचार अंत में उनके वध में समाप्त हुआ। तुम देखना, हमारी रानी इन सभी अत्याचारों का एक-एक करके बदला लेगी।"

जनरल ह्यूरोज अपने साथ कुछ विश्वासपात्र सैनिकों तथा अपने अधीनस्थ सेनानायकों तथा स्टुअर्ट को लेकर झाँसी के किले पर पहुँचा। उसे आश्चर्य हुआ कि इस बार किले के क्षतिग्रस्त पंचमहल तक पहुँचने में पाँच से दस मिनट का समय लगा तथा किले के मुख्य द्वार से दीवानेखास तक उसका स्वागत किया गया। किले के सेवक-सेविकाएँ उसके स्वागत में खड़े थे। कैसी है यह भारतीय परंपरा, ह्यूरोज को आश्चर्य हुआ। कल तक जो उसके खून के प्यासे थे, वे आज उसके स्वागत में लाल कालीन बिछाकर खड़े हैं। जनरल ह्यूरोज भली-भाँति समझता था कि लाल कालीन आज वास्तव में झाँसी की सेना तथा झाँसी के लोगों के खून से सना है। 72 वर्षीय नाना भोपटकर ने जनरल ह्यूरोज को झाँसी के सिंहासन पर बैठने का अनुरोध किया, "सर, यह झाँसी का सिंहासन आपका है। आप विजय के उपरांत इसके अधिकारी हैं।"

ह्यूरोज ने झाँसी के राज्य का भार विधिवत् स्वीकार करते हुए कहा, "आदरणीय वृद्ध महाजन, मैं एक जन्मजात सैनिक हूँ। मैं केवल लड़ना जानता हूँ, आज यहाँ तो कल वहाँ। मैं तो आपकी रानी की भाँति अपने ब्रिटेन का भक्त हूँ। आप कहें तो मैं ब्रिटेन की ओर से आपका यह सम्मान ग्रहण कर सकता हूँ।"

"सर, वैसा ही कीजिए।"

इसके पश्चात् सर ह्यूरोज को झाँसी के राज्य का ताज पहनाया गया, जो उसने तुरंत उतारकर स्टुअर्ट को पकड़ा दिया और प्रथम हुकुम दिया, "किले से झाँसी तथा हिंदुस्तान का झंडा उतारकर हमारा यूनियन जैक फहरा दिया जाए। दूसरे, शहर में एलान कर दिया जाए कि अब अंग्रेज सरकार का राज हो गया है और सभी निर्भय रहें।"

सर ह्यूरोज के प्रथम आदेश का तुरंत पालन किया गया। दूसरे आदेश का दूसरे दिन पौ फटते ही शहर में 'खलक खुदा का, मुलक बादशाह का, अमल अंग्रेज सरकार का' की डौंडी पिटवाकर सभी को निर्भय किया गया।

सर ह्यूरोज ने नाना भोपटकर से कहा कि वे किले की अंतरिम व्यवस्था कंपनी सरकार की ओर से देखते रहें, क्योंकि उसे शहर में फैलती दुर्गंध और महामारी पर तुरंत नियंत्रण पाना है अन्यथा हमारा भी कोई सैनिक जीवित नहीं बचेगा। सर ह्यूरोज ने आगे पूछा, "किले में क्या-क्या द्रव्य, संपत्ति है ?"

नाना भोपटकर—"किले में अब कुछ नहीं बचा है। इतने दिन युद्ध में किले के सभी संसाधन चुक गए थे। बचा-खुचा द्रव्य रानी, उनके सहायक तथा पिता मोरोपंत लेकर चले गए। मेरे पास किले की ये चाबियाँ हैं, जो मैं आपके आदेशानुसार किसी को भी सौंप सकता हूँ।"

"आप ही फिलहाल रखिए। मैं यहाँ बीच-बीच में आता रहूँगा। मेरा अभी बहुत काम बाकी है," सर ह्यूरोज ने कहा। डौंडी सुनकर लोग अपने-अपने सगे-संबंधियों की लाशें फूँकने में लग गए, पर न तो इतनी लकड़ी उपलब्ध थी और न ही इतनी लाशों को गाड़ने की जगह। ह्यूरोज ने रॉबर्ट हैमिल्टन को ओरछा भेजा। रॉबर्ट हैमिल्टन के ओरछा जाने से ओरछा के राजा ने तुरंत एक हजार मेहतर झाँसी की गलियों को साफ करने के लिए भेज दिए। ह्यूरोज के आदेश पर ओरछा राज्य ने सामूहिक अंत्येष्टि के लिए कई बैलगाड़ियों में भरकर जलाऊ लकड़ी झाँसी पहुँचा दी। हलवाईपुरा से कोष्टीपुरा तक शहर जल रहा था। पानी के बंबे लगाकर आग बुझाने का प्रयत्न किया गया। जिन लाशों का कोई वारिस नहीं था, जो बाहर के सैनिक थे, उनकी लाशों को इकट्ठा करके खिड़कियों के पल्लों, तख्त, पालने, चारपाई आदि टूटी-फूटी लकड़ी का जो सामान मिला, वह सब इकट्ठा करके लक्ष्मीताल के विस्तृत तट पर सामूहिक चिता प्रज्वलित की गई। मृतप्राय झाँसी अब महाश्मशान में बदल गई थी। इसके अतिरिक्त जो हजारों बैल, ऊँट, हाथी,

घोड़े, कुत्ते, गायें आदि जानवर मरे पड़े थे, उन्हें उठाकर शहर के बाहर बड़े गहरे गड्ढों में गाड़ दिया गया, फिर भी शहर की पूरी सफाई न हो सकी। मुसलमानों और पठानों को कब्र नसीब नहीं हुई। सामूहिक चिता ही सर्वोत्तम उपाय सिद्ध हुआ। एक-दो दिन जब ओरछा से लकड़ी और दतिया से अतिरिक्त मेहतर आए, तब जाकर शहर की पूर्ण तौर से सफाई हो सकी।

इसके बाद अंग्रेज सरकार ने घरों में दुबके सैनिकों और रानी के सरदारों और आश्रितों को खोजना आरंभ किया। अंग्रेजों के पास जब यह खबर पहुँची कि एक घर में चालीस पठान सैनिक छिपे हुए हैं। कप्तान हेरे और कप्तान सिन्क्लेयर अपनी हैदराबादी घुड़सवार सेना लेकर उन पर आक्रमण कर देते हैं। वे लोग कप्तान सिन्क्लेयर की हत्या कर देते हैं और कप्तान हेरे को पूरी तरह पराजित कर देते हैं। यह सुनकर मेजर और दस तोपें ले जाकर उस घर को गोलों द्वारा ध्वस्त कर डालता है। वे चालीस अफगान असाधारण वीरता दिखाते हुए अंत तक लड़ते-लड़ते अपने प्राणों की आहुति देते हैं। यह था उन दिनों झाँसी का दृश्य और तथाकथित अंग्रेज कौम का प्रजातांत्रिक और मानवीय चेहरा। इस प्रकार जो-जो सरदार विद्रोह में शामिल थे और जो-जो पकड़ में आते रहे, उन्हें राजमहल के सामने फाँसी दी जाती थी। अपने को अंग्रेजों का राजभक्त सिद्ध करने के लिए दतिया के राजा ने रानी लक्ष्मीबाई के घायल पिता और लाला भाऊ को हैमिल्टन के हवाले कर दिया, उन्हें डोली में लादकर झाँसी लाया गया और झोकन बाग में गंभीर रूप से बीमार होने के बावजूद दोनों को 19 अप्रैल को फाँसी दे दी गई। ऐसा क्रूरतम उदाहरण विश्व-इतिहास में नहीं है। उनसे प्राप्त धन आदि अंग्रेजों के अधिकारियों ने अपनी व्यक्तिगत संपत्ति बना ली। अंग्रेजी सेनानायकों ने मंदिरों, सिंहासनों, महलों, रईसों के घरों से मूर्तियाँ आदि उठाईं और अपने शराबखानों को सजाने के लिए अपनी झोलियों में रख लीं।

मुरली मनोहर के मंदिर की मूर्ति बचा दी तो बुड्ढे पुजारी को मंदिर के भीतर ही मार डाला। उसके जवान लड़के को भी गोली मार दी। लक्ष्मी ताल के किनारे महालक्ष्मी मंदिर की मूर्ति तो तोड़ ही डाली, जहाँ रानी लक्ष्मीबाई नियमित रूप से दर्शन-पूजन करने जाती थीं। मंदिर के बरामदे को भी तोप से उड़ा दिया। ऐसा ज्ञात हो रहा था कि ह्यूरोज का 'विजन', अर्थात् जिसे जो करना हो करे, लूटपाट, हत्या आदि करने की शासन-सत्ता की तरफ से छूट, अभी भी चल रही थी। एक दिन ह्यूरोज झाँसी की साफ-सफाई के बाद अच्छे मनोभाव में थे, तब नाना भोपटकर से उन्होंने कहा, "झोकन बाग नरसंहार के कारण मैं अंग्रेजी सेना को यह सभी करने से नहीं रोक सकता।"

"सर, झाँसी के महाराजाधिराज! आप यह नहीं जानते कि उस हत्याकांड की शुरुआत इसी किले से हुई थी, जब झाँसी के डिप्टी कमिश्नर स्कीन ने बख्शीश अली को

एक कैदी के फरार होने पर अपने जूते से पीटा था, फिर भी रानी ने तथा हम सभी ने इस नरसंहार को रोकने का पूरा प्रयत्न किया, पर विद्रोही न माने, फिर भी रानी ने सभी की उपयुक्त अंत्येष्टि की व्यवस्था की। मैं यह भी कहूँगा कि यदि कंपनी सरकार के गवर्नर जनरल ने झाँसी की रानी के सभी पत्र स्वयं पढ़े होते तो इस युद्ध की नौबत भी न आती।" नाना भोपटकर ने स्पष्ट किया, पर ह्यूरोज समझने वाला नहीं था। झोकन बाग हत्याकांड, झाँसी कंटोनमैंट के बँगलों को जलाना आदि कांड उसके मन-मस्तिष्क में घर कर गए थे। उसने इसलिए रॉबर्ट हैमिल्टन द्वारा रानी के पिता मोरोपंत तथा लाला भाऊ की फाँसी को न्यायसंगत ठहराया। यह नाना भोपटकर से सहन नहीं हुआ और उन्होंने कहा, "सर! आप मेरा आज त्याग-पत्र स्वीकार करें। मैं गंभीर रूप से बीमार मोरोपंत को फाँसी देने के कृत्य को कदापि सहन नहीं कर सकता। मुझे दुःख है कि मैं ऐसे शासन तंत्र का अंग हूँ। मुझे असहनीय मानसिक वेदना एवं दुःख हो रहा है।"

यह कहकर नाना भोपटकर ने किले पर आना बंद कर दिया। ह्यूरोज ने भी रॉबर्ट हैमिल्टन को झाँसी प्रशासन को सुदृढ़ एवं कंपनी सरकार के नियमों तथा पद्धति के अनुसार संगठित करने के लिए अपनी पूर्ण क्षमता तथा शक्तियाँ हस्तांतरित कीं।

ह्यूरोज को राजा-महाराजाओं के ठाठ-बाट, ऐश्वर्य, नाच-गान, प्रदर्शन पसंद नहीं थे। वह तो सारे समय सैन्य संगठन एवं रणनीति बनाने में संलग्न रहना चाहता था, अब उसके सामने आसन्न समस्या थी कि किस प्रकार झाँसी की वीरांगना लक्ष्मीबाई, राव साहब तथा तात्या टोपे को निक्रिय किया जा सके, ताकि कंपनी सरकार के शासन को कोई चुनौती देनेवाला न शेष रहे, फिर इतने दिनों बुंदेलखंड की गरमी और लू खाने के बाद वह शारीरिक रूप से अस्वस्थ अनुभव कर रहा था। उसे भी स्वयं को एक सैनिक के रूप में चुस्त-दुरुस्त होने के लिए कम-से-कम एक सप्ताह का अवकाश आवश्यक था, जो उसने स्वयं ले लिया तथा झाँसी छावनी में एकांतवास में रहने लगा।

एक आकलन के अनुसार अंग्रेजों की ओर से प्रायः 36 अंग्रेज अधिकारी और 13 स्टाफ तथा अनेक सैनिक मारे गए, जबकि 12 अधिकारी और 132 सैनिक घायल हुए। साथ-साथ उनके साथ के हजारों भारतीय सैनिक मारे गए। कुल मिलाकर मरनेवालों की संख्या पाँच हजार से कम नहीं होगी। अंग्रेजों की ओर से मारे गए प्रमुख अधिकारी थे—लेफ्टि. कर्नल टर्नबल, ब्रिगेडियर स्टुअर्ट, लेफ्टि. कर्नल लिडेल, मेजर स्कूडामोर, मेजर गल, मेजर ओर, मेजर फार्बस, मेजर रॉबर्टसन, कप्तान लाइटफीट, कप्तान वूलकॉम्ब, कप्तान डगलस, कप्तान हारे, कप्तान एबॉट, कप्तान ब्राउन, ले. गुडफेलो, लेफ्टि. लॉरी, लेफ्टि. पिटमैन, लेफ्टि. स्टट, लेफ्टि. डॉकर, लेफ्टि. सिम्पसन, सार्जेंट पी. ब्राइन, बम्बार्डियर बारेनी, मेजर स्टुअर्ट, कप्तान डर्बी, कप्तान डार्टनेल, लेफ्टि. टॉवलर, लेफ्टि. आइरोम, इनसाइन सेवेल, लेफ्टि. वेवर, कप्तान सेंडविथ, कप्तान रोबिंसन,

लेफ्टि. पार्के, इनसाइन न्यूपोर्ट, लेफ्टि. फोक्स, लेफ्टि. बोन्स, सहायकों में कप्तान वुड, कप्तान मैकडोनाल्ड, मेजर इंजीनियर बाइलो, कप्तान ओमानरी, (आर्टीलरी), लेफ्टि. (ऑर्डनेंस) हैगर्ड, सर्जन अर्नाट, सर्जन वोघन, कप्तान रोज, लेफ्टि. लिटर, कप्तान कोले, कप्तान बेकन, कप्तान टोड, कप्तान लेकी आदि मारे गए, यद्यपि अंग्रेजों की ओर से यह हिसाब अतिरंजित है।

झाँसी की रानी के सरदारों, सांमतों, सेनानायकों में प्रायः सभी मारे गए। केवल रानी के साथ जो थे, अर्थात् रघुनाथ सिंह, मुंदर बच गए। जवाहरसिंह अपने घर लौटते समय अंग्रेजों के बीच पड़ गए और वे तथा उनके साथी अंग्रेजी सेना के साथ युद्ध करते अनेक अंग्रेज सैनिकों को मारते हुए मारे गए। काशीबाई भी कालपी से झाँसी लौटते समय झाँसी युद्ध में वीरता से लड़ते हुए वीरगति को प्राप्त हुई।

शुद्ध होने के पश्चात् अंग्रेज सरकार ने ध्वस्त राजमहल के सामने सब प्रकार की वस्तुओं की दुकानें खुलवाईं। अपनी-अपनी जरूरतों का सामान लेने के लिए हजारों की भीड़ लग गई। लोगों के पास जो कुछ थोड़ा बहुत दबा-बचा पैसा रह गया था, वह खर्च होने लगा। इनमें खरीददारों में तंबाकू खानेवाले और भूख से व्याकुल लोग सबसे आगे थे।

दूसरी ओर रानी भांडेर से कालपी की ओर बढ़ती रही। रानी के दल ने प्रायः 80 मील का रास्ता शीघ्रता से बिना खाए-पिए तय किया और वे दो बजे कालपी पहुँचे। नाना साहब के भतीजे और लक्ष्मीबाई के बचपन के साथी रावसाहब उत्तर भारत के विद्रोही सैनिकों को लेकर कालपी में डेरा डाले हुए थे। झाँसी की वीरांगना के आने का समाचार सुनकर सभी खुश और उत्साहित हुए। राव साहब ने कहा, "देखो, हमारे देश की वीरांगना झाँसी की रानी हमारे शिविर को शक्तिशाली बनाने आ रही हैं। हमें उनका तहेदिल से स्वागत करना चाहिए।"

सभी ने झाँसी युद्ध में रानी की झाँसी के नेतृत्व की कुशलता और वीरता के किस्से सुन रखे थे। सभी कह रहे थे, "काश! हमारा दल बेतवा से जीतकर या उसका एक भाग ही अंग्रेजों को चकमा देकर झाँसी की सहायता के लिए पहुँच पाता तो ह्यूरोज झाँसी की रज में ही धूलसात् हो जाता। हमें फिर आगे यह सब युद्ध के लिए तैयार रहने की जरूरत न पड़ती, पर भाग्य सभी से बलवान है। यदि अंग्रेजों की सेना से सेनानायक ह्यूरोज को निकाल दिया जाता तो झाँसी की रानी की विजय निश्चित थी।"

शायद भाग्य पर भरोसा या भाग्य की प्रत्याशा ही भारतीयों को अँधेरे में प्रकाश तथा उनके मरे हुए हृदयों में नया उत्साह, उद्दीपन एवं मनोबल संचार करता है, फिर कर्म का सिद्धांत तो सार्वकालिक तथा सार्वभौमिक है।

राव साहब के आदेशानुसार लक्ष्मीबाई के विश्राम और ठहरने की उत्तम व्यवस्था की गई। इस लंबे रास्ते को तय करने के कारण सर्वप्रथम लक्ष्मीबाई ने अपने घोड़े के

आराम और विश्राम की व्यवस्था की, क्योंकि घोड़ा प्राय: थककर गिरने के कगार पर था। मुंदर और एक महिला सहायक को लेकर वह दामोदर को लेकर एक तंबू में रहीं। उसके अंगरक्षकों तथा अफगानों को पास में एक तंबू दे दिया गया तथा रघुनाथसिंह, गुलमोहम्मद, रामचंद्र राव देशमुख आदि सरदारों और साथियों की यथायोग्य व्यवस्था की गई। लक्ष्मीबाई पसोपेश में थी कि वे कैसे पराजय के बाद मराठों के पेशवा को अपना मुँह दिखाएँगी।

जालौन जिले के कालपी और कोंच दो महत्त्वपूर्ण नगर हैं, जिनकी जनसंख्या सन् 1861 की जनगणना के अनुसार दस हजार से ज्यादा थी तथा पूरे जालौन जनपद की 108754। कालपी यमुना नदी के किनारे स्थित है। कहते हैं कि कालपी के जंगलों में ही व्यास ने वेदों और महाभारत की रचना की। इसमें एक मजबूत किला, तीन ओर परकोटा और चौथी ओर यमुना नदी। किले के पश्चिम की ओर एक मैदान, उसके बाद नगर। वर्ष 1838 से 1853 तक जालौन का पूरा क्षेत्र गवर्नर जनरल के पोलिटिकल एजेंट की देखरेख में शासित होता था। वर्ष 1853 में झाँसी के राजा गंगाधर राव की मृत्यु होने पर झाँसी जिला बना और झाँसी सुपरिंटेंडेंसी बनी, जिसमें तीन जिले झाँसी, चंदेरी और जालौन रखे गए। प्रत्येक जिले में एक डिप्टी कमिश्नर रखा गया, जो झाँसी के कमिश्नर के मातहत था, अत: जालौन जिला वस्तुत: झाँसी जिले के प्रशासन में रहा। कालपी और कोंच जालौन जिले में रहा, जिसका मुख्यालय उरई रहा।

कानपुर के दक्षिण में झाँसी कानपुर रोड पर स्थित कालपी में सन् 1857 से पहले एक ब्रिटिश सामरिक छावनी थी। 1857 में तात्या टोपे ने कंटिंजेंट के बागी सिपाहियों को लेकर कालपी में अपना प्रमुख सामरिक केंद्र स्थापित कर लिया। धीरे-धीरे कालपी में कोटा कंटिंजेंटी, 52वीं बंगाल अस्थायी घुड़सवार सेना के मिल जाने से एक विशाल भारतीय सेना का केंद्र बन गया। कालपी में रानी और तात्या टोपे ने चौदह तोपें, एक अठारह पौंड की तोप, दो नौ पौंड के मोरटार एकत्र कर लिये। सामरिक शक्ति एकत्रित करने में तात्या टोपे को असाधारण कौशल प्राप्त था। कालपी में उसके उद्योग से तहखाने में एक शस्त्रागार में पीपों में भरकर दस हजार पौंड इंग्लिश पाउडर (बारूद), नौ हजार पौंड गोलियाँ और सभी तरह के जरूरी यंत्र आदि, तोपों के अगणित गोले, बंदूकें, चार हजार तंबू आदि रख लिये गए।

शहर में तोपें ढालने के लिए चार केंद्र स्थापित कर लिये गए। उसमें तोपों के पहिए और तोप खींचने की गाड़ियाँ रखने के संपूर्ण उपकरण एवं कल-पुर्जे आदि थे। कालपी के आसपास के गाँववासियों के मन में भी उत्साह और आशा का संचार हो गया। कालपी कानपुर और बिठूर के अत्यंत पास है। नाना साहब ने जाकर ग्रामवासियों से साथ देने का वचन ले लिया था।

तात्या टोपे लक्ष्मीबाई के पहुँचने के बाद चुर्खी होकर शाम को कालपी आया। आते ही तात्या टोपे ने लक्ष्मीबाई के लिए रानी की भाँति पर्याप्त मात्रा में वस्त्र, खाना पकाने की सामग्री और रसोई, रसोइया, नौकर, दासी आदि की व्यवस्था कर दी। तात्या टोपे के पास प्रचुर धन था, जो वह चरखारी नरेश से हार के बदले में लाया था। रानी के मन-मस्तिष्क में झंझावात था—'मैं क्यों झाँसी को निराश्रित छोड़कर चली आई? क्या मैं झाँसी के कत्लेआम का अंग्रेजों से बदला ले सकूँगी? मेरे पिता मोरोपंत, सरदार लाला भाऊ, जवाहरसिंह के साथ क्या हुआ? क्या मेरे अंदर देश की स्वतंत्रता के लिए और कुछ करने की क्षमता शेष रह गई है? अब मेरे पास राज्य नहीं है, अब मुझे केवल एक योद्धा की भाँति ही अंग्रेजों से संग्राम करना पड़ेगा। यह सोचकर लक्ष्मीबाई की रगों में फिर से खून दौड़ने लगा। जो हुआ सो हुआ, मुझे आगे की ओर बढ़ना है।' कभी पीछे न हटनेवाली लक्ष्मीबाई ये विचार लेकर पेशवा राव साहब के पास दूसरे दिन मिलने गईं।

रानी ने राव साहब को पेशवा की मर्यादा के अनुरूप प्रणाम किया और अपने झाँसी के निर्माता प्रतिष्ठित ससुर रघुनाथ हरि नेवालकर द्वारा रत्नजड़ित तलवार दोनों हाथों में लेकर धरती पर रख दी और विषाद भरे स्वर में कहा, "आपके पूर्व पुरुषों ने यह तलवार मुझे दी थी। उनके पुण्य प्रताप से आज तक जितना हो सका, मैंने प्राणपण से उसकी मर्यादा की रक्षा की है, अब मेरे द्वारा इसके आगे मर्यादा की रक्षा न हो सकेगी। इसलिए अब आप अपनी इस तलवार को वापस ले लीजिए।"

झाँसी की पूर्व रानी तथा भारतीयों के हृदय की सम्राज्ञी एवं इतिहास की सबसे अधिक बहादुर मराठा स्त्री के ये वेदनापूर्ण वचन सुनकर उपस्थित दरबार लक्ष्मीबाई की ओर झुक गया। राव साहब ने कहा, "तुमने पूर्व पुरुषों के सम्मान की यथेष्ट रक्षा की है। अपने असाधारण युद्ध-कौशल तथा वीरता से तुमने अंग्रेजों को बहुत दिनों तक हराया। यदि तुम मुझे सहयोग न दोगी तो हमारा उद्‌देश्य सफल नहीं होगा। यह तलवार तुम्हारी है, तुम अकेले ही इसकी अधिकारिणी हो। तुम यह तलवार अपने पास रखो। मेरी सहायता करो। पेशवाशाही प्राचीन गौरव के साथ पुनः प्रतिष्ठित हो। तुम्हें आज से मैं पेशवा सेना का सेनापति घोषित करता हूँ।"

फिर रावसाहब, तात्या टोपे तथा लक्ष्मीबाई में मंत्रणा होने लगी और भावी रणनीति बनाई जाने लगी।

लक्ष्मीबाई ने कहा, "हमें यह सोचना चाहिए कि क्यों हम अंग्रेजों के सामने बार-बार विफल हो रहे हैं। अंग्रेजों के युद्ध लड़ने में क्या विशेषताएँ हैं तथा हम लोगों के युद्ध-कौशल में क्या कमी है। शत्रुओं की शक्ति जाने बिना हम उन पर विजय नहीं प्राप्त कर सकते।"

राव साहब—"ऐसा नहीं है कि हम सभी स्थानों पर हारे हैं। तात्या ने अंग्रेजों के

बड़े-बड़े जनरलों को हराया है, उनकी सेना का सफाया किया है, पर ह्यूरोज के सामने हम विफल हो गए हैं।"

लक्ष्मीबाई—"मेरे विचार से अंग्रेज या ह्यूरोज हमारी सेना के कमजोर भाग पर पहले आक्रमण करके हमारी सेना में अव्यवस्था उत्पन्न कर देते हैं, फिर यदि कोई हमारा वह सेनानायक मारा जाता है, जिसके पीछे हमारे स्थानीय बुंदेला सैनिक आए हैं, वे भाग पड़ते हैं, क्योंकि न तो वे अन्य सेनानायक को भलीभाँति जानते हैं। उनकी स्वामिभक्ति उसी सेनानायक के प्रति होती है, जिसने उन्हें सेना में भर्ती किया है और जो उन्हें वेतन देता है।"

तात्या—"मैं झाँसी की वीरांगना के इस विचार से सहमत हूँ। मुझे इसीलिए पीछे भी हटना पड़ता है, ताकि बची हुई सेना न मारी जाए तथा बाद में हम दुबारा इकट्ठे होकर शस्त्रुओं को करारी मात दे सकें।"

लक्ष्मीबाई—"मैं भी तात्याजी के मत से सहमत हूँ। कभी पीछे हटना भी युद्ध नीति का आवश्यक अंग है। यह भी युद्ध है। बेतवा युद्ध हारने पर पीछे हटते हुए भी यदि तात्याजी कुछ सेना झाँसी की सहायता के लिए भेज देते तो आज युद्ध का परिणाम कुछ और ही होता। मैंने एक दिन पेशवा की सेना को दूरबीन से देखकर गोलाबारी हल्की करवा दी थी, ताकि कहीं हमारे तोप के गोले पेशवा की सेना में न पड़ें। वही मेरी मारात्मक भूल हुई। उस दिन ह्यूरोज बेतवा के पास ही उलझा हुआ था और हम आसानी से अंग्रेजों का सफाया कर सकते थे।"

तात्या—"पर हमारी सेना यहाँ-वहाँ से एकत्रित होती है। न कोई एक-दूसरे को जानता है और न ही उन्हें कोई ट्रेनिंग ही दी गई होती। न वे हमारे इस लक्ष्य को ग्रहण कर पाते कि उनकी यह लड़ाई या त्याग हिंदुस्तान की स्वतंत्रता के लिए है। हाँ, अंग्रेजी या रियासतों की सेना के विद्रोही सिपाही ये भली-भाँति समझते हैं तथा अंग्रेज अधिकारियों की बर्बरता और शोषण के विरुद्ध उनके मन में भड़ास रहती है।"

लक्ष्मीबाई—"हम भी अब उन्हीं सैनिकों को साथ में ले जाएँगे, जिन्हें हम एक साथ परेड में खड़ा करके युद्ध का प्रशिक्षण दे सकें। युद्ध मैदान में केवल भीड़ इकट्ठी करने से लाभ के स्थान पर नुकसान अधिक होता है, क्योंकि इन विशाल युद्धों में व्यक्तिगत वीरता का कोई स्थान नहीं है। यहाँ संयुक्त वीरता, अनुशासन और अंग्रेजों जैसे अस्त्र-शस्त्र काम आएँगे।"

राव साहब—"तात्या, तुम अपने तोप के कारखानों में ऐसी तोपों और बंदूकों का निर्माण करवाओ, जो अंग्रेजों की स्वचालित बंदूकों की भाँति तथा तीव्र गति से संचालित हों, तोपों का मुकाबला कर सकें।"

तात्या—"जी सरकार।"

राव साहब—"पर ह्यूरोज तो हमारे सामने एक भूत-प्रेत के समान खड़ा हो जाता है कि उसको देखकर ही हमारी सेनाएँ भाग पड़ती हैं। क्या वह तांत्रिक है ? मुझे तो लगता है कि यदि उसके हाथ में एक डंडा हो तो भी वह हमसे युद्ध में जीत सकता है।"

लक्ष्मीबाई—"मैं इस बार युद्ध में ह्यूरोज पर अपनी कड़ी निगाह रखूँगी। ह्यूरोज के लड़ने की विधि का भी मैं अच्छी तरह अध्ययन करती हूँ तथा उसी के मुकाबले स्वयं और अपनी सेना को तैयार करती हूँ।"

राव साहब—"यह तो युद्ध के विषय में हुआ, अब यह तो बताइए कि झाँसी की रानी को यहाँ अपने रहने की व्यवस्था कैसी लगी ?"

लक्ष्मीबाई—"अब आप मुझे झाँसी की रानी न कहिए, अब झाँसी का राजा कंपनी सरकार है। मैं आपकी सेनापति हूँ तथा वही कहलाने में मुझे गर्व है। एक सैनिक अपने रहने, खाने का विशेष ध्यान नहीं रखता, बस उसके व्यायाम, घुड़सवारी तथा परेड का अच्छा इंतजाम रहे, वही चाहता है। सो वह सब तो आपके शिविर में उत्तम प्रकार से है।"

तात्या—"पर मैं झाँसी की वीरांगना के स्नान की व्यवस्था न कर सका, क्योंकि यदि उनका झाँसी जैसा स्नान हुआ तो हमारे कई तंबू बह जाएँगे।"

यह कहकर सभी ने ठहाका मारा और लक्ष्मीबाई अपने नए पदभार के कर्तव्य निर्वाह में संलग्न हो गईं।

संध्या समय लक्ष्मीबाई जूही से मिली। वह फूट-फूटकर रोई। रानी ने उसे गले लगा लिया। बस, उसका दु:ख-दर्द फुर्र हो गया। लक्ष्मीबाई ने जूही से काशीबाई के बारे में पूछा। जूही ने कहा, "हम दोनों झाँसी वापस आ रहे थे। काशीबाई झाँसी के पास ही अंग्रेजों की सेना से संग्राम करते हुए शहीद हो गईं। मैं पीछे हटती हुई सेना के साथ यहाँ लौट आई, अब आपकी चौबीस घंटे सेवा में रहूँगी।"

"अवश्य ही," जूही की रानी माँ ने उत्तर दिया।

"हमें मिलकर देश की आजादी के लिए और संघर्ष करना है। हम सहज ही प्राणों का त्याग नहीं करेंगे। यह शरीर देश की मिट्टी से बना है और उसी की खातिर हमें मर-मिटना है।" लक्ष्मीबाई ने जूही को अनुप्राणित किया।

"मैं आपकी भक्त हूँ, स्वामिभक्त हूँ। देश के लिए आप सोच लेना।"

जूही के उत्तर से लक्ष्मीबाई संतुष्ट हुईं, उन्हें एक ओर अपनी प्रिय महिला सहायक मिल गई, जिसकी उन्हें अत्यंत आवश्यकता थी।

□

# अठारह

गवर्नर जनरल का प्रतिनिधि—रॉबर्ट हैमिल्टन एक के बाद एक युद्ध में भाग लेनेवाले सरदारों और सामंतों को आदेश बताकर फाँसी देता जा रहा था। फाँसी पहले दी जाती, ऑर्डर बाद में आता। ऐसा दुहरा चरित्र था ब्रिटिश कौम का। वहीं दूसरी ओर ह्यूरोज झाँसी की रानी से भयभीत होकर उसको कालपी में पकड़ने की फिराक में था, ताकि विद्रोही दुबारा संगठित होकर झाँसी पर आक्रमण न कर सकें तथा बुंदेलखंड से उनका पूरी तौर से सफाया किया जा सके। उसने मेजर 'ओर' को झाँसी के निकट बेतवा के उस पार निगरानी रखने के लिए तैनात किया तथा दूसरी ओर ले. कर्नल लोथ को झाँसी-गुना रोड पर नजर रखने के लिए कहा, जब ब्रिगेडियर स्मिथ के राजपूताना थलसेना की एक ब्रिगेड के साथ गुना पहुँच जाने की खबर मिली तो ह्यूरोज निश्चिंत हो गया। ह्यूरोज कभी पराजित न होनेवाला सेनानायक था। वह कम फौज से आक्रमण नहीं करता था। उसने निर्देश दिया कि ब्रिगेडियर स्मिथ के झाँसी पहुँच जाने पर ब्रिगेडियर स्टुअर्ट अपने अधीन दूसरी ब्रिगेड के बचे हुए सैनिकों के साथ आकर उसका सहयोग करेगी।

बानपुर और शाहगढ़ के राजा, फिर से झाँसी की ओर बढ़ना चाहते थे। उन्होंने गुरसराय में अंग्रेजों के सहायक राजा को हराकर कोटरा के दुर्ग पर कब्जा कर लिया। मेजर ओर ने कोटरा में बानपुर और शाहगढ़ के राजा के साथ युद्ध किया। बानपुर के राजा ने कोटरा में अटके रहने को उचित नहीं समझा तथा वे और शाहगढ़ के राजा बखतबली बेतवा पार करके कोंच में तात्या और लक्ष्मीबाई की सेना से आ मिले। जिगनी का राजा दिखावे के लिए अंग्रेजों का मित्र था। उसी ने छिपकर मर्दनसिंह और बखतबली को बैलगाड़ी, घोड़ा, खाद्य सामग्री और धन देकर सहायता की। दूसरी तरफ मेजर ओर ह्यूरोज की सहायता के लिए चल पड़ा।

चारों ओर झाँसी की सुरक्षा के प्रति निश्चिंत होकर जनरल ह्यूरोज ने 25 अप्रैल

को कालपी के लिए प्रस्थान किया। इसके पूर्व तीसरे सप्ताह में ही जनरल ह्यूरोज ने मेजर गोल को अप्रैल के तीसरे सप्ताह में झाँसी-कालपी रोड पर निगाह रखने के लिए भेज दिया था। पहली मई को पुंछ में मेजर गोल और ह्यूरोज का मिलन हुआ। इसी बीच ब्रिगेडियर स्टुअर्ट की कुछ सेना पुंछ आ पहुँची।

पुंछ में ह्यूरोज को पता चला कि कोंच से लगभग 14 मील दूर लोहारी (लोहागढ़) गाँव में तात्या टोपे के सैनिकों की एक टुकड़ी मौजूद है। यह तात्या टोपे, लक्ष्मीबाई तथा रावसाहब की ठीक रणनीति थी, क्योंकि एक बार शत्रु आपके आँगन में आ जाए तो उसे पराजित करना मुश्किल होता है तथा रक्षा करनेवाले के राज्य और नागरिकों की अपूरणीय क्षति होती है। इसीलिए कहा जाता है कि आक्रमण ही सर्वोत्तम रक्षा है। भारत के पूर्व सम्राटों की यह सबसे बड़ी भूल थी, जैसे दिल्ली के पृथ्वीराज चौहान तथा पंजाब के पुरु, जिन्होंने विदेशी आक्रमणकारियों को अपनी धरती पर आने दिया। कुछ अंश तक रानी झाँसी ने भी यह भूल की थी कि अंग्रेजों को झाँसी तक आने दिया। अत: ह्यूरोज ने लोहारी पर आक्रमण करने के लिए अपनी ब्रिगेड को भेजा। लोहारी में क्रांतिकारी विद्रोही सैनिकों की संख्या बहुत कम थी, अत: उन्हें पराजय का मुँह देखना पड़ा, सब भारतीय सैनिक वीरगति को प्राप्त हुए। किलेदार मनोहरसिंह ने बिना लड़े ही आत्मसमर्पण कर दिया। ह्यूरोज की सेना ने मृत्यु का नंगा नाच किया। अंग्रेजों ने सभी मानवीय सिद्धांतों का उल्लंघन करते हुए एक-एक पुरुष, स्त्री और बच्चों की हत्या कर दी, फिर भी इतिहास जनरल ह्यूरोज के कसीदे पढ़ता है। जो जीतता है, उस जीत के पीछे उसकी क्रूरता, बर्बरता और नृशंसता को भूलकर इतिहास और साहित्य उसमें वीरता, व्यक्तिगत त्याग तथा शुचिता का दिग्दर्शन करता है। विजयी पक्ष के अनुसार धर्म और न्याय के सिद्धांत गढ़े जाते हैं। ह्यूरोज की प्रशंसा में ऐसे ही गीत गाए जा रहे हैं। अब ह्यूरोज ने कोंच के लिए प्रस्थान किया, जहाँ लक्ष्मीबाई और तात्या टोपे ने ह्यूरोज के विरुद्ध मोर्चा बनाया था।

कोंच कस्बे का क्षेत्रफल प्राय: एक वर्ग मील था। कस्बे के मध्य में ऊँचाई पर बना मिट्टी का एक किला था। मंदिरों की काफी संख्या थी, जो ऊँची-ऊँची चारदीवारियों से घिरे थे। कस्बे की बाहरी सीमा चारों तरफ घने पेड़ों के जंगल, उपजाऊ खेतों और बाग-बगीचों से युक्त थी। पैदल सेना, अस्त्र-शस्त्र, तोपों, बैलगाड़ियों, घोड़ों पर कालपी से कोंच पहुँचनेवाली सेना को देखकर लोग पलायन करने लगे, पर जब उन्हें पता चला कि भारतीयों की सेना का नेतृत्व झाँसी की रानी कर रही हैं तो कोंच के धनी लोगों ने रानी को धन दिया, जैसे धनी भामाशाह ने निराश राणाप्रताप को युद्ध जारी रखने के लिए धन दिया था। अभिभूत होकर लक्ष्मीबाई ने कहा, "मुझे बुंदेलखंड से इतना अधिक प्रेम प्राप्त हुआ है कि मैं चाहती हूँ कि मैं बार-बार इस बुंदेलखंड की धरती पर ही जन्म लूँ।" रानी की सलाह पर कस्बा खाली हो गया, क्योंकि रानी झाँसी की लूटपाट और नरसंहार को

दुबारा नहीं देखना चाहती थी। तात्या टोपे ने जगह-जगह नाकों और पार्श्ववर्ती गाँवों में सैनिक टुकड़ियाँ तैनात करके चौकसी की पक्की व्यवस्था की।

6 मई, 1858 को ह्यूरोज की सेना ने कोंच को तीन तरफ से घेर लिया। प्रथम ब्रिगेड बाएँ पार्श्व में नगेपुरा में थी, द्वितीय ब्रिगेड ब्रिगेडियर स्टुअर्ट के साथ चमेड़ गाँव में तथा दाएँ पार्श्व में हैदराबाद कन्टिन्जेंट के साथ मेजर ओर ऊमरी गाँव के सामने मोर्चा लगाए हुए थी।

7 मई को प्रचंड और असहनीय गरमी के कारण ह्यूरोज ने प्रातःकाल ही युद्ध करने का निर्णय किया। ह्यूरोज के निर्देश पर नगर के परकोटे पर तोपों के गोलों की वर्षा शुरू हो गई। पेड़ों की आड़ में खड़ी भारतीय तोपचियों की एक टुकड़ी ने उसके जवाब में तोपें दागनी शुरू कर दीं। बाकी दल शहर के भीतर चला गया। प्रातः कोंच और आसपास के क्षेत्र में पेशवा और बुंदेला सेना के बीस हजार सैनिक बिखरे हुए थे।

ह्यूरोज ने कोंच की बाहरी सीमा में स्थित सारे मंदिरों, बगीचों और घने वन से भारतीय सैनिकों को खदेड़कर शहर के अंदर जाने को बाध्य किया, ताकि वे अंग्रेज सेना पर छिप-छिपकर वार न कर सकें। मेजर स्टुअर्ट और कर्नल रोबिंसन के अधीन पैदल सेना ने दाएँ और बाएँ से आक्रमण प्रारंभ किया। ह्यूरोज के दाईं ओर से कप्तान फील्ड द्वारा दागे गए गोले कोंच की सड़कों और घरों पर गिरने लगे। कदम-कदम पर अत्यंत अनुशासन और श्रृंखलाबद्ध होकर लक्ष्मीबाई के नेतृत्व में भारतीय सेना के बंदूकधारी पैदल सिपाहियों और घुड़सवारों ने युद्ध किया। रानी के व्यक्तिगत नेतृत्व में पाँच सौ बलूची और गुलमोहम्मद के नेतृत्व में एक हजार से अधिक पैदल सैनिकों ने कोंच के पश्चिम में खेतों में ब्रिगेडियर स्टुअर्ट की पहली ब्रिगेड के साथ युद्ध करना शुरू कर दिया, जब दूसरी ब्रिगेड ने ह्यूरोज के नेतृत्व में घेरा डालने का उपक्रम किया तो रानी प्रशंसनीय कौशल के साथ अपनी सारी सेना को बचाती हुई निकल गई। दूसरी ओर घुड़सवार तोपखाने के कप्तान लाइटफीट ने अपने सामने पड़नेवाले सभी बंदूकधारी सैनिकों को परास्त करके कोंच के उत्तरी भाग और किले पर अधिकार कर लिया। कुछ देर में गोलीबारी बंद हो गई। गोलीबारी बंद होते ही लेफ्टी. कर्नल गाल को भेजा गया तो उन्होंने पाया कि अंग्रेजों की सटीक गोलीबारी से क्रांतिकारी सैनिकों में अव्यवस्था फैल गई और वे पीछे हट गए या जंगलों में छिप गए।

इसी बीच तात्या टोपे कोंच कस्बे से निकलकर रानी को बिना बताए अपने घर चुर्खी चला गया। इससे उसके अधीन सैनिकों में भगदड़ मच गई। ऐसी दशा में अधिक सोच-विचार न करके गुलमुहम्मद और रघुनाथ सिंह के साथ स्वयं जाकर लक्ष्मीबाई अपने नेतृत्व में अस्त-व्यस्त तात्या टोपे के सैनिकों को यथासंभव सूत्र में संगठित करके पीछे हटनेवाली प्रायः 2 मील लंबी सेना के रूप में गठित करके कालपी की ओर चल

पड़ी। मुख्य सेना के सुरक्षापूर्ण पीछे हटने में पीछे की सेना ने पर्याप्त वीरता का परिचय दिया। आक्रमण होने पर उन्होंने बंदूकें फेंककर तलवारों से युद्ध किया, जिसमें बलूची सैनिक निपुण थे, पर किसी भी हालत में अंग्रेज सैनिक रानी तक न पहुँच सके। कप्तान मैकमोहन ने रानी का पीछा किया, किंतु वह बुरी तरह घायल होकर लौट आया। बानपुर और शाहगढ़ के राजा भी पीछे हटकर अपने-अपने क्षेत्रों को चले गए।

अंग्रेजों की विशाल सेना भी पीछा करते-करते अत्यधिक गरमी के कारण अंत में थककर लौट गई। उस दिन रानी की रिट्रीट लाइन के पीछे उनकी पार्श्व योद्धा गंगा कप्तान मैकमोहन से संघर्ष करते हुए मारी गई। अंग्रेजों को शक हुआ कि क्या वह ही झाँसी की रानी है? दूसरी ओर अंग्रेजों के सेनापति ह्यूरोज भी असहनीय गरमी 47-48 डिग्री सेंटीग्रेड होने तथा लू के कारण स्वयं पाँच बार घोड़े से गिरकर मूर्च्छित हो गए। पाँचों बार ही उनके सिर पर जल डालने और नहाने के बाद ही वह उठकर खड़ा हो सका। इंग्लैंड में तो तापमान 14 डिग्री सेंटीग्रेड या 56 डिग्री फॉरेनहाइट से ऊपर नहीं जाता है। ह्यूरोज के अक्षम होने पर अंग्रेज फौज भी निष्क्रिय हो गई।

छह घंटे चले इस युद्ध में 600-700 क्रांतिकारी सैनिक शहीद हो गए। नौ तोपों पर अंग्रेजों का अधिकार हो गया। अंग्रेजी सेना के 6 सैनिक मरे, जिनमें रिसालेदार सफदर अली बेग प्रमुख थे।

47 अधिकारी और सैनिक युद्ध में घायल हुए। इनमें कप्तान मैकमोहन, लेफ्टी. बाइगरी तथा जमादार छविसिंह प्रमुख थे। विवश होकर ह्यूरोज कालपी रवाना होने से पहले कोंच में अंग्रेज प्रशासन को सुदृढ़ करने तथा आराम करने के लिए कई दिन रुका। गुरसराय के राजा केशवराव भी अपने पुत्रों और सैनिकों के साथ अंग्रेजों की मदद के लिए कोंच आ गए। कोंच में मिली विजय से क्षेत्र में एक बार पुन: अंग्रेजों का राज स्थापित हो गया, पर जालौन और कालपी का बड़ा इलाका अभी भी क्रांतिकारियों के अधिकार में था। क्रांतिकारियों को एकत्रित तथा संगठित होने के लिए ह्यूरोज अधिक समय नहीं देना चाहता था, अत: वह भी शीघ्रातिशीघ्र कालपी की ओर कूच करने की तैयारी में लग गया।

लक्ष्मीबाई के सही निर्णय से भारतीयों की सेना नष्ट होने से बच गई। यदि लक्ष्मीबाई सेनापति की हैसियत से इस पूरी सेना के साथ पीछे न हटती तो पूरी सेना का सुरक्षित रहना भी संदेहास्पद हो जाता और सब ह्यूरोज की तोपों की मार और पैदल सेना की गोलीबारी में मारे जाते। जनरल ह्यूरोज ने लक्ष्मीबाई के इस युद्ध में प्रमुख भूमिका की सराहना की और इसे न्यायसंगत करार दिया। प्रथम बार भारतीयों की सेना में इतनी कम क्षति से सामान्य सैनिक और क्रांतिकारी लक्ष्मीबाई के नेतृत्व से प्रसन्न एवं प्रभावित थे। उन्होंने अपनी सेना को लू से बचाने के लिए सभी में नींबू बँटवाने का प्रबंध किया। वह उन सभी को साथ लेकर लौटी। रानी लक्ष्मीबाई की प्रशंसा में पेशवा की छावनी में यह

गीत खूब गाया जा रहा था—

*लक्ष्मी थी या दुर्गा,*
*थी स्वयं वीरता की अवतार,*
*देख बुंदेले पुलकित होते,*
*उसकी तलवारों के वार,*
*नकली युद्ध, व्यूह की रचना,*
*सैन्य घेरना, दुर्ग तोड़ना, ये हैं उसके प्रिय खिलवार।*

इस प्रकार पेशवा चाहते या नहीं चाहते, उसे नियुक्त करते या नहीं, लक्ष्मीबाई सैनिकों की सर्वमान्य सेनापति हो गई।

अंग्रेजों ने कोंच का युद्ध जीतकर इसकी सूचना उच्चाधिकारियों को भेज दी।

कोंच की पराजय के बाद क्रांतिकारियों में निराशा घर कर रही थी। वे एक के बाद एक युद्ध हार रहे थे। सौभाग्य से बाँदा में पराजय के पश्चात् बाँदा के नवाब प्रायः तीन हजार पैदल सैनिक, कुछ तोपों और रिसाले के साथ अंग्रेजों का संयुक्त प्रतिरोध करने के लिए बाँदा से कालपी में पेशवा के शिविर में आ मिले। अली बहादुर के कालपी आगमन से क्रांतिकारियों की नसों में रक्त का संचार हुआ। लक्ष्मीबाई ने राव साहब के शिविर में अपने पक्ष की कमियों को गिनाने की अपेक्षा उनको धैर्य बँधाया और कहा, "आप सेना को फिर संगठित करें तो शत्रु हम पर कभी विजय प्राप्त नहीं कर सकता। हमें सेना को संगठित रहना सिखाना होगा।" रानी के इस कथन से सभी का उत्साहवर्धन हुआ। ओजपूर्ण शब्दों में रचा गया घोषणा-पत्र क्रांतिकारी सेना में वितरित किया गया। नवीन उत्साह, उद्दीपन से कालपी में अंग्रेजों के विरुद्ध मोर्चे की तैयारियाँ शुरू हो गईं।

लक्ष्मीबाई बहस से अधिक कर्म में विश्वास करती थीं। उन्होंने स्वयं पेशवा की सेना को ब्रिटिश सेना के मुकाबले संगठित और प्रशिक्षित करने का काम शुरू किया। कालपी में 7 मई से 20 मई तक रानी ने अक्लांत भाव से परिश्रम करते हुए सैनिकों की परेड कराई, अंग्रेजी युद्ध शास्त्र में पारंगत विद्रोही सिपाहियों, सूबेदारों, जमादारों पर सैनिकों को ड्रिल और परेड कराने का भार दिया। रानी ने जाकर राव साहब से कहा, "श्रीमंत पेशवाजी! इस प्रशिक्षण शिविर से यह लाभ हुआ कि कम-से-कम हमारी सेना के सैनिक अपने सेनापति और सेनानायकों को पहचानने लगे हैं और वे अपने सेनापति के मारे जाने या घायल होने पर युद्ध-क्षेत्र से पलायन नहीं करेंगे।"

पर रानी की पेशवा सेना में बढ़ती हुई लोकप्रियता को देखकर, सुनकर राव साहब का पुरुष-प्रधान अहं चोटिल हो गया। उन्होंने सभी तैयारियाँ पूर्ण देखकर स्वयं सेनापति का पदभार ग्रहण किया। राजा या पेशवा तो पदेन सेनापति होता ही है। लक्ष्मीबाई ने यह सहर्ष स्वीकार करते हुए कहा, "आज हमारे पूर्वजों की गरिमा का महान् क्षण है, जब

पेशवा स्वयं सेनापति का दायित्व सँभाल रहे हैं। हम सभी उनके नीचे प्राणपण से युद्ध करेंगे।"

फिर भी ईर्ष्यावश राव साहब ने रानी को सिर्फ पाँचवीं अस्थायी घुड़सवार सेना के लाल कुरतीधारी 250 घुड़सवार देकर यमुना की ओर रहकर कालपी के उत्तरी दिशा के अंचल की रक्षा करने का दायित्व दिया, जिसका भी उन्होंने एक उत्तम युद्ध कला पारंगत सेनानायक की भाँति अपनी अल्प सेना का प्रबंध किया, फिर लक्ष्मीबाई स्वयं कई सौ सैनिकों के बराबर थी। बाँदा के नवाब अपने 2000 घुड़सवार लेकर दक्षिणी दिशा में लगाए गए। अयोध्या और रुहेलखंड के विद्रोही सिपाही और बंगाल देशी पैदल सेना के बागी सिपाहियों को शहर और किले की सुरक्षा के लिए लगाया गया। वास्तव में अंग्रेजों के विरुद्ध अभियान में विद्रोही सैनिक बड़ी ढाल थे। उनके पास अंग्रेजों के आधुनिक हथियारों और तोपों को चलाने की दक्षता थी, पर न तो उन्हें उस प्रकार के उन्नत हथियार उपलब्ध कराए गए और न ही उनका सुचारु नेतृत्व किया गया। बानपुर के राजा ठाकुर मर्दनसिंह और शाहगढ़ के राजा बखतबली अपनी बची हुई बुंदेला और ठाकुरों की फौज के साथ पश्चिम दिशा में लगाए गए। राव साहब ने अपने अधीन रखी ग्वालियर कन्टिन्जेंट की पूरी फौज।

भारतीयों ने कालपी के घाटों पर सैनिक चौकियाँ स्थापित कीं। सभी पुलों को नष्ट कर दिया गया। कालपी शहर की तीनों तरफ की सड़कों को काटकर और वृक्षों को काटकर तथा उन्हें सड़क पर डालकर रास्ते बंद किए गए। अतिरिक्त अवरोध खड़ा करने के लिए पुलियों को भी नष्ट कर दिया गया। पंद्रह छोटी-बड़ी तोपें महत्त्वपूर्ण स्थानों पर जमा दी गईं। चार हजार नए सैनिकों को भर्ती कर लेने से कालपी में कुल सैनिकों की संख्या दस हजार तक पहुँच गई। दक्षिण-पूर्व की ओर एक चौकी चौरासी गुंबद और एक चौकी तालाब के पास बनी। एक चौकी पुरानी सराय, एक मछलराय के तालाब और एक चौकी रसूलपुर के पास स्थापित की गई। पूर्व में राजघाट, बाईघाट और बलुआघाट पर भी चौकियाँ स्थापित हुईं। प्रत्येक में दो सौ सैनिक नियुक्त किए गए। राव साहब ने चौक पर पंद्रह सौ सैनिकों, चार तोपों और छह सौ घुड़सवार सैनिकों के साथ मोर्चा लगाकर कोंच की तरफ से होनेवाले आक्रमण के मुकाबले का भार स्वयं लिया। कानपुर मार्ग पर 32वीं इनफेन्ट्री दो तोपों के साथ मोर्चे पर थी। सात सौ अफगानी सैनिकों ने जालौन मार्ग पर मोर्चा लगाया। कालपी शहर की रक्षा के लिए ग्वालियर सैन्य दल के कई हजार सैनिक नियुक्त किए गए। यमुना की तरफ रायड गाँव में भी सैन्य दल एक तोप के साथ तैनात किया गया। इतनी अच्छी सैन्य व्यवस्था क्रांतिकारी झाँसी को छोड़कर किसी अन्य स्थान पर न कर सके।

9 मई को रोज ने पहली ब्रिगेड के साथ कोंच से कालपी के लिए प्रस्थान किया।

ह्यूरोज का पहला पड़ाव उरई से दस मील पहले हरदोई गूजर में हुआ। हरदोई गूजर में ह्यूरोज को पता चला कि गाँव का जमींदार सरदार चतुर सिंह क्रांतिकारियों का पक्षधर है तथा वह जालौन की क्रांतिकारी महिला ताईबाई का सहयोगी है। वहाँ गढ़ी में 4 तोपें और 15 व्यक्ति मौजूद थे। ह्यूरोज के क्रोध का ठिकाना न रहा। उसने तोपों से तुरंत गढ़ी को ध्वस्त कर दिया और पंद्रह व्यक्तियों को फाँसी पर लटका दिया। यह था अंग्रेजों का प्रिय नायक, जो अंग्रेजी राज को फलने-फूलने के लिए कुछ भी करता था, चाहे वह कितना ही अमानवीय और नृशंस हो। उसका एकमात्र उद्देश्य था—बुंदेलखंड से विद्रोहियों का पूर्ण सफाया और यह लक्ष्य उसे तत्कालीन गवर्नर जनरल कैनिंग तथा अंग्रेजी सेना के सेनाध्यक्ष कैंपबेल ने दिया था।

कोंच में क्रांतिकारियों की पराजय तथा हरदोई गूजर में ह्यूरोज द्वारा किए गए नरसंहार ने लक्ष्मीबाई की भाँति जालौन की वीरांगना, क्रांतिकारियों की नेत्री एवं जालौन की क्रांतिकारियों द्वारा घोषित शासिका ताईबाई ने जनसाधारण का नरसंहार रोकने के लिए अपना बलिदान देने का निश्चय किया। 10 मई, 1858 को उरई में नवनियुक्त डिप्टी कमिश्नर टरनन के समक्ष ताईबाई ने अपने सहभागियों के साथ, जिसमें उनके पति नारायण राव, पुत्र गोपालराव, विश्वासराव, पुत्र गोपालराव आदि थे, आत्मसमर्पण कर दिया। ताईबाई के साथ दस और लोगों को मुंगेर में आजीवन कारावास के लिए भेजा गया, लेकिन उन्होंने समर्पण से पूर्व अपनी सभी धन-संपत्ति क्रांतिकारियों की सहायता के लिए गुपचुप रूप में तात्या टोपे के पास भेज दी।

उरई में ह्यूरोज ने अपना समय जरा भी नहीं नष्ट किया। वह जल्दी कालपी पहुँचने के लिए आगे बढ़ा। 10 मई को जनरल ने आटा ग्राम तक तो मुख्य मार्ग पर मार्च किया तथा वहाँ से रास्ता बदलकर संदो ग्राम में फौज 11 मई को पहुँची और पड़ाव डाल दिया। कालपी में राव साहब की सेना ह्यूरोज की गतिविधियों पर नजर गड़ाए हुए थी। राव साहब के तीन गुप्तचर संदी पहुँचे, परंतु अंग्रेजों द्वारा पकड़ लिये गए और उनको गोली मार दी गई। इस प्रकार ह्यूरोज संपूर्ण बुंदेलखंड में अपना आतंक और दबदबा बनाए हुए थे। कोई सोच ही नहीं पा रहा था कि कैसे ह्यूरोज को मारा जाए।

अगले दिन 12 मई को ह्यूरोज का शिविर इटोरा में लगा। जनरल ह्यूरोज की दूसरी ब्रिगेड बरसात के कारण योजनानुसार कूच नहीं कर सकी और उसमें तीन दिन का विलंब हो गया। इस कारण ह्यूरोज 12 और 13 मई को इटोरा में ही रहा, क्योंकि वह दूसरी ब्रिगेड और अपनी ब्रिगेड में ज्यादा फासला नहीं चाहता था। वह सब समय पूरी सैनिक तैयारी से आगे बढ़ता था।

15 मई को हयूरोज प्रथम ब्रिगेड के अंश को लेकर यमुना नदी के दाएँ किनारे पर कालपी से लगभग 5 मील दूर गुलौली ग्राम पहुँच गया। मैक्सवेल यमुना के उस पार रहा

था। ह्यूरोज ने उससे सलाह करके उसे उस पार ही तोपखाना लगाने का निर्देश दिया।

दूसरी ब्रिगेड के न पहुँचने का लाभ उठाते हुए क्रांतिकारी सैनिकों ने गुलौली पर यमुना के किनारे से गोलीबारी शुरू कर दी, साथ कप्तान हारे की टुकड़ी पर आक्रमण कर दिया, लेकिन कप्तान हारे ने इन आक्रमणों को विफल कर दिया। द्वितीय ब्रिगेड रास्ता भूलकर सुरौली गाँव पहुँची। ब्रिगेडियर स्टुअर्ट और उसकी सेना के काफी लोग लू के शिकार हो गए थे। ह्यूरोज भी अस्वस्थ हो गया। वह मैक्सवेल से तालमेल बैठाने में लग गया। 16 मई की रात को ब्रिगेडियर गुलौली आए। ह्यूरोज और मैक्सवेल ने मंत्रणा करके रणनीति को अंतिम रूप दिया। रणनीति के तहत 23 मई आक्रमण की तिथि तय हुई। मैक्सवेल को उसका सात सौ सवार का ऊँट दस्ता, 124वीं सिख रेजीमेंट भेजने के लिए कहा। यह भी तय हुआ कि मैक्सवेल का तोपखाना 18 मई से कालपी के सामने लग जाए और प्रतिदिन 16 से 18 घंटे तक कालपी शहर और क्रांतिकारियों के गढ़ रायड गाँव पर गोले बरसाता रहे।

17 मई को क्रांतिकारियों ने एक बार फिर रणनीति के अनुसार भरी दोपहर में ह्यूरोज की ब्रिगेड पर आक्रमण किया। इस आक्रमण से अंग्रेजों की कोई जनहानि तो नहीं हुई, परंतु पानी और चारा प्राप्त करने में बड़ी कठिनाई हुई। जो अंग्रेज सैनिक चारा कटवाने में पहरा देने गए थे, उनमें से 17 अंग्रेजों को 48 डिग्री सेंटीग्रेड तापमान में लू लगने के कारण डोलियों में कैंप लाया गया।

इन सब परेशानियों से तंग आकर 19 मई को रोज ने द्वितीय ब्रिगेड और हैदराबाद फोर्स को गुलौली लाना ही उचित समझा। 20 मई, 1858 को मैक्सवेल द्वारा भेजी गई टुकड़ियाँ ह्यूरोज के पास गुलौली आ गईं। 20 मई को ही ह्यूरोज मोर्चे के निरीक्षण के बाद अपने कैंप में लौट रहा था, एक बार फिर उसको क्रांतिकारी सैनिकों का सामना करना पड़ा। 16 मई से ही दोनों पक्षों में छिटपुट झड़पें हो रही थीं, परंतु किसी भी पक्ष को कोई निर्णायक सफलता प्राप्त नहीं हो रही थी, अत: 20 मई को समस्त भारतीय सैनिकों ने यमुना नदी के जल में खड़े होकर यमुना जल हाथ में लेकर शपथ ली—"जय यमुना मैया, तुम्हारा जल हाथ में लेकर हम प्रतिज्ञा करते हैं कि फिरंगी नष्ट होगा, देश स्वतंत्र होगा, स्वधर्म की पुन: स्थापना होगी। माँ यमुना, यह जब होगा, तभी हम जिंदा रहेंगे, नहीं तो रणभूमि में सदैव के लिए सो जाएँगे। हे कालिंदी माता! हम तीन बार यही प्रतिज्ञा करते हैं।"

क्रांतिकारियों द्वारा पूरी ताकत से 22 मई को अंग्रेजी सेना पर आक्रमण करने का निश्चय किया गया। ह्यूरोज को अपने सूत्रों से क्रांतिकारियों द्वारा ली गई शपथ और 22 तारीख को होनेवाले आक्रमण की सूचना मिल गई। इसी बीच ह्यूरोज को भी अपने मोर्चे को मजबूत करने का काफी समय मिल गया।

इस प्रकार सभी को सामूहिक रूप से स्वतंत्रता, स्वराज्य के लिए शपथ लेते देखकर लक्ष्मीबाई को आत्मिक प्रसन्नता हुई। उन्होंने कहा, "मैं इसी दिन का इंतजार कर रही थी, जब सभी भारतीय मिलकर भारत माँ को अंग्रेजों की दासता से मुक्त कराने के लिए एकजुट होकर प्रयास करेंगे।" पर मन-ही-मन उन्होंने सोचा, 'मैंने महाराजा की पत्नी होकर भी हिंदू धर्मानुसार विधवा-धर्म का पालन नहीं किया, अपना परलोक सुधारने की बात नहीं सोची। जिस कर्म में लग गई हूँ, उसमें भी अपने जीवनकाल में तो सफलता की आशा नहीं देख रही हूँ। हो सकता है कि मेरी रक्त की बूँदों से और लक्ष्मीबाई जन्में और वे भारत माता को दासता की जंजीर से मुक्त करें। यह जो जीवन दाँव पर लगाकर युद्ध किया, इससे क्या लाभ हुआ?" एक सैनिक को अधिक सोचने का समय नहीं लगता। यदि वह युद्ध की हार-जीत का अधिक विश्लेषण करेगा तो युद्ध नहीं कर सकता। युद्ध का परिणाम घटनाओं के धागों से बँधा है, जो परिवर्तनशील और अनिश्चित है। इसी बीच लक्ष्मीबाई को गुलमोहम्मद मोर्चे के लिए बुलाने आ गया और उन्हें तुरंत घोड़े पर बैठकर जाना पड़ा।

22 मई, 1858 को प्रात:काल ह्यूरोज ने अपने चारों ओर दुर्ग की भाँति सैन्य व्यूह तैयार किया, क्योंकि वह अब क्रांतिकारी सैनिकों का मुख्य लक्ष्य था। ह्यूरोज तिरही पर केंद्र में एक दस्ते के साथ था। ह्यूरोज के दाएँ गुलौली और सरौली में ब्रिगेडियर स्टुअर्ट। ह्यूरोज और ब्रिगेडियर स्टुअर्ट के बीच में एक मोर्चा लेफ्टिनेंट कर्नल रॉबर्टसन ने सँभाला। इन मोर्चों पर प्रथम ब्रिगेड के सैनिक तैनात किए गए। ह्यूरोज के बाएँ मोर्चे में ऊँटों का विशाल दस्ता, हलकी मारवाला तोपखाना तथा सिख रेजीमेंट तैनात की गई। दूसरी ब्रिगेड गुलौली से कालपी रोड पर कालपी के सामने लगाई गई। 22 मई को प्रात: 6 बजे अपनी अग्रिम चौकियों से ह्यूरोज को क्रांतिकारी सेना के संचालन की सूचना मिली। ह्यूरोज के गुप्त इशारे पर मैक्सवेल ने कालपी के किले, कालपी शहर और रायड गाँव को लक्ष्य बनाकर गोले दागने प्रारंभ कर दिए। युद्ध की रणभेरी बज उठी।

बाजीराव प्रथम और बुंदेली सुंदरी मस्तानी का पुत्र बाँदा का नवाब अली बहादुर 1400 अश्वारोही सैनिकों, पैदल सेना की पल्टनों और तोपखाने के साथ जलालपुर की सड़क पर ह्यूरोज के बाएँ पार्श्व में तिरही में सामने आ गया। लेफ्टीनेंट कर्नल रॉबर्टसन तथा ह्यूरोज के सैनिकों ने उसका डटकर मुकाबला किया तथा हलकी तोपों का भी इस्तेमाल किया, पर ह्यूरोज इस मोर्चे के खुलने से तनिक भी विचलित नहीं हुआ। उसी की रणनीति का भारतीय पक्ष इस युद्ध में इस्तेमाल कर रहे थे। उसने दाएँ पार्श्व पर कोई हलचल न होने के बावजूद अपना दाईं ओर का मोर्चा नहीं हटाया, क्योंकि उसको यह पता नहीं चल रहा था कि मुख्य आक्रमण कहाँ पर होगा। उसका मन कह रहा था कि यह हलचल केवल धोखा देने के लिए है। उसके अनुसार मुख्य आक्रमण गुलौली पर ही

होना चाहिए, जहाँ उसकी सैन्य-शक्ति केंद्रित थी, जब बाएँ मोर्चे पर अंग्रेजों की स्थिति कमजोर लगने लगी तो ह्यूरोज ने बाएँ मोर्चे को मजबूत करने के लिए लेफ्टिनेंट कर्नल गाल और एबोट की सैन्य टुकड़ियाँ भेजीं।

ह्यूरोज ने अपने दाएँ मोर्चे पर विद्रोही सैनिकों की टोह लेने के लिए एक कंपनी आगे की तरफ भेजी। गुलौली से लगभग सौ-दो सौ गज आगे इस कंपनी ने पाया कि बीहड़ के हर रास्ते, मोड़ और खंदकों में विद्रोही सैनिक मोर्चा लिये बैठे हैं। क्रांतिकारी सैनिक इतनी होशियारी से गुलौली तक आ गए कि अंग्रेजी सेना जान ही नहीं पाई।

जैसे ही क्रांतिकारियों और अंग्रेजी सेना की कंपनी का सामना हुआ, क्रांतिकारियों ने उन पर आक्रमण कर दिया। भयानक युद्ध प्रारंभ हो गया। क्रांतिकारियों ने बीहड़ से निकलकर ह्यूरोज के दाएँ मोर्चे गुलौली पर भीषण आक्रमण कर दिया। आक्रमण इतना जोरदार था कि आकाश बारूद के धुएँ से भर गया।

गुलौली में तिरही के मोर्चे से रोज अपने दाएँ और बाएँ मोर्चे पर हो रहे युद्ध पर निगरानी कर रहा था। कुछ समय बाद उसको लगा कि उसके दाएँ मोर्चे से गोलीबारी कुछ कम हो गई है। बीहड़ के भटकों और खंदकों से निकलकर लक्ष्मीबाई के अधीन सारी सेना ने अचानक अंग्रेजी सेना पर आक्रमण कर दिया। लक्ष्मीबाई के अधीन क्रांतिकारियों की सेना टिड्डी दल की भाँति निकलकर हमला कर रही थी। ब्रिगेडियर स्टुअर्ट की सेना में तबाही मची थी और घुड़सवार सेना के घोड़े मारे गए, सिपाहियों की तमाम जानें गईं। स्टुअर्ट का घोड़ा भी मारा गया और स्टुअर्ट केवल तलवार हाथ में लिये युद्ध का हुक्म दे रहा था। ह्यूरोज ने ब्रिगेडियर स्टुअर्ट से पुछवाया कि क्या उसको ऊँट दस्ते के आधे भाग की सहायता भेजी जाए। रेगिस्तान का जहाज ऊँट ही बुंदेलखंड की गरमी को ठीक-ठीक सहन कर पा रहा था, जो ह्यूरोज की खोज थी। ब्रिगेडियर स्टुअर्ट ने तुरंत ही सहायता भेजने की प्रार्थना की, परंतु जब तक यह संदेश ह्यूरोज के पास पहुँचता, उसने अनुभव किया कि स्टुअर्ट की तोपों की आवाज धीरे-धीरे मंद हो गई है और केवल कालपी के सैनिकों की गोलियों की आवाज ही सुनाई पड़ रही है, अब ह्यूरोज स्वयं ऊँट दस्ते के साथ ब्रिगेडियर स्टुअर्ट की सहायता के लिए तीव्र गति से निकला। एक टोरिया की छोटी ऊँचाई से उसने देखा कि हलकी तोपों के सब अंग्रेज तोपची मारे जा चुके हैं और स्टुअर्ट पैदल हो गया था। जो एकाध तोपची बचे थे, वे तलवारों से लड़ रहे थे। घोड़ों पर चलाययान तोपखाना तितर-बितर हो गया था। ह्यूरोज ऊँट दस्ते के साथ क्रांतिकारी सैनिकों पर पिल पड़ा। इस ऊँट दस्ते के अप्रत्याशित हमले से क्रांतिकारी सैनिक अवाक् रह गए, उन्हें कल्पना ही नहीं थी कि अंग्रेज ऊँट दस्ते के साथ उनसे लड़ सकते हैं, पर अंग्रेजों का तो सारे भारत तक राज्य विस्तृत हो गया था और उन्होंने इस युद्ध में अपने सर्वश्रेष्ठ सेनानायक एवं श्रेष्ठ हथियारों को झोंक दिया था तथा ह्यूरोज के पीछे गवर्नर

जनरल से लेकर ब्रिटिश शासन का वरदहस्त था। किसी का साहस नहीं था कि ह्यूरोज जैसे बहादुर, बुद्धिमान, समर्पित, ख्याति-प्राप्त तथा सफल सेनापति का विरोध कर सके। सभी उसके सामने केवल 'यस सर' करते हुए खड़े रहते थे, जबकि भारत के सेनानायकों में परस्पर विद्वेष तथा स्पर्धा थी। यही निश्चित नहीं था कि यह सेना पेशवा की है अथवा बुंदेलाओं की ? झंडा पेशवाओं का था, पर सैनिक बुंदेला थे।

ह्यूरोज को स्वयं ऊँट दस्ते तथा प्रथम ब्रिगेड का नेतृत्व करते हुए देख-सुनकर क्रांतिकारियों में भगदड़ मच गई और वे फिर पीछे की ओर भागने लगे। ह्यूरोज जैसे युद्ध के जंगल में शेर हो, तब सब उसे देखकर युद्ध के मैदान से भाग उठते हैं। मेजर जनरल ह्यूरोज ने ऊँटवाहिनी से लक्ष्मीबाई को घेरना चाहा, परंतु उनके साथ लालकुर्तीधारी अफगान सैनिकों ने महारानी को घेरे से निकाल ही लिया। ऊँटों के रिसाले ने अफगान सेना को घेरना चाहा, परंतु अंग्रेजी सेना इस अभियान में असफल रही। अफगानों ने मरते हुए भी अंग्रेजी सेना के उसी संख्या में सैनिकों का वध किया। उनकी लंबी, चमकती तलवारों के सामने अंग्रेजी सेना की बंदूकें और तोपें अप्रभावी हो गईं। लक्ष्मीबाई ने अपने अधीन सेना में लड़ने-मारने की भावना कूट-कूटकर भर दी थी। उनकी सेना का मनोबल अंग्रेजी सेना से ऊँचा था, क्योंकि लक्ष्मीबाई और उनकी सेना धर्म की रक्षा के लिए, स्वदेश के लिए लड़ रही थी, अपनी आजादी बचाने के लिए लड़ रही थी, जबकि अंग्रेजी सेना विस्तारवादी ब्रिटिश कंपनी सरकार के अधीन भारतीयों की लूट-खसोट, शोषण तथा उन्हें सदियों तक गुलाम बनाने के लिए लड़ रही थी। क्रांतिकारी दुबारा न इकट्ठे होकर मोर्चा जमा सकें, इसके लिए ह्यूरोज ने तुरंत बीहड़ की एक चोटी पर ऊँट रास्ते का एक तोपखाना जमवाया और भागते सैनिकों पर गोले बरसने लगे। ऊँट दस्ता कालपी तक विद्रोहियों के पीछे लगा रहा, फिर वापस ह्यूरोज के पास लौट आया।

इधर बाएँ मोर्चे पर भी अंग्रेजों की जीत हो गई। बाँदा के नवाब अली बहादुर ने अपने अंगरक्षकों के साथ मोर्चा छोड़ दिया तथा परिवार के साथ जालौन की राह पकड़ी। लेफ्टिनेंट कर्नल रॉबर्टसन ने कुछ दूर तक उसका पीछा किया, फिर वह वापस अपने मोर्चे पर लौट आया। ह्यूरोज की सेना ने गुलौली से भागती सेना का पीछा किया। कुछ सैनिक जालौन की तरफ तथा बहुत से शेरघाट की तरफ का रास्ता पकड़कर सड़क छोड़ गाँव-गाँव होकर भाग गए। क्रांतिकारियों की तोपें खामोश हो गईं। उनकी रक्षा पंक्ति भी बिखर गई। क्रांतिकारियों की सेना 22 मई के युद्ध में दोपहर तक जीत रही थी, पर ऊँट दस्ते के आ जाने से हार गई, फिर ह्यूरोज के साथ ऊँट दस्तों ने गुलौली, कालपी के युद्ध में निर्णायक भूमिका निभाई। यह ह्यूरोज का नया प्रयोग था। आखिर ऊँटों के लिए बुंदेलखंड की असह्य गरमी कुछ भी नहीं थी, फिर भी 22 मई के भीषण युद्ध में तथा प्रचंड तापमान में अंग्रेजी सेना इतनी थक गई थी कि कालपी शहर पर उसने उसी दिन अधिकार करने का

विचार त्याग दिया और 23 मई को अधिकार करने का निश्चय किया। काश! क्रांतिकारी पाँच छह घंटे और ह्यूरोज के सामने ठहर जाते या छापामार युद्ध करते रहते तो 22 मई को ही युद्ध का पासा भारतीयों के पक्ष में पलट जाता। ह्यूरोज भी बीहड़ की प्रचंड सीधी गरमी से अस्त-व्यस्त हो रहा था। कहाँ इंग्लैंड का 14 डिग्री सेंटीग्रेड तापमान और कहाँ बीहड़ का 48-50 डिग्री सेंटीग्रेड तापमान? जमींन-आसमान का अंतर।

उधर राव साहब तथा लक्ष्मीबाई रात में अपने-अपने मोर्चे से कालपी के किले में आए तथा युद्ध की असफलता पर चर्चा करके इस निश्चय पर पहुँचे कि क्रांतिकारी सैनिक 23 मई को विश्राम करें और 24 मई को पुनः युद्ध किया जाए। रात्रि में राव साहब तथा लक्ष्मीबाई को सूचना मिली कि नवाब बाँदा मोर्चा छोड़कर शेरगढ़ घाट की ओर चले गए हैं और कालपी सुरक्षा के लिए तैनात मुरार (ग्वालियर) के सैनिकों ने भी मोर्चे छोड़ दिए हैं, अब राव साहब तथा लक्ष्मीबाई के लिए भी कालपी में रुकने को कोई प्रयोजन नहीं रह गया था। तात्या टोपे इस त्रासदी की आशंका में ग्वालियर में ही भूमिगत रहते हुए क्रांतिकारियों के लिए तथा राव साहब और लक्ष्मीबाई के लिए भावी युद्ध-भूमि की तैयारी कर रहे थे।

22 मई की अर्धरात्रि के बाद लक्ष्मीबाई, राव साहब एक हाथी तथा छह घुड़सवार अंगरक्षकों के साथ अटरिया, मुसमरिया होते हुए चुर्खी पहुँचे, जहाँ रानी के गोद लिये पुत्र दामोदर की तरफ के रिश्तेदार तथा तात्या टोपे के परिवार के कुछ सदस्य रह रहे थे। इसके बाद यह दल सरावन आया। सरावन में विद्रोही सैनिकों के दल भाग-भागकर राव साहब के पास एकत्रित होने लगे।

22 मई के युद्ध में ह्यूरोज की विजय तो हो गई थी, परंतु ह्यूरोज की समझ में कालपी शहर और किले पर अभी भी क्रांतिकारियों का अधिकार है, क्योंकि ह्यूरोज को यह पता नहीं था कि प्रमुख क्रांतिकारियों के साथ राव साहब तथा लक्ष्मीबाई ने कालपी छोड़ दी। ह्यूरोज रानी की झाँसी से उतना ही डरता था, जितनी झाँसी की रानी लक्ष्मीबाई ह्यूरोज से। दोनों ही उस समय हिंदुस्तान में सबसे अधिक बहादुर और योग्य सेनानायक थे। दोनों में कोई व्यक्तिगत स्तर पर वैरभाव नहीं था, वरन् ह्यूरोज रानी का प्रशंसक था।

योजना के अनुसार सूर्य निकलने के पहले ह्यूरोज के नेतृत्व में द्वितीय ब्रिगेड जलालपुर-कालपी मार्ग से प्रथम ब्रिगेड के साथ ब्रिगेडियर स्टुअर्ट की कमान में गुलौली से कालपी पर अधिकार के लिए बढ़ी। यमुना के उस पार मैक्सवेल का तोपखाना ह्यूरोज के आदेशानुसार अभी भी बिना रुके गोले दाग रहा था, जिससे कालपी शहर में अपार क्षति हुई। दोनों ब्रिगेडें बिना किसी प्रतिरोध के कालपी तक आ गईं। कुछ-कुछ झाँसी का दृश्य फिर से दुहराया गया। 23 मई, 1858 को दस बजे प्रातः ह्यूरोज का कालपी शहर तथा किले पर अधिकार हो गया।

इस युद्ध में 500-600 क्रांतिकारी सैनिक मारे गए। किले में अंग्रेजों को 23 तोपें और प्रचुर मात्रा में बारूद और अस्त्र-शस्त्र मिले, परंतु ह्यूरोज इस युद्ध में एक भी प्रमुख क्रांतिकारी को कैद करने में सफल नहीं हो सका। यह ह्यूरोज जैसे ख्याति प्राप्त सेनापति के लिए बड़ा अपमान था। ह्यूरोज ने अपने मित्र ब्रिगेडियर स्टुअर्ट से एकांत में स्वीकार किया, "ये बुंदेलखंडी बड़े स्वाभिमानी, वीर तथा देशभक्त हैं। इनको कोई भी सरकार या सेना लंबे समय तक अपने अधीन नहीं रख सकती।"

क्रांतिकारियों के विषय में सूचना प्राप्त करने के लिए नागरिकों को बड़ा कष्ट दिया गया, पर कुछ भी महत्त्वपूर्ण सुराग हाथ नहीं लगा, अब छोटे से लेकर बड़े आदमी तक, झोपड़ी से लेकर गढ़ी तक, खेत में किसान से लेकर सेना में सैनिक तक, गरीब से लेकर धनी तक, गाँव से लेकर शहर तक स्वतंत्रता की अग्निशिखा जल रही थी। कोई भी अंग्रेजों को सहयोग करने के लिए तैयार नहीं होता था। यही कारण है कि ह्यूरोज को अपनी सेना की सभी व्यवस्था बंबई, मद्रास, हैदराबाद, कलकत्ता आदि कंपनी के बड़े-बड़े सैन्य केंद्रों से करनी पड़ी। यही ह्यूरोज की सफलता का एक कारण था। सभी उससे झाँसी का प्रतिकार करने के लिए उद्यत थे पर ह्यूरोज की सैन्य क्षमता तथा सामरिक कौशल के सामने सभी ने प्रायः घुटने टेक दिए।

कालपी व्यापार का केंद्र था। बड़े-बड़े व्यापारी तथा उद्योग यहाँ थे। अंग्रेजी सेना ने कालपी शहर में जमकर कई दिन तक लूटमार की। जनरल ह्यूरोज अपने सैनिकों की इस काररवाई को अपनी 'विजन' रणनीति के अंतर्गत अनदेखा कर देता था, क्योंकि इसके पास उन्हें आवश्यक वेतन देने के लिए धन नहीं रहता था तथा तत्कालीन परंपरा के अनुसार लोग युद्ध के पश्चात् लूटमार करने के लिए ही सेनाओं में भर्ती होते थे तथा अपने परिवारों की कई पीढ़ियों की आर्थिक सुरक्षा सुनिश्चित करते थे अथवा मारे जाने पर स्वर्ग चले जाते थे। साहूकारों को तरह-तरह से कष्ट देकर लूटा गया। उनके घरों की दीवारों को तोड़कर गुप्त धन निकाला गया। सड़कों पर शक्कर इस प्रकार फैली, जैसे कि वह सड़क की मिट्टी हो।

कालपी के युद्ध में अंग्रेजी सेना को भी भारी क्षति पहुँची। कालपी के युद्ध में अंग्रेजी सेना के 31 सैनिक मारे गए, जिनमें ह्यूरोज का मास्टर जनरल बैइगरी प्रमुख था। घायलों की संख्या 57 थी, जिनमें स्वयं ह्यूरोज का ए.डी.सी. लिस्टर, कर्नल विट्राल, कप्तान कोकबर्न और भैरोसिंह शामिल थे।

23 मई को युद्ध समाप्त हो गया। राव साहब का ढीला-पोला सेनापतित्व, अंग्रेजों के आधुनिक हथियार और सचल तोपों तथा भारतीय सैनिकों की हताशा ने सारा गुड़-गोबर कर दिया। बाँदा के नवाब कुछ न कर सके। उनकी तोपों और हाथियों पर मेजर गोल का कब्जा हो गया। कालपी का सारा सैन्य भंडार ह्यूरोज के हाथ

लगा, अब ह्यूरोज को अंग्रेजी सेना के अन्य केंद्रों से अतिरिक्त सैन्य सामान मँगाने की आवश्यकता नहीं रही।

झाँसी की वीरांगना लक्ष्मीबाई की व्यक्तिगत वीरता, नेतृत्व और अदम्य साहस की छाप तो कंपनी सेना के साथ-साथ क्रांतिकारियों के हृदय में पड़ी, पर ह्यूरोज ने भारतीय पक्ष की पराजय सुनिश्चित करके संपूर्ण हिंदुस्तान में हताशा का वातावरण उत्पन्न कर दिया। कुछ दिन पूर्व ही अंग्रेजों ने लखनऊ पर कब्जा करके अवध प्रांत, अयोध्या क्षेत्र का अवरोध भी समाप्त कर दिया था। फलस्वरूप विद्रोहियों की नेत्री बेगम हजरत महल को अज्ञातवास में जाना पड़ा।

इंग्लैंड के बड़े-बड़े प्रशिक्षित युद्ध-कला विशेषज्ञ कंपनी सेनाओं का नेतृत्व कर रहे थे, जिनके पास उस समय के विज्ञान द्वारा प्रदत्त नए-नए संहारक शस्त्र मौजूद थे। अफ़सोस है, क्रांतिकारियों के पास ऐसा कुछ नहीं था। उनके पास केवल अंग्रेजों के अन्याय-अत्याचार का प्रतिकार लेने, भारत को स्वतंत्र कराने की धधकती ज्वाला तथा व्यक्तिगत त्याग और उत्सर्ग करने की भावना थी। मुगलकालीन युद्ध निर्माण विद्या पर आधारित स्थानीय स्तर पर बनाई गई छोटी-बड़ी तोपें और बंदूकें ही थीं, जिन्हें सभी स्थानों पर स्थापित करना कठिन था, साथ-साथ उन्हें संचालित करने के लिए न ही गहन सैन्य-प्रशिक्षण प्राप्त एवं न ही वेतनभोगी सेना थी और न ही उनका नेतृत्व करनेवाले अधिकारी। सेनापति राव साहब ने पेशवा सेना की पराजय पर दुःख व्यक्त करते हुए कहा, "मुझे दुःख है कि हम महाभारत के रचयिता व्यास की धरती कालपी में युद्ध हार गए। हम उनकी कुरुक्षेत्र युद्ध में रणनीति की विरासत को कायम नहीं रख सके। काश! हमारे साथ कोई सलाहकार और सहायक कृष्ण होता, जो युद्ध का परिणाम हमारे पक्ष में कर देता।" बस, भारत के भाग्य को जैसे राहु ने ग्रस लिया था।

□

# उन्नीस

जनरल ह्यूरोज ने कालपी पर अधिकार करने के बाद चैन की साँस ली। मध्य भारत के विद्रोह का पूरी तरह दमन किया जा चुका था। बुंदेलखंड के विद्रोही सैनिक और क्रांतिकारी पूरी तरह पराजित होकर परेशान, हताश और अपने उद्देश्य में विफल हो गए थे। यहाँ तक कि झाँसी की रानी का नेतृत्व भी उनकी अस्तप्राय होती हुई क्रांति की ज्वाला को ईंधन न दे सका। वे भी उनके साथ पलायन करती हुई जंगलों, गाँवों तथा अपने आश्रयदाताओं को खोजने लगीं। अंग्रेज सेना के हाथ में अकेले कालपी किले में 159 तोपें, 500 पीपों में प्राय: 60,000 पाउंड अंग्रेजी बारूद, 9000 बंदूक की खाली गोलियाँ, अनेक बंदूकें, तलवारें आदि हथियार तथा हथियार बनाने की कई विदेशी मशीनें हाथ लगीं। एक बक्स जिसमें झाँसी की रानी का पत्र-व्यवहार था, वह भी मिला। इस प्रकार विजयश्री प्राप्त करने के बाद ह्यूरोज ने कंपनी के सेना प्रमुख कैंपबेल को पत्र लिखा—'आपने जो मुझे निर्देश दिया था, कालपी पर कब्जा करने के बाद वह पूरा हो जाता है। विद्रोहियों को बुंदेलखंड की सीमा चंबल नदी के उस पार खदेड़ दिया गया है।' कंपनी सरकार के मुख्यालय में खुशी, संतोष तथा शांति की लहर दौड़ गई।

ह्यूरोज ने रॉबर्ट हैमिल्टन से कहा, "सैन्य अभियान की सफलता के पश्चात् अब नागरिक प्रशासन को इसे सुदृढ़ बनाना पड़ता है, ताकि जनता के प्रत्येक व्यक्ति तक विजयी सेना का प्रशासन पहुँच सके और वे इसे अपने मन से स्वीकार करें। मैं वह सब नहीं जानता हूँ। जो छोटी-मोटी बाधाएँ आएँ, उनको दूर करने के लिए आपके पास छोटी-मोटी सेना भी है तथा अंग्रेजों का पक्षकार प्रशासन तथा स्थानीय अधिकारी और जमींदार भी।"

रॉबर्ट हैमिल्टन ने कप्तान टरनन को ही जालौन के डिप्टी कमिश्नर का भार दिया। कप्तान टरनन ने क्रांतिकारी भदेख नरेश परीक्षित की विधवा चंदेलन जू को कानपुर भेज दिया, ताकि वह क्रांतिकारियों तथा विद्रोहियों की और मदद न कर सके। इसी प्रकार

रोज के निर्देश पर जनपद जालौन में प्रथम स्वतंत्रता संग्राम के सूत्रधार बिलायाँ के ठाकुर बरज़ोरसिंह की गढ़ी पर मेजर ओर ने आक्रमण करके गढ़ी को नष्ट कर दिया। इस युद्ध में 31 मई को प्राय: 150 क्रांतिकारियों ने अपने प्राणों की आहुति दी।

जनरल ह्यूरोज ने अपने इस अभियान के दौरान परम मित्र ब्रिगेडियर स्टुअर्ट के साथ शराब की चुस्कियाँ लेते हुए एक अत्यंत गोपनीय वार्त्तालाप में कहा, "स्टुअर्ट, मुझे नहीं लगता कि कोई भी सेना इस प्रकार विद्रोहियों और क्रांतिकारियों का दमन कर सकती है। मैंने संसार के और कई देशों में भी युद्ध के दौरान यह अनुभव किया है। हम जितने लोगों को मारते हैं, उनकी जगह उससे अधिक विद्रोही और शत्रु पैदा हो जाते हैं। बुंदेलखंड जैसा वीरता से रँगा, देश-प्रेम से आप्लावित मैंने अन्य कोई प्रदेश नहीं देखा। मैं इस धरती को शत्-शत् प्रणाम करता हूँ, जहाँ तक झाँसी की रानी लक्ष्मीबाई की वीरता का प्रश्न है, मैं उसे विश्व की सर्वाधिक वीर महिला मानता हूँ। क्या चरित्र है उसका! मेरी तरह ही वह पूर्ण सैनिक है, पर मेरे पीछे पूरे विश्व पर साम्राज्य करनेवाला ब्रिटिश राज्य है, जबकि उस बेचारी के साथ केवल अर्धप्रशिक्षित सैनिक हैं, जिन्हें वह बिना संसाधनों के ही अपने साथ लगाए रखती है। उसकी सेना में सैनिकों की व्यक्तिगत वीरता और त्याग देखकर मैं दंग हूँ।"

"पर हम यह सभी कुछ इस कमरे के बाहर न कह सकते हैं, न लिख सकते हैं।" स्टुअर्ट ने शराब का प्याला मुँह से लगाते हुए कहा।

"स्टुअर्ट तुम सत्य कह रहे हो। यदि मैंने यह लिखा तो इसे ब्रिटिश जाति एवं शासन की अस्मिता का अपमान समझा जाएगा, कायरता समझी जाएगी," सेनापति ह्यूरोज ने स्टुअर्ट से सहमत होते हुए कहा।

"पर जब भी, जैसे भी मुझे अवसर मिलेगा, मैं कहूँगा या लिखूँगा, ताकि इस विद्रोह की जड़ में निहित कंपनी सरकार का लंदन में केवल आर्थिक लाभ तथा शोषण केंद्रित प्रशासन ब्रिटिश सरकार के अंतर्गत स्थानांतरित हो। यदि मैंने यह तुरंत कहा तो हमारी जीत का श्रेय हमें नहीं प्राप्त होगा, आखिर में मैं भी अपने सीने में एक और पदक लगाने के लिए अपनी जान न्योछावर कर रहा था।" ह्यूरोज ने कहा।

चार माह तक भारत के सर्वाधिक गरम क्षेत्र में अविराम रूप से सैन्य अभियान चलाने से उसकी सेना की अवस्था अत्यंत खराब हो गई। वह स्वयं भी मानसिक एवं शारीरिक रूप से बुरी तरह से थक चुका था। अपने चारों ओर गिरती हुई मनुष्यों एवं पशुओं की लाशों को देखकर उसका मन वितृष्णा से भर गया था। तथाकथित अंग्रेज जाति और ब्रिटिश शासन के नाम पर सरल और निरपराधी भारतीयों का कंपनी सरकार द्वारा शोषण तथा उन पर अत्याचार देखकर वह विचलित हो चुका था। उसके चिकित्सकों ने भी उसको अपने भग्न स्वास्थ्य को सुधारने के लिए पहाड़ों या अन्य क्षेत्र की ठंडी

जलवायु में कुछ समय व्यतीत करने का सुझाव दिया। तदनुसार उसने स्वास्थ्य लाभ के लिए छुट्टी की दरख्वास्त भेज दी। ह्यूरोज की अकेले दम पर प्राप्त सफलता से सभी पूर्णतः सूचित थे, अतः जनरल ह्यूरोज का आवेदन तुरंत स्वीकृत हो गया। लंदन में प्रधानमंत्री के अतिरिक्त किसी को भी ह्यूरोज के किसी प्रस्ताव से असहमत होने का न तो साहस था, न ही क्षमता। संपूर्ण ब्रिटेन उसे एकमात्र सेना का फील्ड मार्शल मानने लगा था। 1 जून, 1858 को ह्यूरोज ने अपनी सारी फौज से विदाई की घोषणा करते हुए कहा, "मैं एक जनरल से पहले एक सैनिक हूँ। आप लोग भी सैनिक हैं। मुझे जहाँ तक स्मरण है, मैंने झाँसी की रानी के झाँसी से पलायन के अतिरिक्त किसी भी मौके पर सेना के साथ गलत व्यवहार नहीं किया। मैं जानता हूँ कि आप लोग किन कठिन परिस्थितियों में, परिवारों को छोड़कर युद्ध में भाग लेते हैं पर एक बार जो सैनिक बना, उसका एकमात्र लक्ष्य होता है शत्रु पर विजय प्राप्त करना। यह युद्ध न्यायसंगत है या नहीं, यह शासकगण जानें, उन्हीं का यह दायित्व है और वे ही इसके प्रति जवाबदेह हैं। ब्रिटिश इलाके को भारतीय विद्रोहियों के चंगुल से छुड़ाने में आप लोगों ने जिस वीरता और त्याग का प्रदर्शन किया है, जिन कठिनाइयों को मेरे साथ झेला है, उसके लिए मैं, कंपनी सरकार तथा ब्रिटिश सरकार आपके कृतज्ञ हैं। मैं आपको एवं आपके परिवार को शुभकामनाएँ अर्पित करता हूँ।" जनरल ह्यूरोज एक सफल रणनीतिकार, बहादुर सेनापति होने के साथ-साथ एक मानवीय संवेदनाओं से युक्त व्यक्ति था। यही कारण था कि वह कहीं जाकर भी वहाँ की सेना का हृदय से सेनापति बन जाता था।

मुल्ला की दौड़ मसजिद तक। ह्यूरोज को सेना की छावनी ही विश्राम के लिए एकमात्र पसंद थी। वह अपनी ब्रिगेड के मुख्यालय पूना में सारे दिन विश्राम करने के बाद, अपनी विजयों की रपटें तैयार करने के पश्चात् शाम को सेना के मैस में बिलियर्ड खेलता और अंग्रेजी संगीत सुनता। पहाड़ियों से घिरी पूना की जलवायु सम थी। न अधिक गरम, न अधिक ठंडी। खैर, बुंदेलखंड की गरमी से तो उसे अत्यंत राहत मिली।

पेशवा ने कालपी छोड़ी और वह अपने साथ थोड़ी सेना लेकर गोपालपुर पहुँचे। लक्ष्मीबाई भी अपने पाँच दलपतियों तथा अपनी बची हुई लालकुर्ती सेना सहित निकल आई। लक्ष्मीबाई के सैनिक उनके प्रति कृतज्ञता बोध से आप्लावित थे, क्योंकि लक्ष्मीबाई की वीरता तथा रणकौशल और त्वरित निर्णय के कारण वे अंग्रेजों से बच सके। वे लक्ष्मीबाई के लिए जान देने के लिए आतुर थे। दूसरी ओर से बाँदा के नवाब भी गोपालपुर पहुँचे तथा ग्वालियर से दक्षिण-पश्चिम में 46 मील गोपालपुर में सभी ने शिविर लगाया और भावी रणनीति पर विचार-विमर्श किया। गोपालपुर सभा में कई स्थानों पर आक्रमण करके कब्जा करने के प्रस्ताव पर विचार-मंथन हुआ, पर सभी एक बात पर सहमत थे, "हमें अपनी अंतिम खून की बूँद तक अंग्रेजी राज के प्रति अपने विद्रोह की ज्वाला को

प्रज्वलित रखना होगा। हम अपने पथ से वापस नहीं हो सकते, जबकि हजारों लोगों ने हमारी पुकार पर अपनी जानें दी हैं।"

राव साहब ने प्रस्ताव दिया, "हमें अवध की ओर चलना चाहिए।"

बाँदा के नवाब—"पर अंग्रेजों की अनेक पल्टनें अवध में फैल गई हैं और अधिक कलकत्ता से आ रही हैं।"

राव साहब—"क्या हम नागपुर चलें, वहाँ से पूना होते हुए दक्षिण में संग्राम का अलख जगा सकते हैं।"

बाँदा-नवाब—"पर अंग्रेजों का नंबर एक चाटुकार शक्तिशाली नवाब हैदराबाद हमें वहाँ ज्यादा नहीं टिकने देगा।"

इतने में लक्ष्मीबाई पधारीं। उन्होंने सुझाव दिया, "हमें ग्वालियर के किले पर कब्जा करना चाहिए। वह बहुत निकट भी है तथा तात्याजी वहाँ की सैनिक छावनियों में घुसकर विद्रोह की ज्वाला प्रज्वलित कर आए हैं। हमें तात्याजी का विचार जानना चाहिए।"

तात्या टोपे—"वहाँ का हाल मुझे ज्ञात है। माहुकर, बलवंतराय और दिनकर राव दीवान के अतिरिक्त और सब सरदार स्वराज्य स्थापना के पक्ष में हैं। सेना का काफी अंश हमारा साथ देगा।"

राव साहब—"बात तो ठीक कह रही हैं बाई साहब! नवाब साहब, आप क्या सोचते हैं?"

नवाब साहब—"मैं रानी साहब की राय को मानने के लिए तैयार हूँ, पर ग्वालियर की सेना या कुछ सरदारों को चढ़ाई से पहले मिला लेना चाहिए।"

सभी ने तात्या को ग्वालियर आक्रमण के लिए भूमि तैयार करने का आदेश दिया।

राव साहब—"तात्या ने ही सब समय हमें शर्मनाक अंत से बचाया है, क्योंकि वह खराब भविष्य के लिए पहले से तैयारी करके रखता है। हे शेरों के शेर, तात्या! शीघ्रता करो।"

लक्ष्मीबाई—"तात्या के विषय में लोग कुछ भी कहें, पर तात्या ने हमारे अभियान में सेना जुटाने, धन ज़ुटाने तथा नई रणभूमि तैयार करने के अपने दायित्व का दक्षतापूर्ण और सफलता के साथ निर्वाह किया है।"

राव साहब और लक्ष्मीबाई से अपनी प्रशंसा सुनकर तात्या ने नए उत्साह एवं उद्दीपन के साथ ग्वालियर पर आक्रमण की तैयारी हेतु ग्वालियर के लिए प्रस्थान किया।

राव साहब, लक्ष्मीबाई, तात्या टोपे और बाँदा के नवाब द्वारा फिर से एकजुट होकर ग्वालियर पर आक्रमण करने की तैयारी की सूचना गवर्नर जनरल कैनिंग के पास पहुँची। दूसरी ओर उसे यह भी पता चला कि ह्यूरोज लंबी छुट्टी पर पूना स्थित सैन्य छावनी आ गया है। ह्यूरोज की अनुपस्थिति में अंग्रेज सेना मध्य भारत में विद्रोहियों का सामना

करने में स्वयं को अक्षम पा रही थी। ह्यूरोज की अनुपस्थिति के कारण अंग्रेज सेना का मनोबल टूटने का भय था, दूसरी ओर विरोधी भारतीय दल का मनोबल ऊँचा हो गया था।

पूना में सारे दिन विश्राम करने के बाद ह्यूरोज अपने जीवन के कुछ सुख के पलों में खोया हुआ था। वह प्रात: एक सैनिक की भाँति प्रतिदिन व्यायाम करता, कभी-कभी परेड में जाता और अपने चोटिल मांसपेशियों को आराम पहुँचाता। उसे यहाँ भारतीय आयुर्वेद पर अंग्रेजी इलाज से अधिक भरोसा हो गया था। यकायक उसे कैनिंग का एक टेलीग्राम मिला जिसमें लिखा था—'मुझे इग्लैंड के लिए बोरिया-बिस्तर बाँधने होंगे।'

जनरल ह्यूरोज को लगा कि उसके कुछ दिनों छुट्टी जाने पर ही जैसे स्थापित कंपनी सरकार की सुदृढ़ नींव काँप उठी हो। एक सच्चा सैनिक कैसे अपने होते हुए अंग्रेज जाति और ब्रिटिश शासन का अपमान सहन करता और वह भी उन पराजित राजाओं, महारानी, नवाब तथा दलपतियों द्वारा, जो उसे बार-बार पीठ दिखाकर भाग खड़े हुए थे। उसने बहुत सोच-विचार किया, पर गवर्नर जनरल के आदेश के आगे उसके पास कोई उपाय नहीं था। वह ठीक ही समझता था कि लॉर्ड कैनिंग ने उसे यह आदेश ब्रिटिश सरकार की सहमति से ही प्रेषित किया था। यद्यपि इस आदेश में उसके प्रति अत्यंत विनम्रता झलकती थी, जो किसी भी सैनिक जनरल के लिए सम्मान की बात थी, पर वह पत्र के अंदर वह कड़ा आदेश था, जिसका ह्यूरोज जैसा अनुशासित सैनिक कभी भी उल्लंघन नहीं कर सकता था। वस्तुत: कभी सूर्य न डूबनेवाले ब्रिटिश शासन की स्थापना ह्यूरोज जैसे सैनिकों के अपार त्याग, साहस और बलिदान के कारण हुई थी। इसके पूर्व भी सिकंदर जैसे सैन्य शासकों ने विश्व-विजय की, पर वे उसे अधिक समय तक स्थायी न रख सके। ब्रिटिश आधिपत्य तो कई दशकों तक विश्व के अनेक देशों में कायम रहा। ह्यूरोज ने अपना बोरिया-बिस्तर बाँधा, ताकि गवर्नर जनरल को अपने बोरिया-बिस्तर न बाँधने पड़ें। वह पूना से ग्वालियर के लिए रवाना हुआ। ग्वालियर में उसके लिए वहाँ नया सैन्य दल उसके स्वागत तथा उसके नेतृत्व के लिए प्रतीक्षारत था।

पूना से अहमदनगर, मनमाड, जलगाँव, भुसावल, खंडवा, इटारसी के सुंदर प्राकृतिक इलाकों से होकर ह्यूरोज भोपाल पहुँचा। ह्यूरोज ने कहा, "कितना सुंदर एवं पेड़ों से घिरा हुआ है भारत देश? यहाँ के लोग शांति से योगी की भाँति अपनी खेती-किसानी के कामों में लगे रहते हैं। किसी से कुछ लेना-देना नहीं, कोई रार-तकरार नहीं। हम जैसे लोग इन सीधे-सादे लोगों के शांतिमय जीवन में क्यों दखल देते हैं? ये दो समय रोटी, नमक और शाक-सब्जी खाकर ही खुश हैं। इन्हें जैसे पता ही नहीं कि हमारे पश्चिम में क्या हो रहा है, हमारे कारखाने क्या बना रहे हैं, हम कैसी बंदूकें, तोपें बना रहे हैं, जो केवल आग उगलेंगी तथा इनके खेतों को जलाकर राख कर देंगी।"

रास्ते में नारी-पुरुष उसके अंग्रेज-हिंदुस्तानी कारवाँ को देखकर दूर भागने लगते

हैं, अपने घरों में छिप जाते हैं, जैसे कोई शेर, बाघ या तेंदुआ उन्हें दिख गया है, जब उन्हें पता चलता है कि वही अंग्रेज जनरल जा रहा है, जिसने झाँसी की रानी को हराया है तो वे आश्चर्य करते, "यह तो उसी प्रकार हाड़-मांस का बना है। कैसे इस दुबले-पतले आदमी ने हमारे देश पर कब्जा कर लिया है ? जरूर इसके पास कुछ तिलस्मी जादू होगा।"

ह्यूरोज अभी भोपाल महल में अपने प्रथम स्वागत को भूल नहीं पाया था कि उसे दुबारा भोपाल की बेगम के आतिथ्य-सत्कार का आनंद लेने का अवसर प्राप्त हुआ। उसने भोपाल की बेगम से कहा, "थैंक यू, बेगम साहिबा! इतना अच्छा मांसाहार खाना तो इंग्लैंड में भी नहीं मिलता। मेरा तो बार-बार हिंदुस्तान आने का मन करता है, पर मुझे तो ब्रिटिश सरकार जहाँ समस्या में होती है, वहाँ भेज देती है। बिना लंगर के जहाज की तरह।"

बेगम साहिबा ने ह्यूरोज के स्वागत-समारोह में कहा, "मुझे खुशी होगी, यदि आप मेरी ओर से यह तुच्छ भेंट स्वीकार करें।"

ह्यूरोज ने भेंट अस्वीकार करते हुए कहा, "बेगम साहिबा, मैं एक अजीब व्यक्ति हूँ। इन तोहफों से मुझे कोई प्रेम नहीं है। मैं कहाँ रहूँगा, यह दूसरे दिन निश्चित नहीं रहता। मेरे सीने पर लगे मेडल ही मेरे साथ रहते हैं। ये ही मेरी रक्षा करते हैं। मैं इस बात से दुःखी हूँ कि मैं आपके सभी आठ सौ सैनिकों को सुरक्षित न रख सका। यह झाँसी की रानी बहुत बहादुर महिला है। उसके आक्रमण से सैनिकों को बचाने में मेरी जान हथेली पर आ जाती है।" फिर भी भोपाल की बेगम ने ह्यूरोज के साथ अपने एक सौ सैनिक लगा दिए, क्योंकि ह्यूरोज यह तोहफा स्वप्न में भी मना नहीं कर सकता था।

भोपाल के बाद बेतवा की सुंदर घाटियों, जलाशयों, जगह-जगह जमींदारों की गढ़ियों, राजाओं के किलों तथा सिंधिया के राज्य से गुजरते हुए शिल्प से सुसज्जित मंदिरों को देखते हुए, ह्यूरोज ने झाँसी को दूर से नमस्ते की। तत्पश्चात् ह्यूरोज सिंधिया के राज्य क्षेत्र में शिवपुरी के घने जंगल में आ पहुँचा, जहाँ शेर, बाघ और तेंदुआ आदि वन्य पशुओं का साम्राज्य था। ह्यूरोज के सामने ही एक बाघिन अपने तीन बच्चों के साथ गुज़री। ह्यूरोज ने उसे सलाम करते हुए कहा, "मैडम! मैं आपसे नहीं लड़ सकता। मैं आपसे अपनी हार स्वीकार करता हूँ।"

क्रांतिकारियों और राव साहब ने गोपालपुरा योजना को कार्यान्वित करने के लिए पेशवा की ओर से ग्वालियर के महाराजा जयाजी राव सिंधिया को हिंदुस्तान से अंग्रेजों को खदेड़ने के लिए सहायतार्थ पत्र लिखा, पर जयाजी राव तथा उनके दीवान दिनकर राव अंग्रेजों के पक्के स्वामिभक्त थे। ईस्ट इंडिया कंपनी ने जयाजी राव को कलकत्ता घुमाकर अपने राज्य के वैभव एवं शक्ति से युवा जयाजी को आक्रांत कर दिया था तथा उन्हें विश्वास दिया कि यदि वे उनके समर्थन में रहें तो कंपनी उनको गोद लिये जाने की

प्रक्रिया का समर्थन तथा उन्हें ग्वालियर राज्य के महाराजा की मान्यता देती रहेगी, अतः उन्होंने विद्रोहियों को 'हाँ-न' में उत्तर दिया तथा राव साहब के पत्र का सारांश ग्वालियर स्थित ब्रिटिश रेजीडेंट को भी बता दिया एवं गवर्नर जनरल को सारी परिस्थिति से अवगत कराते हुए उनसे अविलंब सहायता की माँग की।

अब राव साहब के पास कोई अन्य रास्ता न था। तात्या भी सुझाव दे रहे थे कि ग्वालियर पर आक्रमण के समय उन्हें प्रचुर धन प्राप्त होगा, जिसके सहारे वे अपना अभियान महाराष्ट्र से दक्षिण तक जारी रख सकेंगे। संसाधनों के अभाव में क्रांतिकारियों को यह प्रस्ताव पसंद आया।

हैदराबाद के निजाम के बाद उस समय धन और ख्याति में सिंधिया का ही स्थान था। उत्तर और दक्षिण भारत के बीचोबीच मध्य भारत की मणि थी ग्वालियर। अंग्रेज ग्वालियर को पूर्व का जिब्राल्टर कहते थे। ग्वालियर और झाँसी में सिर्फ एक सौ किमी. का फासला है और झाँसी की वीरांगना ग्वालियर क्षेत्र से भली-भाँति परिचित थी तथा अंदर-ही-अंदर ग्वालियर राज्य की प्रजा झाँसी की रानी के अंग्रेजों के विरुद्ध अभियान तथा उनके त्याग और बलिदान की समर्थक थी। झाँसी की वीरांगना ने आत्मविश्वासपूर्वक कहा, "अब हमें समय बरबाद किए बिना तुरंत ग्वालियर राज्य पर आक्रमण कर देना चाहिए।"

पेशवा की सेना ने, लक्ष्मीबाई तथा बाँदा के नवाब के साथ 22 मई को ग्वालियर राज्य की सीमा में प्रवेश किया। सिंधिया ने अपने एक सरदार के साथ पाँच सौ सैनिकों को विद्रोहियों को रोकने के लिए भेजा। उसको देखकर राव साहब ने कहना शुरू कर दिया, "तुम लोग क्यों हमारे रास्ते में रुकावट डाल रहे हो ? हम तो देश की स्वतंत्रता के लिए लड़ रहे हैं, अपनी जान न्योछावर कर रहे हैं। यदि भारत स्वतंत्र होगा तो तुम लोगों को भी लाभ मिलेगा। तुम्हारा अपना राज्य होगा। यह सिंधिया तो कभी किसी का नहीं हुआ। यह तो पेशवा का नौकर था और अब जब मैं पेशवा हूँ, हमें थोड़ी सहायता देने के लिए भी मना कर रहा है। ग्वालियर तो पेशवा का राज्य है। हम इसीलिए ग्वालियर का राज्य पेशवा के लिए छीनने जा रहे हैं।"

सिंधिया के सरदार ने देखा कि उसके सैनिकों में कानाफूसी शुरू हो गई है तथा उसके सैनिकों और पेशवा के सैनिकों में आत्मीयतापूर्ण वार्त्तालाप चल रहा है। उनकी पूर्व झाँसी की रानी ने भी उन्हें विश्वास दिलाया, "यदि तुम लोग हमारी ओर आ जाते हो तो हम सभी मिलकर ग्वालियर से अंग्रेजों को खदेड़कर बाहर कर देंगे, फिर हम सभी चैन से रहेंगे।"

ग्वालियर राज्य के सैनिकों ने अपने हृदय की रानी लक्ष्मीबाई पर भरोसा कर लिया। अपनी सेना में ही आंतरिक विद्रोह की आशंका से सिंधिया द्वारा भेजा हुआ सरदार अपने

सैनिकों सहित पेशवा की सेना से आ मिला। उसे विश्वास हो गया था कि यदि वह ऐसा नहीं करेगा तो अकेले लक्ष्मीबाई द्वारा ही उसके सभी सैनिक मारे जाएँगे। पेशवा की सेना में उस समय प्राय: पाँच हजार सैनिक थे। लक्ष्मीबाई के पास प्राय: दो सौ लाल कुरतीवाले सैनिक थे तथा बाँदा के नवाब के साथ भी सेना थी।

इन सभी को लेकर पेशवा, लक्ष्मीबाई तथा बाँदा के नवाब ग्वालियर से तेरह किमी. दूर बड़ागाँव पहुँच गए तथा वहाँ से एक ओर उन्होंने सिंधिया को सहायता के लिए पत्र लिखा—'आपकी सहायता के बिना हमारा देशव्यापी संग्राम सफल नहीं हो सकता। आप हमारे अपने हैं।

हमें तुरंत धन-बल, हथियार तथा तोपें भेजकर सहायता करने की कृपा करें।'

राव साहब, तात्या, लक्ष्मीबाई और नवाब बड़ागाँव में शिविर डालकर सिंधिया के उत्तर की प्रतीक्षा करने लगे।

सिंधिया के दरबार में युद्ध करने के निर्णय पर विस्तार से विचार-विमर्श हुआ। महाराजा जयाजी राव के बुद्धिमान एवं चतुर दीवान दिनकर राव पेशवा की सेना से लड़ने के घोर विरोधी थे। उन्होंने कहा, "पेशवा की सेना में झाँसी की वीरांगना जैसे लड़ाकू योद्धा हैं, जो कभी भी युद्ध के परिणाम को अपनी ओर मोड़ सकते हैं, फिर यह युद्ध हमारे अपनों के विरुद्ध है, जो कल तक हमारे परिवार में थे। सारी राज्य की जनता की सहानुभूति झाँसी की रानी की तरफ है, उनकी बहादुरी और देशभक्ति की प्रशंसा करती है। कब कौन सैनिक या सरदार उनसे मिल जाए, कह नहीं सकते, अत: हमें जनरल ह्यूरोज के आने तक इंतजार करना चाहिए, जो पूना से चल दिए हैं और कभी भी हमारे राज्य में प्रवेश कर सकते हैं। जनरल ह्यूरोज से ही भारतीय क्रांतिकारी और राजा-रानी डरते हैं और अपनी सभी वीरता भूल जाते हैं।" पर तेईस वर्षीय युवा जयाजी राव के चाटुकार मंत्रियों और सरदारों ने युवा महाराजा के क्रोध और अशांति को शांत करने के लिए उनकी इच्छानुसार सुझाव दिया, जो उस समय की प्रचलित परिपाटी थी। राजा-महाराजाओं के अत्यंत पास का मंत्रिमंडल औपचारिक मंत्रिमंडल या सलाहकार परिषद् से अधिक शक्तिशाली और प्रभावशाली होता था, जो राज्य के सुदूर हित में न सोचकर राजा की इच्छानुसार सलाह देता था। उसका एकमात्र उद्देश्य होता—'राजा को प्रसन्न करो और पुरस्कार प्राप्त करो। राज्य और जनता का हित भाड़ में जाए।' उसी प्रकार के मुट्ठीभर लोगों ने दीवान की अनुपस्थिति में महाराजा को सलाह दी, "विरोधी पक्ष के शस्त्रुओं की हालत बहुत खस्ताहाल है। झाँसी की रानी का इतना नाम सुना था, पर वह भी बिना किसी ताज के इन विद्रोहियों के साथ जगह-जगह आश्रय के लिए भटक रही है। राव साहब और तात्या टोपे में युद्ध करने की योग्यता कहाँ? वे तो केवल जनता और सैनिकों को

विद्रोह के लिए भड़का सकते हैं और सदैव राजकोष हस्तगत करने की फिराक में रहते हैं। बाँदा के नवाब एक पराजित नवाब की भाँति यहाँ-वहाँ छुपने के लिए भाग रहे हैं। हमें पाँच सौ सैनिक दीजिए, हम इन सभी को पाँच घंटे में हरा देंगे।"

जयाजी के अन्यान्य अधिकारी और फौजी सरदार अपनी योजना को मूर्तरूप देने के लिए युद्ध की तैयारी में जुट गए। झाँसी की रानी और तात्या टोपे को सीधे युद्ध में पराजित करके बंदी बनाने की आशा से तेईस वर्षीय जयाजी प्रफुल्लित और उत्साही हो गए। उन्होंने कहा, "ऐसा करने पर मेरा कंपनी सरकार के आकलन में सम्मान तथा हैसियत दुगुनी हो जाएगी। मैं तब कंपनी के गवर्नर जनरल के समकक्ष बैठ सकूँगा और अपने तथा राज्य के हित में एक शक्तिशाली होकर बात कर सकूँगा। भिखारियों की कौन सुनता है?" उनके विश्वस्त मराठा सरदारों और कोषाध्यक्ष अमीरचंद बाँठिया ने महाराजा को प्रसन्न करते हुए कहा, "जब आप झाँसी की रानी लक्ष्मीबाई और तात्या टोपे को गिरफ्तार करके अंग्रेजों को सौंपेंगे तो आपका ओहदा और सम्मान कितना बढ़ जाएगा, आप कल्पना नहीं कर सकते।"

महाराजा की महत्त्वाकांक्षा को इस प्रकार पंख देने से महाराजा जयाजी मोहाच्छन्न हो गए और उन्होंने स्वयं सिंधिया सेना का नेतृत्व करने का निश्चय किया। वे लोकप्रिय दिनकर राव को भी इस जीत का श्रेय नहीं देना चाहते थे।

पहली जून को प्रातः छह हजार पैदल सेना, 1,200 घुड़सवार और आठ आधुनिक तोपें लेकर मुरार के पूर्व में बड़ागाँव के निकट जयाजी राव सिंधिया पेशवा की सेना पर आक्रमण करने लगे। सिंधिया के चार सौ अंगरक्षकों ने पेशवा की ओर तोपों से गोले फेंकने आरंभ किए। राव साहब और तात्या ने प्रथम सोचा कि ये गोले सिंधिया की ओर से उनके स्वागत में पड़ रहे हैं, पर जैसे-जैसे गोलों की मार बढ़ती गई, राव साहब और तात्या सशंकित हो गए। चौबीस घंटे युद्ध के लिए तैयार एक सच्ची सैनिक झाँसी की वीरांगना लक्ष्मीबाई ने तुरंत अपने दलपति रघुनाथसिंह को प्रत्युत्तर में युद्ध का बिगुल बजाने का आदेश दिया। लक्ष्मीबाई के लाल कुरतीवाले सैनिक अपना खाना उसी हालत में छोड़कर लक्ष्मीबाई के साथ युद्ध करने के लिए आ गए। पेशवा की सेना भी हड़बड़ी में युद्ध के लिए तैयार हो गई। पेशवा राव साहब मुख्य सेना का नेतृत्व कर रहे थे। लक्ष्मीबाई ने निश्चय किया कि उनका दल इस युद्ध में ह्यूरोज की रणनीति अपनाएगा, अतः लक्ष्मीबाई के निर्देश पर नवाब बाँदा ने दाईं ओर से सिंधिया की सेना पर आक्रमण की बागडोर सँभाली, जबकि लक्ष्मीबाई ह्यूरोज की भाँति अपने दो सौ तेज-तर्रार घुड़सवार लेकर बाईं तरफ से सिंधिया की सेना पर आक्रमण करने लगी। रानी झाँसी द्वारा आक्रमण सुनकर सिंधिया की सेना का मनोबल टूट गया। रानी लक्ष्मीबाई त्वरित गति से घोड़े पर सवार होकर सामने से सिंधिया की सेना को चीरती हुई आगे बढ़ी। दूसरी ओर से तात्या और

बाँदा के नवाब ने सिंधिया की दाईं ओर आक्रमण कर दिया। जयाजी राव, जहाँ पेशवा के प्रत्युत्तर को सामने से ही नहीं सँभाल पा रहा था, वहाँ अपने दोनों ओर से आक्रमण देखकर वह हताश हो गया। जयाजी राव ने जहाँ देखा, वहाँ उसके सैनिकों की लाशें बिछ गईं। कहाँ विद्रोहियों और क्रांतिकारियों का देश के प्रति समर्पित पक्ष और कहाँ सुविधाओं, विलासिता के पंक में डूबी हुई सिंधिया की सेना। सिंधिया ने अब तक अंग्रेजों के समर्थन पर ही अपनी हुंकार भरी थी, पर इस प्रकार कभी-कभी अप्रत्याशित परिस्थितियों में राजा को स्वयं ही शत्रु का सामना करना पड़ता है, कम-से-कम उस समय तक जब तक पीछे से आवश्यक सहायता नहीं पहुँच जाती, फिर उस समय एक स्थान से दूसरे स्थान जाने के लिए यांत्रिकी साधन उपलब्ध नहीं थे, सेना को पैदल अथवा घोड़े, बैलगाड़ी या हाथी की सवारी पर जाना पड़ता था, जिसमें समय लगता था।

'भारतीय के विरुद्ध भारतीय' के युद्ध में पेशवा की सेना की ओर से 'हर-हर महादेव!' 'अल्ला हो अकबर!' के नारे आकाश में गूँजने लगे। सिंधिया के सैनिकों का मनोबल टूट गया। हम क्यों अपने भाइयों के विरुद्ध लड़ें, जो हमारी स्वतंत्रता के लिए ही लड़ रहे हैं? सिंधिया के कुछ तोपची मारे गए तो कुछ तोपें छोड़कर भागे। जयाजी राव सिंधिया और दीवान दिनकर राव ने स्वयं तोपों में बत्तियाँ लगाईं, लेकिन सिंधिया राज में व्याप्त भ्रष्टाचार तथा अकर्मण्यता के कारण तोपों में बाजरे की थैलियाँ पड़ी थीं, बजाय गोला-बारूद के। तात्या ने अपनी विशाल सेना को दो भागों में विभक्त करके उसे गतिमान किया और लक्ष्मीबाई तथा नवाब को अतिरिक्त सहायता पहुँचाई। पहले से ही बाएँ और दाएँ से तेज और भीषण आक्रमण झेलती सिंधिया की सेना तितर-बितर होकर भागने लगी। सिंधिया के छह हजार पैदल सैनिक मैदान खाली कर गए, पर सिंधिया के तेज-तर्रार बारह सौ घुड़सवार अभी भी मैदान में डटे थे, पर उन पर लक्ष्मीबाई ने व्यक्तिगत रूप से आक्रमण कर दिया। लक्ष्मीबाई की तलवार से घुड़सवार तथा उनके घोड़े गाजर-मूली की तरह कट रहे थे। यह दृश्य जयाजी राव सिंधिया से न देखा गया। आरामपसंद सिंधिया व्याकुल हो उठा। वह देशभक्ति की आग से धधकती लक्ष्मीबाई के रूप में रणचंडी के सामने खड़ा ही न हो सका, फिर दिनकर राव और एक-दो सरदारों ने यह उचित समझा कि सिंधिया को इस परिस्थिति में बचाना ही श्रेयस्कर होगा। यदि जयाजी राव ही जीवित न रहते तो ग्वालियर का राज सिररहित हो जाता। इस कारण तत्कालीन परंपरा के अनुसार राजा की जान बचाना युद्धरत सेना का प्रथम लक्ष्य और कर्तव्य होता था। भागते हुए सिंधिया का पीछा करते हुए क्रांतिकारी सैनिकों ने सिंधिया के प्रायः साठ अंगरक्षकों को मार डाला।

जयाजी राव को तुरंत मैदान छोड़कर एक पहाड़ी पर ले जाया गया, जहाँ से उसे फूलबाग स्थित राजमहल में ले जाया गया। वहाँ उसने कपड़े बदले और दिनकर राव,

मुख्यमंत्री तथा बचे-खुचे अंगरक्षकों के साथ धौलपुर की ओर भागा। धौलपुर के राजा दिनकर राव के व्यक्तिगत तथा सिंधिया परिवार के मित्र थे। दिनकर राव ने अपने महाराज के सुरक्षित पनाह की पूर्ण व्यवस्था की, ताकि क्रांतिकारी सेना वहाँ आकर कुछ न कर सके। दूसरी ओर राजे-रजवाड़े की महिलाओं ने ग्वालियर के पास नरवर किले में शरण ली, जो भी ग्वालियर से प्राय: अस्सी किमी. दूर था। युद्ध समाप्त हुआ। सिंधिया की पराजय हुई। राव साहब के नेतृत्व में तथा लक्ष्मीबाई की अदम्य युद्ध-कौशल तथा पराक्रम के कारण क्रांतिकारी सेना को विजयश्री प्राप्त हुई, जिसकी उन्हें लंबे समय से प्रतीक्षा थी।

क्रांतिकारी सैनिक प्रथम बार विजय प्राप्त करके युद्ध-स्थल में नाच रहे थे, विजयोल्लास प्रकट कर रहे थे तथा नगाड़े की धुन पर गा रहे थे—

*राष्ट्र भक्ति जागी जब वीरन हुंकार भरी,*
*हर-हर बम भोले कौ नाद घहरानौ तौ।*
*धधक रही ज्वाला उन माहि महावीरन के,*
*प्यारे स्वातंत्र्य हेतु जियरा अकुलानौ तौं॥*

बड़ागाँव का युद्ध लक्ष्मीबाई की रणनीति तथा रण-कौशल के कारण ही जीता गया, यद्यपि वह स्वयं को सेनापति भी स्वीकार नहीं करती थीं, पर युद्ध के मैदान में बड़ागाँव का युद्ध उनके ही अघोषित सेनापतित्व में जीता गया।

अब राव साहब और तात्या ग्वालियर में प्रवेश करने की तैयारी में लग गए, ताकि ग्वालियर के किले तथा सिंधिया की अकूत धन-संपत्ति पर अधिकार किया जा सके। युद्ध बिना धन के नहीं लड़े जाते।

ग्वालियर का किला उत्तर भारत का विशालतम किला है। यह 200 फीट ऊँचाई पर बना, 3 किमी. लंबा, 300 फीट ऊँचा, प्राय: 16 किमी. परकोटेवाला किला है, जिसका 135 विभिन्न राजाओं ने विभिन्न समय निर्माण करवाया तथा इसमें 8 मंदिर तथा 9 मकबरे हैं। मंदिरों में सास-बहू का मंदिर तथा सहस्त्रबाहु का मंदिर अपनी लाल पत्थर पर नक्काशी तथा शिल्प के लिए विख्यात हैं। इसमें गूजरी महल, शाहजहाँ महल तथा जहाँगीर महल का वस्तु-शिल्प अद्धितीय है। इस किले पर अधिकार के लिए निरंतर संघर्ष होते रहे, क्योंकि यहाँ भारत का खजाना बंद रहता था। प्रसिद्ध आक्रमणकारी बाबर का यह प्रिय किला था। हारनेवालों में प्रमुख हैं—मुहम्मद गजनी और हुमायूँ। बाद में अकबर ने नाराज होकर इसे जेल में बदल दिया, जहाँ औरंगजेब की सहायता करनेवाले उसके भाई मुराद ने घुट-घुटकर जीवन के अंतिम दिन काटे। भारत के इस अभेद्य किले को 1779 में सिंधिया ने मराठों के लिए जीता, फिर ईस्ट इंडिया कंपनी के अधिकार में आया,

पर अंत में सिंधिया और ईस्ट इंडिया कंपनी में समझौता हो गया था और सिंधिया अंग्रेजी राज के मित्र और पाटीदार बने रहे।

ग्वालियर और लश्करवासियों की जय-जयकार के बीच राव साहब ने तात्या टोपे, लक्ष्मीबाई और बाँदा के नवाब के साथ लश्कर में प्रवेश किया। राव साहब ने अपनी सेना को ग्वालियर और लश्कर के निवासियों की लूटपाट करने के लिए मना किया, फिर भी उग्र सैनिकों ने दीवान दिनकर राव, बलवंत राव माहुरकर, फड़के आदि मुख्य-मुख्य सरदारों की विशाल कोठियों को लूट लिया तथा अंग्रेज रेजीडेंसी में आग लगा दी।

क्रांतिकारियों की अमलदारी का ग्वालियर में दौर शुरू हो गया। राव साहब ने तात्या टोपे के साथ राजमहल में अपना डेरा लगाया, लक्ष्मीबाई ने लश्कर स्थित नौलखा नाम से परिचित घर अपने विश्राम और ठहरने के लिए चुना। वहीं रानी की महिला सहायक रुकीं तथा पास में ही उनका लाव-लश्कर। नवाब बाँदा भी एक कोठी में रहे। राव साहब की सेना के लिए प्रथम हिचकिचाहट के पश्चात् किले के दरवाजे खोल दिए गए।

कैदी जेलों से छोड़े गए और साहूकारों को आश्रय दिया गया। ग्वालियर के चारों ओर कई मील तक सुरक्षा चौकियाँ कायम कर दी गईं, जो आने-जानेवालों पर गहरी निगरानी रख रही थीं। कुछ गुर्जर सिपाहियों द्वारा लूटपाट भी हो रही थी, पर दुकानों पर सिपाही तैनात होने से उन्हें लूटा जाना संभव नहीं हो पा रहा था। राव साहब पेशवा ने घोषणा की—"ग्वालियर पर अब हमारा अपना राज है। हमें ग्वालियर की जनता और ग्वालियर राज्य की सेना की सहायता से ही ग्वालियर में क्रांतिकारियों की शक्ति को एकत्रित करना है, ताकि हम अंग्रेजों को भारत से खदेड़कर 'स्वराज्य' स्थापित कर सकें।"

ग्वालियर का विशाल दुर्ग, अजस्र खाद्य और रसद भंडार, अस्त्र-शस्त्र, बहुमूल्य वस्तुओं का भंडार दृष्टिगोचर कर राव साहब और तात्या टोपे का दिमाग घूम गया। झाँसी की रानी को भी झाँसी की अपेक्षा ग्वालियर का विशाल किला देखकर आश्चर्य हुआ, उन्हें कल्पना भी नहीं थी कि राज्य-वैभव इस प्रकार का भी हो सकता है। किले पर पेशवा का झंडा फहराने लगा। सिंधिया के खजाने पर पेशवा का कब्जा हो गया।

राव साहब एक चतुर कूटनीतिज्ञ तथा पेशवा परंपरा का पोषक था। उसने एक मध्यस्थ के माध्यम से जयाजी राव सिंधिया को लिखा कि वह आकर अपना राज्य सँभालें। उन्होंने ग्वालियर की पूर्व महारानी बैजाबाई को लिखा—'मैंने आपको पहले भी लिखा था। आप अपनी सरकार की गद्दी को आकर ग्रहण करें। हमारा ग्वालियर पर अधिकार करने का एक ही उद्देश्य था, आपसे मिलकर बातचीत करके आगे बढ़ने का। यह आवश्यक है कि आप इनकार किए बिना यहाँ आएँ।'

राव साहब तथा तात्या टोपे ग्वालियर से धन, हथियार तथा सेना इकट्ठी करके

महाराष्ट्र होकर दक्षिण भारत जाना चाहते थे, जहाँ पर वे अंग्रेजों के कम सैन्य बल को जीतकर उत्तर भारत की ओर बढ़ते, पर बैजाबाई अंग्रेजों से काफी भयभीत थीं, क्योंकि जब वे ग्वालियर की महारानी थी तो एक बार ग्वालियर से प्रायः तीस किमी. दूर बामौर के जंगल में शिकार करते समय उनके शिकारी दल का सामना उत्तर भारत के अंग्रेज सैन्य कमांडर सी.वी. पुंडरीक के शिकारी दल से हो गया। जनरल पुंडरीक के साथ चल रहे अंग्रेज सैनिकों तथा अंगरक्षकों ने बैजाबाई की महिला टोली के साथ बदतमीजी कर दी। बैजाबाई से यह सहन नहीं हुआ, उन्हें पता भी नहीं था कि पुंडरीक ईस्ट इंडिया कंपनी का इतना बड़ा सैनिक अधिपति है। दोनों दलों में झड़प हो गई। यह हिंसक लड़ाई में बदल गई। दोनों ओर से बंदूकें और तलवार चलीं। फलतः पुंडरीक अपने दो-तीन सैनिकों के साथ हताहत हो गया। कहते हैं कि पुंडरीक उस समय ब्रिटेन के प्रधानमंत्री का चाचा था। फलस्वरूप ईस्ट इंडिया कंपनी ने अपनी पूरी ताकत झोंककर बैजाबाई को गिरफ्तार कर लिया तथा उन्हें कई वर्ष बंदी बनाकर नील की कोठियों अथवा साबुन बनाने के कारखानों में रखा, फिर बैजाबाई को लिखित माफीनामा देने पर छोड़ा गया तथा अंग्रेजों ने ग्वालियर सिंधिया को वापस कर दिया।

यद्यपि बैजाबाई ग्वालियर की लक्ष्मीबाई थीं, एक वीर एवं कुशल प्रशासक थीं, पर उन्होंने दुबारा अंग्रेजों से बैर मोल लेना उचित नहीं समझा, क्योंकि अंग्रेजी शासन सन् 1857 की क्रांति को दबाकर चारों ओर फैल रहा था। अंग्रेजों ने दिल्ली, कानपुर, अवध और झाँसी पर भी कब्जा कर लिया था। फलतः बैजाबाई ने पेशवा राव साहब का पत्र रॉबर्ट हैमिल्टन के पास भेज दिया, जो उस समय गवर्नर जनरल के प्रतिनिधि की हैसियत से ब्रिगेडियर स्मिथ के सीपरी फौजी दल के साथ था और वह भी ग्वालियर पर आक्रमण के लिए आगे बढ़ रहा था। सीपरी फौजी दल भी वस्तुतः झाँसी स्थित सीपरी सैनिक छावनी से आया था। इस प्रकार अब झाँसी का मुकाबला झाँसी से था।

सर्वप्रथम तात्या टोपे ने सिंधिया के खजाने को खोलने का आदेश दिया। कोषाध्यक्ष अमीरचंद बाँठिया, जो एक ईमानदार, सच्चरित्र तथा नेक इनसान थे, ने उनकी आज्ञा का तुरंत पालन किया। सभी भारतीयों की भाँति अमीरचंद बाँठिया भी मन-ही-मन क्रांतिकारियों के प्रति सहानुभूति रखते थे, क्योंकि क्रांतिकारी अपने स्वार्थ के लिए नहीं लड़ रहे थे। सर्वसम्मति से गोरक्षी प्रसाद की गंगाजली नामक सुरक्षित खजाने को खुलवाया गया। प्रथम सिंधिया की फौज को तीन मास का बकाया वेतन एवं इनाम के बतौर दो मास का वेतन दिया गया, ताकि सिंधिया की सेना विद्रोह न कर बैठे। भारतीय फौज में साढ़े सात लाख रुपया बाँट दिया जाता है। सैनिकों की कई पीढ़ियाँ इस वेतन के बँटवारे से सुरक्षित हो गईं। बाँदा के नवाब को साठ हजार रुपया दिया गया। लक्ष्मीबाई को केवल बीस हजार रुपया तथा एक नौलखा हार दिया गया। लक्ष्मीबाई इसी से संतुष्ट

थी, पर उन लोगों के आनंद मनाने के निर्णय से नाराज थीं। राव साहब ने पंद्रह हजार सोने की मोहरें लीं। बाकी राजकोष का धन तात्या टोपे ने सेना के संचालन के लिए तथा भावी स्वतंत्रता अभियान जारी रखने के लिए अपने पास रखा।

इस प्रकार ग्वालियर पर अप्रत्याशित विजय से क्रांतिकारी सैनिकों से लेकर पेशवा तक गद्गद थे तथा अपने सुनहरे भविष्य की कल्पना में खोए हुए थे।

□

# बीस

राव साहब ने ग्वालियर के सिंहासन पर पेशवा की शानदार परंपरा के अनुसार बैठने का निर्णय किया। राव साहब और तात्या को कई महीनों ऐसे ही बिठूर से लेकर सारे बुंदेलखंड क्षेत्र की धूल, गरमी खाते हुए हो गया था। वे शरणार्थी की भाँति हो गए थे। ऐसे में ग्वालियर जैसे राज्य की गद्‍दी पर आसीन होने की महत्त्वाकांक्षा राव साहब के मन में हिलोरें ले रही थीं। ग्वालियर दरबार में पेशेवर चाटुकारों की पूरी सेना थी, फिर क्या था। ज्योतिषी को बुलाया गया और 3 जून को राव साहब की ताजपोशी का दिन निश्चित किया गया।

3 जून को फूलबाग में एक विशाल दरबार लगाया गया। राव साहब ने पेशवा के राजसी वस्त्र पहने। कानों में मोतियों के चौकड़े, गले में मोती-जवाहरातों के कंठे। शान के साथ मंगल ध्वनि के साथ राव साहब सिंहासन आरूढ़ हो गए। सरदारों ने सलामी दी। नगाड़ों ने राव साहब की पेशवाई की जोर ध्वनि में घोषणा की। मंत्री-मंडल और सलाहकार परिषद् का गठन हुआ। सिंधिया के मंत्री रामराव गोविंद को मुख्यमंत्री बनाया गया। तात्या टोपे को प्रधान सेनापति नियुक्त किया गया। तात्या को भी बहुमूल्य मोतियों की माला पहनाकर सेनापति के पद पर प्रतिष्ठित किया गया। सभी ब्राह्मणों को भोज के लिए खुला आमंत्रण भेजा गया। हजारों व्यक्तियों की रसोई बनाने के लिए व्यवस्था हुई। शक्कर, बादाम, दूध की भंग मिश्रित ठंडाई का सभी को बाँटने का प्रबंध हुआ।

सभी को लक्ष्मीबाई का स्वभाव भलीभाँति पता था। वे इस प्रकार की फिजूलखर्ची तथा आनंदोत्सव को नापसंद करती थीं। वे तो चौबीस घंटे युद्धनीति तथा रणनीति बनाने में ही संलग्न रहतीं तथा बचे हुए समय में अपने शरीर को व्यायाम, घुड़सवारी या कसरत से चुस्त-दुरुस्त करने में अथवा ईश्वर-भक्ति या अध्यात्म-चर्चा में लगातीं, अतः लक्ष्मीबाई को इस प्रकार निमंत्रण भेजा गया कि वे उत्सव में पधारकर रंग में भंग न करें।

ग्वालियर नाच-गान के लिए प्रसिद्ध था। तानसेन का शास्त्रीय संगीत तो

विश्वविख्यात था, जिसे सुनकर गायें नाच उठती थीं तथा पेड़-पौधे हिलने-डुलने लगते थे। ग्वालियर की ऐसी कोई नर्तकी और गायिका नहीं थी, जो इस उत्सव में अपनी कला का प्रदर्शन न कर सकी। कवियों तथा कव्वालों ने राव साहब को जमीन से आसमान तक पहुँचा दिया तथा उनकी तुलना राम और बाबर से कर दी।

तात्या टोपे को नर्तकियों की ओर टकटकी लगाए देखते हुए जूही का उनके प्रति एकपक्षीय आकर्षण स्त्री सुलभ ईर्ष्या के कारण समाप्त हो गया। देशमुख, रघुनाथ सिंह और गुलमुहम्मद पास-पास बैठे थे। सरदार आए दिन ऐसे नृत्य, मुजरे के कार्यक्रम का अपने राज्य में आनंद लेते थे, पर इस स्वराज्य और स्वतंत्रता की लड़ाई ने तो उन्हें सब कुछ भुला दिया था। वे सब समय यही सोचते कि कैसे इन अत्याचारी एवं नृशंस अंग्रेजों से भारत को मुक्ति दिलाई जाए, अब उनके लिए भाँग के स्थान पर यही नशा हो गया था।

पर इस आनंदोत्सव में भागीदार होकर वे अपने गत जीवन में लौट आए और लड़ाई तथा कर्तव्य-निर्वाह भूल गए, फिर ग्वालियर राज्य का वैभव ही निराला था। धन की खान जैसे क्रांतिकारियों के हाथ लग गई हो। यही क्रम चलता रहा।

लड्डू और श्रीखंड खाते-खाते बहुत से ब्राह्मण बीमार पड़ गए, क्योंकि वे एक साथ कई सेर मिठाइयाँ खा गए, जैसे कई महीनों निराहार रहने के पश्चात् इस प्रकार का भोजन उन्हें प्राप्त हुआ हो।

लक्ष्मीबाई अपनी नई हवेली से आकाश में छूटती आतिशबाजी की आकाश में हजारों चिनगारियाँ देख रही थीं और बमों के धमाकों की आवाजें सुन रही थीं। वे अकेली खड़ी हवेली के बरामदे में सोच रही थीं—'क्या इसीलिए झाँसी तथा अन्य जगहों के सैनिकों ने हमारे पीछे अपनी जानें दी हैं? मैं उनसे स्वर्ग में मिलकर उन्हें क्या उत्तर दूँगी? मुझे अंग्रेजों के अन्याय और अत्याचार का प्रतिरोध करना है, फिर चाहे कुछ भी परिणाम हो, पर क्या हम ब्रिटिश अंग्रेज जैसे शक्तिशाली राज्य का सामना नाच-गान देखकर और भाँग पीकर कर सकते हैं? हमें उनसे अधिक संगठित तथा अनुशासित होना पड़ेगा। हमें धर्म की स्थापना के लिए अभी और त्याग तथा बलिदान देना होगा। यदि हमने यह कीमती समय आनंदोत्सव में गँवा दिया तो अंग्रेज फिर हमारे ऊपर हावी हो जाएँगे। अंग्रेज चुप बैठनेवाले नहीं हैं, न ही वे हमारी जीत स्वीकार करेंगे। हमें इस सफलता को एक अच्छा अवसर समझकर और आगे बढ़ना होगा।' कुछ लोगों ने लक्ष्मीबाई के पास आकर उनकी प्रशंसा करते हुए कहा, "यह युद्ध आपकी वीरता, साहस और रणनीति के कारण जीता गया है। आप ही बुंदेलखंड की एकमात्र वीरांगना हैं।"

लक्ष्मीबाई ने अप्रसन्नता प्रकट करते हुए तपाक से उत्तर दिया, "मैं ही अकेली बुंदेलखंड की वीरांगना नहीं हूँ। बुंदेलखंड वीरों को पैदा करनेवाली धरती है। आल्हा-

ऊदल की मुँहबोली बहन चंद्रावली ने चामुंडराय को अपनी देह से हाथ नहीं लगाने दिया। रतनगढ़ की वीर ललनाओं ने मांडुला के नेतृत्व में अलाउद्दीन के नापाक इरादों को पूर्ण न होने दिया। केशर दे ने समस्त नारी-शक्ति को एकत्रित कर उन्हें अपने खंगारवंश के गढ़कुंडार किले की रक्षा में आत्म-बलिदान करके मुहम्मद तुगलक को सबक सिखाया। मणिमाला ने युद्ध करके तथा बाद में आत्मदाह करके चंदेरी का गर्व ऊँचा किया। कुशल शासिका रानी दुर्गावती ने अकबर जैसे शक्तिशाली शासक की सेना से युद्ध किया। प्रवीण राय ने अकबर के सामने जाकर उसकी कामुक इच्छा पर विजय प्राप्त की। सारंधा का शौर्य तथा वीरता की कहानी प्रत्येक जन-जन के मुँह पर है। मेरे पूर्व ही शीला देवी ने झाँसी के पास चित्रकूट-बाँदा के क्षेत्र में आदिवासियों की जमीनें छीनने के विरुद्ध नारी-सेना संगठित की। हाँ, ईश्वर की कृपा से एवं झाँसी की जनता के स्नेह के कारण मैंने झाँसी के लिए अपना सर्वस्व बलिदान किया।"

लक्ष्मीबाई ने पेशवा से भेंट करने का निश्चय किया, पर पेशवा राव नाच-रंग और भंग में इतने मग्न थे कि उन्हें न तो प्रशासन की ओर ध्यान देने की फुरसत थी और लक्ष्मीबाई से न मिलने के लिए भी वे बहाना खोज रहे थे। पेशवा राव अच्छी तरह समझते थे कि लक्ष्मीबाई उन्हें तुरंत कर्तव्य पथ पर मोड़ने का प्रयत्न करेंगी।

एक-दो दिन बाद पेशवा से भेंट होने पर लक्ष्मीबाई उदास और क्षुब्ध थीं। उन्होंने पेशवा का अभिवादन करते हुए कहा, "मैं पेशवा का ताज पहनने पर आपको बधाई देती हूँ और आपकी सफलता की कामना करती हूँ।"

पेशवा राव साहब—"आपने जो कर दिखाया, वह सिंधिया और अंग्रेज कभी नहीं भूलेंगे।"

"यह तो हमारे ऊपर अपने पूर्वजों, छत्रपति शिवाजी का आशीर्वाद है कि हमें अंग्रेजों के पक्ष के विरुद्ध पहली बड़ी सफलता मिली, जिसकी मैं लंबे समय से प्रतीक्षा कर रही थी, पर युद्ध में विजय के साथ-साथ नागरिक-प्रशासन को भी चुस्त-दुरुस्त करना होगा, ताकि हमारा ग्वालियर पर अधिकार बरकरार रहे, फिर ग्वालियर राज्य की विशाल सेना को भी अपनी सेना में मिलाना है, ताकि वे हमें अपना सेनापति स्वीकार करें और अच्छी तरह पहचानें। हमारे पास समय बहुत कम है। ये अंग्रेज चुप बैठनेवाले नहीं हैं, उन्हें अपनी शक्ति पर बहुत घमंड है। हमें इनसे चौबीस घंटे सावधान रहना है।"

राव साहब अप्रत्यक्ष रूप से समझ गए कि लक्ष्मीबाई हमारे लंबे चलते आनंदोत्सव को पसंद नहीं कर रही हैं। इतने में उन्होंने तात्या को भी बुला लिया और अपनी सफाई देते हुए कहा, "पर जनता और सेना को इस उत्सव के माध्यम से मैंने प्रदर्शित कर दिया कि अब ग्वालियर का एकच्छत्र महाराजा मैं ही हूँ। कोई राजा छुपकर नहीं बनता है, फिर राजतिलक में खाना-पीना चलता ही है। प्रत्येक राज्य धर्म की नींव पर खड़ा होता है।

ब्राह्मण भोज से धर्म करवाया जा रहा है, ताकि उनके आशीर्वाद से हमारा राज्य सुचारु रूप से चलता रहे और हमें भविष्य में भी विजय मिले। यह तो छत्रपति की भी परंपरा थी तथा अपने पूना के शनि बाड़ा में यह कार्यक्रम अनिवार्य रूप से चलता है।"

"आपने मुझे गलत समझा। मैंने प्रथम मुलाकात के समय ही आपका अभिवादन करके आपको पेशवा मान लिया था, फिर मैं एक सैनिक होकर पेशवा को कैसे उनकी इच्छा के विरुद्ध सलाह दे सकती हूँ? पर संकट के समय सैनिक का भी यह कर्तव्य है कि वह सेनापति और महाराजा को सही सलाह दे, ताकि दोनों सुरक्षित रहें और विजयी बनें। धर्म के रास्ते पर चलकर ही अंतिम विजय होती है।"

"आप हैं, तात्या हैं और बाँदा के नवाब साहब हैं और हमारे साथ ग्वालियर राज्य की अपार धन-संपत्ति तथा विशाल सेना सम्मिलित हो गई है, अब हमारा अंग्रेज क्या बिगाड़ सकते हैं?"

"ग्वालियर की सेना को अपनी सेना में पूरी तौर से मिलाना एक बहुत बड़ा काम है अन्यथा युद्ध के समय यह सेना फिर अंग्रेजों से जा मिलेगी, क्योंकि अंग्रेज भी अंततः सिंधिया की ओर से ही युद्ध के लिए आगे आएँगे।"

"आप यह ठीक कहती हैं। आप और तात्या मिलकर यह अहम कार्य करें। मेरा आप दोनों को पूर्ण समर्थन है और रहेगा।"

तात्या ने सुझाव दिया, "पर हम क्यों न तुरंत ग्वालियर छोड़कर दक्षिण की ओर प्रस्थान करें तथा महाराष्ट्र में संगठित होकर छापामार युद्ध करें और जरूरत पड़ने पर आमने-सामने का युद्ध भी।"

लक्ष्मीबाई—"तात्याजी, सेनापति का यह सुझाव खराब नहीं है। इस पर हम गंभीरतापूर्वक विचार करें। यदि हम कई बार और ऐसा करेंगे तो अंग्रेज थक जाएँगे और वे भारत से अपना बोरिया-बिस्तर बाँधने की तैयारी करेंगे।"

पेशवा राव साहब—"आज का हमारा वार्त्तालाप मैं यही समाप्त करता हूँ तथा आप दोनों को आदेश देता हूँ कि आप जाकर ग्वालियर सेना को पुनर्गठित करें, ताकि हमारी सेना देखने में ही एक न हो, वह अंदर से भी एक हो।"

तात्या और लक्ष्मीबाई पेशवा से ऐसा आदेश प्राप्त करके अपने-अपने महती कार्य में जुट गए, यद्यपि चार-पाँच दिन का समय आनंदोत्सव में बरबाद हो चुका था।

राव साहब ने आनंदोत्सव में कमी तो कर दी, पर बंद नहीं किया, क्योंकि तब उनके अहं को चोट लगती।

लक्ष्मीबाई ने ग्वालियर और अपनी फौज की कंपू के मैदान में संयुक्त परेड लेते हुए सैनिकों का आह्वान करते हुए कहा, "हम अंग्रेजों के विरुद्ध अपने किसी स्वार्थ की पूर्ति के लिए नहीं लड़ रहे हैं। हम अपनी प्यारी भारतमाता की अंग्रेजों की गुलामी की जंजीर

को काटने के लिए लड़ रहे हैं। हमारी बड़ी बदनामी है कि हम इतने भारतीयों पर मुट्ठीभर अंग्रेज राज कर रहे हैं। वे हमें बंदरों की भाँति लड़ा रहे हैं तथा मदारी की भाँति तमाशा कर रहे हैं। इसमें उनका एकमात्र उद्‍देश्य है कि वे भारत का धन इंग्लैंड ले जाएँ। भारत में किसान-मजदूरों की मेहनत से, उनके द्वारा विदेश ले गए दासों के रूप में मजदूरों की मेहनत से तथा हारे हुए राजाओं के खजानों से इंग्लैंड में उनकी कोठियाँ बन रही हैं तथा उनकी सात पीढ़ियों के लिए धन एकत्रित हो रहा है। हमें आगे आना है और आनेवाले अंतिम युद्ध में उन्हें पटखनी देनी है, ताकि वे इंग्लैंड के लिए बोरिया-बिस्तर बाँध सकें। मुझे इसकी चिंता नहीं कि ग्वालियर पर सिंधिया का राज हो या पेशवा का अथवा किसी तीसरे व्यक्ति का, पर एक भारतीय का राज हो। आओ, हम एक-दूसरे को पहचानें तथा एकजुट होकर लड़ें। युद्ध के दौरान आगा-पीछा तो होता रहता है, पर हमारे आदेश के बिना आप मैदान न छोड़ें। देखो, मैं किस प्रकार हारते समय कोंच और कालपी से हमारी सब सेना को बचाकर ले आई। तुम लोगों को तथा तुम्हारे परिवारों की हम पूर्ण सुरक्षा का ध्यान रखेंगे, पर हमें अंग्रेजों द्वारा झाँसी में छह हजार की हत्या का बदला लेना है तथा देश में साठ हजार लोगों की हत्या का। आओ, हम गंगाजली की कसम लें कि युद्ध में पीठ नहीं दिखाएँगे और न ही शत्रुओं के साथ मिलेंगे। अभी सिंधिया हमारे शत्रु हैं, क्योंकि वे अंग्रेजों के साथ हैं। युद्ध जीतने पर हम स्वयं ही सिंधिया को उनका राज्य सौंप देंगे। हम तो केवल भारतमाता के लिए त्याग, बलिदान करने हेतु काम कर रहे हैं, राज्य लेने के लिए नहीं।" अपनी प्रिय झाँसी की रानी से आह्वान के कुछ वाक्यांश सुनने के पश्चात् ग्वालियर और क्रांतिकारियों की सेना ने एकजुट होकर युद्ध करने का निश्चय किया और दोनों ओर के सरदार अपने-अपने सैनिक-टोलियों के साथ बैठकें करने लगे, उन्हें हथियार चलाने का प्रशिक्षण देने लगे तथा एक-दूसरे से परिचित होने लगे। ग्वालियर के परेड मैदान में इस प्रकार सैनिकों की एक साथ विशाल परेड और सैन्य-अभ्यास पूर्व में कभी नहीं देखा गया।

दिन भर सैन्य अभ्यास, सैन्य रणनीति तथा सेना के लिए आवश्यक हथियार, तोपें जुटाने के बाद लक्ष्मीबाई एक दिन सायंकाल अपने बोझिल मन को हलका करने के लिए फूलबाग स्थित स्त्री-वेश में अपनी सखी मुंदर के साथ गंगादास की कुटी में बाबा गंगदास से मिलने गईं। बाबा गंगादास की जादुई शक्ति से प्रभावित होकर भारत के लोकप्रिय और उदारमना सम्राट् अकबर ने बाबा गंगादास को फूलबाग में ही उनके आश्रम के लिए प्राय: दो बीघा जमीन तथा आश्रम के खर्चे के लिए ग्यारह गाँवों की जागीर लगा दी थी। धीरे-धीरे बड़ी शाला के नाम से विख्यात यहाँ पाँच सौ से अधिक साधु-संन्यासियों का वास हो गया। महंत गंगादास आध्यात्मिक चर्चा के साथ-साथ कैसे अपने चारों ओर के गुलामी के विषाक्त परिवेश से विलग रहते? उनके सत्संग में प्रतिदिन लोग अंग्रेज रेजीडेंट

के आदेश पर सिंधिया द्वारा किए गए शोषण तथा अन्याय की शिकायतें करते, जिससे महंत गंगादास ने क्रांतिकारियों को शरण देना आरंभ किया। उनका कहना था कि "भारत की स्वतंत्रता ही हमें अपने सभी अभावों, कष्टों तथा अन्याय से निजात दिला सकती है। कम-से-कम क्रांतिकारियों की हिंसक कारवाइयों से अंग्रेजों के मन में भय व्याप्त होगा तथा वे व्यक्तिगत रूप से अत्याचार और हिंसा से कतराएँगे, फिर हमारे धर्म में भी स्वधर्म की रक्षा के लिए अस्त्र उठाने का आदेश है।"

महंत गंगादास लक्ष्मीबाई को अपने पास देखकर बहुत प्रसन्न हुए और बोले, "बेटी! मैंने तुम्हारी वीरता और साहस की अनेक कहानियाँ सुनी हैं। आज त्याग और बलिदान की साक्षात् गौंडवाना की रानी दुर्गावती, मालवा की रानी अहिल्याबाई, मराठों की रानी ताराबाई तथा फ्रांस की युवा वीर सैन्य नेत्री जोन-ऑफ-आर्क का हमारे आश्रम में पदार्पण करने के कारण यह आश्रम पवित्र हो गया है। यह आश्रम और साधु-समाज तुम्हारा है। बोलो बेटी! हम तुम्हारे लिए क्या करें?"

लक्ष्मीबाई ने महंत गंगादास को विनयावनत प्रणाम करते हुए उत्तर दिया, "बाबाजी, मैं नहीं जानती थी कि मेरे छोटे से व्यक्ति के लिए आप जैसे महान् व्यक्ति में इतना आदर-सम्मान है। मैं तो एक साधारण सैनिक हूँ तथा बचपन से माँ ने मातृभूमि और धर्म की रक्षा के लिए मुझे प्राण न्योछावर करना सिखाया है। मैं वही करूँगी, जबकि मुझे संदेह है कि अंग्रेजों की विशाल सेना तथा इंग्लैंड में बने आधुनिक स्वचालित हथियारों और तोपों का हम मुकाबला कर सकेंगे, पर मैं भारत की अंग्रेजों पर विजय के लिए अपनी अंतिम साँस तक लड़ूँगी। मैं विश्वस्त हूँ कि हमारे बलिदान से कम-से-कम इस कंपनी सरकार का अंत तो हो ही जाएगा। सुना है कि इन युद्धों से इंग्लैंड में कंपनी दिवालिया हो गई है। मेरी आपसे दो विनतियाँ हैं—एक यह कि मेरे मरने पर अंग्रेज मेरी देह को हाथ न लगा सकें, दूसरी यह कि मेरे पुत्र दामोदरदास को आप मेरी मृत्यु के पश्चात् किसी सुरक्षित स्थान पर पहुँचा दें, जहाँ अंग्रेज उस तक न पहुँच सकें।"

महंत गंगादास ने कहा, "बेटी, तुम्हारी दोनों इच्छाएँ धर्मानुकूल हैं। तुम्हारी इन दोनों इच्छाओं की पूर्ति करने के लिए मैं और मेरे सभी साधु-संन्यासी अपनी जान न्योछावर कर देंगे पर अंग्रेजों को तुम्हारे शरीर और दामोदर को स्पर्श तक नहीं करने देंगे। तुम कल आश्रम में प्रातःकाल आठ बजे आरती के समय आना, ताकि मेरे साधु-संन्यासी तुम्हें पहचान सकें, क्योंकि मैंने सुना है कि तुम पुरुष-वेश में युद्ध करती हो तथा रणक्षेत्र में तुम्हें पहचानना कठिन है।" यह कहकर महंत गंगादास ने अपनी बड़ी शाला में लक्ष्मीबाई को हथियारों का जखीरा दिखाया, जो उन्होंने हिंदू-धर्म और भारतमाता की रक्षा करने के लिए जमा किया था। लक्ष्मीबाई को बड़ी शाला में अस्त्र-शस्त्रों का जखीरा देखकर विश्वास हो गया कि वह अकेली ही भारत की स्वतंत्रता के लिए नहीं लड़ रही हैं, बल्कि

देश का प्रत्येक वर्ग भी अंग्रेजों को देश से निकालने के लिए प्रयासरत है। वह विश्वस्त हो गईं कि अंग्रेजों के साथ युद्ध में यदि वह हार भी गईं तो भी उनका बलिदान व्यर्थ नहीं जाएगा। उनके बलिदान से प्रेरणा लेकर भारत में हजारों वीर और वीरांगनाएँ उत्पन्न होंगी, जो अंतत: विदेशी अंग्रेज शासकों को भारत से निकालकर ही दम लेंगी।

महंत गंगादास के निर्देश पर बड़ी शाला में अस्त्र-शस्त्रों की साफ-सफाई की गई तथा उनमें तेल आदि डालकर उन्हें युद्ध के लिए तैयार किया गया। बड़ी शाला अब एक छोटी छावनी में परिवर्तित हो गई थी, जिसके सैनिकों को उनके महंत का एक ही निर्देश था—"धर्म की रक्षा के लिए जान तक देनी है।" साधु-संन्यासियों ने अपने परिवारों को बहुत पहले ही छोड़ दिया था, अत: वे बिना मोह या चिंता के साथ युद्ध के लिए तैयारी करने लगे।

दूसरी ओर तात्या ने ग्वालियर और अपनी सेना में सभी को सिंधिया के राजकोष से धन वितरित करके खुश कर दिया था।

सिंधिया के शस्त्रागार में भी तात्या को अंग्रेजी सेना की कई आधुनिक तोपें हस्तगत हुईं। साथ-साथ उन्होंने राव साहब तथा स्वयं के लिए एक छोटी कुमुक रिजर्व में रखी, ताकि अंग्रेजों से हार की स्थिति में वह राव साहब को लेकर महाराष्ट्र से होकर दक्षिण की ओर जा सकें तथा वहाँ अंग्रेजों के विरुद्ध नया मोर्चा खोल सकें। अभी राव साहब के आनंदोत्सव की खुमारी भी नहीं उतरी थी कि उनके गुप्तचरों ने खबर दी कि कंपनी ने अपनी पूरी शक्ति ग्वालियर मोर्चे के लिए झोंक दी है तथा चारों दिशाओं से कंपनी या ब्रिटिश सरकार के श्रेष्ठ ब्रिगेडियर और सेनापति ग्वालियर की ओर तेजी से बढ़ रहे हैं।

लॉर्ड कैनिंग ने हैमिल्टन को आदेश भेजा कि वह गवर्नर जनरल का आदेश देकर उत्तर-पश्चिम प्रांत की सभी सैन्य टुकड़ियों को ग्वालियर पहुँचने के लिए सुनिश्चित करें। ब्रिगेडियर स्मिथ राजपूताना फील्ड फोर्स की एक पूरी ब्रिगेड के साथ चंदेरी से ग्वालियर के लिए रवाना हुआ। हैदराबाद कंटिंजेंट सेना, जिसके घुड़सवारों ने कालपी युद्ध में निर्णायक भूमिका अदा की थी, की छुट्टी रद्द करके तुरंत ह्यूरोज की सहायता के लिए ग्वालियर पहुँचने के लिए मार्चिंग ऑर्डर गया। ब्रिगेडियर स्टुअर्ट को भी अपनी ब्रिगेड के साथ ग्वालियर पहुँचने का संदेश मिला।

कर्नल रिडेल को अपने तोपखाना, 200 सिख घुड़सवार सेना, 300 सिख पैदल सेना तथा आवश्यक रसद, गोला-बारूद, तोपें, मोर्टार आदि लेकर आगरा से ग्वालियर पहुँचने का निर्देश पहुँचा। रास्ते में ह्यूरोज को आश्चर्य हो रहा था कि किस प्रकार विद्रोहियों ने कालपी में हार के पश्चात् संगठित होकर ग्वालियर पर कब्जा कर लिया। ह्यूरोज भी ग्वालियर राज्य की सीमा शिवपुरी पर पहुँच गया। सिंधिया के एक विश्वासपात्र व्यक्ति को ह्यूरोज को लेने के लिए भेजा गया। जनरल ह्यूरोज के ग्वालियर पहुँचने का

समाचार विद्युत की भाँति अंग्रेज पक्ष में प्रसारित हो गया। अंग्रेज फौज में नया जोश और उत्साह उत्पन्न हो गया। फौज की नसों में नए रक्त का संचार हुआ। सभी अपलक अपने अविजित सेनापति की प्रतीक्षा कर रहे थे। ह्यूरोज के पहुँचने का अर्थ—ब्रिटिश साम्राज्य का पहुँचना। ह्यूरोज भी बिना उपयुक्त सैन्य बल के किसी संग्राम में पैर नहीं रखता, फिर ह्यूरोज की हैसियत इतनी बढ़ गई थी कि कोई उसके आदेश की अवहेलना नहीं कर सकता था।

जनरल ह्यूरोज का अर्थ था विजय। रास्ते में ही शिवपुरी की सीमा पर ह्यूरोज ने निर्देश दिया कि मेजर ओर हैदराबाद कंटिंजेंट सेना लेकर पूनिया आकर ग्वालियर-शिवपुरी रोड पर निगरानी रखें। इस बार ह्यूरोज ने वही युद्ध की रणनीति अपनाने का निश्चय किया, जो उसने झाँसी फतह के लिए अपनाई थी, अर्थात् शहर पर प्रथम आक्रमण तथा बाद में किले पर आक्रमण और अधिकार।

ग्वालियर, लश्कर और मुरार को तीन भागों में विभक्त कर ग्वालियर पर आक्रमण के लिए ह्यूरोज ने पूर्व-दक्षिण में कोटा की सराय को मुख्य मोर्चा बनाया। ग्वालियर से कोटा की सराय की दूरी प्राय: 11 किमी. और लश्कर से साढ़े 6 किमी. थी। ह्यूरोज ने स्वयं मुरार कंटोनमेंट में उपस्थित होने का निश्चय किया।

ग्वालियर पहुँचने पर जनरल ह्यूरोज का भव्य स्वागत हुआ, पर ह्यूरोज इन सभी स्वागत-सत्कारों से प्रभावित होनेवाला व्यक्ति नहीं था। वह तुरंत अपने लक्ष्य में संलिप्त हो गया और उसने अपना बेतार नेटवर्क और दूरबीन ठीक किया, ताकि वह तुरंत ही सभी से समाचार प्राप्त कर सके एवं प्रत्येक सैन्य दल तक अविलंब अपने आदेश भेज सके।

12 जून को समाचार मिला कि अंग्रेजी फौज सिंधु नदी के पास पहुँच गई है। पेशवा खेमे में खलबली मच गई। पेशवा अभी तक लक्ष्मीबाई को उपेक्षित रखे हुए थे, पर उन्होंने तुरंत ही तात्या को झाँसी की वीरांगना के पास सेनापति का भार सँभालने की पेशकश करने के लिए भेजा। तात्या ने कहा, "अंग्रेजी सेना बिल्कुल पास है। इस समय हम लोगों को संगठित होने की जरूरत है। हम आपसे सेनापति का कार्यभार सँभालने की प्रार्थना कर रहे हैं।"

रानी ने दीर्घ नि:श्वास छोड़ते हुए कहा, "जिस समय युद्ध की तैयारी करनी चाहिए थी, उस समय आप लोग विजयोत्सव में मौज-मस्ती कर रहे हैं। मैं एक मामूली स्त्री हूँ। आप लोगों को क्या परामर्श दूँगी? पर मैं भविष्य में कठोर परिणाम सोचकर चिंतित हो रही हूँ।"

तात्या टोपे ने झाँसी की वीरांगना के चरणों में अपनी पगड़ी उतारकर रख दी और कहा, "आप ही हमारी एकमात्र आशा हैं। आपको देखकर ही हम जी रहे हैं। आप ही यदि सशंकित हों तो सेना का क्या होगा? हम तो युद्ध आरंभ होने से पहले ही हार जाएँगे।"

बाई साहिबा के नेतृत्व स्वीकार कर लेने के समाचार से सेनाओं में पुनः नई आशा और मनोबल का संचार हो गया। बाई साहिबा के नेतृत्व में क्रांतिकारियों की सेना भी ग्वालियर के चारों ओर अंग्रेजों का सामना करने के लिए तैनात कर दी गई। सिंधिया की सेना भी क्रांतिकारियों की सेना के साथ-साथ तैनात की गई। लक्ष्मीबाई ने ग्वालियर की सुरक्षा के लिए बहुत बारीकी से प्रबंध करके सैनिकों की तैनाती इस प्रकार की—

'कट्टी घाटी पर 2 तोपें तथा सैनिक, सीपरी मार्ग पर 2 तोपें तथा सिपाही, ललितपुर-चंदेरी मार्ग पर 6 तोपें और 6 पल्टनें, फूलबाग में पेशवा राव साहब के नेतृत्व में क्रांतिकारियों के दल का प्रमुख भाग, नौलखा बाग में क्रातिकारी दल का प्रमुख भाग; जीवगंज में एक रेजीमेंट, 4 तोपें लगाई गईं। रामराव गोविंद को ग्वालियर का सर-सूबा तथा कोतवाल नियुक्त किया गया और मुहम्मद ईशाक को पेशवा का दीवान। अमीरचंद राज-खजांची बने रहे। तात्या टोपे को अंग्रेजी सेना पर निगरानी रखने के लिए सिगौली पर नियुक्त किया गया। आंद्री की तरफ 100 पैदल सेना तथा 1,000 घुड़सवार, मूराबाद में 200 घुड़सवार और 400 पैदल सैनिक तैनात हुए। मुरार से प्रायः 3 किमी. दूर बड़ागाँव पर 200 घुड़सवार और 400 पैदल सेना भेजी गई। 100 मेवाती सिपाही और 100 घुड़सवार सब समय ग्वालियर शहर में गश्त करते रहते थे। किले की रक्षा में आठ पल्टनें तथा इंदुर पैदल सेना की एक टुकड़ी, 600 अश्वारोही सैनिक तथा 10 तोपें भेजी गईं। क्रांतिकारियों की सेना 12,000 से 14,000 के बीच ग्वालियर में मौजूद थी। लक्ष्मीबाई की सुरक्षा में सब समय 50 घुड़सवार नंगी शमशीरें ताने रहते थे। लक्ष्मीबाई के निरीक्षण के समय 300 अश्वारोही सैनिकों का अंगरक्षक दल साथ में रहता था, जो तलवार और पिस्तौल से लैस रहता था। लक्ष्मीबाई ने 16 जून को ह्यूरोज के बहादुरपुर पहुँच जाने की खबर पाकर अपने निकट सहयोगियों को बुलाकर कहा, "मेरे बचे हुए आभूषणों और धन देकर भी तुम लोग दामोदर की रक्षा करना और मेरे इस अंतिम आदेश का कड़ाई से पालन करना। तुम लोग इसे सदा सुरक्षित स्थान पर रखना, ताकि अंग्रेजों को कोई सुराग न मिल सके अन्यथा वे इस अबोध बालक पर घोर अत्याचार करेंगे।"

सभी ने स्वीकृति में कहा, "जो आज्ञा रानी साहिबा!"

लक्ष्मीबाई ने रामचंद्र राव देशमुख को दामोदर राव को सौंपते हुए कहा, "आनंद, इस दुःख और दुर्दशा में तुम्हीं मेरी एकमात्र खुशी हो। यदि जरूरत पड़े तो क्या तुम मेरे बिना इन लोगों के साथ रह सकोगे?"

दामोदर, जिसका वास्तविक नाम आनंद था, सिर हिलाकर 'हाँ' कर दिया। लक्ष्मीबाई ने दामोदर का चुंबन लेकर उसे अपना अंतिम मातृवत् प्यार दिया। लक्ष्मीबाई अपने मृत लड़के को बार-बार याद नहीं करना चाहती थीं, इसलिए दामोदर को घर में आनंद के नाम से ही पुकारती थीं। रानी ने अपने निकटवर्ती सहायकों और अनुचरों से

कहा, "युद्ध के मैदान के निकट तुम लोगों को रहने की कोई जरूरत नहीं। जरूरत पड़ने पर तुम लोग बचकर भागने में कोई संकोच नहीं करना।"

दामोदर से 'हाँ' पाने पर लक्ष्मीबाई अपने अंतिम युद्ध के लिए तैयार हुईं। रानी को नीला रंग बहुत पसंद था। आज उन्होंने पुरुष वेश ग्रहण किया। नीले रंग का चँदेरी साफा बाँधा, नीला अँगरखा और चूड़ीदार पाजामा पहना। गले में मोती की कंठी, हाथ में रत्नजड़ित तलवार लेकर वह आभावान देवी गौरी की भाँति सिंधिया की अश्वशाला के राजकरन घोड़े पर सवार हुईं। कालपी की गुलौली लड़ाई में उनकी प्रिय घोड़ी सारंगी मारी गई थी।

रॉबर्ट हैमिल्टन और ह्यूरोज ने परस्पर सलाह करके एक बड़ी कूटनीतिक चाल चली। उन्होंने आगरा से ग्वालियर के महाराजा जयाजी राव सिंधिया को बुला लिया, ताकि ग्वालियर की जनता और ग्वालियर राज्य की सेना को यह संदेश जा सके कि अंग्रेज ग्वालियर राज्य हड़पने के लिए यह युद्ध नहीं लड़ रहे हैं, अपितु जयाजी राव को उनका राज्य वापस करने के लिए लड़ रहे हैं। यही भारत में अंग्रेजों की नीति थी—'फूट डालो और राज करो,' फिर सिंधिया अपनी जनता और सेना में अलोकप्रिय नहीं थे।

मेजर जनरल ह्यूरोज की कमान में उसके मित्र ब्रिगेडियर स्टुअर्ट, ब्रिगेडियर जनरल नेपियर, कप्तान फीट, कप्तान रीव, लेफ्टिनेंट नीव आदि प्रशिक्षित और सुयोग्य योद्धा थे। 16 जून को जनरल ह्यूरोज बहादुरपुर से मुरार की तरफ बढ़ा, जहाँ इसके पूर्व सिंधिया की पराजय हुई थी, तभी मुरार की तोपों ने ह्यूरोज पर गोलों की वर्षा शुरू कर दी, जिसमें लेफ्टिनेंट नीव मारा गया। मुरार में पेशवा की सेना काफी थी, पर इधर-उधर बिखरी हुई थी। इनमें से अधिकांश सैनिक सिंधिया की सेना के ही थे। ह्यूरोज ने जयाजी राव द्वारा उन सैनिकों को, जो पेशवा राव साहब के साथ लड़ रहे थे, आश्वासन दिलवाया और लिखित घोषणा बँटवाई कि अंग्रेज ग्वालियर के राजा को ही पुन: गद्दीनशीन करने आए हैं और जो ग्वालियर राज के सैनिक पेशवा की तरफ से लड़ रहे हैं, उन्हें माफी दी जाएगी। फलत: ग्वालियर राज की सेना में फूट पड़ गई। उनका मन गिर गया। उत्सव की रिश्वत बेकार गई।

जनरल ह्यूरोज ने दो घंटे की कड़ी लड़ाई में पेशवा की मुरारवाली सेना को हरा दिया और मुरार को अपने कब्जे में ले लिया। पेशवा की यह पराजित सेना भागकर ग्वालियर आई। दूसरी ओर ह्यूरोज ने मुरार कंटोनमेंट को अपना शिविर बनाया तथा 17 जून को अंतिम युद्ध के लिए सभी कमांडरों को आदेश भेजे। जनरल ह्यूरोज ने सभी से अप्रत्यक्ष रूप से कहा, "हमें जिंदा या मुर्दा रानी लक्ष्मीबाई को पकड़ना ही होगा। उसके अंत होने पर ही इस युद्ध का अंत होगा। हम झाँसी में यह न कर सके। हम अपनी भूल

को यहाँ नहीं दोहराएँगे। अब ग्वालियर में यह करेंगे।" दूसरी ओर क्रांतिकारियों में 16 जून रात्रि को मंत्रणा हुई तथा 17 जून के लिए रणनीति निर्धारित हुई।

तात्या ने सुझाव दिया, "ह्यूरोज आ चुका है। हम क्यों न ग्वालियर छोड़कर चुपके से निकल जाएँ।"

पेशवा राव साहब ने यह सुझाव स्वीकार नहीं किया। उन्होंने कहा, "यदि हमने इस अवस्था में यह किया तो हमारे सैनिक ही हमें मार डालेंगे, क्योंकि अंग्रेजों ने चारों ओर भागने के रास्ते बंद कर दिए हैं, अब हमें कल युद्ध करने के अतिरिक्त कोई उपाय नहीं है।"

लक्ष्मीबाई ने कहा, "युद्ध के बीच में पलायन करना कायरता है। हम धर्मयुद्ध लड़ रहे हैं। स्वदेश के लिए लड़ रहे हैं। ईश्वर हमारी रक्षा करेगा। यदि हम युद्ध में वीरगति को प्राप्त होंगे तो हमारी रक्त की बूँदों से सैकड़ों-हजारों क्रांतिकारी जन्म लेंगे और वे भारत को अंग्रेजों की गुलामी की जंजीरों से मुक्त करेंगे।"

नवाब बाँदा ने भी लक्ष्मीबाई के साथ एकजुटता दिखाते हुए कहा, "हम किसी प्रकार इस युद्ध में अंग्रेजों से कमजोर नहीं हैं, फिर युद्ध करना तो हमारा कर्तव्य है। युद्ध में हार-जीत देना अल्लाह के हाथ में है।" सभी एक-दूसरे को शुभकामनाएँ देकर कल की तैयारी में लग गए, क्योंकि प्रत्येक को अपने-अपने मोर्चे की सुव्यवस्था देखनी थी।

13 जून से ही लक्ष्मीबाई ने शायद ही चौबीस घंटे में छह घंटे विश्राम किया हो, फिर भी उनके चेहरे और शरीर पर तनिक भी शिकन नहीं थी।

उन्होंने अपने अत्यंत नजदीकी रघुनाथसिंह से पूछा, "ठाकुर साहब, और तो सब ठीक है? उस गद्दार दूल्हाजू का क्या हुआ? क्या ईश्वर ने उसे दंड दिया?"

रघुनाथसिंह—"मैंने सुना है कि अंग्रेजों ने ह्यूरोज के आदेश पर उसे गोली मार दी।"

"कमांडर ह्यूरोज ने कहा, 'जो अपने वतन का नहीं हुआ, वह अंग्रेजों का कैसे होगा। हाँ, उसके परिवार ने कोई अपराध नहीं किया है। हमारे वादे के अनुसार उसके परिवार को कुछ गाँवों की जमींदारी लगा दी जाए।' ह्यूरोज का आदेश ही कंपनी और ब्रिटिश शासन का आदेश था।"

"गद्दारों को यही दंड मिलना चाहिए," रानी ने उच्छ्वास लेकर कहा।

पर 16 जून को उनका घोड़ा 'राजकरन' इतना थक गया था कि उन्होंने सिंधिया की अश्वशाला से स्वयं ही छाँटकर दूसरा घोड़ा 17 जून के निर्णायक युद्ध के लिए लिया।

लक्ष्मीबाई ने 17 जून को सवेरे ग्वालियर कंटींजेंट की पोशाक सफेद पाजामा और लाल कुरता पहन लिया। सिर पर चँदेरी का सफेद साफा बाँधा तथा गले में अपने नेवलकर वंश की कंठी की माला पहनी। पैरों में पहने नागरा के जूते।

सूर्योदय के पूर्व ही लक्ष्मीबाई ने दामोदर का चुंबन लेकर उससे आखिरी विदा ली और कहा, "तुम्हारी माँ को कोई कायर नहीं कहेगा।" उन्होंने देशमुख, गणपतराव को उसे सुरक्षित रखने की जिम्मेदारी सौंपी। देशमुख गंगाजली लिये दामोदर राव को सब समय अपने साथ लिये थे। ब्रिगेडियर स्मिथ के साथ थी हिज मजेस्टी की आठवीं हुसार, चौदह लाइट डेगन्स, पनचानवीं रेजीमेंट, प्रथम बंबई लांसर, तीसरी बंबई घुड़सवारों का सैन्यदल, दसवीं बंबई इंफेंट्री। इस प्रकार संपूर्ण भारत और इंग्लैंड का संयुक्त मुकाबला था, मध्य देश के छोटे प्रदेश बुंदेलखंड के विरुद्ध। इन सेनाओं के साथ ब्रिगेडियर स्मिथ, ले. कर्नल ब्लैंक, कर्नल रेंस, कर्नल ओविन, मेजर वायल्स, कर्नल मीड, लेफ्टि. लीकॉक, कप्तान हिनीज आदि अफसरों को लेकर सुबह सात बजे लक्ष्मीबाई का मुकाबला करने के लिए कोटे की सराय पहुँचा। ब्रिगेडियर स्मिथ ने बिगुल बजवाकर युद्ध की शुरुआत की।

हैमिल्टन की सूचना सही निकली कि इन पहाड़ियों तथा खंदकों में क्रांतिकारी मौजूद हैं। कंपनी फौज के साथ पूरी सुव्यवस्थित सेना थी, जिसमें राशन, दवाखाना, इंजीनियर्स, माइंस और सैंसर्स, तोपखाना, रिसाला, गोला-बारूद और पैदल सेना थी, जिनकी सुरक्षा आठवीं हुसार्स और बंबई लेंसर्स द्वारा की जा रही थी। ब्रिगेडियर का सैन्यदल आगे बढ़ ही रहा था कि क्रांतिकारियों की तोपें गरज उठीं। ब्रिगेडियर स्मिथ को पीछे हटना पड़ा। पलटकर घोड़ों पर तोपखाना आगे बढ़कर क्रांतिकारियों पर गोले बरसाने लगा। अंग्रेजों के सचल तोपखाने के सामने भारतीयों का स्थिर तोपखाना न ठहर सका। तोपों के इस युद्ध में भारतीय पक्ष का मुख्य गोलंदाज मारा गया। जिससे क्रांतिकारियों को पीछे हटना पड़ा, तब स्मिथ ने 95वीं रेजीमेंट के ले. कर्नल रेंस को भारतीय सेना का पीछा करने के लिए हुक्म दिया। इस रेजीमेंट की मदद के लिए दसवीं रेजीमेंट और देसी पैदल सेना लेकर कर्नल रेंस तेजी से बढ़ा।

लक्ष्मीबाई का ए.डी.सी. पठान गुलमुहम्मद इसी भारतीय सेना को लेकर भीषण गोलीबारी करते हुए अंग्रेजी सेना को आगे बढ़ने से प्रतिरोध पैदा करने लगा। आगे बढ़ते हुए रेंस के सामने आ गया सोनरेखा नाला। नाले के दोनों कगारों के बीच में चार फीट जल भरा हुआ था, वहाँ पर उसकी गति अवरुद्ध हो गई, पर वे एक-एक करके सावधानी से नाला पार कर आगे बढ़ने लगे।

इसी बीच गुलमुहम्मद सारी तोपों को हटाकर लश्कर के रास्ते कंपू की तरफ लौटकर चलने लगा। उसने तोपों, पैदल सिपाहियों, घुड़सवार और गोलंदाजों के साथ दूसरा मोर्चा बिल्कुल पास ही बनाया था। गुलमुहम्मद स्वयं वहीं रह गया और अपनी सैनिक टुकड़ियों के साथ तोपें लेकर और भी पीछे हट गया। दाहिनी तरफ लक्ष्मीबाई की ग्वालियर कंटिंजेंटी की एक दूसरी टुकड़ी ने ऊँची टोरिया से रेंस की बची-खुची सेना

पर तोपों, गोलों से आक्रमण किया। दोनों तरफ से गोलों की बौछार रेंस न झेल सका। अपनी संकटपूर्ण स्थिति देखकर रेंस पीछे हटने लगा और घबराने लगा। 10वीं रेजीमेंट देसी पैदल सेना उसकी सेना के पीछे के भाग की रक्षा करने लगी। पीछे हटते हुए रेंस को आकर मेजर वायल्स सहयोग करने लगा। वे लोग तब फिर से एक साथ कंपू की ओर बढ़ने लगे। उसी समय तात्या टोपे की सेना की छह तोपें उन पर गोले बरसाने लगीं। उस समय ग्वालियर कंटिंजेंट सेना के साथ युद्ध आरंभ हो गया। झाँसी की वीरांगना लक्ष्मीबाई भी मरने-मारने पर उतारू हो गईं। ग्वालियर सेना की मदद के लिए लक्ष्मीबाई के साथ रघुनाथसिंह और लक्ष्मीबाई की सहेली मुंदर युद्ध की भीषणता में निर्भीकता से मरने-मारने पर उतारू हो गए। भयंकर गरमी 47 डिग्री सेंटीग्रेड तापमान से दोनों तरफ की सेनाएँ त्रस्त थीं। अंग्रेज लोग पसीना-पसीना हो रहे थे। कोई पक्ष हार मानने को तैयार न था। दो घंटे हो गए, किंतु रेंस और वायल्स पीछे नहीं हटे। भारतीयों की तरफ से भी कोई शिथिलता नहीं दिखाई दी। कर्नल रेंस की सेना में लक्ष्मीबाई की मार-काट के कारण अच्छी-खासी अव्यवस्था हो गई। आज लक्ष्मीबाई ने अपनी सारी दक्षता, शक्ति और वीरता इस युद्ध में उड़ेल दी।

कुछ देर बाद भारतीयों की तरफ के पार्श्व भाग की सेना गिरने लगी। वह अंग्रेजों की बंदूकों का आमने-सामने के युद्ध में सामना करने में स्वयं को अक्षम पा रही थी, यद्यपि तलवार और भाले के युद्ध में वे अभी भी अंग्रेजों की लाशों का ढेर लगा रहे थे तथा अपने मरते हुए साथियों को नजरअंदाज करते 'हर हर महादेव' के उद्घोष के साथ युद्ध कर रहे थे। अपनी शक्ति को पीछे एकत्रित करने के लिए भारतीय फौज फूलबाग परेड मैदान की तरफ द्रुतगति से पीछे हटने लगी। राजमहल के आसपास के समस्त इलाके को फूलबाग कहा जाता था।

फूलबाग की तरफ बढ़ते-बढ़ते रेंस ने देखा कि सामने दो सौ गज के फासले पर एक और भारतीय सैन्य टुकड़ी है, जिसके साथ वीर रघुनाथसिंह था। उसके साथ ही उसे दिखाई दी असंख्य ग्वालियर कंटिंजेंट की घुड़सवार सेना, जिसका नेतृत्व स्वयं लक्ष्मीबाई कर रही थीं।

रेंस और वायल्स की संयुक्त सेना इस मोर्चे के सामने आकर परेशान हो गई तथा पीछे भागने का विचार करने लगी और हार मानने के लिए तैयार हो गई। अंग्रेजों के लिए इस आसन्न हार का आकलन जनरल ह्यूरोज ने किया और उसने ब्रिगेडियर स्मिथ को 8वीं हुसार हल्की घुड़सवार सेना और बॉम्बे लेंसर को तुरंत रेंस और वायल्स की सहायता के लिए बढ़ने का आदेश दिया, जैसा कि उसने कालपी के युद्ध में स्वयं किया था, जहाँ यकायक सैकड़ों ऊँटसवारों के साथ आकर उसने झाँसी की रानी को पलायन करने के लिए विवश कर दिया था। 8वीं हुसार सेना के आने पर रेंस की जान-में-जान आई। वह फिर आगे बढ़ने लगा। शुरू हो गया घोर संग्राम।

ग्वालियर किले से भी अंग्रेजी सेना पर गोलों की वर्षा होने लगी, पर कप्तान हिनीज ने बढ़कर फूलबाग से चलनेवाली तोपों की मार बंद करने का प्रयत्न किया। लक्ष्मीबाई ने जूही से कहा कि वह अपनी तोपों से आक्रमण और तेज कर दे। जूही ने अपनी पूरी दक्षता और साहस से अपनी महारानी माँ की आज्ञा का पालन किया, पर अंग्रेजों के एक तोप के गोले से जूही का प्राणांत हो गया। वह महारानी को अंतिम प्रणाम करके और अपने हृदय में तात्या टोपे के प्रति एकतरफा प्रेम सँजोए हुए वहीं गिर पड़ी। उसकी मृत देह को उठाकर रानी के स्वामिभक्त सैनिक वहाँ ले गए, जहाँ भारतीय सैनिकों के शवों को अंग्रेज हाथ न लगा सकें। रानी परेशान न हों, इसलिए यह समाचार उन तक नहीं पहुँचाया गया, पर भारतीय तोपों को शांत होता देखकर लक्ष्मीबाई ने कहा, "मुझे अपनी तोपों की आवाज शांत होते सुनकर डर लग रहा है।" फिर भी रानी लक्ष्मीबाई अपने सैनिकों को उत्साहित करने लगीं। अंग्रेज सैनिक युद्ध में एक अत्यंत युवा सैनिक का तलवार चलाना देखकर मुग्ध तथा भयभीत थे, जिसकी उनके पास कोई काट नहीं थी। उस तरुण सैनिक की तलवार से सैकड़ों अंग्रेज सैनिक जमींन पर गिर रहे थे। यह हताशा का दृश्य देखकर ऊँटों पर अंग्रेज वाहिनी और घोड़ों पर बंदूकधारी आगे बढ़े, ताकि युवा सैनिक की तलवार का प्रत्युत्तर दिया जा सके। किले की ओर से भी आक्रमणकारी अंग्रेज फौज के बीच बार-बार तोपों के गोले आकर पड़ने लगे। अंग्रेज सेना भी वीरता के साथ लड़ने लगी तथा उनके साथ भारतीय सैनिक भी वीरता से लड़ने लगे, सब जगह तलवारों की खट-खटाहट, घोड़ों का हिनहिनाना, ऊँटों का चीत्कार, तोपों की गर्जना, बारूद से धुआँ उठना, घायलों के आर्तनाद, हिंदी और अंग्रेजी में बार-बार चीख और ऊँचे स्वर में निर्देश—'लड़ते रहो'—'लड़ते रहो' से रणभूमि भर गई।

तात्या टोपे भी भारतीय सेना के संभावित पीछे हटने की खराब खबर सुनकर सिंधिया की दो सैनिक टुकड़ियाँ लेकर सामना करने आया, पर उनमें से भी अधिकांश सैनिक अंग्रेजी सेना की संभावित जीत दृष्टिगोचर करके शत्रुओं की ओर चले गए। उसी बीच फूलबाग छावनी के भारतीय तोपचियों को मारकर कप्तान हिनीज ने तीन तोपों पर अधिकार कर लिया। भयभीत और घबराई हुई सेना के अधिकतर भारतीय सैनिक उस समय सोनरेखा नाला पार कर मुरार अथवा दुर्ग की तरफ भागने का प्रयास करने लगे।

लक्ष्मीबाई, मुंदर, रघुनाथसिंह तथा गुलमुहम्मद पंद्रह-सोलह सैनिकों को लेकर मुख्य सेना से अलग-थलग पड़ गईं। वे लोग समतल भूमि पर थे, हुसार सेना कुछ ऊँचाई पर थी। उन्होंने कई दिशाओं से आक्रमण कर दिया। हुसार सवारों ने प्रथम आक्रमण कड़ाबीन बंदूकों से किया। बंदूकों का जवाब बंदूकों से दिया गया। लक्ष्मीबाई ने आक्रमण-पर-आक्रमण करके हुसार सवारों को पीछे हटाया। दोनों ओर के सवारों की बेहिसाब दौड़ से धूल के बादल छा गए। लक्ष्मीबाई के रणकौशल से अंग्रेज थर्रा

उठे, अब लक्ष्मीबाई द्वारा आक्रमण को रोक पाना कठिन हो गया था, पर कोई भी अंग्रेज सैनिक लक्ष्मीबाई अथवा उसकी सहेली मुंदर को नारी के रूप में नहीं पहचान पा रहे थे।

इस चरम संकट की स्थिति में पड़कर लक्ष्मीबाई ने घोड़े की लगाम अपने दाँतों में थामी और दोनों हाथों से तलवार चलाकर अपना मार्ग बनाना आरंभ किया। इसी समय मुंदर की छाती में आकर एक गोली लगी। करूण स्वर में मुंदर बोली, "बाई साहिबा, मैं तो चली, अब और भाग नहीं पा रही हूँ।" रानी ने तुरंत ही घोड़े को मोड़कर मुंदर के हत्यारे को मार डाला। लक्ष्मीबाई ने रघुनाथसिंह से कहा, "सँभालो उसे। अंग्रेज मुंदर के शरीर को न छूने पावें।" और वे घोड़े पर चढ़कर अंग्रेजों को काटकर आगे बढ़ी। रघुनाथसिंह फुर्ती के साथ घोड़े से उतरा, अपना साफा फाड़ा, मुंदर के शव को पीठ पर कसा और घोड़े पर सवार होकर अपनी प्यारी मुंदर को लेकर आगे बढ़ा।

गुलमुहम्मद बाकी सवारों से उलझा तथा रानी को फूलबाग की ओर जाने के लिए कहा। अंग्रेज सवार भी कम रह गए थे। उनके कप्तान रेली का काम तमाम हो गया था तथा वे पीछे हटने की सोच रहे थे।

उसी समय एक अंग्रेज सैनिक ने लक्ष्मीबाई के माथे पर तलवार का करारा वार किया। उससे उनके माथे के दाहिनी तरफ गहरी चोट लगी तथा दाहिनी आँख का एक भाग कट गया। लक्ष्मीबाई ने बढ़कर उस सैनिक को घोड़े सहित मार डाला। घोड़ा दो टुकड़े होकर जमीन पर गिर गया। लक्ष्मीबाई ने सोनरेखा नाले को पार करने का प्रयास किया, पर घोड़े ने आगे बढ़ने से इनकार कर दिया। बार-बार चेष्टा करने पर भी घोड़ा अड़ा रहा। रानी ने अपनी पगड़ी से बहते हुए रक्त को रोकने का प्रयास किया, सब प्रकार के घोड़ों पर नियंत्रण करनेवाली लक्ष्मीबाई को अंत में एक घोड़े ने धोखा दिया। वह घोड़े को एड़ लगाकर धीरे-धीरे आगे बढ़ने लगीं और घोड़ा नाला पार कर गया। उसी समय सहसा उनकी छाती में बाईं ओर एक गोली आकर लगी। झाँसी की वीरांगना घोड़े की पीठ पर औंधी होकर लेट गईं।

लक्ष्मीबाई को आसपास न देखकर, उनके सहायकों ने तब अपनी सेनापति को खोजना शुरू किया, किंतु वह वहाँ कहाँ थी? रानी झाँसी की थी और झाँसी रानी की थी। इस विचार से रानी के सहायकों ने आगे बढ़कर सोनरेखा नाला पार कर एक समतल जमीन पर देखा कि लक्ष्मीबाई का घोड़ा थोड़ी दूर पर खड़ा इधर-उधर देख रहा है तथा अपने नथुने फुलाकर हाँफ रहा है, दुःख कर रहा है, अपने वीर सवार को खोकर। उन्होंने विस्मय से देखा कि लक्ष्मीबाई घोड़े के ऊपर औंधी पड़ी हुई हैं। रक्त की धारा घोड़े की पीठ से बहकर नीचे जमीन पर गिर रही है। गुलमुहम्मद ने अपनी पिस्तौल से उस गोरे को मारा तथा सभी पीछे आनेवाले सैनिकों को मार डाला गया, फिर गुलमुहम्मद ने दौड़कर घोड़े की लगाम पकड़ी और बच्चे की तरह रोते-रोते रानी को अपने घोड़े पर ले गया,

तभी रामचंद्रराव देशमुख भी दामोदर के साथ उसके साथ आ गए। उधर रघुनाथसिंह भी मुंदर की मृत देह लेकर आ गया। सभी पास में बाबा गंगादास की कुटी पर पहुँचे। बाबा गंगादास ने तुरंत अपने सभी चार-पाँच सौ साधुओं को अंग्रेजी सेना को रोकने के लिए भेज दिया, ताकि रानी लक्ष्मीबाई के अंतिम क्षणों में वे अंग्रेज सेना को रोकने में सहायक हो सकें।

संध्या हो चली थी। दूर-दूर तक युद्ध खत्म होने का कोलाहल था अथवा कहीं-कहीं घायल सैनिकों का आर्तनाद सुनाई पड़ रहा था। तोपों के गोलों तथा बंदूकों की गोलियों की धाँय-धाँय की आवाज भी शनैः-शनैः कम हो रही थी।

बाबा गंगादास ने तुरंत घायल लक्ष्मीबाई के लिए गंगाजल मँगाया। रानी ने क्षण भर के लिए अपनी आँखें खोलीं, शोक संतप्त सहायकों और दामोदर को देखा और अपना नौलखा हार रामचंद्रराव देशमुख को देते हुए कहा, "आप दामोदर का ध्यान रखना। इसे कुछ न क्षति हो पाए।"

"कुछ नहीं होगा, रानी साहिबा," सभी ने एक स्वर में कहा।

लक्ष्मीबाई ने अंतिम शब्द कहे—'हर-हर महादेव', 'ओम वासुदेवाय नमः'।

बाबा गंगादास ने अपनी कुटी से सभी लकड़ियाँ निकालने के लिए तुरंत कहा। साथ में एक बड़ा घास-फूस का ढेर था। बाबा गंगादास की कुटिया को उखाड़कर लक्ष्मीबाई की चिता तैयार की गई तथा पास में मुंदर की भी, क्योंकि दोनों की चिताओं को कम-से-कम समय में ही शेष करना था, ताकि अंग्रेज वहाँ न पहुँच सकें। सभी मिलकर रानी लक्ष्मीबाई की जय-जयकार करने लगे। उनकी वीरता की प्रशंसा में रघुनाथसिंह अपने साथियों के साथ गा रहे थे—

*पर गई ती जाँ जाँ*
*उत घुरवा की टाप*
*हो रहो तो दुश्मन कौ*
*अड्डा सौ साप*
*प्रान जा रये ते काँप*
*मर गओ गोरन कौ बाप*
*रन चंडी कौ जाप*
*दनादन्न चली गोलियाँ*
*वह झाँसीवाली रानी थी॥*

दामोदर ने अपनी माँ लक्ष्मीबाई को मुखाग्नि दी और बाबा गंगादास ने देशमुख से तुरंत दामोदर को वहाँ से ले जाने के लिए कहा। साथ में अपने आठ-दस साधुओं को भी लगा दिया, ताकि कोई शक न कर सके कि वह रानी लक्ष्मीबाई का पुत्र दामोदरदास

है, जिसके लिए इतना भीषण युद्ध हुआ। उपस्थित लोगों को सांत्वना देते हुए बाबा गंगादास ने कहा, "झाँसी की रानी लक्ष्मीबाई के अंत को हम अस्त होना नहीं कह सकते। यह तुम्हारा व्यामोह है। वह अमर हो गई है। उसने धर्म की रक्षा के लिए धर्मयुद्ध लड़ा। भविष्य की पीढ़ियाँ सुनिश्चित करेंगी कि कंपनी सरकार इन लाशों पर पैर रखकर बहुत आगे नहीं बढ़ सके और भारत में न्याय और धर्म की पुनर्स्थापना होगी, फिर हमारी आत्मा तो कभी मरती नहीं है। वह तो केवल वेश बदलकर पुनः प्रकट होती है। वीर तो मरकर भी अमर हो जाते हैं।"

बाबा गंगादास का संदेश सुनकर सभी अश्रुपूरित नेत्रों से लक्ष्मीबाई को अंतिम विदाई और अपनी श्रद्धांजलि अर्पित करके अपने-अपने गंतव्य को चले गए। बाबा गंगादास ने झाँसी की वीरांगना का मंत्रोच्चारों के बीच अंतिम संस्कार किया तथा अपने आश्रमवासियों का पहरा लगा दिया, ताकि अंग्रेजों को बिल्कुल भी शक न हो कि झाँसी की वीरांगना का अंतिम संस्कार वहाँ किया गया है।

झाँसी की वीरांगना लक्ष्मीबाई की मृत्यु के समाचार से पेशवा राव साहब एवं तात्या टोपे अति आहत हुए। पेशवा राव साहब ने कहा, "झाँसी की वीरांगना की वीरगति के पश्चात् हम अब यह युद्ध जारी नहीं रख सकते। वही हमारी सेना में एक पुरुष थी। वह हमारी वास्तव में सेनापति और रक्षक थी, अब हमें नर्मदा के आदिवासी इलाकों से होकर महाराष्ट्र और दक्षिण की ओर जाकर इस स्वतंत्रता संग्राम को जारी रखना होगा, फिर हम अपने सैनिकों का बलिदान ऐसे युद्ध में नहीं कर सकते, जिसमें पराजय सुनिश्चित है तथा अंग्रेज इतने क्रूर हैं कि वे भारतीय सेना की हार के पश्चात् बचे हुए सैनिकों को मारकर ही दम लेंगे।"

पेशवा के मुख्यमंत्री तात्या टोपे युद्धस्थल से पलायन में विशेषज्ञ थे। वे पहले से ही अपने आश्रय-स्थल की व्यवस्था कर लेते थे। उनके सारे भारत में संबंध थे, क्योंकि देश के प्रत्येक भाग में इस स्वतंत्रता संग्राम का उन्होंने ही प्रचार-प्रसार किया था।

अंग्रेज देर रात तक यह जान नहीं पाए कि सेनापति लक्ष्मीबाई युद्ध के दौरान मारी गई हैं, जब जनरल ह्यूरोज को यह पता चला तो उसने कहा, "यद्यपि एक स्त्री, वह विद्रोहियों की सबसे बहादुर और सर्वोत्तम सैन्य नेत्री थी। वह विद्रोहियों में एक पुरुष थी।" उसने अपने अधिकारियों को आदेश दिया कि 18 जून को झाँसी की वीरांगना की अंतिम यात्रा को बिल्कुल भी न छेड़ा जाए। इस कारण किसी अंग्रेज सैनिक या अधिकारी ने बाबा गंगादास के आश्रम की ओर आना तो दूर दृष्टिपात करने का साहस ही नहीं किया।

झाँसी की वीरांगना की चिता की अग्नि शांत होने के साथ ही भारत के प्रथम स्वतंत्रता संग्राम की प्रज्वलित ज्वाला बुझ गई, पर सुलगती रही।

□

# सहायक ग्रंथ एवं पुस्तकें

**1. झाँसी की रानी लक्ष्मीबाई :** डॉ. वृंदावनलाल वर्मा, वृंदावनलाल वर्मा समग्र, संपादन : डॉ. विश्वनाथ प्रसाद, खंड-2, हिंदी प्रचारक संस्थान, पोस्ट बॉक्स-1106, पिशाचमोचन वाराणसी-221010, वर्ष 1992, पृ. 113 से 350 तक, कुल पृ. 896

**2. झाँसी की रानी ( अनु. ) :** महाश्वेता देवी, अनुवाद व संपादन—डॉ. रामशंकर द्विवेदी, राधाकृष्ण पेपरबेक्स, चौथा संस्करण, राधाकृष्ण प्रकाशन प्राइवेट लि., जी-17, जगतपुरी, दिल्ली-110051, वर्ष 2019, कुल पृ. 320

**3. झाँसी क्रांति की काशी :** ओम शंकर 'असर', (झाँसी का इतिहास, सन् 1742-1858), संपादक—डॉ. ए.के. पांडेय, राजकीय संग्रहालय, झाँसी, वर्ष 2008, कुल पृ. 1294

**4. 1857 का प्रथम स्वतंत्रता संग्राम और जनपद जालौन :** देवेंद्र कुमार सिंह, रक्षपाल भवन, 149/1, के.के. पुरी, सीपरी बाजार, झाँसी, वर्ष 2000, कुल पृ. 108

**5. बुंदेलखंड की वीरांगनाएँ :** डॉ. रामनारायन शर्मा, संदर्भ प्रकाशन, 110/2 नई बस्ती, अलोपी बाग, प्रयागराज-21006, वर्ष 2009, कुल पृ. 112

**6. 1857 का लोक संग्राम और रानी लक्ष्मीबाई :** प्रमोद भार्गव, राष्ट्रीय पुस्तक न्यास भारत, नेहरू भवन, 5 इंस्टीट्यूशनल एरिया, फेज-2, वसंत कुंज, नई दिल्ली-110070, वर्ष 2016, कुल पृ. 125

**7. वीरोत्तमा झाँसी की रानी लक्ष्मीबाई और उनकी झाँसी :** जानकीशरण वर्मा, जानकीशरण वर्मा, 101 पुरानी नझाई, झाँसी, वर्ष 2016, कुल पृ. 101

**8. झाँसी की रानी लक्ष्मबाई :** अवधेश कुमार चौबे, धीरज पॉकेट बुक्स, 111/29, अग्रवाल कॉलोनी, दिल्ली रोड, मेरठ-2, कुल पृ. 176

**9. वीरांगना झलकारी बाई :** मोहनदास नैमिशराय, राधाकृष्ण प्रकाशन प्रा. लि., 7/31, अंसारी मार्ग, दरियागंज, नई दिल्ली-110002, तीसरा संस्करण, वर्ष 2016, कुल पृ. 100

**10. मस्तानी-बाजीराव और उनके वंशज बाँदा के नवाब :** डॉ. भगवदानदास गुप्त, विद्या मंदिर प्रकाशन, मुरार, ग्वालियर-474006, वर्ष 1983, कुल पृ. 152

**11. प्रथम स्वतंत्रता संग्राम और बानपुर राजा मर्दनसिंह :** भगवानदास श्रीवास्तव, राजकीय संग्रहालय, झाँसी-284001, वर्ष 2007, कुल पृ. 91

**12. भारतीय स्वतंत्रता आंदोलन का इतिहास (दूसरा खंड) :** ताराचंद, सं.—लालबहादुर, प्रकाशन विभाग, सूचना और प्रसारण मंत्रालय, भारत सरकार, वर्ष 1994, कुल पृ. 570

**13. बुंदेलखंड का मुक्ति संघर्ष :** जानकीशरण वर्मा, सं. डॉ. ए.के. पांडेय, निदेशक राजकीय संग्रहालय, झाँसी, वर्ष 2007, कुल पृ. 32

**14. 1857 के पहले बुंदेलखंड में अंग्रेजों से संघर्ष :** पं. हरगोविंद तिवारी, डॉ. बहादुर सिंह परमार, डॉ. मुकेश कुमार भल्ला, सं. डॉ. ए.के. पांडेय, राजकीय संग्रहालय, झाँसी, वर्ष 2008, कुल पृ. 19

**15. मैं झाँसी हूँ :** शमीम शैख, साहनी पब्लिकेशंस, 4777, डॉ. मित्रा गली, रोशनआरा रोड, दिल्ली-110007, वर्ष 2014, कुल पृ. 170

**16. बुंदेलखंड किलों की भूमि :** डॉ. अजयसिंह कुशवाहा, रश्मि प्रकाशन, 204 सनशाइन अपार्टमेंट, बी-3, बी-4, कृष्ण नगर, लखनऊ-226023, वर्ष 2020, कुल पृ. 163

### अंग्रेजी में

**17. रानी लक्ष्मीबाई ऑफ झाँसी, मौलिक दस्तावेज (1839-1859) :** भगवानदास गुप्ता, सं. सुधा गुप्ता, डॉ. भगवानदास गुप्ता, स्मृति शोध संस्थान, झाँसी, मनोहर पब्लिशर्स एंड डिस्ट्रिब्यूटर्स, 4753/23, अंसारी रोड, दरियागंज, नई दिल्ली-110002, वर्ष 2015, कुल पृ. 608

**18. दि राइजिंग ऑफ 1857 इन बुंदेलखंड :** प्रो. वी.आर. मिश्रा, सं. डॉ. ए.के. पांडेय, गवर्नमेंट म्यूजियम, झाँसी, वर्ष 2010-11, कुल पृ. 130

**19. दि रानी ऑफ झाँसी, एक ऐतिहासिक उपन्यास :** प्रिंस माइकेल ऑफ ग्रीस, रूपा पब्लिकेशंस इंडिया प्रा. लि., 7/16, अंसारी रोड, दरियागंज, नई दिल्ली-110002, वर्ष 2013, कुल पृ. 390

**20. रानी ऑफ झाँसी :** दि जीनी डी आर्क ऑफ इंडिया, शमीमा सिद्धिकी, मुख्य संपादक योजना, सूचना भवन, सी.जी.ओ. कॉम्पलेक्स, लोधी रोड, नई दिल्ली-110003

□□□